Jesús

y su tiempo

Jesús

y su tiempo

Buenos Aires - Madrid - México - Nueva York

Estatua de mármol del Buen
Pastor, siglos IV-VI d.C.

Jesús y su tiempo

READER´S DIGEST

DIVISIÓN DE LIBROS EN LENGUA CASTELLANA

Corporativo Reader´s Digest México, S. de R.L. de C.V.

Director: Gonzalo Ang

Editores: Beatriz E. Ávalos Chávez, Cecilia Chávez Torroella, Berenice Flores, Alma Delia González Valle, Irene Paiz, Arturo Ramos Pluma, Myriam Rudoy

Colaboradores:
Traducción y adaptación de la obra *Jesus and his times,* © 1987 The Reader´s Digest Association Inc., Pleasantville, Nueva York, Estados Unidos de América.
  Diseño: María del Carmen Benitez Eguiluz
  Revisión de textos: Gabriela Hoyo
  Corrección: David García
  Supervisión de arte: Rafael Arenzana

Los créditos de las páginas 308 y 309 forman parte de esta página.

D.R. © 1988, 2000 Reader´s Digest México, S.A. de C.V.
Av. Lomas de Sotelo 1102
Col. Loma Hermosa, Delegación Miguel Hidalgo
C.P. 11200 México, D.F.

ISBN 968-28-0115-X

Editado en México por Reader´s Digest México, S.A. de C.V.

Impreso en México
Printed in Mexico

Índice

Jesús y los cuatro evangelios

En su época, el nacimiento de Jesús pasó tan inadvertido que hoy nos es difícil imaginar por qué. Pero el ministerio y la muerte de Jesús desataron una reacción en cadena; luego, al ser proclamada e interpretada su vida, aquel primer suceso adquirió rápidamente una significación cósmica.

E ntre las fuerzas que han dado forma a la civilización occidental, la historia de Jesús figura como una de las más poderosas. Desde que comenzó a ser relatada —en los días, quizá horas, que siguieron a su muerte— ha desplegado una influencia imposible de calcular; ha labrado el curso del cristianismo y su visión del mundo y de Dios. Incluso quienes pertenecen a las ricas tradiciones no cristianas que forman parte del mosaico de la cultura occidental, han sido inevitablemente tocados por las grandes fuerzas históricas que la gesta de Jesús activó.

El relato de tal gesta fue obra de los creyentes, desde mucho antes de que se llamaran a sí mismos cristianos. Comenzó tras la crucifixión de Jesús, cuando cada uno de sus seguidores tuvo que explicarse, o explicar a otro, quién era Jesús y por qué sus discípulos no se dispersaron cuando murió. Y continúa hasta la fecha.

Desde entonces, en las innumerables comunidades cristianas que a través de los siglos han existido, esa historia se ha leído y repetido en infinidad de idiomas. Se ha representado, cantado, predicado, danzado, celebrado e interpretado, miríadas de veces. Ha dado origen a proverbios y paradigmas morales que ayudan a bien vivir, y también a bien morir. El ritmo del año cristiano se ha organizado alrededor de la celebración de los momentos cruciales de la vida de Jesús. No obstante las diferencias que han dividido a las comunidades cristianas, todas comparten la historia de salvación que ha hecho del cristianismo lo que fue y lo que es.

En tiempos recientes se ha manifestado otra clase de interés por Jesús: no ya considerándolo como el centro de un prodigioso suceso cósmico de encarnación y redención, sino como personaje histórico despojado de toda resonancia religiosa, de todo artículo de fe.

De esta modo, se han escrito cientos de libros en los que el lector puede hallar todas las semblanzas de Jesús imaginables. Algunas reconstruyen con cautela y parquedad los hechos. Muchas otras combinan los datos históricos con suposiciones que son útiles para los intereses del autor. Las hay desde melosas y tiernas hasta ardientemente revolucionarias; unas retratan a Jesús como maestro rabínico, y otras, como apacible místico, o inclusive como excéntrico extremista. Es decir, al mirar a Jesús, las personas ven reflejado en él un poco de sí mismas, trátese de prósperos empresarios o de instigadores de la lucha de clases.

También hay —y son muchos— quienes pretenden decir a los demás "la realidad de las cosas": que Jesús no fue más que un mito creado por los primeros cristianos, o que Jesús no murió al ser crucificado, o que nadie hasta ahora ha podido entenderlo de verdad, y así sucesivamente.

Es notable la enorme variedad de las interpretaciones, sobre todo si se tiene presente que todas parten de unas cuantas fuentes primigenias. Prácticamente todo lo que de Jesús se sabe procede de los cuatro evangelios del Nuevo Testamento. Cierto, existen unas pocas referencias a Jesús en fuentes no cristianas, pero lo que nos dicen es, en pocas palabras, que Jesús vivió, que fue un maestro que tuvo discípulos y que fue crucificado. También se encuentran algunos datos en otros libros del Nuevo Testamento, aparte de los evangelios, y en textos de los primeros cristianos, pero poco es lo que no se haya dicho ya en aquéllos.

Sin embargo, cuando un historiador examina el período en que vivió Jesús, la situación cambia por completo. Descubre un portentoso tesoro de fuentes: cientos de libros antiguos, en griego, hebreo, arameo, latín y otras lenguas, así como documentos privados —cartas, composiciones estudiantiles, contratos, invitaciones, recibos y cuentas— que lo ayudan a esclarecer el mundo en que ocurrieron los sucesos narrados en los evangelios. Por otro lado, las excavaciones arqueológicas le permiten estudiar las inscripciones antiguas, monedas, manuscritos, piezas de cerámica, la arquitectura y los hallazgos hechos bajo el agua.

Toda esa información se ha utilizado para elaborar JESÚS Y SU TIEMPO. Este libro no pretende ser otra interpretación acerca de la vida de Jesús; lo que busca es ofrecer al moderno lector un panorama vibrante y sugestivo del turbulento período en que Jesús vivió. En lo referente al aspecto biográfico, la narración se atiene a las fuentes primigenias: los cuatro evangelios.

En gran medida, los evangelios son precisamente lo que su nombre indica, el cual se deriva de un sustantivo griego que significa "buena nueva", o de un verbo que en dicha lengua significa "anunciar" o "proclamar". Fueron escritos para proclamar la buena nueva del advenimiento de Jesús: del Mesías o Cristo. Estaban dirigidos a los creyentes, para confirmarlos e instruirlos en su fe, y a los no creyentes, para conducirlos a ella. Los evangelistas no se propusieron lograr una objetividad como la que se espera de un moderno periodista; animados por la creencia de estar refiriéndose a hechos milagrosos, obra de Dios en el mundo, escribieron documentos de fe, de principio a fin. Esta actitud se expresa claramente al comienzo del evangelio según San Marcos: "Principio del evangelio de Jesucristo, Hijo de Dios."

¿Por qué son cuatro los evangelios? La respuesta no es sencilla. San Lucas comienza el suyo diciendo que "muchos" habían ya escrito acerca de lo que él se proponía narrar. Es pues obvio que en la Iglesia primitiva no se conocían los cuatro evangelios tradicionales; en realidad, durante sus primeros siglos circularon docenas de evangelios, que se denominan apócrifos y de los cuales sólo algunos fragmentos han perdurado hasta nuestros días. De estos textos apócrifos, quizá el más conocido es el evangelio según Tomás, escrito probablemente hacia comienzos del siglo II. Sólo se han encontrado unos cuantos fragmentos del texto griego original pero, en los años cuarenta de este siglo, en Egipto se descubrieron algunos manuscritos, entre los que se hallaba una traducción de todo este evangelio en lengua copta. El evangelio según Tomás difiere de los del Nuevo Testamento en que sólo incluye las palabras de Jesús y casi no relata los sucesos, ni siquiera la crucifixión y la resurrección, pero muchas de las frases de Jesús consignadas en este evangelio son similares a las referidas en el Nuevo Testamento: más aún, muchos expertos consideran que en ciertos casos la versión apócrifa podría estar más apegada a las palabras originales de Jesús que las versiones equivalentes en los evangelios tradicionales.

Dado que hay más de un evangelio, es inevitable que existan diferencias entre ellos. Se plantean entonces varias cuestiones: ¿Cuál de ellos está en lo cierto? ¿Es posible confiar en textos que difieren entre sí? ¿Por qué no existe sólo un evangelio que evite tales problemas?

El peso que tienen estas preguntas no pasó inadvertido para la Iglesia primitiva. A mediados del siglo II, un autor cristiano llamado Taciano intentó resolver las diferencias que existen entre los cuatro evangelios tradicionales fundiéndolos en una sola narración, denominada Diatesarón (que significa "a través de cuatro"). Esta obra fue usada en Siria durante varios siglos, como evangelio autorizado. En esa misma época, Marción, reformador de gran renombre, propuso otra solución: como los cuatro evangelios diferían entre sí, sólo uno podía considerarse como autorizado. Había que elegir, y Marción eligió el de San Lucas, no sin antes retocarlo a su modo.

S in embargo, estas soluciones no convencieron a la mayor parte de la Iglesia, que en cambio aceptó los cuatro evangelios como autorizados. Con todas sus diferencias, los cuatro tendrían que ser considerados como textos sagrados, aunque en ocasiones las razones que se adujeron resultan notables para el criterio moderno. Por ejemplo, hacia finales del siglo II, Ireneo, obispo de Lyon, ciudad de la Galia meridional, escribió: "El número de evangelios no puede ser ni mayor ni menor del que es. Cuatro son las zonas del mundo en que vivimos, cuatro los principales vientos, y la Iglesia, que se ha extendido alrededor del mundo, tiene como pilar y sostén al Evangelio y al espíritu de vida; por tanto, es apropiado que tenga cuatro pilares, para que éstos alienten la incorrupción en todas las direcciones y vivifiquen de nuevo a los hombres."

Sea como fuere, la adopción de sólo cuatro evangelios tuvo efectos profundos: casi todos los demás cayeron en desuso y muchos se perdieron para siempre. Inevitablemente, la idea que de Jesús se formaron las subsecuentes generaciones estuvo determinada por el hecho de que al respecto sólo hubiera cuatro textos canónicos. Y, a la vez, como eran cuatro y no sólo uno, desde el principio existió en el Nuevo Testamento una cierta variedad de interpretaciones acerca de Jesús.

L os cuatro evangelios tienen un mismo propósito básico: proclamar la historia de Jesús como un mensaje de salvación divina. Muchos aspectos de su contenido son también similares; por ejemplo, los cuatro, a diferencia del de Tomás, no se limitan a citar lo que Jesús dijo sino que también narran algunos sucesos de su vida. Las convergencias más numerosas se refieren al relato de la pasión y muerte de Jesús, lo cual tiene gran importancia no sólo para nuestra comprensión de tales sucesos, sino también para la teología cristiana; a diferencia del evangelio según Tomás, para los cuatro tradicionales la vida de Jesús sólo puede entenderse adecuadamente si se contempla a través del prisma de su muerte y resurrección.

La mayor similitud se observa entre los tres primeros evangelios —los de Mateo, Marcos y Lucas—, denominados sinópticos (palabra derivada del griego y que significa "mirada de conjunto"). Éstos presentan los sucesos en un orden que difiere respecto al utilizado en el evangelio según San Juan. Los tres coinciden en sus componentes e inclusive, en muchos pasajes, su redacción es casi idéntica. Tales similitudes pueden apreciarse mejor si los evangelios se leen en una edición "sinóptica", en la que los textos paralelos aparecen señalados al margen. (La tabla de la página siguiente es una sinopsis de algunos acontecimientos de la vida de Jesús; se indican los números del capítulo y de los versículos correspondientes a cada evangelio.)

Los paralelismos son tantos, que casi todos los expertos —ya desde San Agustín, en el siglo IV— consideran que los evangelistas debieron de conocer mutuamente sus textos. La explicación más común en nuestros días es que el evangelio según San Marcos, el más corto de los cuatro, fue el primero, y que en él se basaron San Mateo y San Lucas para escribir los suyos. Como estos dos últimos evangelistas conocían muchas otras tradiciones referentes a Jesús, inclusive una recopilación primitiva de sus enseñanzas, quisieron evitar que se perdieran y las intercalaron en el texto básico que San Marcos había redactado. Además, cada evangelista tenía en mente a la comunidad cristiana en que vivía; por tanto, entre ellos existen importantes diferencias de detalles, matiz e interpretación.

Aunque las diferencias entre los evangelistas suelen considerarse como un problema histórico, en realidad constituyen mucha de su riqueza. Cada evangelio tiene su propio carácter. Ninguno puede ser sustituido por otro. Sus diferencias de contenido han contribuido a evitar que el testimonio manifiesto en el Nuevo Testamento se vuelva rígido.

Las divergencias que, grandes o pequeñas, existen entre cada página de los evangelios, inclusive en el caso de los sinópticos, han existido siempre. Es decir, Mateo y Lucas sabían perfectamente —y, al parecer, no les importaba— que a menudo no se estaban limitando a repetir lo que había dicho Marcos.

Sucesos de la vida de Jesús según constan en los evangelios

		Mateo	Marcos	Lucas	Juan
PRIMEROS AÑOS	Nacimiento	1, 18-25		2, 1-7	
	Adoración de los Magos	2, 1-12			
	Huida a Egipto	2, 13-21			
	Jesús entre los eruditos del Templo			2, 41-51	
	Bautismo de Jesús	3, 13-17	1, 9-11	3, 21-22	
	Conversión del agua en vino				2, 1-11
	Tentación en el desierto	4, 1-11	1, 12-13	4. 1-13	
MINISTERIO DE JESÚS	Inicio del ministerio en Galilea	4, 12-17	1, 14-15	4, 14-15	
	Jesús llama a los primeros discípulos	4, 18-22	1, 16-20	5, 1-11	1, 35-51
	Sermón de la Montaña	5, 1 – 7, 29		6, 20-49	
	Nombramiento de los apóstoles	10, 1-42	3, 13-19; 6, 7-19	9, 1-6	
	Multiplicación de los panes y los peces	14, 13-21	6, 32-44	9, 10-17	6, 1-14
	Jesús camina sobre las aguas	14, 22-33	6, 45-52		6, 16-21
	Pedro confiesa que Jesús es el Cristo	16, 16	8, 29	9, 20	
	Transfiguración de Jesús	17, 1-13	9, 2-8	9, 28-36	
	Jesús resucita a Lázaro				11, 1-44
ÚLTIMOS DÍAS	Entrada en Jerusalén	21, 1-11	11, 1-10	19, 28-44	12, 12-19
	Expulsión de los mercaderes del Templo	21, 12-13	11, 15-17	19, 45-46	2, 13-17
	Traición de Judas	26, 14-16	14, 10-11	22, 3-6	
	Preparación de la Pascua	26, 17-19	14, 12-16	22, 7-13	
	Última Cena	26, 20-29	14, 17-25	22, 14-18	13, 1-30
	Prendimiento	26, 47-56	14, 43-52	22, 47-53	18, 2-12
	Proceso	26, 57 – 27, 26	14, 53 –15, 15	22, 54 – 23, 25	18, 13 – 19, 16
	Crucifixión y muerte	27, 33-54	15, 22-39	23, 33-47	19, 17-37
	Sepultura	27, 57-61	15, 42-47	23, 50-56	19, 38-42
	Resurrección	28, 1-10	16, 1-8	24, 1-11	20, 1-18
	Aparición a los discípulos	28, 16-20	16, 12-18	24, 13-49	20, 19 – 21, 23
	Ascensión		16, 19	24, 50-51	

9

Algunas veces optaron por cambiar el orden de los sucesos; por ejemplo, según San Lucas, el rechazo que en Nazaret sufrió Jesús ocurre al principio de su ministerio, mientras que para San Mateo y San Marcos ese incidente es muy posterior. Algunas veces dos evangelios preservan distintas tradiciones acerca de un mismo suceso, como en el caso de los relatos del nacimiento de Jesús según San Mateo y San Lucas. Es frecuente que las frases de Jesús, o los detalles de un determinado relato, difieran entre un evangelio y otro.

Sin embargo, las mayores diferencias se perciben cuando el lector compara los tres evangelios sinópticos con el de San Juan. A este nivel el cambio es profundo por todos conceptos. Para percatarse de estas diferencias, basta observar cómo los contemporáneos de Jesús reaccionan ante él en cada relato. Aunque los cuatro evangelios dejan muy en claro quién es Jesús, los sinópticos llevan al lector a través de un largo proceso en el que se percibe cómo los discípulos y otros seguidores alcanzan gradualmente la fe; en los tres, un gran avance en este proceso ocurre cuando Pedro confiesa que Jesús es el Cristo, y culmina tras la muerte y resurrección de su maestro. En cambio, en muchos aspectos el evangelio según San Juan comienza donde los otros terminan; desde el primer capítulo, narra cómo diversas personas confiesan la divinidad de Jesús llamándolo "el Cordero de Dios que quita el pecado del mundo", "el Mesías", "Cristo", "Hijo de Dios", "rey de Israel". San Juan comienza enunciando estos títulos y luego, a lo largo de toda la narración, explora qué significan. Muchos expertos consideran que el evangelio de San Juan es una profunda reflexión teológica sobre las tradiciones de la Iglesia primitiva referentes a Jesús.

El cristianismo ha asociado a los cuatro evangelistas con los "cuatro seres" del Apocalipsis (4, 6): a Mateo, Marcos, Lucas y Juan con un hombre, un león, un toro y un águila respectivamente. (Mosaicos de Ravena, Italia, del siglo VI.)

El lector avezado percibe que, en el relato de San Juan, Jesús habla en extensos discursos teológicos, mientras que en los sinópticos suele hacerlo en parábolas; además, abundan las revelaciones: "Yo soy el pan de vida"; "Yo soy la luz del mundo"; "Yo soy el buen pastor"; "Yo soy la resurrección y la vida". El estilo de estos discursos es tan característico, que el lector aprende en seguida a diferenciarlo del estilo utilizado en los evangelios sinópticos. Muchos sucesos narrados en los sinópticos no los menciona San Juan; por ejemplo: el bautismo y las tentaciones de Jesús, la Transfiguración, la expulsión de demonios, las enseñanzas en parábolas, la institución de la Cena del Señor y la oración de Getsemaní.

Sin embargo, el hecho importante es que a pesar de estas notorias diferencias, la Iglesia primitiva reconoció que los cuatro evangelios daban testimonio de la creencia fundamental de las comunidades cristianas. Habría sido posible evitar los problemas que debido a tales diferencias se plantean excluyendo del Nuevo Testamento al evangelio según San Juan, o incluyendo sólo a éste; pero los primeros cristianos no lo hicieron así. Cada evangelio sinóptico afecta en alguna medida la interpretación de los otros, y a los tres los afecta el de San Juan. Ninguna fuente ofrece más información acerca de Jesús que los cuatro evangelios tradicionales.

¿Quién escribió los evangelios? Podría decirse que Mateo, Marcos, Lucas y Juan, sin más rodeos. No obstante, muchos expertos señalan que estos cuatro nombres quedaron asociados a sus respectivos textos sólo a partir del siglo II, lo cual deja sin respuesta concluyente la pregunta inicial. Los evangelistas no se preocuparon por salir del anonimato, ni siquiera el autor del cuarto evangelio, que en los últimos versículos lo atribuye al "discípulo que Jesús amaba", pero sin decir el nombre; desde luego, la tradición considera que el "discípulo amado" era Juan, hijo de Zebedeo, y por tanto este evangelio se atribuye a San Juan. El primero en atribuir a San Mateo la redacción del evangelio que lleva su nombre fue Papías, obispo de Hierápolis, Asia Menor, en el siglo II; pero Papías dice que el apóstol Mateo escribió en hebreo, y el evangelio que conocemos fue escrito muy probablemente en griego. ¿Se trata del mismo texto?

En muchos sentidos, las discusiones eruditas acerca de quién escribió cada evangelio carecen de importancia. El hecho de que el evangelio según San Lucas lo haya escrito Lucas, compañero de Pablo, tal como por lo general se cree, o que lo haya escrito algún otro cristiano del siglo I, ni aumenta ni disminuye la trascendencia del texto. Lo que importa es que los evangelios han dado a las comunidades cristianas —y al mundo entero— la posibilidad de saber acerca de una persona y unos sucesos que afectaron profundamente la historia subsecuente. Todos los herederos de la civilización occidental, sean o no creyentes, han recibido esa poderosa influencia.

Capítulo 1 | El nacimiento del Salvador

Según el evangelio de San Lucas, "En aquellos días salió un edicto de César Augusto para que se empadronase todo el mundo... iban todos a empadronarse, cada uno a su ciudad." Así, José y María fueron a Belén, cuna de los antepasados de José, y Jesús nació en la ciudad de David.

J esús nació en tiempos de paz, una paz vigilada por las legiones romanas cuya presencia desalentaba toda posible revuelta en los alejados confines del Imperio. En general, esa paz favoreció la prosperidad y hasta una cierta opulencia, incluso en las más apartadas provincias; no así en Palestina, pequeña región de unos 20.000 kilómetros cuadrados situada en el extremo oriental del inmenso territorio conquistado por Roma. Palestina fue sometida al yugo romano cuando las legiones de Pompeyo tomaron Jerusalén, el año 63 a.C., y los judíos que la habitaban (alrededor de un millón) se convirtieron en meros contribuyentes de uno de los más vastos sistemas tributarios que han existido, y que se basaba en los impuestos que pagaban los pueblos conquistados. Las magnas obras que el gobierno emprendía (rectilíneos caminos y elevados acueductos, edificios de mármol y anchurosas plazas) se sufragaban en gran medida con los impuestos, que afectaban de modo muy severo a los estratos sociales más pobres. En cuanto a impuestos, como en todo lo demás, Roma actuaba con mano férrea. Periódicamente, se facultaba a los gobernadores provinciales para que realizaran un censo a fin de organizar el padrón fiscal. Uno de tales censos fue el motivo de que José y María viajaran 150 kilómetros hasta Belén.

De vez en cuando, Roma ordenaba un censo de los pueblos a ella sometidos, a fin de aumentar el padrón fiscal y así recaudar más impuestos que permitirían llevar a cabo las obras imperiales. Es probable que los soldados romanos fueran los encargados de anunciar la realización de un censo. En tiempos de Jesús, Palestina pertenecía a una provincia romana.

En su evangelio, San Lucas nos dice que, por órdenes del emperador César Augusto, los súbditos que habitaban Palestina tuvieron que presentarse en el lugar de origen de sus respectivas familias para empadronarse, y que en esa época el gobernador de Siria era Cirino. No obstante, los historiadores no han hallado referencias acerca del censo al que San Lucas alude.

Se sabe con certidumbre que cuando el ex cónsul romano Publio Sulpicio Cirino gobernó en Siria (provincia a la que Palestina pertenecía) tuvo lugar un censo por lo menos, pero éste corresponde al año 6 de nuestra era, una década después de la muerte del rey Herodes el Grande. Sin embargo, tanto San Lucas como San Mateo nos dicen que el nacimiento de Jesús tuvo lugar durante el reinado de Herodes.

¿Acaso San Lucas, como quizá otros autores del Nuevo Testamento, se confundió al reseñar la vida de Jesús? Los evangelios fueron escritos entre 70 y 100 años después del nacimiento de Jesús. En ese lapso, los relatos que tanto cautivaban a los primeros cristianos bien pudieron haber sufrido alteraciones conforme circulaban de boca en boca, tal vez miles de veces.

¿O acaso San Lucas se permitió algunas libertades narrativas? El relato del viaje a Belén posee un enorme encanto, en parte debido a que despierta en el lector la ternura hacia aquella candorosa gestante obligada a soportar con entereza las dificultades del camino (se trataba de una larga jornada de cinco días, desde el pueblecito campesino de Nazaret, en la Baja Galilea, hasta Belén, ciudad de los antepasados de José, en el desierto de Judá).

¿O acaso el censo tuvo lugar realmente pero sin presentar una importancia suficiente como para que le prestaran atención los cronistas del Imperio Romano, inmenso territorio compuesto por 30 provincias que en conjunto abarcaban una superficie de aproximadamente cinco millones de kilómetros cuadrados? Además, Palestina estaba tan lejos del centro del poder terrenal...

Bien sea debido a una inexactitud, a una libertad narrativa o a una laguna de los cronistas romanos, el hecho es que tal género de ambigüedad se repite a lo largo de la vida de Jesús. Para la mayoría de los lectores esas imprecisiones no alteran la esencia del relato evangélico, y además son comprensibles, dadas las circunstancias en que se escribió el Nuevo Testamento. El registro histórico literal y exacto constituye una tendencia bastante moderna. En cambio, en aquellos tiempos, la preocupación por recabar los hechos escuetos tenía una importancia muy secundaria frente al mensaje espiritual de los relatos que se escuchaban de labios de quienes habían conocido a Jesús.

Sólo San Lucas y San Mateo dejaron por escrito la historia del nacimiento de Jesús, en los primeros dos capítulos de sus evangelios. Aunque ambos evangelistas difieren en los detalles de su narración e incluso parecen contradecirse en ocasiones, su propósito es uno y el mismo: demostrar que Jesús era en efecto el Mesías del que hablaron los profetas. Por ejemplo, ambos autores nos dicen que Jesús nació en Belén, pero cada uno tiene su punto de vista acerca de ese hecho. Según San Mateo, el nacimiento en Belén cumple una profecía asentada en el Antiguo Testamento (Miqueas 5, 2), pero el evangelista no explica por qué José y María estaban en Belén. Por su parte, el evangelio de San Lucas, al explicarnos que José y María se encontraban en Belén con motivo de un censo, intenta mostrar cómo Dios se valió del mayor imperio terrenal para que el nacimiento de Jesús ocurriera en aquella ciudad y se cumplieran las Escrituras.

En las cuestiones fundamentales y más importantes, ambos evangelistas coinciden. Ambos subrayan la intervención de las promesas y los anuncios divinos y muestran el origen humilde de Jesús. Por ejemplo, San Lucas señala que lo único que diferenciaba a María de las demás aldeanas era la pureza de su alma, y San Mateo muestra que José fue elegido para desempeñar su difícil

El Camafeo que se muestra arriba, representa al emperador Augusto; forma parte de una cruz incrustada de piedras preciosas, plasmada en el siglo X por encargo de Otón II, emperador del Sacro Imperio Romano. Después del asesinato de Julio César en el año 44 a.C., Octavio, joven ambicioso que habría de ser emperador, llegó al poder como miembro de un triunvirato del que también Marco Antonio formaba parte. Trece años después, Octavio gobernó solo. El año 27 a.C. el senado le otorgó el título honorario de Augusto. El Imperio Romano prosperó bajo el reinado de César Augusto y entró a un largo período de paz relativa.

misión por su fe y su temple, no por su situación material. Así que, ambos autores muestran cómo la elección de los padres de Jesús no obedeció a razones de boato sino a su sinceridad de corazón: uno de los grandes temas del Nuevo Testamento.

Dos anunciaciones

El relato que del nacimiento de Jesús nos hace San Lucas comienza poco más de un año antes del viaje a Belén, con la concepción y el nacimiento de Juan, que habría de ser llamado el Bautista. Zacarías e Isabel formaban una devota pareja de ancianos que vivían en las colinas de Judea; no habían tenido hijos aunque "ambos eran justos ante Dios y caminaban sin tacha en todos los mandamientos y preceptos del Señor". San Lucas hace hincapié en ello porque, según las creencias tradicionales de los judíos, la infertilidad de una mujer era señal de reprobación divina. Isabel tuvo que haber sufrido ese oprobio y seguramente ya había perdido la esperanza de tener hijos.

Un día, Zacarías, que era sacerdote, se hallaba en el templo quemando incienso conforme al rito acostumbrado; de pronto, un ángel apareció junto al altar y le anunció que Isabel concebiría un hijo "lleno del Espíritu Santo". El niño tendría que llamarse Juan y poseería los mismos

La ruta principal de Nazaret a Belén cruzaba por Jerusalén; casi a diario pasaban por ella innumerables caravanas de mercaderes, así como soldados y también judíos que iban al Templo. Según la tradición, María realizó este arduo viaje a lomo de asno mientras José caminaba a su lado. Debido a la escasez de agua, los viajeros la llevaban consigo en grandes odres de cabra (derecha); los alimentos y otras provisiones se llevaban en bolsas de paja.

San Mateo y San Lucas nos proporcionan la genealogía de Jesús, San Mateo comienza su evangelio remontándola hasta Abraham, el gran patriarca hebreo. San Lucas, en el capítulo 3 de su evangelio, se remonta hasta "Adán, el hijo de Dios". San Mateo menciona estos nombres:

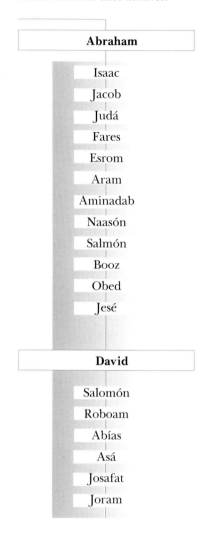

Abraham

Isaac

Jacob

Judá

Fares

Esrom

Aram

Aminadab

Naasón

Salmón

Booz

Obed

Jesé

David

Salomón

Roboam

Abías

Asá

Josafat

Joram

dones espirituales que Elías, uno de los más venerados profetas del Antiguo Testamento; además, habría de lograr que muchos judíos se convirtieran nuevamente a Dios y prepararía al pueblo para cumplir los inescrutables designios del Señor.

Aunque Zacarías era un hombre piadoso, reaccionó con incredulidad. El sentido común le decía que su mujer, ya anciana, sólo podría ser fértil y dar a luz si se produjera un milagro. Pero de eso se trataba, precisamente. El ángel reveló su identidad ("Yo soy Gabriel") y dijo a Zacarías que, por su falta de fe, quedaría mudo hasta el día en que su hijo naciera. Cuando Isabel se percató de que estaba encinta se llenó de alegría por aquella bendición que Dios le había concedido.

La historia de Zacarías e Isabel sorprende por su similitud con la de otros nacimientos milagrosos que se relatan en el Antiguo Testamento: Abraham y Sara, al igual que Manué y su esposa, no habían tenido hijos debido a la esterilidad de las mujeres (hasta los 90 años de edad, en el caso de Sara) pero luego llegaron a ser padres, de Isaac y de Sansón, respectivamente. En ambos casos se trata de un milagro que canceló los efectos de la esterilidad y de la edad avanzada y que fue anunciado por un ángel del Señor o por el Señor mismo. También en ambos casos, quien escuchó el anuncio sintió temor o se prosternó; no sólo se le anticipó que tendría un hijo, sino cuál sería su destino. En el caso de Isaac, se anunció asimismo cómo tendría que llamarse. La historia de Juan el Bautista concuerda exactamente con las anteriores y viene a ser la preparación del hecho más excepcional de todos: no ya que una mujer estéril y anciana dé a luz, sino que una virgen conciba un hijo.

En el sexto mes del embarazo de Isabel, Gabriel fue a Nazaret. La conmovedora escena de su aparición ante la joven Virgen María ha inspirado a los artistas durante todos los siglos de la Era Cristiana. María, la prometida de José, quedó atónita al escuchar: "Dios te salve, llena de gracia, el Señor es contigo" (el comienzo del "Ave María", derivado de la versión latina de la Biblia y que ha inspirado más de un himno religioso).

El mensaje del ángel, conocido como la Anunciación, expresaba la promesa de que María concebiría un hijo cuyo nombre sería Jesús, que habría de ser el "Hijo del Altísimo", reinaría en el trono de David y "cuyo reino no tendrá fin". La reacción de María ante el anuncio del enviado de Dios fue bastante sensata: todavía no tenía esposo, ¿cómo podía entonces concebir un hijo? Gabriel le explicó: "El Espíritu Santo vendrá sobre ti y la virtud del Altísimo te cubrirá con su sombra."

El ángel también le dijo a María que Isabel, su parienta, en su ancianidad había concebido un hijo, y agregó una frase que para muchos cristianos se ha convertido en consuelo espiritual cuando prevalecen la confusión y la desesperanza: "Porque nada hay imposible para Dios." María creyó en la verdad de las palabras del ángel y declaró que ella era la sierva del Señor.

José y su misión

Por San Mateo sabemos que José se sintió afligido al descubrir que su prometida estaba encinta. Siendo un hombre justo, prefirió no denunciarla y optó por llevar a cabo una separación discreta. En realidad, solamente tenía que establecer por escrito sus intenciones en presencia de dos testigos, que bien podrían ser los padres de María, sin inmiscuir ni informar a nadie más.

En la actualidad, la idea de un divorcio no puede aplicarse a una pareja cuyos miembros están sólo comprometidos; pero, según la costumbre judía, generalmente el compromiso se consideraba tan formal como si se tratase del matrimonio propiamente dicho. Por ejemplo, si el prometido moría, su novia era considerada como viuda. Comúnmente el compromiso de matrimonio duraba alrededor de un año; en algunas regiones era bastante usual que la pareja, una vez comprometida, tuviera relaciones íntimas, y la infidelidad en tales circunstancias equivalía a un adulterio. José estaba en pleno derecho de terminar su compromiso divorciándose. Por mucho que amase a María, todo parecía indicar que lo había traicionado.

El nombre Jesús es la versión griega del nombre hebreo Yeshúa. Este aparece inscrito en un osario (depósito de huesos de difuntos) del siglo I a.C.

Antes de que pudiera realizar su plan, José tuvo un sueño en el que un ángel, llamándolo "José, hijo de David", le explicó que el hijo que María había concebido era obra del Espíritu Santo. El ángel también le dijo que el niño habría de llamarse Jesús. El nombre de Jesús es la versión, en griego, de Yeshúa, nombre hebreo que a su vez es una contracción de Yehoshúa (que generalmente se traduce como "Yavé salva") o Josué, en español. Aunque este nombre era bastante común, resulta significativo, pues Jesús habría de "salvar a su pueblo de sus pecados". El ángel concluyó diciendo que el hecho de que una virgen concibiera y diera a luz cumpliría una profecía acerca del advenimiento del Mesías. Así pues, José tomó a María por esposa, aunque no consumó el matrimonio con ella.

Como José era descendiente del rey David, a lo cual aluden la salutación del ángel y la genealogía registrada por San Mateo, su matrimonio con María hizo posible que Jesús naciera simbólicamente "en la casa de David".

David es un personaje predilecto del judaísmo. Nació en Belén, un milenio antes que Jesús, y cuidó ovejas en las colinas cercanas a la ciudad. Fue un notable poeta y arpista y probablemente compuso varios de los salmos que se le atribuyen. También fue un valeroso guerrero y caudillo. Se admite que comenzó muy joven su carrera militar, cuando mató al gigante Goliat lanzándole con su honda una piedra. Libró victoriosamente muchas batallas. A la muerte de Saúl, primer rey de Israel, David fue coronado como su sucesor. Israel vivía entonces tiempos de independencia, expansión y prosperidad. De la mayor importancia para las futuras esperanzas de su pueblo fue la promesa que Dios hizo a David y sus descendientes, descrita en el segundo libro de Samuel (7). Dios le prometió a David que su reino y su trono permanecerían "firmes hasta la eternidad". Inclusive más tarde, cuando ya no había en el trono ningún miembro de la dinastía de David, muchos eran los que anhelaban que alguno de sus descendientes volviera a reinar para que se cumpliera la promesa. Tanto San Lucas como San Mateo hacen hincapié en el origen davídico de Jesús, como suprema consumación de aquellos anhelos y de la promesa de Dios.

La visitación

Antes del nacimiento de Jesús, María respondió a las buenas noticias que el ángel Gabriel le dio acerca de su "parienta" Isabel. San Lucas nos relata la historia pero sin aclarar cuál era ese parentesco que existía entre ambas; la tradición generalmente afirma que eran primas. Sea como fuere, no cabe duda que María e Isabel se profesaban un gran afecto; prueba de ello es que María se dispuso a visitar en seguida a la anciana que había recibido de Dios una bendición tan singular. No se conoce el nombre de la localidad donde vivían Zacarías e Isabel, pero, dado que era un pueblo de Judea, pudo haber distado hasta unos 150 kilómetros de Nazaret, hacia el sur (una jornada de cinco días por lo menos).

Ozías
Joatam
Acaz
Ezequías
Manasés
Amón
Josías
Jeconías
Salatiel
Zorobabel
Abiud
Eliakim
Azor
Sadoc
Aquim
Eliud
Eleazar
Matán
Jacob
José

Jesús

Cuando María entró en casa de Zacarías dio la enhorabuena a Isabel, y en ese momento Juan "saltó" en el seno de su madre; Isabel, "llena del Espíritu Santo", exclamó: "¡Bendita tú entre las mujeres, y bendito el fruto de tu vientre!" María contestó gozosamente, y comenzó diciendo: "Mi alma engrandece al Señor..." En esta respuesta, conocida como el "Magnificat", María no sólo alabó la misericordia, fuerza y generosidad que Dios tuvo para con ella, sino también celebró la forma en que, por medio de aquellos sucesos, Dios había derribado a los poderosos y soberbios y enaltecido a los desprotegidos y humildes: "Por eso todas las generaciones me llamarán bienaventurada."

María estuvo con su parienta durante unos tres meses. Pero San Lucas nada nos dice de lo que ocurrió en ese lapso, es razonable suponer que María ayudó a Isabel en el quehacer doméstico, que sin duda se complicó en vista de los acontecimientos. Todos los días había que sacar agua del pozo del pueblo, hornear el pan, hacer el requesón de leche de cabra e ir a comprar los días de mercado. Para hacer los lienzos, primero había que hilar y después tejer en el telar.

Seguramente María e Isabel hicieron juntas muchas de estas labores, casi sin pensarlo puesto que se trataba de sus obligaciones cotidianas; pero podemos figurarnos que, mientras tanto, comentaban entre sí los profundos misterios de las bendiciones que Dios les había concedido. En su alegría y no obstante su fe profunda, seguramente estaban intrigadas. Hilaban, amasaban y cocinaban, casi desdibujadas por su condición humilde, como si no fuesen más que siervas de alguna mansión de Roma o de Jerusalén, pero ellas eran los instrumentos por los que habría de llegar la salvación al mundo.

El nacimiento de Juan el Bautista

Poco después de que María regresó a Nazaret, Isabel dio a luz, con gran alegría de los muchos parientes y amigos que siempre la habían querido y respetado. Conforme a la ley judaica, el niño fue circuncidado el octavo día después de su nacimiento; seguramente hubo fiesta en casa de Zacarías para celebrar el acontecimiento.

La circuncisión no era una práctica exclusiva de los judíos; desde hacía mucho la efectuaban los egipcios y otros pueblos semitas. No se han puesto de acuerdo los historiadores acerca de los orígenes y el significado de esta costumbre, pero para los judíos se trataba de un signo fundamental de la alianza que el Todopoderoso estableció con Abraham y servía para distinguirlos de sus antiguos enemigos, los filisteos primero, y posteriormente los babilonios, los griegos y los romanos.

Algunos autores antiguos supusieron que la higiene era un factor que podía explicar el origen del rito de la circuncisión; otros pensaron que su propósito fundamental era propiciar la fertilidad o disminuir el deseo carnal. Lo cierto es que, independientemente de tales posibles razones, para el pueblo judío se trataba de la ley de Dios.

Por lo general el nombre del hijo se anunciaba durante el rito de la circuncisión. Hubo cierto revuelo cuando Isabel dijo que su niño se llamaría Juan. La extrañeza de los concurrentes se debía a que, contra la costumbre, ese nombre no tenía nada que ver con la familia; según San Lucas, en ésta nadie se había llamado Juan. Zacarías, que seguía mudo desde que vio al ángel, por señas pidió que le dieran algo para escribir, y puso "Juan se llama". Los invitados quedaron perplejos, y más todavía cuando, después de meses de silencio, Zacarías abrió de pronto la boca y comenzó a alabar al Señor a voces. Su oración, que evoca la prolongada historia de la relación de Dios con el pueblo judío y que predice la misión de Juan como "profeta del Altísimo", es lo que hoy conocemos como el "Benedictus".

Continúa en la página 22

Campo florido de la fértil Galilea.

José y María partieron de Nazaret, en Galilea,
y cruzaron Samaria para llegar a Belén.

Colinas de
Samaria
(izquierda) y el
desierto de Judá
(derecha).

Una caravanera

Las posadas de los alrededores de Belén eran muy similares a este tipo de caravanera, tan frecuente en las principales rutas comerciales de la época. Las caravaneras proporcionaban no sólo alojamiento sino también protección, pues estaban construidas con piedra caliza o con adobes y tapiadas para desalentar a los bandidos. Los viajeros que a lo lejos divisaban el perfil de una posada, tras una dura jornada de camino, seguramente suspiraban de alivio. Las caravaneras o posadas se edificaban en torno de una fuente natural, de modo que los viajeros podían aprovisionarse de agua del pozo y llevar a sus animales al patio a abrevar y pastar. Probablemente los huéspedes más pobres dormían en el patio, pero cuando hacía mal tiempo se resguardaban en las galerías que formaban la planta baja. Por una escalera de piedra se subía a un corredor al

cual daban las habitaciones, pequeñas y modestas, que estaban a disposición de quienes pudieran pagarlas. A cubierto con mantas y esteras colgadas, estos huéspedes se libraban un poco de la barahúnda y el olor del desaseado patio.

San Lucas dice que María y José no hallaron sitio en la posada, lo cual no necesariamente significa que ésta estuviera atiborrada de gente. Como su esposa estaba encinta y rendida del viaje, es posible que José prefiriera buscar un lugar tranquilo en el cual descansar y pasar la noche, tal como un apartado establo, en vez del desorden de una caravanera donde, por su proximidad a Jerusalén, se alojaban mercaderes, peregrinos y toda clase de viajeros, además de los arrieros y camelleros.

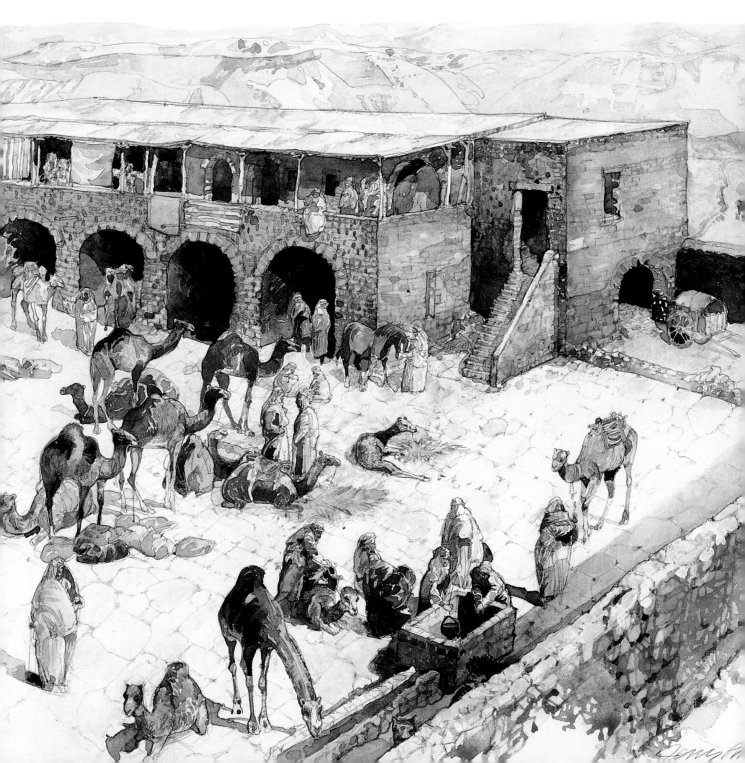

En las colinas calizas que se extienden desde Galilea hasta el Sinaí hay muchas cuevas habitables. Los pastores las usaban para resguardar sus rebaños del viento, la lluvia y el frío; inclusive podían excavar la pared de roca y hacer un pesebre, o perforarla, para dar de comer a sus animales. Tales pesebres aún existen en las colinas de Belén. Aunque la Biblia no lo aclara, es posible que Jesús haya nacido en una de estas cuevas.

Con la historia de Isabel y Zacarías, San Lucas sienta magistralmente los cimientos de los sucesos, aún más sorprendentes, que habrían de rodear el nacimiento de Jesús. Su descripción de los detalles, las costumbres cotidianas y los rasgos característicos de cada personaje forman un cuadro muy vívido. San Lucas convence y conmueve al lector gracias al sutil contraste que consigue establecer entre las más humanas minucias y el incomprensible poder de la Divinidad.

No les dan posada

San Lucas comienza el relato del nacimiento de Jesús refiriéndose al censo y al viaje de Nazaret a Belén. No proporciona detalles acerca del viaje. Lo más probable es que María y José hayan tenido que viajar de día, cuando el sol quema, y hayan descansado por la noche, seguramente pidiendo posada en casa ajena; en aquellos tiempos uno tenía la obligación de brindar hospitalidad a los viajantes.

Belén se encuentra en una colina no muy alta pero sí muy empinada, entre los cerros rocosos del sur de Jerusalén. La ciudad está rodeada de verdes campos y frondosos olivares, pero hacia el este se extiende un áspero desierto más allá del cual comienza el Mar Muerto. Desde los tiempos de David había existido cerca de Belén una caravanera (un gran patio-posada donde pernoctan las caravanas), debido a que la ciudad se hallaba en la ruta principal entre Jerusalén y Egipto.

Cuando llegaron a Belén, José y María no encontraron sitio en la caravanera, de modo que probablemente trataron de encontrarlo en alguna casa; San Lucas no nos explica por qué nadie les dio albergue esa noche.

Sea como fuere, José y María tuvieron que acomodarse en algún lugar, en Belén o en sus inmediaciones, aunque no es posible saber con exactitud dónde ni cómo. El único indicio que nos da San Lucas, en su evangelio, es que al lado había un pesebre (una especie de cajón donde comen los animales), pero no aclara si éste se hallaba en un establo, en un corral o en una cueva. Tradicionalmente, se considera que el nacimiento de Jesús tuvo lugar en una cueva que servía de establo.

Las cuevas habitables son comunes en las lomas cercanas a Belén, y se sabe que en otros tiempos se usaban como establos. Ni José ni María pudieron

haberse sentido molestos o extrañados de tener que pasar la noche en una cueva destinada a ese uso; en aquella época la gente vivía en estrecho contacto con sus animales, que precisamente por eso se denominaban domésticos. Casi todas las casas estaban construidas de tal forma que las personas ocupaban la parte superior, y los animales, la inferior o planta baja.

Nace Jesús

De la noche en que María dio a luz, San Lucas no comenta sino el hecho escueto de que Jesús nació. Sin embargo, es posible que una partera haya asistido a María durante el alumbramiento, tal como lo afirma la tradición. De ser éste el caso, fue la partera betlemita quien cortó el cordón umbilical al niño. Para bañarlo, tuvo que haber acarreado agua o pedirle a José que lo hiciera. De acuerdo con la costumbre, para evitar infecciones tuvo que haber frotado con sal el cuerpo de Jesús.

Es razonable pensar que el pesebre estuviera lleno de paja; pero antes de colocar al recién nacido en tan sencilla y mullida cuna, María tuvo que envolverlo con fajas.

El uso de fajas no tenía por único objeto el proteger del frío a la criatura, sino que era también una forma de limitar sus movimientos, para que sus brazos y piernas crecieran rectos y fuertes, según se pensaba entonces. Quizá una vez al día se liberaba de aquellas largas tiras de tela al niño, se le bañaba y se le frotaba suavemente con aceite de oliva o con polvo de hojas de mirto, para luego tornar a envolverlo. La utilización de fajas, aunque tiende a desaparecer, todavía subsiste en algunas regiones rurales del Cercano Oriente y de nuestro país.

En este relieve de piedra (siglo XIV) se representa la Navidad. El Niño Jesús está envuelto en fajas y acostado en un pesebre, conforme a la descripción de San Lucas. Los animales del establo miran con ternura al niño. El pesebre podía estar excavado dentro de una cueva o estar hecho a modo de pileta, como la que se ve arriba.

Unos pastorcillos pobres

Mientras Jesús dormía en el pesebre, los pastores con sus rebaños pasaban la noche a campo abierto en los alrededores de Belén. Después de quienes asistieron al nacimiento, fueron los primeros en saber que esa noche había ocurrido un milagro.

Los pastores desempeñaron un papel muy significativo en la historia de Jesús. No sólo nos recuerdan que es un descendiente de David, que a su vez había sido pastor en Belén, sino que también simbolizan el amoroso cuidado que habría de ser tan fundamental en el ministerio de Jesús. Más tarde Jesús habría de llamarse a sí mismo el Buen Pastor, puesto que en Palestina todo el mundo sabía perfectamente bien que el vínculo estrecho que une a un pastor con sus ovejas estriba en la confianza y el amparo, tal como ha quedado plasmado en el salmo 23: "El Señor es mi pastor, nada me falta..."

Era usual que los pastores guiaran a sus rebaños en vez de arrearlos como se acostumbra en Occidente. Aún en nuestros días, los pastores de Judea van al frente de sus rebaños y los llaman con un lenguaje peculiar que los hace apresurar el paso. El vínculo que se establece entre el hombre y los animales es tan estrecho, que el pastor de un rebaño poco numeroso no confunde nunca sus ovejas y éstas reconocen de inmediato su voz.

No era fácil el trabajo de pastor. Casi siempre a la intemperie, sólo un manto de pelo de camello y un paño liado a la cabeza y al rostro lo protegían del viento, la lluvia y el sol abrasador de mediodía. Para alimentarse le bastaba lo que podía llevar consigo: pan, queso, aceitunas, higos, dátiles y uvas pasas.

Tenía que llevar las ovejas a los pastizales y abrevaderos y, si alguna llegaba a caer en una grieta entre las rocas, había que bajar a rescatarla, o sacarla usando el cayado. Si la oveja se había herido, el pastor la llevaba en hombros hasta un sitio seguro y allí la curaba; por la noche, era necesario proteger el rebaño de los ladrones y los animales salvajes. En las lomas cercanas a Belén abundaban los depredadores: osos, leopardos, chacales y en ocasiones hasta hienas. La única defensa de las ovejas frente a un ataque era el pastor, armado con una honda y con una

Desde tiempos de Abraham los pastores han formado una parte importante del paisaje de Tierra Santa. Su estilo de vida ha tenido pocos cambios desde entonces. En el Nuevo Testamento se habla mucho de los pastores, y Jesús durante su ministerio se describía a sí mismo como un pastor de almas: "Yo soy el buen pastor; conozco mis ovejas y las mías me conocen a mí, como me conoce el Padre y yo a él; yo doy mi vida por mis ovejas" (Juan 10, 14-15).

vara incrustada de clavos o de afiladas piedras. Al combatir a los ladrones y a las fieras el pastor podía perder la vida.

Era común que los pastores construyeran majadas para proteger sus rebaños. La majada consistía en un cerco alto de piedras superpuestas rematado con ramas de espino. Como la entrada no tenía puerta, el pastor cerraba el paso recostándose en el suelo. Cuando varios pastores cuidaban un mismo rebaño, se turnaban para dormir.

La fecha de la Navidad

En el invierno (desde fines de noviembre hasta la Pascua) los pastos escasean y el frío y la lluvia azotan. No era posible mantener el rebaño a la intemperie y era necesario resguardarlo bajo techo. Dado que San Lucas dice que los pastores estaban "a cielo abierto y vigilaban durante la noche su rebaño", es muy probable que sea inexacta la fecha tradicional de la Navidad.

La Navidad se celebra el 25 de diciembre sólo a partir del siglo IV, cuando se escogió ese día por razones tanto prácticas como de simbolismo. En la Roma pagana, alrededor de esa fecha se celebraban las fiestas más populares, denominadas saturnales y caracterizadas por sus excesos. Entonces coincide también el solsticio de invierno, hecho astronómico en el que se hace patente el ciclo de las estaciones del año y el cual hace renacer la esperanza de que, tras la muerte figurada del invierno, la vida comience de nuevo. El nacimiento de

Jesús se fechó arbitrariamente para reforzar la idea de la esperanza en una nueva vida en el plano espiritual.

Según San Mateo, Jesús nació durante el reinado de Herodes el Grande. Puesto que este monarca murió el año 4 a.C., la Navidad forzosamente tuvo que ser anterior a esta fecha; casi todos los especialistas consideran que debió de ser en los años 6 o 7 a.C. En el siglo VI de nuestra era se hicieron cálculos para instituir la Era Cristiana, de modo que los años se numeraran a partir del nacimiento de Jesucristo. Por falta de datos históricos precisos, el monje Dionisio el Exiguo, encargado de hacer el cálculo, se equivocó al fijar la cronología y el error persiste hasta nuestros días.

Los ángeles cantan

Cualquiera que haya sido la fecha, San Lucas nos dice que en la noche de Navidad se apareció a un grupo de pastores betlemitas un ángel del Señor que los envolvió con su resplandor. "No temáis", les dijo, y añadió: "Os ha nacido un Salvador, que es el Cristo Señor." El mensajero de Dios les dio como señal este indicio: "Encontraréis un niño envuelto en pañales y acostado en un pesebre." Al instante apareció una multitud de ángeles cantando una loa que permanece profundamente asociada a la Navidad: "Gloria a Dios en las alturas, y paz en la Tierra a los hombres que Él ama."

Cuando los ángeles desaparecieron en el cielo, los pastores se apresuraron a regresar a Belén para encontrar al niño Jesús. Habían creído lo que escucharon. Al ver a María, a José y, acostado en el humilde pesebre, al recién nacido, quedaron perplejos. Convencidos de que el Todopoderoso había hecho un milagro, esparcieron rápidamente la noticia y, nos dice San Lucas, maravillaban a quienes los escuchaban. Sin embargo, faltaba mucho para que la multitud supiera quién era Jesús.

La adoración de los pastores confirmó en María lo que ya había comprendido. Ella "guardaba todo esto en su corazón y lo meditaba", pero el glorioso acontecimiento pasó inadvertido para casi todos los demás. En la Palestina

La actual ciudad de Belén, vista a lo lejos entre olivares. Llamada Efratá en el Génesis, ha sido habitada durante 35 siglos sin interrupción. El nombre Beth-lehem se suele traducir como "Casa del Pan". David, antepasado de José, nació allí y reinó hacia el año 1000 a.C. Todos los años se reúnen los peregrinos en los campos al este de la ciudad para celebrar la Navidad.

La "estrella" que guió a los Magos pudo haber sido una conjunción de dos planetas, o bien una nova, una supernova o un cometa. Algunos la relacionan con el cometa Halley (arriba), uno de los más predecibles que pueden verse desde la Tierra. El cometa es un símbolo tradicional del arte navideño.

sometida al poder de Roma había muchos judíos que, atribulados, aguardaban anhelosamente la liberación que les llegaría de manos del esperado Redentor; pero en aquel momento sólo unas cuantas personas sabían que, como dice San Lucas, el Redentor había llegado, y esas pocas no podían aspirar a que los dirigentes tuviesen disposición de escucharlas.

Con todas las de la ley

Como Juan antes que él, a los ocho días de nacido Jesús fue circuncidado conforme a la ley judaica. San Lucas nos recuerda que no era éste el único ritual asociado con el nacimiento. Según lo establecido por la ley, María tenía que abstenerse de asistir a los oficios religiosos durante cuarenta días, y durante los primeros siete se le consideraba impura. Si la criatura hubiese sido niña, estos períodos hubieran durado el doble.

Una vez transcurridos los cuarenta días estipulados, la familia viajó ocho kilómetros hasta Jerusalén para efectuar los ritos de purificación y presentar ofrendas en el Templo. Como primogénito, Jesús tenía que ser presentado ante Dios; según la ley, todo primogénito varón tenía que ser redimido en memoria de cuando Yavé, durante el Éxodo, dio muerte a todos los primogénitos de los egipcios y perdonó a los de los israelitas. Asimismo, María tenía que ofrecer en sacrificio dos tórtolas o dos pichones, que seguramente José compró en el atrio del Templo. Si José hubiese sido rico, podría haber comprado un cordero para sacrificarlo, pero era un humilde carpintero, y el precio de las tórtolas más los cinco siclos que debía pagar para redimir a su hijo suponían ya un fuerte desembolso.

El Templo, que era una enorme edificación de piedra de color pajizo, con columnatas de mármol, portones dorados y colgaduras multicolores, era un monumento de excepcional magnificencia. Se trataba del centro de la vida religiosa de los judíos. En los tiempos en que Jesús fue presentado, el Templo de Jerusalén bullía con cientos de sacerdotes (que como retribución recibían los animales ofrendados), sacrificadores, músicos, tesoreros y otros fieles.

En esa multitud resultan sorprendentes los encuentros relatados por San Lucas; un anciano llamado Simeón, a quien el Espíritu Santo había revelado que no moriría sin haber visto al Redentor prometido, se acercó a los padres de Jesús y tomó al niño en brazos. Alabando a Dios, Simeón oró: "Señor, ahora puedes ya dejar a tu siervo irse en paz." Sabía que había visto la "luz que iluminará a las gentes y que será gloria de tu pueblo Israel". De modo similar, Ana, una profetisa de 84 años de edad que ayunaba y oraba en el Templo sin cesar, se aproximó, dio gracias al Todopoderoso y habló acerca del niño a todos los que aguardaban la ansiada redención de Jerusalén.

San Lucas termina en ese punto la narración de los primeros días de Jesús y sólo agrega que la familia regresó a Nazaret una vez cumplidos los ritos de purificación. El siguiente suceso que nos relata ocurriría doce años después.

La estrella de Oriente

No obstante, por San Mateo cabe suponer que Jesús pudo haber pasado en Belén sus dos primeros años de vida. Nos dice que, habiendo nacido Jesús, "llegaron del Oriente a Jerusalén unos magos, diciendo: '¿Dónde está el rey de los judíos que ha nacido? porque hemos visto su estrella en el Oriente y venimos a adorarlo'".

San Mateo no describe con detalle la estrella que los magos seguían, sino que la presenta como un fenómeno milagroso: una estrella que los va guiando inexorablemente hasta detenerse sobre el lugar preciso en que estaba Jesús.

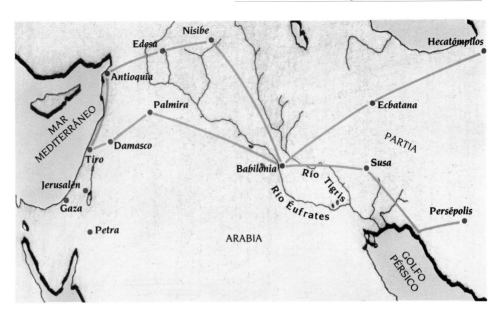

No se han encontrado datos históricos que expliquen lo narrado. No se sabe de ningún cometa importante que haya podido aparecer en la época del nacimiento de Jesús, pero el famoso cometa Halley pudo haber sido visto en el año 12 a.C. Son muchos los cometas que a lo largo de los siglos han surcado el firmamento con determinada periodicidad, aunque con tan escasa frecuencia que parecen portentos.

Otros dos fenómenos infrecuentes en el cielo nocturno son las novas y las supernovas, estrellas en explosión cuya brillantez aumenta mucho durante cierto período. Tanto es así, que difícilmente hubiesen pasado inadvertidas para los activos cronistas y astrónomos romanos.

Una tercera posibilidad natural que se puede considerar, sería la conjunción de dos planetas. Se ha calculado que Júpiter y Saturno se acercaron, de modo muy poco usual, tres veces en el año 7 de nuestra era. Debido a que este tipo de conjunción provoca un fenómeno luminoso notable algunos autores han especulado que San Mateo, que no era astrónomo, lo describió sencillamente como "una estrella".

A ciencia cierta no se sabe de dónde llegaron los Magos; las Escrituras sólo dicen que "de Oriente". Lo más probable es que provinieran de Persia, Babilonia o los desiertos del este de Palestina. En el mapa de arriba se muestran las principales rutas que partían desde esos lugares. Los camellos (abajo) eran el medio de transporte más práctico para cruzar el desierto. Los Magos pudieron haber formado una caravana propia, o bien unirse a una de mercaderes, lo cual protegía de los bandidos a los pequeños grupos de viajeros.

El hecho es que, cuando los Magos que vieron ese fenómeno celeste llegaron a Jerusalén y preguntaron por "el rey de los judíos" nacido recientemente, crearon inquietud y en particular a Herodes el Grande, precisamente el rey de los judíos, cuya dignidad le había sido conferida por el emperador de Roma.

"En tiempos de Herodes"

El nacimiento de otro rey de los judíos constituía un reto para Herodes. Varios atentados contra su vida habían estado muy cerca de poner fin a su reinado. Para mantener el poder, Herodes recurría a la diplomacia, a los políticos más influyentes de Roma y a una constante vigilancia contra sus enemigos.

Nada lo detenía para aplastar a sus posibles rivales. Viejo, cansado y quizá enloquecido por el rigor de su enfermedad, se valía de cualquier medio para averiguar lo que le interesaba.

Preguntó a los sacerdotes y escribas (eruditos) de Jerusalén. ¿Dónde tenía que haber nacido el Mesías? Ellos respondieron que debía ser en Belén, según la profecía. Dios había prometido que de esa ciudad saldría "un jefe que será el pastor de mi pueblo Israel". Esto no agradó a Herodes. Él era de la provincia de Idumea, al sur de Judea, y sus antepasados habían tenido que convertirse al judaísmo. Era difícil argumentar que la profecía legitimaba su mandato.

Herodes logró convertirse en rey de Judea gracias a sus ardides políticos, y conservó la corona recurriendo a la intriga y la violencia. Al saber que había nacido el "rey de los judíos", temió perder el trono. La Biblia dice que llamó a los Magos y les preguntó dónde se hallaba el recién nacido, fingiendo que quería adorarlo. Lo que en realidad pretendía era matarlo. Los Magos encontraron a Jesús pero, advertidos en sueños, se marcharon sin decir nada a Herodes.

En secreto, mandó llamar a los Magos para interrogarlos. Le dijeron que la excepcional "estrella" había aparecido por vez primera hacía dos años. Destilando hipocresía, Herodes instó a los visitantes a buscar diligentemente al niño, aduciendo que él también quería ir a adorarlo.

La adoración de los Magos

Los Magos prosiguieron su camino hasta Belén guiados por la estrella. Pero ¿quiénes eran estos Magos y de qué lejanas tierras provenían? A lo largo de los siglos han surgido muchas tradiciones que intentan explicarlo. En cuanto a su número, según la leyenda pudieron haber sido de tres a doce magos. Una tradición posterior los ha definido como "reyes". En la Edad Media se le puso nombre a cada uno: Melchor, Gaspar y Baltasar. Generalmente se considera que provenían de Persia o de Babilonia, aunque también se piensa que pudieron haber provenido de los desiertos de Arabia o inclusive de la tierra donde había gobernado la reina de Saba.

San Mateo los llama "magos" (término que puede traducirse como "sabios"). Por fuentes literarias fidedignas se sabe que tales magos eran expertos en astrología y adivinación. Se consideraban a sí mismos como discípulos de Zoroastro (o Zaratustra), importante reformador religioso persa que creía en un solo Dios. No obstante, sus discípulos habían caído en el dualismo y por tanto creían en dioses del bien y del mal; también incorporaron a su religión la astrología.

Siendo herederos del sacerdocio de Zoroastro, los Magos debieron de registrar todo cambio observable en la bóveda celeste. En la Antigüedad la astrología se consideraba como una ciencia, y los emperadores romanos, los filósofos

Los regalos de los Magos

Los Magos (sabios de Oriente) fueron los primeros gentiles, o paganos, que adoraron a Jesús. Es muy posible que los regalos que le llevaron (oro, incienso y mirra) hayan dado pie a la costumbre de hacer obsequios el 6 de enero, en la fiesta de la Epifanía o Noche de Reyes (según una tradición, los Magos eran también reyes). Según la tradición, el oro aludía a la realeza de Jesús y simbolizaba la virtud. El incienso aludía a su divinidad y simbolizaba la oración. La mirra indicaba que habría de morir (que era un ser humano) y simbolizaba el sufrimiento.

El oro que los Magos le llevaron al Niño Jesús pudo haber tenido cualquier forma, como la de esta magnífica vasija persa.

El tronco y las ramas del árbol del género Boswellia, *que crece en Arabia y África, tienen una gruesa corteza. Al cortar ésta, rezuma una resina blanquecina (el incienso). Hoy como ayer, esta resina se quema durante ciertos ritos.*

La mirra es una goma aromática derivada de un árbol de la especie Commiphora. *Se usaba para hacer perfumes y para embalsamar.*

griegos, los magos persas y hasta los sencillos labriegos estaban convencidos de su eficacia, basada en los conocimientos astronómicos acumulados durante generaciones. Los sacerdotes de Zoroastro escrutaban el firmamento en busca de mensajes importantes para el género humano. Era natural que al observar un fenómeno portentoso dedujeran que se trataba de algún aviso de profundo significado.

Pero San Mateo ciñe su interés a la visita como tal. Sin importar quiénes eran o qué perseguían, el hecho es que encontraron a María y al niño Jesús. Lo adoraron de hinojos y le presentaron unos regalos que debieron de desconcertar a aquella familia tan humilde. Tales regalos suelen interpretarse simbólicamente: oro, como signo de realeza; incienso, como signo de divinidad, y fragante mirra, que indica la condición mortal del hombre.

El evangelio de San Mateo no nos proporciona más detalles acerca de este suceso. Al parecer, su propósito era mostrar a sus lectores que el nacimiento de Jesús había llamado la atención de expertos en profecía. En San Lucas fueron el canto regocijado de los ángeles y el asombro de los pastores lo que atestiguó el nacimiento milagroso; en San Mateo, el testimonio se refuerza por la presencia de los sabios de Oriente.

La matanza de los inocentes

Al marcharse los Magos, dejaron sin cumplir una petición de Herodes y con ello dieron pie a que se desatara un episodio trágico. Advertidos en sueños de que no volvieran a comparecer ante Herodes, partieron sin decirle ni la identidad del niño ni dónde se hallaba. También en un sueño, un ángel avisó a José que debía huir a Egipto con su esposa y su hijo, pues el furioso Herodes no desistiría y buscaría al niño para matarlo.

Esa misma noche, la familia salió de Belén sigilosamente y se encaminó hacia el sur. San Mateo interpreta este suceso como el cumplimiento de la profecía: "De Egipto llamé a mi hijo" (Oseas 11, 1), aunque es obvio que el profeta Oseas se refería a Israel.

Frenético, Herodes ordenó matar a todo niño betlemita de dos años de edad o menor, es decir, todo varón nacido a partir de cuando por primera vez fue vista la "estrella". A juzgar por los cálculos referentes a la población y la tasa de natalidad de Belén durante el siglo I d.C., probablemente fueron inmolados unos veinticinco niños. San Mateo cita al respecto a Jeremías (31, 15): "Una voz se oye en Ramá, lamentación y gemido grande; es Raquel que llora a sus hijos y rehúsa ser consolada, pues ya no existen." Raquel, esposa de Jacob, murió al dar a luz y, según una tradición que San Mateo seguramente conocía, fue enterrada cerca de Belén. Los hijos por los que Raquel llora son las tribus en cautiverio que habían de descender de su hijo José. Al parecer, la intención de San Mateo era asociar con aquellas tribus, por lo menos en sentido espiritual, a los niños sacrificados en Belén.

La historia secular, aunque se refiere extensamente a Herodes y su reinado, no menciona esta matanza de inocentes; quizá pasó a ser una de tantas, entre las muchas que se atribuyen al cruel tirano cuya mala reputación se acentuó debido a la ojeriza que ha despertado entre los cristianos a lo largo de dos mil años. En los dramas medievales, el viejo rey Herodes era representado como el prototipo del villano que recorre el escenario echando espuma por la boca.

La huida a Egipto

La ira que Herodes descargó sobre Belén no le dio el resultado apetecido. La Sagrada Familia pudo escapar protegida por el aviso del ángel. En realidad,

Egipto había sido desde hacía siglos un remedio y un refugio para el pueblo judío; en tiempo de sequía y hambruna eran miles los que emigraban a las fértiles huertas del Nilo. En el Antiguo Testamento la mejor muestra de ello es el viaje que los hermanos de José emprendieron para comprar trigo durante una severa escasez. Siglos más tarde, en la época de la conquista de los babilonios, gran cantidad de judíos emigraron a Egipto; entre ellos se encontraba el profeta Jeremías.

Hacia el siglo I d.C. vivían en Egipto alrededor de un millón de judíos, sobre todo en Alejandría. Seguramente participaron con éxito en la vida económica, pese a la oposición de los griegos y a los gravosos impuestos.

Para llegar a este lugar de refugio había que hacer un largo viaje a través de las abrasadoras arenas del desierto. Es probable que José haya conducido a su familia desde Belén hacia el poniente, a la costa del Mediterráneo, para después bordearla hasta llegar a Egipto.

Este viaje y la estancia en tierra extraña han sido motivo de muchas historias populares y de antiguos escritos que carecen de fundamento, pero no encontramos en el Nuevo Testamento nada que nos permita reconstruir los hechos. Se sabe que para una joven familia judía no era difícil abrirse camino en Egipto. Podemos suponer que José habría encontrado trabajo como carpintero, o como jornalero dado el caso. Cabe pensar que como sencillos aldeanos que eran, María y José habrían sentido la nostalgia de su tierra natal, de sus parientes y sus costumbres. Dicho en pocas palabras, podemos recurrir a la imaginación basándonos en lo que los historiadores nos refieren acerca de esa época.

Tras la muerte de Herodes, ocurrida en el año 4 a.C., José y su familia regresaron a su hogar al sur de Galilea. De nuevo cruzaron los desiertos del Sinaí y de Néguev, pero esta vez evitaron pasar por Judea, que estaba en manos del insaciable Arquelao, hijo de Herodes.

Al huir a Egipto, José y su familia tuvieron que cruzar el Sinaí, península triangular que parece incrustarse en el Mar Rojo. Se trata de un hosco páramo de montañas rocosas y llanuras desoladas, con altas dunas en el norte, en la costa mediterránea. Por este desierto vagaron los hebreos después que Moisés los sacó de Egipto, como se lee en el libro del Éxodo.

"Os anuncio una gran alegría... pues os ha nacido hoy, en la ciudad de David, un Salvador que es el Cristo Señor."

Desde los albores del cristianismo, los artistas han plasmado en pinturas, esculturas y otras formas artísticas sus impresiones acerca de la vida de Jesús. He aquí una pequeña muestra de las obras que inspiró su nacimiento.

"Y el ángel le dijo: 'No temas, María, pues has hallado gracia delante de Dios. He aquí que concebirás en tu seno y darás a luz un hijo.'" (Lucas 1, 30-37.) Retablo del escultor italiano Andrea della Robbia (1435-1525).

"Cuando José despertó, hizo lo que el ángel le dictó y tomó consigo a su esposa. No la conoció hasta que dio a luz un hijo, y le puso por nombre Jesús," (Mateo 1, 24-25.) Detalle de una pintura alemana del siglo XV.

"Y dio a luz a su hijo primogénito y lo envolvió en pañales y lo acostó en un pesebre, por no haber sitio para ellos en la posada." (Lucas 2, 7) Pintura realizada por el artista italiano Federico Barocci, del siglo XVI.

"Había en la región unos pastores que moraban en el campo y vigilaban por la noche su rebaño. Y un ángel del Señor se les apareció." (Lucas 2, 8-9) Miniatura de un libro de horas, del siglo XV.

"Y al entrar en la casa vieron al niño con María, su madre, y... le ofrecieron dones, oro, incienso y mirra." (Mateo 2, 11) Mosaico italiano del siglo VI (arriba) y vitral inglés del siglo XIX (derecha).

"Cuando se cumplieron los días de la purificación, conforme a la ley de Moisés, lo llevaron a Jerusalén para presentarlo al Señor." (Evangelio de San Lucas 2, 22) Detalle de una pintura del artista holandés Jan van Scorel (1495-1562).

"He aquí que un ángel del Señor se apareció a José en sueños y le dijo: 'Levántate, toma al niño y a su madre y huye a Egipto; quédate allí hasta que yo te avise, porque Herodes buscará al niño para matarlo'. Levantándose de noche, José tomó al niño y a la madre y partió para Egipto." (Mateo 2, 14-15) Fresco atribuido al italiano Giotto di Bondone (1266-1337).

Capítulo 2 | Tierra de conflictos

Flanqueada por el Mediterráneo al poniente y por vastas franjas desérticas al oriente, Tierra Santa sirvió como vital eslabón entre Asia y África. Para señorear en este territorio estratégico, a través de la historia combatieron muy poderosos imperios.

Al sureste de Jerusalén, en un yermo cercano al Mar Muerto, se alza una inmensa mole de piedra entre parda y rojiza dominando la desolación circundante; en la cima, a unos 425 metros de altura, los dirigentes de Judea habían emplazado una guarnición militar: el bastión de Masada, ciudadela del extremo sur de Palestina. Aquí llegó huyendo en el año 40 a.C. un hábil y ambicioso político.

Herodes había salido de Jerusalén encubierto en el manto de la noche, escurriéndose del palacio con algunos parientes y lacayos armados. Los fugitivos habían logrado esquivar el destacamento de mercenarios que los acechaba. Se abrieron paso a través de las sombras de la ciudad, entre callejones, dejando atrás las astilladas tarimas del mercado y los escombros de edificios incendiados: despojos de tumulto y guerra civil. Más allá de las puertas de Jerusalén, el pequeño clan soslayó las tiendas donde se cobijaban los invasores partos, fieros jinetes guerreros del Imperio Persa que habían cruzado a galope los desiertos para apoderarse de Jerusalén.

Nombrado rey de Judea por los romanos, Herodes tuvo que recurrir a la fuerza para arrebatarle Jerusalén a Antígono, que a su vez la había tomado por asalto tres años antes. En el año 37 a.C. los ejércitos de Herodes acometieron las murallas de Jerusalén con catapultas y arietes; usando troncos, hicieron rodar torres de asalto hasta las murallas, para combatir frente a frente. Las tropas de Antígono respondieron lanzando flechas, proyectiles y fuego. La ofensiva de Herodes fue sólo una de las muchas que sufrió Jerusalén, pues quien tomaba la ciudad también controlaba toda Judea.

La huida a Masada

Durante toda esa noche y aun bien avanzado el día siguiente, el grupo huyó hacia el sur, deteniéndose de vez en cuando para repeler los ataques de los jinetes partos. Las mujeres montaban en bestias de carga; sólo la madre de Herodes, demasiado anciana para cabalgar, viajaba en un carro jalado por un asno. En cierto momento una de las ruedas dio contra una roca, el carro volcó, la anciana cayó a tierra y quedó inmóvil; por un instante el aplomo de Herodes pareció flaquear. Creyéndola muerta y temeroso de que el retraso terminase en captura, desenvainó la espada como si quisiera arrojarse sobre su filo. Sólo los ruegos de sus lugartenientes pudieron detenerlo. Enderezaron el carro, y la anciana, maltrecha pero no malherida, fue ayudada a subir de nuevo al vehículo. Al despuntar el alba habían ya dejado atrás Belén. Más tarde, la compañía llegó a los candentes parajes de Idumea, región del extremo sur de Palestina, donde estaba situada Masada y de donde provenían los antepasados de Herodes.

Mucho de lo que sabemos acerca de Herodes y su época lo debemos a Flavio Josefo, soldado e historiador judío del siglo I d.C. que reseñó la epopeya de los hebreos, desde la Creación hasta el año 73 d.C. (cuando cayó Masada tras la rebelión judía contra Roma). Según Josefo, Herodes era sagaz, impetuoso y se había ganado la reputación de ser enérgico y hasta brutal en sus acciones.

Herodes no era judío aunque se "convirtió" a la religión de Moisés; en el año 125 a.C., cuando Idumea pasó al régimen judaico, el dirigente y sumo sacerdote asmoneo Juan Hircano dispuso que para demostrarle lealtad se convirtieran al judaísmo todos los habitantes de la región. A la edad de 25 años Herodes, hijo del gobernador de Idumea, había alcanzado ya una alta posición en la embrollada jerarquía del Estado judío; había gobernado en Galilea y poco después en Samaria y Siro-Fenicia, al norte. Pero ahora, casi diez años más tarde, no tenía nada. Se encontraba evidentemente en el punto más bajo de su meteórica carrera.

Masada, plaza fuerte de Herodes en el desierto de Idumea, está ubicada en la cima de un promontorio que se alza a 425 metros sobre la costa occidental del Mar Muerto. Los restos de la fortaleza fueron excavados hace algunas décadas.

Este revés se debió a la derrota del entonces sumo sacerdote, el envejecido Hircano II, que fue suplantado por su rebelde sobrino, Antígono. Éste se había levantado en armas en Siria y había marchado sobre Galilea y más al sur, hasta Jerusalén; miles de hebreos descontentos del régimen de Hircano se unieron a la causa rebelde. Para acrecentar sus tropas Antígono atrajo a los jinetes persas, halagando a su monarca con la promesa de pagarle 1.000 talentos de plata y 500 mujeres jóvenes de buena familia, para el harén.

Con esa ayuda Antígono logró devastar Jerusalén; el gobierno de Judea se desmoronó. Hircano cayó prisionero de los persas junto con el hermano mayor de Herodes, Fasael. Así, privado de sus títulos y despojado de su poder y sus recursos (salvo algo de dinero y las pertenencias que prudentemente había enviado a Idumea), Herodes sólo tenía una salida: huir.

Una vez que Herodes logró poner a salvo en Masada a su familia y sus seguidores, para buscar ayuda viajó a Nabatea, tierra de los parientes árabes de su madre. Necesitaba dinero para pagar armas, contratar mercenarios y sobre todo para el rescate de su hermano Fasael.

Camino de Roma

Los nabateos no quisieron mezclarse en los asuntos de Herodes: si lo ayudaban, provocarían a los jinetes partos. Tampoco dieron señas de querer pagar las fuertes sumas que le debían a su familia. Con las manos vacías, el sagaz Herodes maquinó otro plan: cruzaría los desiertos hasta llegar a Egipto y se embarcaría para Roma, donde explicaría su situación a los dirigentes más poderosos del mundo.

Cleopatra, la taimada reina de Egipto, recibió al fugitivo desplegando sus mejores galas. Tenía una aguda intuición para los hombres fuertes, sobre todo

Flavio Josefo, historiador

Josefo; grabado del siglo XIX.

La más extensa relación sobre la vida y la política de los judíos, en los tiempos de Jesús y sus seguidores, es la que nos legó un historiador conocido como Flavio Josefo; su nombre hebreo era José Ben Matatías. Hombre de gran seguridad en sí mismo y con un agudo instinto de conservación, sobrevivió a los agitados tiempos de que fue testigo y sobre ellos escribió dos obras principales: *Las guerras de los judíos* (hasta la toma de Jerusalén en el año 70 de nuestra era) y *Antigüedades judaicas* (hasta la caída de Masada, tres años después).

Josefo nació en Jerusalén, en el seno de una rica familia sacerdotal, hacia el año 37 de nuestra era. Su lengua materna fue el arameo pero sabía hebreo y algo de griego. Siendo muy joven estudió con diversas sectas judías e inclusive llevó una vida de asceta en el desierto durante tres años. En el año 64 d.C., a los 27 de edad, se dirigió a Roma para interceder por algunos sacerdotes que el emperador Nerón tenía que enjuiciar. Regresó a Judea fuertemente impresionado por el esplendor y el poderío del Imperio. Al aumentar el fervor guerrero fue puesto al frente de las fuerzas judías en Galilea, pero fue vencido por las tropas del general romano Vespasiano. Josefo se rindió y con gran entereza predijo que Vespasiano sería emperador. Cuando se cumplió su predicción, quedó asegurado promisoriamente el futuro de Josefo. Adoptó el nombre de familia del emperador, Flavio, y obtuvo los derechos y privilegios de la ciudadanía romana. Terminada la guerra fue llamado a Roma; allí escribió sus obras y murió hacia el año 100 d.C.

Josefo casi no se refiere a Jesús o a sus seguidores, cuya actividad aún no alcanzaba gran influencia. Un párrafo que describe con algún detalle a Jesús fue, según opinan muchos expertos, o añadido o muy alterado dos siglos después de la muerte de Josefo. Sin embargo, este historiador sí se refiere a los principales políticos del tiempo de Jesús y hace una amplia descripción de Herodes el Grande, al que retrata como un político astuto y un tirano opresor.

si eran militares diestros. Se dice que le propuso incorporarse en calidad de jefe a uno de sus ejércitos. Era una oferta tentadora, pero Herodes prefirió no aceptarla. Acababa de recibir noticias terribles acerca de su hermano y del sumo sacerdote Hircano, ambos cautivos. Hircano había sido salvajemente mutilado: Antígono le había cortado las orejas para impedir que lo nombraran sumo sacerdote (honor que sólo se concedía a personas sin defectos físicos). Fasael, temeroso de ser la siguiente víctima y demasiado orgulloso para permitir que el enemigo lo ultrajara, había tomado la delantera: "Golpeó su cabeza contra una roca y se retiró del mundo de los vivos", dijo a Herodes el mensajero. Pero agregó que "Fasael afrontó la muerte con alegría, pues tiene quien la vengue". Herodes supo entonces cuál era su misión; se embarcó para Roma, obsesionado con el desquite... y con la gloria.

Cuando llegó a Roma, la república estaba recuperándose de su propia guerra civil. Se habían sucedido muchos conflictos y tomas del poder a raíz del asesinato de Julio César, hacía cuatro años, en 44 a.C. Entre quienes habían resultado victoriosos se hallaba Marco Antonio, general encargado de las fuerzas romanas del este. Marco Antonio estaba en Roma cuando Herodes llegó a la ciudad. El general recibió al visitante como si se tratara de un viejo amigo de la familia; y, en efecto, lo era. Años atrás, cuando las invencibles legiones de Roma extendían el poder imperial hasta Palestina, el padre de Herodes había aprovisionado a las tropas de Marco Antonio en una de sus campañas.

Rey de Judea

No tardó Herodes en conseguir la ayuda y el título que buscaba. Marco Antonio lo presentó a Octavio, a quien Julio César había designado como heredero y que pronto habría de ser el emperador Augusto. Ambos custodiaron a Herodes hasta el senado, donde abundaron los discursos que ensalzaban la lealtad y la bravura del joven visitante, sin omitir ni la perfidia de Antígono ni la amenaza de los partos. Tras estas exhortaciones, los senadores proclamaron unánimemente a Herodes rey de Judea. El voto del senado quedó ratificado cuando Marco Antonio, Octavio y los magistrados romanos, acompañados del nuevo rey de los judíos, ofrecieron un sacrificio a Júpiter. Luego, depositaron el decreto en el Capitolio y la jornada finalizó con un suntuoso banquete ofrecido por Marco Antonio. A la semana de haber llegado a Roma, Herodes ya regresaba a Judea para reclamar el trono.

Los territorios de Herodes

La región que ahora era suya consistía en una franja angosta e irregular, que se extendía a lo largo de la costa oriental del Mediterráneo. Sus fronteras habían variado durante siglos conforme a las presiones políticas que entraban en juego: cambiaban las alianzas, se emancipaban algunas ciudades, o algún vecino imperioso se anexaba una comarca. Según variaban sus fronteras, a menudo cambiaba hasta el nombre de la región. En tiempos de Abraham y Moisés se llamaba Canaán; sus habitantes eran los cananeos, que conforme a la tradición descendían de Cam, uno de los hijos del patriarca Noé. Cuando las

Herodes colaboró con algunos de los grandes políticos de su época para obtener lo que buscaba: ser el hombre más poderoso de Palestina. Después de conocer a Cleopatra, reina de Egipto que aún no cumplía 30 años de edad, fue a Roma para pedir ayuda al amante de ésta, Marco Antonio, que apenas rebasaba los cuarenta y que tenía el mando de la parte oriental del Imperio Romano. Antonio lo presentó a Octavio, de 25 años, que gobernaba las provincias occidentales (y más tarde todo el Imperio, con el título de César Augusto). Antonio y Octavio exhortaron al senado para que nombrara rey a Herodes.

Cleopatra

Marco Antonio

Octavio

tribus hebreas decidieron unirse bajo un mismo mando, la región se llamó Israel. Después de la muerte de Salomón, hubo dos reinos, Judá (posteriormente llamado Judea) e Israel. Fue el historiador griego Herodoto quien en el siglo V a.C. denominó Palestina a esta tierra, por referencia a los filisteos, que habían tomado las costas de Canaán y establecido el comercio con los griegos.

Despojado de sus territorios en el año 40 a.C., Herodes emprendió un viaje de un año para conseguir la realeza que anhelaba. Primero huyó a Masada. Luego cruzó los desiertos hasta Egipto. Desde allí navegó por el Mediterráneo hasta Roma, obtuvo la corona y regresó a Ptolemaida. Su viaje sumó unos 5.000 kilómetros.

El territorio de Herodes abarcaba desde las laderas del Hermón (macizo montañoso cuya nevada cumbre se alza a 2.814 metros, al otro lado de la frontera) hasta los páramos salobres y alcalinos del Mar Muerto (a 394 metros bajo el nivel del mar; sin duda la más baja extensión de agua del planeta). Aún hoy, en menos de 250 kilómetros el paisaje se transforma desde los campos más verdeantes hasta la mayor desolación.

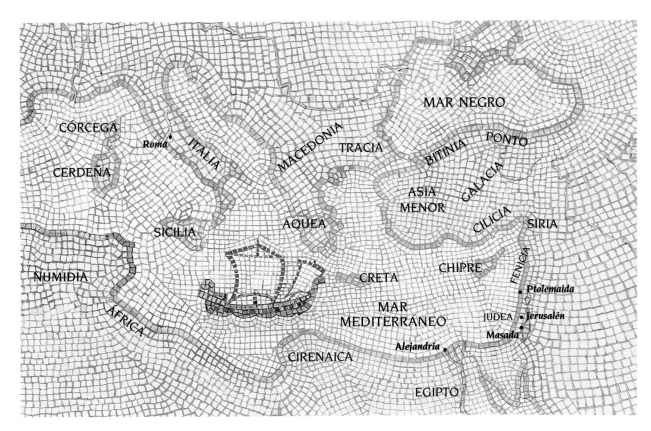

Para celebrar su nombramiento como rey de Judea, Herodes se reunió con Octavio, Marco Antonio y otros personajes para ofrecer un sacrificio al dios romano Júpiter. Un friso del siglo I a.C. (abajo) muestra un toro, una oveja y un cerdo (que habrían sido anatema para los judíos) a punto de ser matados durante un lustrum *o rito de purificación romano.*

En este mapa, hecho a partir de imá- genes de satélite, se muestran las tie- rras bíblicas a lo largo y a lo ancho. Las imágenes se tomaron desde el satélite estadounidense Landsat IV, mediante detectores que captan la brillantez de pequeños segmentos de terreno, la convierten en valores numéricos y la procesan en una com- putadora. La información se transfor- ma posteriormente en un mapa colo- rido. Los colores ayudan a distinguir los relieves, pero no son los verdade- ros colores del terreno. El rojo indica vegetación. El blanco, zonas muy reflectantes, como la arena o la nieve. El negro representa zonas de poca reflexión lumínica o de mucha absor- ción, tales como las profundas aguas del Mediterráneo, el Mar de Galilea y el norte del Mar Muerto (cuyas aguas menos profundas, al sur, aparecen más azules). El verde indica tierras de cultivo; el gris, zonas urbanas.

Las fértiles tierras de Galilea, provincia del extremo norte, producían trigo, cebada, verduras, lino, así como almendras, higos, uvas y otros frutos. Las cosechas eran suficientes para asegurar el bienestar de cientos de al- deas. Las maderas abundaban en las altas y escarpadas comarcas del norte; el Mar de Galilea había permitido una floreciente actividad pesquera. La parte más rica de la región era el valle de Jezrael, rebosante de toda clase de cereales y cuya mayor anchura es de unos 30 kilómetros.

Una exuberancia agrícola parecida, aunque menor, se daba desde el sur de Jezrael hasta la región de Samaria. A lo largo de la costa, la irrigada y arbolada llanura de Sarón llegaba a ser pantanosa en ciertos lugares. Tierra adentro, a medida que la superficie se eleva en torneadas lomas calizas que llegan a formar cadenas, el terreno se vuelve más seco; aun así, existían algu- nas parcelas fértiles: huertas, viñedos y olivares. Los rebaños de ovejas y cabras pastaban entre los matorrales de las tierras altas. Al otro lado de los montes, el terreno desciende abruptamente hasta el valle del Jordán, que se prolonga hacia el sur hasta las márgenes del Mar Muerto y cuyas tierras per- miten el desarrollo agrícola, especialmente el cultivo de gramíneas.

Al sur de Samaria disminuye considerablemente la precipitación pluvial y los montes son más rocosos; los huertos son más pequeños y escasos. Así era el aspecto del campo alrededor de Jerusalén, en Judea: la ciudad se levantaba aislada en la punta de una estribación calcárea; dominaba un paisaje semiárido de matorrales y espinos hendido por profundos barrancos y angostos desfiladeros. En realidad, muy pocos caminos conducían hasta la llanura costera; solamente en sus épocas de mayor expansión pudo Judea reclamar como suya esa región tan productiva. Al este, hacia el Jordán, el terreno se accidenta descendiendo en secas colinas: es el desierto de Judá. Sólo el repentino verdor del valle del Jordán alivia un poco la dureza del paisaje. El oasis de Jericó, la ciudad habitada más antigua que se conoce, tenía fama por sus datileras y por la savia de sus árboles balsámicos (el bálsamo de Judea, fragante y medicinal, era considerado como un remedio eficaz contra el dolor de cabeza y las cataratas). Al sur, el desierto predomina poco a poco hasta Idumea, que constituye una parte del territorio de los edomitas mencionados en el Antiguo Testamento, descendientes de Esaú; en ese yermo únicamente podían encontrar sustento los más recios grupos de cabreros y ovejeros nómadas.

Una tierra de contrastes

Tales eran las principales comarcas del territorio de Herodes: escarpadas, macizas, más o menos fértiles según las condiciones del suelo y la prodigalidad de las lluvias. Muchas aldeas vivían prácticamente aisladas debido a lo abrupto del terreno, cerrado al mar no obstante que se encontraban tan cerca del Mediterráneo. Tan es así que en el idioma hebreo bíblico no existe la palabra "puerto".

En sus épocas de predominio político, Palestina extendió sus fronteras más allá del Jordán y abarcó algunos reinos pequeños del este: Gaulanítida (la actual región del Golán), con su gris acantilado que se yergue al este del Mar de Galilea; más allá, las mesetas volcánicas de Batanea y Traconítida; más al sur, Perea, territorio montuoso que fue de Ammón y de Moab, donde sólo la terquedad podía extraer algún sustento del suelo abrasador. En su época de apogeo, Palestina abarcaba unos 20.000 kilómetros cuadrados de extensión. En conjunto, con excepción de Galilea y algunas partes de Samaria, difícilmente podía decirse que aquella tierra destilara leche y miel, a menos que fuese desde el punto de vista de un desposeído nómada del desierto, cuyas condiciones de vida seguramente eran aún más precarias.

Podría pensarse que tan exiguo botín no ameritaba el empeño que Herodes había desplegado a brazo partido; sin embargo, el botín sí era valioso, por un mero accidente geográfico. Palestina era un filón estratégico para quien supiera aprovecharlo. Esta franja de tierra, con el mar a un lado y el desierto al otro, constituía la única vía terrestre abierta al comercio y a las conquistas emprendidas por las poderosas naciones circundantes. Durante siglos y aun milenios, por Palestina habían transitado los ejércitos de los faraones, las caravanas de Arabia, los carros de Asiria y los jinetes de Babilonia, al igual que los persas, los macedonios, los griegos y posteriormente los romanos y los partos; en estas tierras confluían y en ellas mismas se entremezclaban. Así como el viento levanta y forma capas de arena, así cada oleada humana dejaba su indeleble huella en la población y en las costumbres.

La historia de los asentamientos hebreos comienza en el siglo XIII a.C., cuando un grupo de semitas descendientes del patriarca Abraham emigró de Egipto a la tierra de Canaán. Eran seminómadas: vivían en tiendas hechas con tejido de pelo de cabra y llevaban sus rebaños de un oasis a otro, como lo siguen haciendo los beduinos en algunas partes de Israel y en el Sinaí. Pero en sus corazones guardaban la palmaria y arrolladora convicción de que sólo ellos gozaban de una relación especial con la Divinidad, y que esta Divinidad era el único Dios, supremo y universal.

El concepto de un solo dios no era del todo nuevo. El monoteísmo había aflorado ya, por corto tiempo en Mesopotamia (de donde Abraham era oriundo) y también en Egipto durante el siglo XIV a.C. Pero hasta entonces ningún pueblo se había aferrado a

El monte Hermón, coronado de nieves perpetuas, domina sereno los verdeantes valles y colinas de Galilea. Su imponente esplendor contrasta con la frenética actividad de hombres tales como Herodes, que gobernaron bajo su sombra poderosa. El Hermón era una frontera natural del reino de Herodes, cuyos territorios se hallaban al sur del monte.

Las laderas floridas (izquierda) son características del ondeante campo de Galilea. El Mar de Galilea (que en realidad es un lago formado por el cauce del río Jordán) se muestra también en el centro. El apacible lago tiene una longitud de 20 kilómetros y 13 kilómetros de anchura máxima; en él abundan los peces, y en tiempos de Jesús sus riberas estaban salpicadas de aldeas de pescadores.

El monte Tabor (a la izquierda) se halla a unos ocho kilómetros al sureste de Nazaret. En un salmo (89, 13) se dice que este monte abovedado exulta en el nombre de Dios. En el libro de Jeremías (46, 18) se considera al Tabor como signo de la infalibilidad de la palabra divina.

45

esta idea con tanta tenacidad como el hebreo. Ninguno afirmaba tener tan personal relación con Dios, ni tan marcado sentido de un destino trazado por el Creador. El libro del Génesis nos dice que el Señor prometió a Abraham: "Haré de ti una gran nación, te bendeciré y engrandeceré tu nombre, que será una bendición. Bendeciré a los que te bendigan, y maldeciré a los que te maldigan. Por ti serán benditas todas las naciones de la tierra." En el libro del Éxodo, el Todopoderoso reafirmó esta promesa al decir a Moisés: "Anda, sube de aquí, tú y el pueblo que has sacado de Egipto, a la tierra que con juramento prometí dar a la descendencia de Abraham, Isaac y Jacob..."

En el siglo XIII a.C. los hebreos avanzaron hacia el norte hasta Canaán, abriéndose paso a la fuerza entre los pueblos que allí habitaban; pero su empeño no fue ni continuo ni unánime. Los recién llegados estaban divididos en doce tribus, orgullosas de su independencia mutua. Según la tradición, descendían de los hijos y nietos de Jacob, y cada una luchó por defender su propia tierra. Durante los dos siglos que siguieron y mientras Canaán se hallaba hundida en la anarquía, ganaban fuerza los navegantes filisteos, vecinos de los hebreos al oeste. Después de varias generaciones de amenaza filistea, las tribus hebreas decidieron unirse alrededor de Saúl, su más vigoroso jefe militar, que se convirtió en el primer rey de Israel.

La casa de David

Al morir Saúl, alrededor del año 1.000 a.C., David tomó el mando del reino. Completó la conquista de los filisteos, despejó los últimos reductos de resistencia cananea, estableció la nueva capital en Jerusalén e hizo un solo pueblo de las tribus israelitas siempre en pugna.

Aquél fue el momento crucial, el toque de clarín que anunciaba el cumplimiento de la promesa de Dios; los hijos de Abraham y Moisés que hasta entonces habían sido nómadas guerreros eran ahora dirigentes de un reino. Con el rey David y su hijo Salomón, el poder de los israelitas llegó a su apogeo histórico. El reino se extendía desde el Golfo de Ákaba, al sur, hasta el Mediterráneo al oeste y más allá de Damasco al norte. Llegaban a raudales los tributos, que acrecentaban la riqueza. Salomón, que era extremadamente avispado y contaba con un fino olfato para las transacciones y las argucias del comercio,

Al extremo sur del reino de Herodes se hallaba el Mar Muerto, lago cuya superficie está a 394 metros bajo el nivel del mar; mide unos 80 kilómetros de norte a sur y 17 kilómetros de anchura. Algunos expertos opinan que Sodoma y Gomorra estuvieron situadas en un lugar que hoy yace bajo las aguas del Mar Muerto, pero no existen restos de esas ciudades. El Mar Muerto marca la más impresionante depresión de una importante falla geológica (Valle de la Gran Depresión) que corre hacia el norte, paralela a la costa mediterránea, y al sur, hacia el Mar Rojo y África.

El río Jordán (arriba, extremo izquierdo) unía las partes norte y sur
del reino de Herodes; nace al pie del
monte Hermón, cruza el Mar de Galilea y desemboca en el Mar Muerto.
Este último se caracteriza por sus
desolados bajíos de sal (izquierda)
formados por la intensa evaporación
del agua. Al este de Jerusalén se
halla el desierto de Judá, al que sólo
riegan algunos manantiales y los
uadis, arroyos secos que se vuelven
torrentes en época de lluvias. Arriba
a la derecha se muestran dos oasis
del uadi Qilt. Los viajeros del desierto bordeaban el cauce de los uadis.

aprovechó los fuertes ingresos que generaban las minas de cobre de Esyón-Guéber (o Asiongaber), situadas al norte del Golfo de Ákaba, e instituyó un lucrativo monopolio comercial en el que se canjeaban los briosos caballos de Asia Menor por los codiciados carruajes de Egipto.

Mucha de esta riqueza se destinó a embellecer Jerusalén. Tras haber construido un esplendoroso palacio, Salomón emprendió las obras del Templo, de tal suntuosidad que llegó a pesar sobre las arcas nada exiguas del reino y obligó a aumentar los impuestos drásticamente. También las letras florecieron. Por vez primera, la tradición oral que había sostenido a los hebreos en el desierto (las leyes de Moisés y la historia de los patriarcas) se puso por escrito. Aunque no han perdurado los manuscritos originales, su contenido, aumentado por adiciones posteriores, forma los cinco primeros libros del Antiguo Testamento: la Torá o Pentateuco, la médula de la fe judía.

El reino unificado duró menos de un siglo; visto en retrospectiva, constituyó una edad de oro cuyo lustre iluminó la memoria de las generaciones subsecuentes. El segundo libro de Samuel describe cómo Dios prometió que la casa real de David persistiría: "Cuando se cumplan tus días y descanses con tus padres, mantendré después de ti tu linaje salido de tus entrañas, y afirmaré su reino... Tu casa y tu reino subsistirán para siempre ante mí, y tu trono se afirmará para siempre." Para muchos judíos que vivieron en tiempos atribulados,

La unción con óleo

Los óleos o aceites se usaban para limpiar y proteger la piel. Algunos óleos se perfumaban con plantas, flores y cortezas de la India o de otras tierras lejanas. Como eran costosos, se conservaban en recipientes de alabastro o de arcilla, como el que se muestra abajo, cuyo angosto cuello evita que se derrame el perfume. También se utilizaban para fines ceremoniales. Al coronar a un rey lo ungían con óleo sagrado, señal de su consagración a Dios. La palabra *Mesías* viene del hebreo *mashia* ("el ungido"). Un mural de la sinagoga de Dura-Europos, Siria (siglo III d.C.), muestra a Samuel ungiendo a David.

aquella promesa significaba que el ungido de Dios, el Mesías, tendría que surgir de la descendencia de la casa de David.

El reino dividido

Los inconvenientes surgieron no mucho después de la muerte de Salomón, hacia el año 922 a.C.; su hijo Roboam rechazó una petición del pueblo: que aligerara el yugo del trabajo y los impuestos. Él amenazó con hacerlo aún más pesado. Las diez tribus del norte se rebelaron dirigidas por Jeroboam, un opositor de Salomón que había regresado de su exilio político en Egipto. Dos estados judíos entraron en pugna encarnizada: Judá al sur e Israel al norte.

A partir de entonces, el destino de los judíos como fuerza política unida rodó cuesta abajo. Israel, más rico y poblado que Judá, durante dos siglos disfrutó de prosperidad y predominio relativos. Su capital, Samaria, creció en tamaño y refinamiento. Pero Asiria se perfilaba ya como gran potencia en la frontera norte. Cuando Israel trató de ponerle coto, los ejércitos asirios arrancaron de Mesopotamia, arrasaron Damasco y el año 721 a.C. tomaron Samaria después de haberla sitiado durante tres años. La ciudad quedó devastada y los manuscritos asirios nos muestran que los conquistadores se llevaron cautivos a 27.290 de sus mejores habitantes. (Según la tradición, éstos se convirtieron en las diez tribus perdidas de Israel, que sencillamente desaparecieron en las vastas tierras de Mesopotamia.) En su lugar llegó una migración de extranjeros. Israel pasó a ser una provincia más del Imperio Asirio y su tradición judaica quedó muy opacada.

Por su parte, Judá sobrevivió precariamente y sus territorios menguaron. Los ejércitos asirios siguieron su marcha para combatir a Egipto y, de paso, consiguieron un jugoso tributo del gobierno de Jerusalén; aun así, Judá mantuvo su independencia con esa orgullosa tenacidad que caracteriza a todos los pueblos montañeses. Al siglo siguiente, mientras el vigor de Asiria se debilitaba, volvía a Judá la esperanza de recuperar algo de su gloria. Empero, otra fuerza imperial dominaba en Mesopotamia: los babilonios, cuyos ejércitos tomaron hacia 612 a.C. la capital asiria, Nínive.

Para Judá era un excelente augurio que su viejo enemigo cayera en manos de un aliado aparente. Pero, una vez puestos en marcha, los carros de un imperio no se detienen fácilmente. Las cohortes babilonias, bajo el mando de Nabucodonosor II, invadieron Palestina siguiendo las huellas que habían dejado los asirios. Esta vez Judá se negó a pagar tributo. Nabucodonosor contestó irrumpiendo en Jerusalén y castigándola con crueldad. Sus soldados saquearon la ciudad, se dirigieron al Templo de Salomón, lo despojaron del oro y después lo demolieron sin dejar piedra sobre piedra. Los más prominentes judíos y sus familias, por millares, fueron encadenados y llevados a Babilonia.

El regreso de la cautividad

La cautividad de Babilonia se prolongó sólo 48 años (de 586 a 538 a.C.), pero la huella que dejó en el alma del pueblo judío fue tan profunda que parece que hubieran sido mil. Provocó una impresionante efusión de sentimiento religioso, algunas veces expresado con lirismo, y otras, en forma visionaria y apocalíptica. "Junto a los ríos de Babilonia", cantó un salmista, "allí nos sentábamos y llorábamos, acordándonos de Sión... ¡Si yo te olvidara, Jerusalén, que se seque mi diestra!" Uno de los principales personajes del exilio del pueblo judío fue Ezequiel, que en sus profecías anticipaba la destrucción del enemigo de Judá por el fuego y los terremotos; también anunciaba el regreso tan deseado a la patria y, con acentos claramente mesiánicos, el resurgimiento de David y su reino.

En una de las batallas cruciales del mundo antiguo, Alejandro Magno derrotó en 335 a.C. al casi invencible rey de los persas, Darío III (en Isos, Cilicia, al noreste del Mediterráneo). La batalla se representa arriba, en un mosaico pompeyano del siglo I a.C. Alejandro ataca con su lanza a un soldado persa, mientras que el aterrorizado Darío lo observa desde su carro, listo para huir. Una vez conquistada Asia Menor en apenas un año, Alejandro marchó a tomar Tiro, Gaza y la cercana Jerusalén. Luego siguió hasta Egipto, donde fundó Alejandría. Pero su imperio tuvo corta duración. Una década después de haber vencido a Darío, Alejandro murió en Babilonia de una enfermedad desconocida.

El regreso a la patria no tardó en producirse tras otro disturbio en Mesopotamia. En 539 a.C., Ciro el Grande de Persia conquistó Babilonia y un año después decretó la restauración del Estado judío. Cuando los exiliados llegaron a Jerusalén encontraron en ruinas la ciudad y el Templo. Comenzó la dolorosa tarea de reconstruirlo. Hacia 515 a.C. se colocó el coronamiento del Templo que, durante otros 585 años, permanecería como el centro visible de la fe judía; símbolo vivo del favor de Dios y de su promesa. En el siglo V a.C. llegó otra oleada de exiliados de Babilonia con Esdras y Nehemías a la cabeza, acicateando el resurgimiento de la fe en el Todopoderoso y un sentido aún más profundo de la misión religiosa del pueblo hebreo.

El estado judío fue, entonces y durante algunos siglos, una pequeña teocracia cuyas leyes se apegaban estrictamente a los preceptos de la Torá. Le debía una total lealtad a Persia, cuyo emperador nombró a un gobernador residente para vigilar sus intereses. No obstante, la mayoría de los asuntos locales se dejaron en manos de un linaje eclesiástico, cuyo sumo sacerdote era el exponente máximo del poder político judío. Jerusalén vivió casi al margen de las querellas políticas. Pero en 332 a.C. tuvo lugar otro suceso que empujaría al pueblo judío a tomar cartas en los grandes asuntos mundiales.

Alejandro Magno avanza

En épocas anteriores, las principales influencias sobre Palestina habían provenido de África y de Oriente; ahora, a unos 1.500 kilómetros al noroeste, surgía en Macedonia una nueva fuerza. Repentinamente, como si lo hubiese tocado una chispa divina, el joven Alejandro Magno, de apenas veintitantos años de edad, reunió un ejército, se lanzó sobre Asia Menor, derrotó al debilitado emperador de Persia, se quedó con todos sus territorios y en menos de doce años formó el mayor imperio que se había visto en el mundo mediterráneo.

Alejandro entró en Palestina el año 332 a.C.; no halló resistencia y siguió hasta Egipto. Volvió a cruzar Palestina con rumbo a Persia, al noreste, y a la

India. A su paso confirmó los derechos de independencia que los persas habían otorgado a los judíos y nombró gobernantes residentes. A partir de entonces, durante un período de mil años las principales corrientes de poder y de influencia habrían de llegar de Occidente.

La meteórica carrera de Alejandro terminó tan súbitamente como había empezado. Mientras estaba en Babilonia, en 323 a.C., cayó enfermo de "fiebres" y murió a la edad de 33 años. Sus generales se disputaron y repartieron las regiones de su vasto territorio; esto dio lugar a que gran parte del mundo antiguo, desde Grecia hasta Afganistán, quedara en manos de amos macedonios (todos rivales pero todos de habla griega).

Se manifestó entonces el fenómeno llamado helenismo: el predominio de la cultura griega. A Seleuco, general de Alejandro, le correspondió Siria, Babilonia y más tarde gran parte de Asia Menor. Ptolomeo I se quedó con Egipto y con Palestina y sus alrededores; le costó trabajo dominar estas tierras, pero en 301 a.C. lo logró.

Ptolomeo y sus sucesores fueron déspotas moderados. Palestina quedó unida a Fenicia (al noroeste de Galilea, en la costa mediterránea), a Siria del Sur y al territorio de allende el Jordán (Transjordania); formaban un distrito administrativo incorporado a su vez a Egipto. Dentro de este marco, cada Estado tenía facultades para gobernarse. Así, en Judá, que entonces se llamó Judea, el sumo sacerdote fungía por herencia como dirigente ordinario; presidía el consejo de ancianos y supervisaba asuntos tales como la paz pública, el suministro de agua potable y el cobro de impuestos, además de cumplir con sus deberes como jefe religioso de sus compatriotas. Los judíos tuvieron libertad de culto y el derecho de apegarse a la ley legada por sus antepasados.

Al mismo tiempo, el helenismo trajo consigo una redistribución de los grupos étnicos. Miles de griegos se establecieron en Samaria y Galilea mezclándose con una población de por sí mixta. La dinastía ptolemaica, incansable, fundó muchas ciudades de corte griego en toda la costa del Mediterráneo, en la Baja Galilea y en el desierto de allende el Jordán. Gaza, Ascalón (que dio nombre a un condimento: el ajo de ascalonia) y Ptolemaida fueron ciudades con un marcado sello griego. Prósperas, atrajeron de manera irresistible a muchos de los judíos más emprendedores y abiertos.

Helenismo y fascinación

Asimismo, el impulso migratorio operó a la inversa; es decir, miles de familias judías salieron de Palestina con rumbo a ciudades helenísticas de otras tierras. Una pujante colonia se formó en Alejandría, la capital del Egipto ptolemaico, donde los judíos aprovecharon un favoritismo que los situaba muy por encima de los propios egipcios. El asentamiento de Alejandría creció en riqueza y prestigio y llegó a constar de un millón de judíos; pronto tuvo una sinagoga cuyos escribas tradujeron al griego el Antiguo Testamento, versión que adquirió carácter oficial en todo el mundo antiguo. Otros emigrados judíos se congregaron en las ciudades de Antioquía (en Siria) y Corinto (en Grecia) o en las fronteras de Asia Menor. Todos estos integrantes de la diáspora, sumados a la comunidad de exiliados que todavía quedaban en Babilonia y en la región de Hircania, a orillas del Mar Caspio, superaban en número a los judíos que residían en Palestina.

La creciente fascinación de la cultura griega no era bien vista en la devota Jerusalén. Es cierto que los beneficios materiales eran obvios: por obligación religiosa y sin importar dónde viviera, todo varón adulto debía donar anualmente medio siclo para el mantenimiento del Templo de Jerusalén. Los judíos urbanos expatriados habían prosperado mediante el comercio y el trabajo manual; dado el número de judíos de la diáspora (o diseminados), suponía

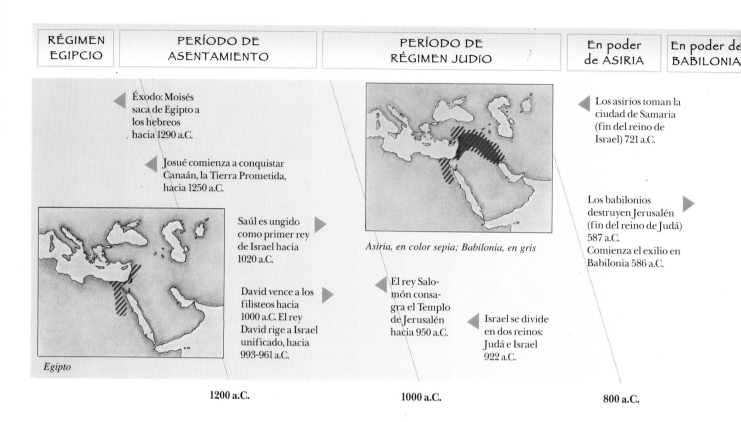

| RÉGIMEN EGIPCIO | PERÍODO DE ASENTAMIENTO | PERÍODO DE RÉGIMEN JUDÍO | En poder de ASIRIA | En poder de BABILONIA |

Éxodo: Moisés
saca de Egipto a
los hebreos
hacia 1290 a.C.

Josué comienza a conquistar
Canaán, la Tierra Prometida,
hacia 1250 a.C.

Saúl es ungido
como primer rey
de Israel hacia
1020 a.C.

David vence a los
filisteos hacia
1000 a.C. El rey
David rige a Israel
unificado, hacia
993-961 a.C.

Egipto

El rey Salo-
món consa-
gra el Templo
de Jerusalén
hacia 950 a.C.

Israel se divide
en dos reinos:
Judá e Israel
922 a.C.

Asiria, en color sepia; Babilonia, en gris

Los asirios toman la
ciudad de Samaria
(fin del reino de
Israel) 721 a.C.

Los babilonios
destruyen Jerusalén
(fin del reino de Judá)
587 a.C.
Comienza el exilio en
Babilonia 586 a.C.

1200 a.C.   1000 a.C.   800 a.C.

Desde su más remota historia, Tierra Santa fue dominada sin tregua por potencias extranjeras, comenzando por los egipcios, tal como se aprecia en la cronología de arriba. En los dos milenios comprendidos entre la era de los patriarcas (hacia el año 2.000 a.C.) y el nacimiento de Jesús, los judíos sólo en dos períodos se gobernaron a sí mismos: desde la época de Saúl hasta la caída de Jerusalén a principios del siglo VI a.C., y luego durante casi ocho décadas, tras la rebelión macabea.

una gran fuente de ingresos para el Estado. Pero al mismo tiempo muchos consideraban que el helenismo implicaba una peligrosa subversión de la tradición y la identidad judaicas.

Mientras el cosmopolitismo y el conservadurismo religioso chocaban sordamente, la principal amenaza contra la paz de Palestina provino de los dirigentes seléucidas de Siria, que tenían puestos en la mira a sus vecinos sureños. Las intenciones de la dinastía seléucida se manifestaron a finales de siglo cuando el nuevo rey sirio, Antíoco III, avanzó por la costa y entró en Samaria y Judea. El rey ptolemaico llegó presuroso desde Egipto y repelió aquel avance; pero Antíoco volvió a intentarlo no mucho tiempo después y en el año 198 a.C. triunfó.

Al principio, el cambio de jerarcas no afectó mayormente a los judíos; su autonomía y su libertad religiosa continuaron. Sus impuestos iban al norte, a Antioquía, en vez de ir al sur, a Alejandría, y eso era todo; pero, andando el tiempo, significó mucho más. Los seléucidas eran ambiciosos forjadores de imperios, pero Antíoco cometió el error de invadir Grecia; Roma respondió derrotándolo en Magnesia en el año 190 a.C., y Antíoco tuvo que abandonar los territorios recién conquistados en Asia Menor. Los romanos impusieron un tributo de castigo y, para pagarlo, los seléucidas tuvieron que aumentar los impuestos. No sólo eso sino que, según parece, un delegado seléucida profanó e intentó robar el tesoro del Templo de Jerusalén.

La sed imperial de los seléucidas siguió inmutable al subir al trono Antíoco IV, hijo del anterior y el cual adoptó el ostentoso título de *Epífanes*, que en las monedas por él acuñadas pasaba a significar "Dios manifiesto"; esto último escandalizó a los súbditos judíos.

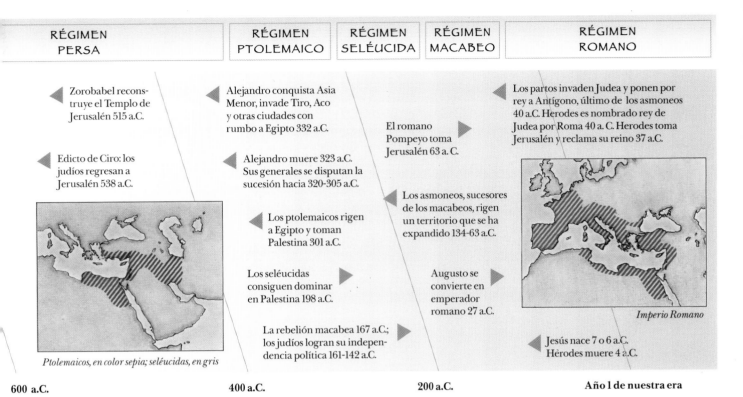

| RÉGIMEN PERSA | RÉGIMEN PTOLEMAICO | RÉGIMEN SELÉUCIDA | RÉGIMEN MACABEO | RÉGIMEN ROMANO |

◄ Zorobabel reconstruye el Templo de Jerusalén 515 a.C.

◄ Edicto de Ciro: los judíos regresan a Jerusalén 538 a.C.

◄ Alejandro conquista Asia Menor, invade Tiro, Aco y otras ciudades con rumbo a Egipto 332 a.C.

◄ Alejandro muere 323 a.C. Sus generales se disputan la sucesión hacia 320-305 a.C.

► Los ptolemaicos rigen a Egipto y toman Palestina 301 a.C.

► Los seléucidas consiguen dominar en Palestina 198 a.C.

► La rebelión macabea 167 a.C.; los judíos logran su independencia política 161-142 a.C.

► El romano Pompeyo toma Jerusalén 63 a.C.

◄ Los asmoneos, sucesores de los macabeos, rigen un territorio que se ha expandido 134-63 a.C.

► Augusto se convierte en emperador romano 27 a.C.

◄ Los partos invaden Judea y ponen por rey a Antígono, último de los asmoneos 40 a.C. Herodes es nombrado rey de Judea por Roma 40 a. C. Herodes toma Jerusalén y reclama su reino 37 a.C.

◄ Jesús nace 7 o 6 a.C. Herodes muere 4 a.C.

Ptolemaicos, en color sepia; seléucidas, en gris

Imperio Romano

600 a.C.   **400 a.C.**   **200 a.C.**   **Año 1 de nuestra era**

Antíoco IV Epífanes atravesó Judea con rumbo a Egipto, fue repelido y cruzó de regreso: se había topado con otros imperialistas de nuevo cuño, los partos, que habían salido de su patria junto al Mar Caspio para conquistar territorios de Mesopotamia. Antes de enfrentárseles, Antíoco quiso afianzar sus posiciones en Palestina; además de concentrar tropas, su método consistió en promover a los judíos helenistas, que consideraba como sus aliados políticos y culturales. Jerusalén sufrió una serie de notorias transformaciones: su administración, su código legal y otras muchas instituciones civiles adquirieron un inconfundible corte griego.

Por si fuera poco, el monarca sirio, al regresar de una campaña en Egipto, se adueñó del oro del Templo. Esto ya era el colmo. La ciudad se levantó en protesta y Antíoco, atemorizado, reaccionó ordenando una matanza. Creyendo que se trataba de una rebelión cuyo objeto sería restaurar la antigua forma de gobierno, Antíoco abolió la Torá. A partir de ese momento, quien fuera visto acatando el sabat o día de descanso, circuncidando a su hijo o negándose a comer carne de cerdo, sería reo de muerte. El santuario del Templo fue bañado en sangre de cerdo y dedicado a Zeus Olímpico. Muchos judíos prefirieron morir antes que rendirse.

En 167 a.C., en la aldea de Modín, al noroeste de Jerusalén, los dignatarios del rey levantaron un altar a una deidad griega. Reunieron al pueblo y ordenaron a Matatías, sacerdote anciano y devoto, que sacrificara un cerdo. Matatías se negó. Cuando un judío apóstata aceptó cumplir la orden, el sacerdote, exasperado, lo mató en el altar y lanzó la proclama siguiente, que encierra un sentido grito de rebelión: "El que tenga celo por la ley y mantenga la Alianza, que me siga." (1 Macabeos 2, 27.) Con sus cinco hijos y un grupo de insurrectos, y abandonando todo lo que tenían en la ciudad, Matatías escapó, se refugió en los montes y desde allí dirigió una guerrilla contra el tirano seléucida.

La rebelión macabea

Desde sus santuarios en las tierras altas, los rebeldes bajaban fugazmente para librar del yugo extranjero a los pueblos. Al mando del intrépido Judas Macabeo, tercer hijo del anciano sacerdote y su sucesor, combatían y dispersaban al enemigo aunque éste era mucho más numeroso. (En sí, el nombre *Macabeo* sonaba a triunfo; probablemente se deriva de una palabra hebrea que significa "martillo", instrumento del poder vindicativo de Dios.) Muy pronto todo el campo de Judea quedó en manos de los rebeldes; la presencia siria se redujo a unas cuantas guarniciones y la capital.

En diciembre del año 164 a.C. Judas Macabeo dio el golpe maestro: irrumpió en Jerusalén y tomó el Templo. Los sacerdotes regresaron a purificar el santuario; la estatua de Zeus fue derribada y los antiguos ritos comenzaron a practicarse de nuevo, con fe renovada. Si el exilio en Babilonia marcó la mayor declinación de Judea, la rebelión macabea habría de ser su renacimiento.

Durante varias décadas Judea avanzó con paso firme hacia su independencia total. Tras la muerte de Judas, el poder pasó a manos de sus dos hermanos sobrevivientes, Jonatán y Simón sucesivamente. Un tratado formal aceptado

Los asmoneos

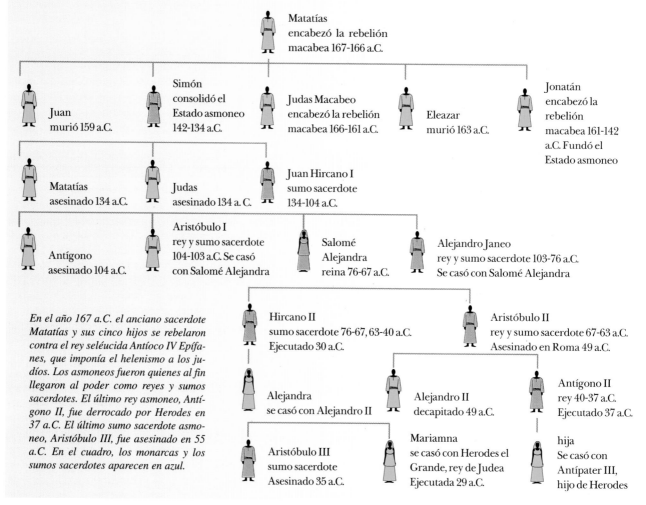

Matatías encabezó la rebelión macabea 167-166 a.C.

Juan murió 159 a.C.

Simón consolidó el Estado asmoneo 142-134 a.C.

Judas Macabeo encabezó la rebelión macabea 166-161 a.C.

Eleazar murió 163 a.C.

Jonatán encabezó la rebelión macabea 161-142 a.C. Fundó el Estado asmoneo

Matatías asesinado 134 a.C.

Judas asesinado 134 a. C.

Juan Hircano I sumo sacerdote 134-104 a.C.

Antígono asesinado 104 a.C.

Aristóbulo I rey y sumo sacerdote 104-103 a.C. Se casó con Salomé Alejandra

Salomé Alejandra reina 76-67 a.C.

Alejandro Janeo rey y sumo sacerdote 103-76 a.C. Se casó con Salomé Alejandra

Hircano II sumo sacerdote 76-67, 63-40 a.C. Ejecutado 30 a.C.

Aristóbulo II rey y sumo sacerdote 67-63 a.C. Asesinado en Roma 49 a.C.

Alejandra se casó con Alejandro II

Alejandro II decapitado 49 a.C.

Antígono II rey 40-37 a.C. Ejecutado 37 a.C.

Aristóbulo III sumo sacerdote Asesinado 35 a.C.

Mariamna se casó con Herodes el Grande, rey de Judea Ejecutada 29 a.C.

hija Se casó con Antípater III, hijo de Herodes

En el año 167 a.C. el anciano sacerdote Matatías y sus cinco hijos se rebelaron contra el rey seléucida Antíoco IV Epífanes, que imponía el helenismo a los judíos. Los asmoneos fueron quienes al fin llegaron al poder como reyes y sumos sacerdotes. El último rey asmoneo, Antígono II, fue derrocado por Herodes en 37 a.C. El último sumo sacerdote asmoneo, Aristóbulo III, fue asesinado en 55 a.C. En el cuadro, los monarcas y los sumos sacerdotes aparecen en azul.

Antígono II, último rey asmoneo (40-37 a.C.), mandó acuñar esta moneda de bronce para conmemorar la rebelión macabea, que había tenido lugar hacía más de un siglo. La rebelión marcó la reinstauración del régimen judío y la libertad de culto. En la moneda resalta el candelabro de siete brazos o menorá, símbolo de la fe judía y del Templo.

por Antíoco en 142 a.C., primer año de reinado de Simón, soltó las ya endebles ataduras del dominio seléucida. Poco después, en una gran asamblea efectuada en Jerusalén, el pueblo aclamó a Simón y lo elevó, a él y sus sucesores, al triple rango de "Sumo Sacerdote, General y Jerarca de los judíos".

Era el comienzo de una nueva dinastía, la de los asmoneos, cuyo nombre proviene del de la tribu del viejo Matatías: Asmón. Por vez primera desde la caída del reino de Judá, ocurrida hacía unos 450 años, los hijos de Israel eran dueños de su propio destino.

La nueva dinastía comenzó a extender su dominio sobre las tierras que antes fueron de David y Salomón. Desde el pequeño bastión montañés del centro de Judea, los ejércitos asmoneos marcharon hacia el sur para conquistar Idumea hasta el desierto del Néguev; los idumeos, que en las Escrituras aparecen como enemigos de Israel, fueron obligados en masa a convertirse al judaísmo. Después, el ejército se dirigió a Samaria, que había sido hostil a la rebelión asmonea; los soldados judíos saquearon la capital y destruyeron el santuario del monte Garizim. Tomaron partes de Transjordania, con algunas de sus ciudades griegas, así como las ciudades helenizadas de la llanura costera. Después cayó Galilea, y sus habitantes, cosmopolitas y de diversas razas, fueron convertidos al judaísmo.

El súbito acceso al poder terrenal colocó a los asmoneos en una posición crucial para los asuntos del este del Mediterráneo; al mismo tiempo, a medida que caían en las trampas de la monarquía, los flamantes dirigentes fueron víctimas de todos los vicios seculares y de las sangrientas intrigas palaciegas que caracterizaron a muchos regímenes. Cuando murió el dignatario Juan Hircano, en 104 a.C., heredó sus territorios a su esposa. Sin embargo, su hijo mayor, Aristóbulo, dio un verdadero golpe de estado, dejó morir de hambre a su madre en prisión y, por precaución, encarceló a tres de sus hermanos; temeroso de que un cuarto hermano diera el contragolpe, lo mandó matar. El rey murió poco después, de muerte natural. Su sucesor fue uno de los hermanos encarcelados, Alejandro Janeo, quien, no menos precavidamente, hizo matar a uno de sus dos hermanos sobrevivientes.

El ocaso de los asmoneos

Alejandro Janeo presumía abiertamente de los vilipendiados gustos helenísticos contra los que sus antepasados habían luchado tanto. Durante la fiesta de los Tabernáculos, dirigida en el Templo por Janeo en su calidad de sumo sacerdote, una secta de fariseos organizó un tumulto: le arrojaron limones y le gritaron que era indigno de su cargo sacerdotal. Janeo llamó a la tropa; 6.000 manifestantes murieron y comenzó una rebelión que duró nueve años, costó otras 50.000 vidas y finalizó con la captura de 800 líderes fariseos. Haciendo alarde de ominosa impiedad, Janeo los mandó crucificar cerca del palacio durante un banquete público que se realizó al aire libre, al que asistió acompañado de sus concubinas.

Janeo vivió hasta la edad de 49 años, minado por el vicio y el alcoholismo. Después, en 76 a. C., el reino pasó a manos de su abnegada viuda, Salomé Alejandra. Para evitar más problemas, la reina hizo las paces con los fariseos e inclusive llamó a muchos de ellos a formar parte de su gobierno. Siguió una breve etapa de milagrosa prosperidad; después se dijo que "los granos de trigo eran grandes como alubias; los de cebada, como aceitunas; las lentejas, como denarios de oro".

Semejante bonanza no podía durar mucho. Habiendo gobernado durante nueve años, la reina murió y a continuación se desató una disputa por el poder entre sus dos hijos, Hircano II y Aristóbulo II. Una vez más, el país quedó sumergido en la guerra.

El general romano Pompeyo, del que arriba se muestra una efigie tardía, medió en la disputa que surgió entre los hermanos asmoneos Hircano II y Aristóbulo II, referente a quién debía gobernar en Palestina. Sacando partido del desorden político que imperaba en esa región, en 63 a.C., Pompeyo tomó Jerusalén e impuso a Hircano como sumo sacerdote y como príncipe de un reino reducido, supeditado a Roma. Palestina quedó bajo el dominio romano durante casi cuatro siglos.

Llega Pompeyo el Grande

Durante todo el período asmoneo el mapa del mundo antiguo sufrió cambios profundos. El principal agente de cambio era Roma. A partir de la victoria sobre Antíoco III en 190 a.C., los férreos ejércitos romanos habían desplegado las banderas de su ciudad en casi todos los países del Mediterráneo. Tomaron Cartago y partes de España, luego Macedonia y Grecia, además de toda África del Norte; Egipto se convirtió en un tributario autónomo. Y poco después Pompeyo, el gran general romano, incursionaba al este del Mediterráneo.

Asia Menor se rindió, y Siria poco después. Sólo quedaba un reto: Partia. En vista de lo anterior, no era permisible que Palestina siguiera en la inestabilidad. Vino como anillo al dedo el que Hircano y Aristóbulo, hermanos en pleito, recordasen que había un tratado de amistad entre su país y Roma; ambos le pidieron ayuda. Pompeyo, desde luego, aceptó la invitación encantado.

El general llevó sus legiones a Jerusalén. Al tercer mes de sitio, los romanos rompieron las gruesas murallas y tomaron el Templo por asalto matando a quien cruzara por su camino, incluso a los sacerdotes, que siguieron celebrando sus ritos mientras se desencadenaba la batalla.

A diferencia de casi todos los conquistadores anteriores, Pompeyo no tocó el tesoro del Templo. Pero cometió otra terrible profanación, que provocó un odio perdurable: quizá por curiosidad de saber a qué le rendían culto los judíos, Pompeyo y algunos de sus hombres penetraron en el santuario más recóndito.

En el recinto sagrado, al que sólo los sacerdotes tenían acceso, encontraron el mobiliario de oro y los recipientes que se usaban para los ritos. Pero en el Santo de los Santos, al que sólo podía entrar el sumo sacerdote una vez al año, centro de la presencia de Dios entre su pueblo, los romanos no encontraron absolutamente nada: sólo paredes desnudas. Una vez satisfecha su curiosidad, Pompeyo hizo que los sacerdotes purificaran el santuario y reiniciaran los sacrificios rituales. Pero aquella profanación ocasionó que entre los judíos devotos el nombre de Pompeyo fuera anatema.

Los romanos reinstalaron a Hircano II en el trono como sumo sacerdote y príncipe subordinado, restándole poder y recortándole territorios. Sólo le quedó Judea, el sur de Samaria, Perea (en Transjordania) y Galilea. Al mismo tiempo, fue hecho tributario autónomo del gobernador de Siria, convertida oficialmente en provincia romana. Miles de prisioneros de guerra judíos fueron hacinados en embarcaciones con rumbo a Roma, donde se unieron a una colonia de expatriados, asimismo judíos. Aristóbulo también fue llevado a la capital del Imperio, y más tarde fue encarcelado.

El joven Herodes

En un mundo dominado por Roma, Herodes llegó a la edad adulta. En su juventud no le faltaron privilegios. Su padre, Antípater, como gobernador de Idumea y después principal consejero de Hircano, era el hombre más importante de la región. Así, el joven Herodes creció cerca del centro del poder, vio a su padre esquivar los reveses de la intriga palaciega y recibió una lección de primera mano acerca de cómo sobrevive un político.

Cuando Julio César, radiante aún por su conquista de las Galias, llegó a Roma entre las aclamaciones de un pueblo jubiloso y venció a un Pompeyo que envejecía, tomó el poder; Antípater encontró entonces el modo de congraciarse con el gobernante en turno. Percibiendo que tendría un fiel aliado en una región tan inestable del Imperio, el César le concedió a Antípater la ciudadanía romana, lo elevó al rango de jefe de ministros de toda Judea y lo eximió del pago de impuestos. (Hircano siguió teniendo la investidura de

El soldado romano

El ejército romano logró conquistar gran parte del mundo occidental gracias a su disciplina, a su buen equipo y a su entrenamiento para la lucha y la construcción. No sólo contaba con los más modernos y eficaces medios para destruir y conquistar, sino que sus ingenieros tenían la destreza suficiente para trazar grandes carreteras y edificar puentes y acueductos en las tierras sometidas.

Una legión romana en marcha (detalle de la Columna de Marco Aurelio). Los soldados portaban su equipo; los pertrechos más pesados se llevaban en carros. (arriba).

El soldado romano usaba una coraza y un escudo largo, que lo protegían de los ataques. A la izquierda se muestra parte de una coraza de placas metálicas y también un yelmo (siglo I d.C.). El pequeño zapapico se usaba para excavar y para partir madera.

Arriba se muestran unas puntas de lanza y un proyectil de los que se arrojaban mediante una honda. El fragmento de loseta (izquierda), del siglo I d. C., fue encontrado en Jerusalén; la figura de jabalí que aparece en el fragmento era el símbolo de la Décima Legión romana.

La familia herodiana

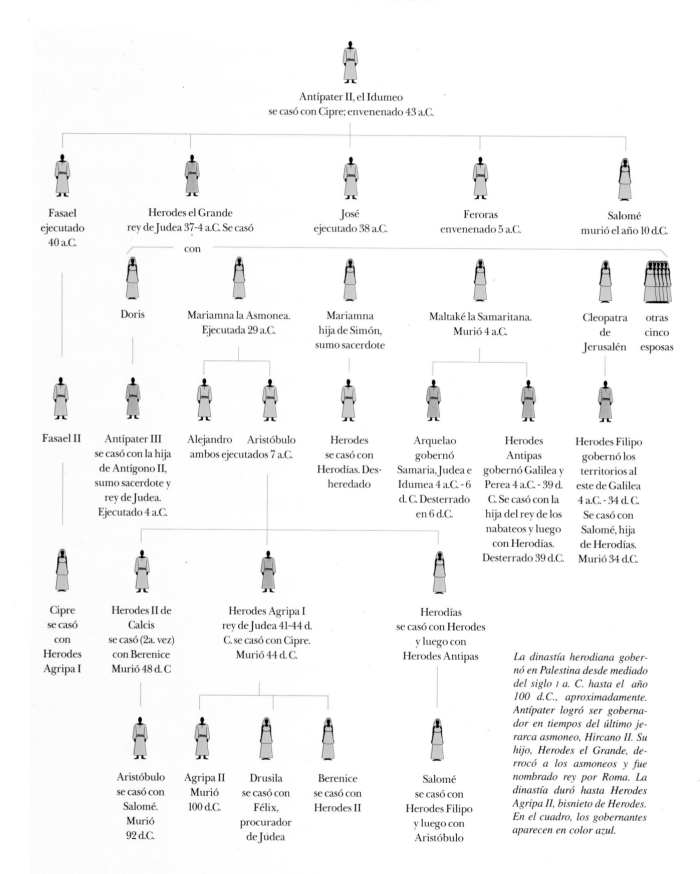

Antípater II, el Idumeo
se casó con Cipre; envenenado 43 a.C.

Fasael
ejecutado
40 a.C.

Herodes el Grande
rey de Judea 37-4 a.C. Se casó

con

José
ejecutado 38 a.C.

Feroras
envenenado 5 a.C.

Salomé
murió el año 10 d.C.

Doris

Mariamna la Asmonea.
Ejecutada 29 a.C.

Mariamna
hija de Simón,
sumo sacerdote

Maltaké la Samaritana.
Murió 4 a.C.

Cleopatra
de
Jerusalén

otras
cinco
esposas

Fasael II

Antípater III
se casó con la hija
de Antígono II,
sumo sacerdote y
rey de Judea.
Ejecutado 4 a.C.

Alejandro   Aristóbulo
ambos ejecutados 7 a.C.

Herodes
se casó con
Herodías. Des-
heredado

Arquelao
gobernó
Samaria, Judea e
Idumea 4 a.C. - 6
d. C. Desterrado
en 6 d.C.

Herodes
Antipas
gobernó Galilea y
Perea 4 a.C. - 39 d.
C. Se casó con la
hija del rey de los
nabateos y luego
con Herodías.
Desterrado 39 d.C.

Herodes Filipo
gobernó los
territorios al
este de Galilea
4 a.C. - 34 d. C.
Se casó con
Salomé, hija
de Herodías.
Murió 34 d.C.

Cipre
se casó
con
Herodes
Agripa I

Herodes II de
Calcis
se casó (2a. vez)
con Berenice
Murió 48 d. C

Herodes Agripa I
rey de Judea 41-44 d.
C. se casó con Cipre.
Murió 44 d. C.

Herodías
se casó con Herodes
y luego con
Herodes Antipas

Aristóbulo
se casó con
Salomé.
Murió
92 d.C.

Agripa II
Murió
100 d.C.

Drusila
se casó con
Félix,
procurador
de Judea

Berenice
se casó con
Herodes II

Salomé
se casó con
Herodes Filipo
y luego con
Aristóbulo

La dinastía herodiana gobernó en Palestina desde mediado del siglo I a. C. hasta el año 100 d.C., aproximadamente. Antípater logró ser gobernador en tiempos del último jerarca asmoneo, Hircano II. Su hijo, Herodes el Grande, derrocó a los asmoneos y fue nombrado rey por Roma. La dinastía duró hasta Herodes Agripa II, bisnieto de Herodes. En el cuadro, los gobernantes aparecen en color azul.

príncipe y sumo sacerdote.) A su vez, Antípater acomodó a sus dos hijos mayores: a Herodes, de 25 años, lo nombró gobernador de Galilea, y a Fasael le entregó Jerusalén.

Lanzado al poder, Herodes no vaciló en hacerse cargo. "Su juventud no le estorbaba", escribió Flavio Josefo, "... pues era un joven brioso". No sólo se necesitaba brío sino también algo de mano dura, puesto que Galilea tenía fama de anárquica. Haciendo justicia a su manera, Herodes capturó al jefe de un grupo de bandidos que asolaban los montes y lo mandó ejecutar, junto con muchos de sus compinches. Este hecho dio pie a que ciertos sectores de Jerusalén actuaran: Herodes fue llamado a la ciudad para responder por el cargo de homicidio.

El tribunal supremo de Jerusalén era el Sanedrín, congregación de religiosos ancianos y terratenientes acaudalados que, según la ley judaica, tenían poder soberano para imponer la pena de muerte. Ante tal tribunal se comparecía con extrema humildad, vistiendo una túnica negra y llevando el cabello largo y desordenado. Pero Herodes se presentó vestido con un atuendo de lujo y escoltado por su guardia personal. Muchos de los tribunos se atemorizaron; sólo los rabinos más respetados y valerosos lanzaron una diatriba contra el rey Herodes y sus parientes idumeos. Instruido de antemano por el gobernador romano de Siria, Hircano había tratado de arreglar a su conveniencia el juicio, pero al ver la actitud del Sanedrín levantó la sesión y le aconsejó a Herodes abandonar la ciudad.

Herodes acudió al gobernador romano de Damasco, que lo hizo delegado de Siria del Sur. Su lealtad y habilidades pronto le merecieron el mando de Samaria, Galilea y Siro-Fenicia. Se convirtió en el más ferviente partidario de Roma en Palestina, como lo había sido su padre.

Pero entonces, en el año 40 a.C., ocurrió la invasión de los partos que lo hizo huir a Masada, en el desierto de Idumea. Cuando el fugitivo Herodes llegó a Roma buscando apoyo, Marco Antonio descubrió en él al mejor candidato para restablecer el predominio romano al este del Imperio.

De los muchos descendientes que tuvo Herodes el Grande, quizá el más conocido y excéntrico fue su hijo Herodes Antipas. Tras la muerte de su padre, en el año 4 a.C., Herodes Antipas fue tetrarca de Galilea y Perea. Durante su reinado mandó decapitar a Juan el Bautista y figuró en el proceso contra Jesús. En el relieve de piedra francés que aparece a la derecha, se le representa cosquilleando el mentón de su hijastra Salomé.

Herodes reclama su parte

Sin pérdida de tiempo, Herodes se embarcó para Palestina. A principios del año 39 a.C. llegó a Ptolemaida, en la costa fenicia; reclutó un ejército y se abrió paso hacia el sur cruzando Samaria y Judea y alistando más voluntarios. Quería reunirse con su familia y demás parientes en Masada, que estaba sitiada por las tropas de Antígono. En Masada cundía la desesperación: no había llovido y las cisternas estaban casi secas. Pero repentinamente, como si la proximidad de las tropas herodianas fuese la señal para que se abrieran las llaves del cielo, las lluvias al

Esta moneda romana de plata pertenece a la época de César Augusto; tiene acuñada la figura de Capricornio, signo astrológico que solía asociarse con este emperador.

Moneda acuñada en la época de Herodes Antipas (en el año 39 d.C.); sólo lleva la imagen de una airosa datilera. Las monedas herodianas no podían llevar efigies, pues la ley judía prohibía representar el rostro humano y los "ídolos".

fin comenzaron y entonces los sitiados pudieron resistir hasta que Herodes llegó a salvarlos.

El siguiente objetivo de Herodes era Jerusalén. Comenzó su avance hacia la ciudad pero tuvo que detenerse: el apoyo que esperaba de los romanos no se materializó. La razón era muy obvia. Antígono (nos dice Flavio Josefo) había sobornado con largueza a un general romano y éste, de pronto, ordenó que sus tropas se estacionaran durante todo el invierno. Por el momento, Herodes se tuvo que conformar pacificando el campo.

Frustrado, Herodes esperaba los refuerzos imperiales que necesitaba para atacar Jerusalén. Éstos llegaron en la primavera del año 37 a.C.; sumados a las tropas de Herodes, formaron un ejército de 11 batallones de infantería y 6.000 hombres de caballería, más las tropas auxiliares sirias. Esta poderosísima formación se desplegó frente a las puertas de la ciudad. Gran parte de Jerusalén estaba protegida por dos macizas murallas de piedra; murallas adentro, un laberinto de callejuelas conducía al monte del Templo, reciamente fortificado.

Los ejércitos romanos apuntalaron y prepararon sus máquinas de guerra (catapultas y arietes) y empezaron a atacar la muralla (la escena se representa en las páginas 36-37). Al principio no lograron mucho. Los defensores salían arriesgadamente para tratar de prender fuego a las catapultas; por los túneles que había debajo de la muralla salían a atacar rápidamente el campamento romano y, si podían, volvían a sus puestos. A veces se libraban escaramuzas en esos pasadizos subterráneos. Casi dos meses tardaron los romanos en romper las murallas y apoderarse del monte en que se alzaba el Templo.

Después, los atacantes pusieron sitio al centro de la ciudad. Herodes, esperando lograr una conciliación que evitara más derramamiento de sangre, trató de aplacar al grueso de las tropas romanas. Barruntaba que la victoria podía ser tan desastrosa como un fracaso; no quería ser, según dijo, "el rey de un desierto". A diario hacía pasar sobre la muralla animales destinados a los sacrificios rituales del Templo. Pero falló en su intento: cuando cayó la ciudad, las legiones desataron la matanza y el saqueo; provocaron incendios y dieron muerte a los sitiados sin consideración de edad ni sexo. Herodes procuró tomar el Templo para impedir que los romanos lo profanaran. Sólo pagando una fuerte suma de su propio bolsillo pudo persuadirlos de que se fueran y lo dejaran en las humeantes ruinas de su conquistada capital.

La situación de Herodes era muy comprometida. El apoyo que para vencer le habían dado los romanos lo exponía a perder el mando si llegara a malquistarse con ellos, pese a que, como rey aliado, era libre para gobernar en los asuntos internos. Tenía que lisonjear con cautela a quienes poseyeran el cetro imperial, granjearse su favor y atenuar sus recelos, hasta el día en que lo consideraran como hombre indispensable. No podía permitir asimismo que las legiones romanas volvieran a pisotear aquella tierra cuyo pueblo era tan indómito y heterogéneo: en parte judío y en parte pagano, dividido en bandos al parecer irreconciliables, caprichosamente rebelde. Herodes tenía que encontrar el modo de equilibrar todas esas fuerzas y conducir a su reino a una era de prosperidad y paz menos efímeras.

El nuevo régimen

Su primer paso consistió en afianzarse en el trono. Tras el colapso de Jerusalén, el aspirante Antígono fue ejecutado por los romanos. Herodes no fue menos duro con los muchos judíos que habían apoyado a su adversario; mató a cientos de ellos y se apropió de sus bienes. Entre sus víctimas se hallaban 45 miembros de la nobleza de Jerusalén y casi todos los integrantes del Sanedrín, que diez años antes lo habían enjuiciado por sus represiones en Galilea. Pero, no tocó al rabino que había levantado su voz contra él: Herodes

EL REINO DE HERODES EL GRANDE

(Map labels: SIRIA; Panea; Lago Hule; GAULANÍTIDA; BATANEA; TRACONÍTIDA; Cafarnaúm; Arbela; Mar de Galilea; GALILEA; AURANÍTIDA; Seforis; Hippos; Nazaret; Gadara; MAR MEDITERRÁNEO; Cesarea; Sebaste; SAMARIA; Río Jordán; Antipátride; Joppe (Jaffa); PEREA; Modín; Jamnia; JUDEA; Jericó; Azoto; Jerusalén; Belén; Herodión; Hircania; Gaza; IDUMEA; Mar Muerto; Masada; NABATEA)

Tras la muerte de Marco Antonio, Herodes se alió con Augusto. Al percibir que Herodes era importante como rey aliado y que era ventajoso complacerlo, Augusto le reintegró los territorios que Marco Antonio le había quitado para dárselos a Cleopatra: Jaffa, Gaza y la ciudad-oasis de Jericó. Herodes también recibió las ciudades de Gadara e Hippos, al este y al sureste del Mar de Galilea. Además, Augusto cedió a Herodes algunas regiones de Transjordania, con lo cual el reino judío volvió a ser casi tan extenso como en el apogeo de la época asmonea. En el mapa, las zonas que se ven más oscuras corresponden a los dominios de Herodes.

admiraba la valentía del anciano.

Hubo una objeción contra el gobierno de Herodes que éste no pudo acallar: "Si, cuando hayas entrado en la tierra que Yavé, tu Dios, te da, la hayas ocupado y vivas en ella, quieres tener rey como las naciones de alrededor, pondrás sobre ti un rey elegido por Yavé; pero lo tomarás de entre tus hermanos; no podrás tomar para rey un extranjero, uno que no sea de tus hermanos...", estaba escrito en el Deuteronomio (17, 14-15). Para los judíos tradicionalistas, Herodes era desde luego un extranjero, un advenedizo idumeo de linaje dudoso, sin que importase su religión nominal.

Herodes adoptó ante los grupos más religiosos de Judea una actitud de precavida tolerancia. A casi todos sus súbditos les exigió que jurasen lealtad para con él y el emperador de Roma, pero los fariseos y los esenios se negaron; Herodes les debía favores y los eximió de jurar, a condición de que se mantuvieran al margen de cualquier asunto relacionado con la política. Los predicadores fariseos lo vituperaban y lo llamaban plaga de Dios enviada para castigo de los pecadores, pero a la vez decían que había que soportarlo; algunos siguieron profetizando el advenimiento inexorable de una era apocalíptica y el triunfo del judaísmo por un mesías descendiente de la casa de David. Herodes se hacía el sordo, aunque nunca logró mejorar la situación.

En el territorio palestino el rey Herodes gobernó de manera que pudiera mantener un control eficaz y estricto. Limitó el campo de las instituciones judías tradicionales, tales como los sanedrines regionales, tomando él mismo las facultades que éstos tenían; purgó el Sanedrín de Jerusalén, lo saturó con sus partidarios incondicionales y minimizó sus funciones a una mera ratificación simbólica y formalista de su política personal. Los consejeros más importantes que el rey Herodes tuvo en esa época eran griegos; su ejército, al igual que gran parte del de Roma, estaba compuesto principalmente por mercenarios; formó una poderosa policía secreta y una red de espionaje que operaba en todos los confines del reino. No obstante, y a pesar de todo, Herodes nunca olvidó cuán frágil era su autoridad; el repentino e inesperado golpe de fortuna que lo había llevado al trono podía con igual rapidez derrocarlo de nuevo. Palestina no había sido ni sería nunca fácil de gobernar, agitada por tensiones dinásticas y arraigados fervores religiosos, impregnada de un pasado tan vasto como su descontento, sujeta a unas resonancias mesiánicas que no se aquietarían jamás.

Capítulo 3 | Jerarquías y plebe

Herodes el Grande introdujo cambios y provocó pugnas. Erigió muchas ciudades y reconstruyó otras, con lo cual dio empleo a miles de trabajadores. Durante su reinado, una clase gobernante nueva y cosmopolita surgió al lado de la vieja aristocracia de Judea.

Quienquiera que pasara entre las colinas del sur de Jerusalén durante la segunda década del reinado de Herodes habría visto cómo se iba desarrollando una construcción insólita; se había truncado por completo un cerro y se había excavado su cima hasta darle la forma de un cráter desde el cual se alzaba un gran cilindro de bloques de piedra.

Era un vasto refugio en el desierto, una fortaleza que Herodes bautizó con su propio nombre: Herodión; conmemoraba la batalla que en ese lugar había librado contra los judíos en el año 40 a.C. Para erigir esta obra monumental hubo que emplear a miles de jornaleros. Las cuadrillas de hábiles pedreros extraían de la cantera bloques enormes: buscaban con cuidado las grietas y en ellas metían cuñas de madera que luego mojaban para que al hincharse partieran la roca; después los peones sudaban para levantar y trasladar los bloques, y luego los albañiles los cincelaban con tal finura y precisión que, una vez ajustados, no cabía entre ellos ni el filo de una navaja. Los carpinteros entallaban las puertas y los marcos de las ventanas. Los esclavos y los peones menos

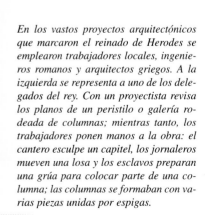

En los vastos proyectos arquitectónicos que marcaron el reinado de Herodes se emplearon trabajadores locales, ingenieros romanos y arquitectos griegos. A la izquierda se representa a uno de los delegados del rey. Con un proyectista revisa los planos de un peristilo o galería rodeada de columnas; mientras tanto, los trabajadores ponen manos a la obra: el cantero esculpe un capitel, los jornaleros mueven una losa y los esclavos preparan una grúa para colocar parte de una columna; las columnas se formaban con varias piezas unidas por espigas.

Visto a lo lejos desde el austero desierto de Judá, el cerro donde se halla la ciudadela de Herodión parece un volcán extinto. En realidad su forma es artificial, producto de una insólita iniciativa del rey Herodes. Primero se truncó su cima, luego se erigieron las torres y la doble muralla de la fortaleza cilíndrica; la tierra excavada de ese cerro y de otro cercano se usó como relleno de cimentación. La ladera fue configurada y alisada hasta volverla inescalable; el "cráter" tiene unos 14 metros de profundidad. Sólo se podía entrar subiendo por una escalinata de piedra excavada en la ladera. El camino en espiral que puede verse en la foto de la izquierda de la página opuesta, se añadió mucho después.

hábiles cavaban, transportaban materiales, acarreaban agua y retiraban los escombros. Había también grupos de vidrieros, pintores y artesanos expertos en estucado, en delicados mosaicos, en marquetería, en talla de marfil y en orfebrería, todos ellos estaban encargados de dar el más reluciente toque final a la construcción.

Trabajaban contra el viento y el calor inclemente del desierto remangándose las toscas y estorbosas túnicas entre las piernas y a nivel de la cintura. Por la noche seguramente se retiraban a sus tiendas de pelo de cabra, como las que hoy día usan los beduinos; su alimento principal consistía en un plato de lentejas o de cebada. Su vida de pobreza contrastaba fuertemente con la deslumbradora opulencia de la obra en que laboraban.

Monumental y altiva, la fortaleza de Herodión encarnaba toda la arrogancia del poder. Para los judíos, era la prueba de que tenían un amo irrefrenable; para sus vecinos árabes y sirios, era la demostración del invencible vigor con que el rey protegido de Roma defendería su territorio. A la vez, el alarde de Herodes era útil para que los dignatarios romanos sintieran que no en vano le habían dado su voto de confianza.

Herodión: palacio y fortaleza

El emplazamiento de Herodión se había escogido tanto por razones militares como políticas. Tenía que convertirse en eslabón estratégico de una cadena de fortalezas que dominaran las fronteras este y sur de Judea, un oportuno despliegue de advertencias contra posibles ataques; algunas de esas fortalezas existían desde épocas anteriores pero había que remozarlas, y atrás, como Herodión, eran de construcción totalmente nueva. Todas estaban muy cerca entre sí, de manera que el centinela de la torreta más alta (la de Herodión estaba situada a unos 800 metros sobre el nivel del mar) pudiera divisar una señal y propagar rápidamente la voz de alarma. Por otro lado, como Herodes tenía sobradas razones para temer una rebelión interna o un ataque del exterior, esta ciudadela tenía que ser también un lugar seguro adonde el monarca pudiera refugiarse en caso de que Jerusalén se le escapara de las manos.

Los atacantes, cualesquiera que fuesen, habrían tenido que recurrir a métodos extraordinarios para tomar la fortaleza; Herodión era virtualmente un palacio inexpugnable. Únicamente tenía una entrada: una empinada hilera de 200 escalones de "piedra tajada", según Josefo. En cada punto cardinal había una torre cilíndrica; una de ellas era más alta que las otras y sobresalía de la sólida muralla circular. Los cimientos de las torres estaban sumidos en profundos terraplenes cónicos; para construir estos últimos hubo que demoler parte de una colina cercana. El talud era muy inclinado, resbaladizo y estaba rematado por un borde de piedra; sólo a un tonto temerario o a un loco se le ocurriría escalarlo.

No obstante su robustez, Herodión permitía a Herodes habitar con el lujo palaciego que tanto lo deleitaba. En el interior, los arquitectos habían dispuesto un gran patio hundido rodeado de columnas, nichos con estatuas y jardineras; había también un amplio salón de recepciones, un baño romano y suntuosas habitaciones reservadas para el caprichoso rey y su séquito. Al pie del cerro se edificó un palacete; su principal característica era un estanque cuyas aguas llegaban por un acueducto desde la Piscina de Salomón, manantial cercano a Belén.

Al centro del estanque, cuya profundidad era de unos tres metros, había una elegante isla, bordeada de columnas, con un quiosco y a la cual solamente se podía llegar en barca. Los diversos edificios y jardines de Herodión comprendían alrededor de 20 hectáreas (aproximadamente como el Taj Mahal); era uno de los mayores conjuntos arquitectónicos del mundo antiguo.

Las ruinas de Herodión se muestran al centro, en una vista aérea. El tiempo y la intemperie han carcomido esta fortaleza; sin embargo, los arqueólogos han logrado formarse una idea del aspecto que tenía en otra época. Había cuatro torres. Tres eran semicirculares y de cinco o seis pisos; cada piso daba a un corredor que por dentro de la muralla rodeaba a la fortaleza. La cuarta torre, redonda y situada al este, probablemente era entre 14 y 18 metros más alta que las otras; sus pisos superiores tenían lujosas habitaciones desde donde Herodes y su séquito podían disfrutar de la brisa y de un panorama que abarcaba desde el Mar Muerto hasta las montañas de Moab. Junto a su base, que se muestra en la foto de la derecha, había una galería de casi 50 metros de largo, con columnas, pasillos y jardineras.

El nuevo régimen se benefició de una prosperidad casi desconocida en Palestina; el rey se hizo inmensamente rico gracias a sus propiedades, a los lucrativos préstamos que hacía a otros reyes y a su innegable astucia de comerciante. Casi toda su riqueza la destinó a un plan de obras en gran escala. Herodes erigió monumentos como si fuese un emperador; Herodión era una pequeña parte del ambicioso y desmedido programa de construcción que caracterizó su largo reinado. Además de las fortalezas, muchas de las cuales incluían recintos principescos, mandó erigir varios palacios fortificados. El de Jericó fue su residencia predilecta; tenía espléndidos jardines, piscinas y un complejo sistema hidráulico (ver reconstrucción, página 68). En la cima de Masada, enorme bastión rocoso que sirvió de refugio para él y su familia cuando huyeron de Judea en el año 40 a.C., edificó dos palacios además de una muralla; ésta contaba con habitaciones en su interior y estaba fortificada con torres. Uno de los palacios de Masada (el Palacio Colgante) era de tres pisos, el más alto, estaba integrado a la muralla en el lado norte de la meseta; cerca había un amplio baño, un edificio administrativo y enormes bodegas. Los otros dos pisos estaban construidos sobre el risco a manera de grandes terrazas; dominaban uno de los más prodigiosos y austeros panoramas imaginables.

Herodes fue un constructor incansable: sus fortalezas están indicadas por cuadros (■) en este mapa.

Herodes no olvidó nunca la sed que su familia había padecido en Masada mientras él trataba de encontrar apoyo económico y político en Roma; por lo que, mandó construir un ingenioso sistema para almacenar agua, con capacidad para unos 40 millones de litros aproximadamente: se embalsaron dos barrancos cercanos, de manera que el agua recogida durante la corta temporada de lluvias pudiera fluir por un acueducto y llegar a una serie de cisternas excavadas en el suelo rocoso, en el lado norte de Masada; desde ese lugar, cientos de esclavos y bestias de carga acarreaban el agua hasta llevarla a otras cisternas ubicadas en lo alto de la ciudadela.

Las influencias occidentales

En los territorios de Galilea, Samaria y a lo largo de la costa mediterránea el rey Herodes mandó construir una enorme cantidad de monumentos, templos, obras públicas e inclusive ciudades enteras, cada una de ellas con el estilo helenístico (que combinaba el clasicismo griego y la ubicua fastuosidad romana).

Continúa en la página 70

Además de las fortalezas que Herodes construyó o amplió y de los lujosos palacios que edificó en Jericó, Masada, Ascalón, Seforis, Jerusalén y otros lugares, también mandó erigir monumentos y obras civiles en muchas ciudades de su reino. Fundó por lo menos dos ciudades: Sebaste (en el sitio de la antigua Samaria) y Cesarea. Quedan muchos vestigios de Herodión, pero casi nada de su proyecto más ambicioso: el Templo de Jerusalén.

Túmulo que abarca el cementerio tradicional de los patriarcas, en Hebrón (derecha).

Escalinata del Templo de Sebaste dedicado al emperador Augusto.

Mosaico de diseño ondeante; baños de Masada.

El agua fluía por este acueducto desde las fuentes del monte Carmelo hasta llegar a Cesarea, a 20 km.

El palacio real de Jericó

Herodes mandó construir tres palacios en Jericó, cálido oasis donde los ricos residían durante los meses de invierno. En la ilustración de abajo se representa el ala norte del tercer palacio, con vista al uadi Qilt; la reconstrucción se basa en una vista aérea del sitio (página opuesta).

Este retiro campestre, situado a tan sólo 25 kilómetros del bullicio de Jerusalén, fue proyectado como un lugar de solaz y descanso para Herodes y su familia. De izquierda a derecha, había un salón de recepciones con muros pintados a imitación del mármol, y piso de mármol importado y piedra local;

un corredor de 30 metros de largo daba al extenso jardín hundido, al sur. Junto al salón de recepciones había un patio rodeado de columnas; otro patio, más a la derecha, conducía al baño romano de cinco recintos. En los lados norte y este se encontraban los cuartos de servicio y un pequeño recibidor. El agua llegaba desde unos manantiales situados a 15 kilómetros, mediante un complicado sistema hidráulico que Herodes perfeccionó. A lo lejos, a la izquierda, está el segundo palacio, construido sobre los cimientos de uno anterior, asmoneo, y a la derecha, un edificio destinado al procesamiento de bálsamo y dátiles.

En aquellas regiones las comunidades no judías habían mantenido durante siglos una difícil relación con los judíos. Éstos nunca habían sobresalido como navegantes, a pesar de la extensión de la costa palestina; vivían de espaldas al mar y con el rostro vuelto hacia Jerusalén, formados en la exclusividad étnica y religiosa que la Torá demandaba. Al margen de ellos, en la costa de la antigua Filistea y más al norte, florecían las ciudades predominantemente paganas. Durante los siglos de régimen ptolemaico y seléucida que siguieron a las rápidas conquistas de Alejandro Magno, estas ciudades se mantuvieron muy abiertas a la cultura y la religión griegas; luego, tras la rebelión macabea (en el año 167 a.C.) y el regreso de los judíos al poder, muchas fueron arrasadas por los ejércitos de Juan Hircano y de Alejandro Janeo. Para tales ciudades la llegada de los romanos en el año 63 a.C. fue motivo de gran regocijo, pues significaba la liberación del yugo asmoneo, aunque esto significara someterse ante Roma.

Las casas de los ricos se distinguían por sus magníficos baños. La distribución de estos recintos variaba según el concepto de los médicos acerca de cuál era la mejor alternancia de frío y calor. En el palacio herodiano de Jericó el bañista entraba por el vestidor; cruzando por el conducto de agua pasaba al tepidarium *o cuarto templado (que quizá tenía un estanque de agua tibia poco profunda) y después al* caldarium *o cuarto caliente (a un extremo del conducto de agua), o bien al* frigidarium *o cuarto frío (al otro extremo). A la derecha se muestra el* frigidarium; *probablemente había una pila grande de agua fría sobre el pedestal central y su redondel. Los bañistas podían reclinarse en los nichos de casi dos metros de anchura que están alrededor.*

Ciudades griegas, antiguas y nuevas

Cuando Herodes subió al trono, muchas de las ciudades griegas tales como Gaza, Azoto, Jamnia, Joppe, la Torre de Estratón (después llamada Cesarea), Samaria (después Sebaste), Gadara y otras, se encontraron de nuevo bajo el régimen de un rey de los judíos; sin embargo, a pesar de las miras helenísticas de Herodes, mucha gente se resistía a aceptarlo. Por ejemplo, en el año 20 a.C. Gadara solicitó al emperador Augusto que la librase del dominio de Herodes y la pusiera bajo un régimen directamente romano; su petición no fue satisfecha. Otras ciudades griegas, como Ascalón en la costa, Escitópolis entre Galilea y Samaria, así como la mayoría de la Decápolis al este del Jordán, siguieron siendo ciudades-Estado libres.

Por supuesto, todas estas ciudades eran centros de cultura helenística y participaban activamente de la vida intelectual cosmopolita que florecía alrededor del Mediterráneo; tenían notables filósofos, oradores, dramaturgos y poetas. Por ejemplo, Ascalón había dado por lo menos cuatro importantes filósofos estoicos (entre ellos Antíoco de Ascalón, maestro de Cicerón); Gadara tuvo un brillante filósofo epicúreo, varios poetas y satíricos así como el retórico Teodoro de Gadara (que fue tutor del joven Tiberio, futuro emperador romano).

Los dioses de Grecia tuvieron cabida en todos estos lugares, aunque a menudo se les identificaba con deidades autóctonas; las leyendas de Escitópolis, por ejemplo, relacionaban el origen de esa ciudad con los mitos del dios griego Dionisos. Las instituciones políticas y culturales griegas no sólo se aceptaban sino que incluso se exigían; en Palestina había gimnasios, teatros, estadios, festivales y templos como en Grecia. Bien podía Herodes dar rienda suelta a sus gustos helenísticos.

En el sitio de la antigua y semidestruida capital de Samaria construyó ostentosamente una nueva, a la que llamó Sebaste, que en griego significa Augusta (la ciudad estaba dedicada a César Augusto); Herodes cedió tierras de los alrededores a millares de milicianos de otras regiones, que podría llamar a filas en caso necesario. Construyó otra ciudad aún más fastuosa en la costa del Mediterráneo, a unos 40 kilómetros al noroeste: Cesarea, también en honor de César Augusto. Edificada alrededor de un puerto artificial protegido por dos sólidos rompeolas, esta ciudad fue el primer verdadero puerto de mar del reino; tenía altares para ofrecer sacrificios a los dioses paganos, cuyas estatuas estaban junto a la del emperador (particularidad inaceptable para los judíos e inimaginable en Jerusalén).

Este fragmento de estucado del palacio de Herodes en Jericó es semejante a la decoración de los capiteles de las columnas. Se cubrían con yeso o con argamasa pequeñas piedras talladas, y el conjunto se labraba para darle la apariencia de una talla de piedra.

La reconstrucción de Jerusalén

Los gustos cosmopolitas de Herodes no eran muy bien vistos en Jerusalén, y su programa de construcción provocaba constantes tensiones. La reedificación de esta ciudad comenzó desde que Herodes subió al trono, y se prolongó hasta mucho después de su muerte; miles de artesanos y jornaleros tuvieron un trabajo estable. En poco más de 30 años la ciudad que siempre había estado marcada por ruinas se convirtió en un centro que atraía la mirada del mundo. Las murallas, tan dañadas durante el sitio de Herodes en el año 37 a.C., fueron reconstruidas y reforzadas; se les añadieron torres, algunas de las cuales formaban parte de una fortaleza (llamada la Antonia en honor del entonces emperador Marco Antonio), la cual se comenzó a construir aquel mismo año para sustituir al viejo castillo que había quedado en despojos. La Antonia era tan lujosa que podía servir de residencia real, y es probable que Herodes la haya habitado algún tiempo.

Hubo un detalle espinoso: la ubicación de la Antonia (justo enfrente del monte del Templo, donde se había erigido el de Salomón y donde ahora se hallaba el Templo construido con menos lujo después del exilio) presentaba ciertas complicaciones políticas; Herodes aún no podía permitirse tan abierta exhibición de su poder sobre las autoridades religiosas. Además, el nombre de

En el baño romano de Masada el caldarium *se calentaba desde abajo. El piso descansaba sobre pilares y debajo había un horno que calentaba el recinto. En los baños de vapor se utilizaban tubos de barro en vez de pilares.*

la fortaleza perdió sentido cuando Marco Antonio fue derrotado por Octavio en Accio, en el año 31 a.C., tras lo cual se suicidó. Así pues, Herodes decidió construirse un enorme palacio en la cima de una colina al oeste de Jerusalén, en el exclusivo sector llamado Ciudad Alta, que se había desarrollado un siglo antes y en el cual destacaban las mansiones de la gente acaudalada; Herodes las dejó cortas a todas.

Hacia el año 27 a.C. Herodes instituyó un festival al estilo romano en honor de su nuevo protector, Augusto, y para ello concibió la creación de tres imponentes edificios públicos. El primero era un teatro, del que Josefo dice que estaba en Jerusalén aunque hoy algunos expertos lo relacionan con unas ruinas halladas al sur de la ciudad. El segundo era un anfiteatro para juegos gladiatorios, construido extramuros ("en el llano", dice Josefo), y el tercero era un hipódromo en forma de herradura, para las competencias de carros.

A la gente le fascinaba presenciar las emocionantes y peligrosas competencias de carros: los aurigas o automedontes dirigían hasta cuatro pares de caballos cada uno, acometiendo la pista con gran rapidez y procurando que los demás competidores se amontonaran al borde de las curvas: se trataba de un deporte poco ofensivo para las sensibilidades devotas. En cambio, en el anfiteatro los atletas tomaban parte en las luchas, las carreras y otras especialidades al modo griego, es decir, desnudos.

Esta clara afrenta a la decencia judaica bastaba para justificar que el anfiteatro estuviera ubicado "en el llano"; cuando los atletas judíos se sintieron obligados a disimular los efectos de la circuncisión (que era tanto como renunciar a su fe) los juegos levantaron airadas protestas. Además, las sangrientas luchas a muerte entre esclavos y criminales o entre éstos y fieras tales como leones, tigres y elefantes hacían que esta arena resultase verdaderamente aborrecible para muchos de los judíos.

El flamante teatro estaba decorado al estilo griego, con incrustaciones de mármol y telas importadas; se usaba para los concursos de música, drama y comedia. Tanto el edificio como sus espectáculos eran totalmente ajenos al modo de vida judaico. Muy rara vez concursaban los judíos, y el repertorio griego les parecía atroz a los más piadosos; en opinión de éstos, las comedias exhalaban obscenidad, y las antiguas tragedias, hoy consideradas excelsas obras de la literatura universal, ofendían, porque glorificaban las proezas de dioses y héroes paganos.

Llegó el día en que el enfrentamiento se desató a causa de la decoración de los edificios. Herodes se condujo entonces como siempre: con mano dura pero eficaz. Tratándose de Jerusalén, había evitado las decoraciones que pudieran interpretarse como faltas al mandamiento que prohibía las efigies, pero el estilo de la época exigía que los teatros se adornasen con esculturas. Debido a que circulaba el rumor de que en el teatro había estatuas, muchos judíos se apresuraron a poner el grito en el cielo contra el edificio y de paso contra Herodes. Éste, con gran ceremonia, escoltó a los jerarcas judíos hasta el teatro y les mostró las "estatuas": eran composiciones escultóricas de trofeos militares y armazones de madera pero no había ni por asomo una sola figura humana o de algún dios. Entre las carcajadas burlonas del rey, los quejosos no tuvieron más remedio que retirarse avergonzados.

Por último, hacia el año 20 a.C. Herodes se ocupó del monte del Templo y de éste como tal; ordenó hacer las más costosas y ambiciosas remodelaciones que había conocido el venerable recinto, que sobrepasaban a las del propio rey Salomón (ver capítulo 5). Estos trabajos siguieron mucho después de la muerte de Herodes; San Juan (2, 20) nos dice en su evangelio que, cuando Jesús expulsó del Templo a los cambistas, las obras llevaban 46 años: "... cuarenta y seis años se emplearon en edificar este Templo, ¿y tú lo vas a levantar en tres días?"

Reto a la tradición

Los grandes edificios son mucho más que argamasa y piedra; representan las esperanzas, los anhelos y las ambiciones de sus constructores. Demandan el esfuerzo unánime y organizado de muchos trabajadores y artesanos durante prolongados períodos; una vez terminados, se yerguen como la afirmación explícita del modo de ser que caracteriza a un pueblo y de cómo éste desea que lo vean los demás.

Existía una contradicción entre la forma en que Herodes veía su reino y la manera en que éste se hacía a sí mismo; al reconstruir la sede de la fe judía, Herodes tropezó con esa contradicción. Los judíos consideraban que su nación debía ser una teocracia, obediente a las leyes de Dios que se preservaban en una tradición estricta. Pero Herodes era un rey de hechura clásica: no gobernaba a sus súbditos sino sobre ellos; en realidad pertenecía al mundo grecorromano, y más en particular a su élite, a los otros soberanos de este mundo, a sus familias y cortes, y la suntuosa arquitectura que él favoreció reflejaba en gran medida la cultura helenística, tanto en el concepto como en la ejecución.

Por una parte, los edificios de Herodes y en especial el nuevo Templo tenían implícito el propósito de magnificar al rey frente a la plebe; aquellas obras mantuvieron empleada a más de una generación de trabajadores y enriquecieron a la ciudad. Por otra parte, el programa de construcción sirvió para que Palestina se compenetrara con los nuevos tiempos del Imperio Romano, lo cual hacía menos tangible la influencia judaica y provocaba la animadversión de quienes buscaban preservar incólumes los valores tradicionales.

La magnitud y la intención de las obras arquitectónicas herodianas bastaron para ocasionar un reacomodo general en la sociedad de Jerusalén. Por vez primera en su larga historia, la ciudad se transformó en un verdadero centro urbano; el rey figuraba por encima de una extensa jerarquía apoyada en los impuestos e integrada por funcionarios públicos, soldados y constructores. Más aún, las capas superiores de esta jerarquía eran en su mayor parte ajenas a la cultura judía, bien fuese por su educación, su filosofía, sus convicciones religiosas o inclusive por su nacimiento.

Como ocurre en toda convulsión social de grandes proporciones, se produjeron tensiones entre el nuevo orden y los despojados miembros del antiguo; el desenlace del incidente ocasionado por el flamante teatro revela la profundidad y el encono de dichas tensiones.

El arte de labrar la piedra

Un fragmento es todo lo que se conserva de un reloj de sol procedente de Jerusalén. Hasta los objetos comunes servían para que los canteros mostraran su habilidad.

Mediante un compás y una regla, hasta un artesano iletrado puede hacer diseños geométricos muy variados. Para hacer una roseta como la del fragmento de reloj de sol (arriba izquierda), basta tallar un círculo y dentro de él seis arcos simétricos. Al centro del osario grande (abajo) se trazó una roseta de doce puntas; en el osario pequeño los rehiletes fueron hechos trazando dos círculos concéntricos, uno de la mitad del tamaño del otro, y tomando la circunferencia menor como guía para delinear los doce arcos equidistantes.

En este capitel proveniente de la Ciudad Alta de Jerusalén, el artista combinó la forma de los lirios y una orla de hojas de acanto.

En el osario grande, para las rosetas de 16 puntas primero hubo que dividir el círculo en cuartos y luego subdividir éstos. El diseño del capitel (abajo, a la izquierda) también está basado en 16 divisiones.

Estos osarios de intrincada decoración fueron hallados en Jerusalén; están labrados con rosetas geométricas y con otros dibujos característicos.

Había poco espacio para huertos en la apilada ciudad de Jerusalén; muchos habitantes compraban frutas y verduras en los mercados. La vendedora de fruta representada en este relieve de piedra tiene una sombrilla para protegerse del sol y resguardar su mercancía.

Algunos de los judíos avergonzados en aquella ocasión alimentaron aún más resentimiento por las violaciones de Herodes a las antiguas costumbres; un grupo de ellos se conjuró para matarlo. Contrataron a diez asesinos para que lo atacaran con puñales a la entrada del teatro, aunque un agente de Herodes pudo informarle a tiempo y la policía se precipitó sobre la mal intencionada cuadrilla en el momento oportuno. Los diez asesinos fueron torturados y ejecutados, aunque el agente delator no corrió con mejor suerte: poco después la enardecida multitud lo descuartizó. Herodes arremetió de nuevo; respaldado por la declaración de los testigos oculares del incidente, castigó a los perpetradores y sus familias.

Un mosaico de tensiones

Tales hechos violentos eran poco comunes (en gran medida los atajaba la dura eficiencia de la policía herodiana) pero dicen mucho acerca de la hostilidad que se iba incrustando en el mosaico social de la época y que amenazaba con romperlo. La brecha entre pobres y ricos se había convertido en un abismo. Se sabe que una viuda rica se quejó de que su pensión sólo le permitía gastar cada día 400 denarios en lujos, mientras que un humilde jornalero habría dado las gracias por un solo denario, parte del cual habría regresado al gobierno para contribuir al pago de la obra en que el jornalero estaba empleado, y otra parte habría ido a parar al personal del Templo a través de diversos impuestos religiosos. La paga era escasa, pero preferible era ganarse la vida trabajando que unirse al sinnúmero de indigentes y pordioseros que se aglomeraban en las puertas de la ciudad y en los mercados de los pueblos.

El respeto a la propia dignidad estaba muy arraigado en la cultura judía tradicional; en gran parte esto se debía al respeto que inspiraba el trabajo productivo, considerado como un privilegio que el Todopoderoso había impuesto a los hijos de Adán para elevarlos por encima de las bestias. La fractura que este mérito tradicional sufrió en manos del nuevo orden extranjero, el cual convirtió el trabajo productivo en una simple función estatal, desgarró la trama de respeto que unía a la sociedad. Las viejas e hirientes tensiones sociales se acentuaron mientras que las cabezas de los líderes se llenaban de otras tensiones más nuevas.

Las clases altas estaban también muy divididas. Los conservadores sacerdotes del Templo se aferraban a la tradición, desconfiaban y eran vistos con desconfianza por quienes habían logrado un entendimiento con Herodes y su corte. Cuando Herodes subió al trono, la mayoría de las familias sacerdotales seguían aliadas a la dinastía asmonea y se opusieron al que consideraban como un idumeo advenedizo, de convicciones religiosas inciertas y entregado incondicionalmente a Roma. Muy pronto Herodes destituyó y ejecutó a muchos opositores mientras que recompensaba a sus partidarios; con el tiempo, el resentimiento de las viejas clases altas se acalló y refrenó en gran medida, pero nunca quedó eliminado por completo.

La ancha fosa que separaba a la aristocracia sacerdotal (que proveía de miembros al partido saduceo) y a los sabios, escribas y maestros (que cerraban filas en el grupo de los fariseos) se agrandó aún más cuando los sacerdotes sobrevivientes hicieron concesiones al nuevo orden y se dejaron absorber en él. Pocos maestros y escribas fariseos eran ricos; antes bien, muchos se dedicaban a oficios humildes: uno era carbonero, otro era cantero y así sucesivamente. Según una historia, un maestro llamado José fue llevado al cadalso; se le acercó un discípulo y le hizo una pregunta religiosa. "Espera hasta esta noche", respondió el sabio. "... Me pagan por día y no puedo desperdiciar ni un minuto del tiempo que le debo a mi señor."

Los carniceros (como muchos otros tenderos y artesanos de Jerusalén) tenían sus locales en una misma calle. Entre ellos podía haber respetados escribas y maestros, muchos de los cuales tenían comercios. Sus clientes eran sin duda ricos, pues la carne fresca no podían comprarla los pobres.

Los fariseos de Jerusalén no basaban su piedad en la observancia del ritual del Templo (incumbencia de los sacerdotes) sino en una vigilante y cotidiana adhesión a un conjunto de leyes religiosas que se aparejaba a incesantes discusiones sobre cómo interpretarlas. Aunque trabajaban entre la plebe o gente común y se dedicaban a vigilar que la ley se cumpliera y que hubiese bienestar social, muchos fariseos se mantenían separados de los que denominaban *am ha-aretz* o "gente de la tierra" (que no seguían las prácticas de pureza ritual en su vida cotidiana o que no diezmaban sus ingresos y alimentos conforme a lo prescrito). No concordaban todos acerca de quiénes eran *am ha-aretz*, y por ende variaba el grado de distanciamiento que mantenían hacia ellos; había fariseos que se consideraban deshonrados si tocaban a un *am ha-aretz*, en cuyo caso no comían antes de haberse dado un baño ritual. Aunque el concepto de *am ha-aretz* podía abarcar a judíos de todos los estratos sociales, seguramente se concentraba en las clases bajas.

Oprimida por la pobreza y los impuestos, la plebe urbana por lo general no podía vivir conforme a los preceptos farisaicos acerca de la pureza y el diezmo, ni tampoco conforme a las reglas sacerdotales sobre los ritos y sacrificios. Su existencia era frugal en el mejor de los casos, y podía fácilmente caer en la más agobiante miseria. La plebe devolvía a los fariseos su pedante desdén, resentía la opulencia y los privilegios de los saduceos, buscaba la oportunidad de ingresar a las filas de trabajadores de Herodes, y sin embargo, hubiera dado la vida por cumplir y preservar la usanza de piedad y justicia que la cultura tradicional suponía.

La vida urbana

La vida bullía entre empellones en las empinadas callejuelas y en el laberinto de patios y pasadizos de los sectores antiguos de las ciudades, tales como el distrito de Sión en Jerusalén, o el del valle central, llamado por Flavio Josefo el valle de los Queseros y situado entre el monte del Templo y la Ciudad Alta. Allí vivía la gente común: los artesanos, eje de la cultura tradicional; los comerciantes, que proveían de bienes y servicios a la creciente ciudad; los jornaleros, para quienes cada amanecer era la amenaza de un empleo perdido. Allí vivían también los pordioseros, desempleados crónicos que ya ni siquiera pensaban en el trabajo; los lisiados, los enfermos (excepto los leprosos, que tenían prohibido deambular por la ciudad), los ciegos, los locos, los ancianos abandonados: todos aquellos que no tenían hospital, ni ayuda, ni esperanza.

La venerada tradición judía se preocupaba por los desposeídos y aconsejaba que los ricos socorrieran a los pobres; los magnánimos fariseos bien podían exhortar la reinstauración y práctica de estas costumbres humanitarias, pero, para los miembros de las clases altas, tales preceptos significaban muy poco. Otros había que casi no tenían para dar o compartir; aparte de algunos maestros artesanos que poseían pequeñas industrias y de un puñado de mercaderes prósperos que se de-

Este bajorrelieve romano muestra a un vendedor de telas y cojines que exhibe su mercancía a la clientela en un portal del mercado. Había mercados públicos en todas las grandes ciudades del mundo romano pero su forma variaba de un sitio a otro: en Jerusalén eran tiendas comunicadas con la casa del comerciante. El mercado de lana de Palestina se concentraba en Jerusalén. Galilea producía lino, pero la seda fina se importaba de Oriente.

dicaban al comercio de ultramar, había pocos judíos de clase media. Si no se era rico, se era pobre, lo cual en las ciudades, tan apartadas de la fértil tierra, significaba que uno era ciertamente muy pobre.

Casi todas las familias urbanas habitaban en viviendas de uno o dos cuartos, como en los pueblos; los muros eran de ladrillo encalado, los pisos eran de tierra, y los techos, planos y de barro apisonado. Algunas casas tenían dos niveles; el de arriba lo ocupaban los hijos casados o se rentaba. (En uno de estos pisos altos Jesús y sus discípulos celebraron la Pascua durante la Última Cena.) Las casas no se agrupaban ordenadamente en manzanas, sino que se agolpaban alrededor de patios hormigueantes donde las mujeres lavaban, cocinaban con carbón o con leña, los niños correteaban y el vocerío retumbaba; allí estaban también las letrinas, los gallineros, los palomares, las leñeras, los pajares y otros pequeños cobertizos. No había tuberías; el agua de los pozos públicos se almacenaba en cisternas (el oficio de aguador era una especialidad urbana); tampoco había drenaje, salvo las cunetas o escurrideros abiertos que cruzaban por patios y calles; no había quién recogiera la basura, ni huertos donde se aprovecharan los desechos orgánicos para abonar la tierra. Cada casa tenía una lámpara de barro donde ardía el aceite despidiendo un olor rancio que se añadía al agobiante tufo general.

Comerciantes, jornaleros y esclavos

Segada de la tierra, la gente de las ciudades acudía a los tenderos y los vendedores ambulantes para comprar comida; había un animado comercio de productos básicos. El plato de diario eran las lentejas o la cebada hervidas, acompañadas de pan de cebada y quizá algunas cebollas y pepinos; las almendras, aceitunas y frutas complementaban la dieta (en el sabat se comía un poco de pescado salado). Salvo en las casas de los ricos, la carne se reservaba para los días de fiesta. Únicamente las aceitunas y algunas frutas y semillas eran productos locales; la región de Jerusalén abundaba en olivares, como los que cubrían el monte de los Olivos, donde Jesús se retiró a orar antes de su detención. (El aceite de oliva probablemente era el único producto que exportaba la ciudad; mucha gente trabajaba en los lagares para aceite, llamados *getsemanes*.)

Los artesanos portaban con orgullo la insignia de su oficio respectivo. Un paseo por el mercado bastaba para observar al tintorero, que llevaba puesto un llamativo listón teñido; al sastre, con una gran aguja de hueso atravesada en la capa, o al carpintero con una astilla posada sobre la oreja. Más a salvo estaban los canteros, albañiles, talladores de madera, escultores y otros que formaban el grueso del destacamento de trabajadores que Herodes necesitaba; también eran los más orgullosos.

Había oficios que, sin ser denigrantes, no eran tan apreciados. Entre las pocas razones para justificar que una mujer se divorciara figuraba el que su marido fuese fundidor de cobre, curtidor o estercolero, pestíferos oficios. (Los dos últimos se asociaban: el cuero se curtía con estiércol.) La mujer podía incluso divorciarse aunque antes del matrimonio hubiera sabido a qué se dedicaba el marido; se comprendía que jamás hubiera vislumbrado a qué grado llegarían las cosas. En el extremo opuesto, los perfumistas tenían un trabajo pulcro y una clientela rica, pero los devotos los despreciaban debido a su frecuente contacto con mujeres de reputación dudosa.

El Templo daba trabajo a unos cuantos privilegiados; una sola familia tenía derecho a manufacturar el incienso, otra horneaba los panes de proposición (para las ofrendas), y otras más se encargaban de cambiar los cortinajes del venerable recinto cada año. Durante las grandes festividades, cuando los peregrinos inundaban la ciudad y por ley podían gastar en Jerusalén 10 por ciento de su ingreso anual, había un activo comercio de animales para sacrificio,

Los forjadores eran artesanos muy apreciados. El relieve de arriba muestra los tres pasos de la forja del cobre: pesar el metal, dar la forma al metal caliente y decorarlo.

desde tórtolas hasta becerros de engorda; en el trajín de esos días hacían su agosto los puesteros y los vendedores de recuerdos.

Casi todos los oficios constituían una ocupación familiar que de manera tradicional pasaba de una generación a la siguiente.

Los hijos y las hijas aprendían ayudando a sus padres. Los colegas de un mismo gremio procuraban vivir y trabajar en una misma zona; en Jerusalén había la calle de los carniceros, la de los panaderos, la de los herreros. Los pueblos de Hebrón y Marisá se beneficiaban de una arcilla muy fina y eran famosos por su cerámica; en Séforis, cerca de Nazaret, predominaban los tejedores de lino. Los cardadores e hilanderos de Jerusalén producían hilo de lana, cuyo concurrido mercado estaba ubicado en el distrito suburbano llamado Ciudad Nueva; en cambio, los tejedores vivían en el barrio menos favorecido: cerca de la Puerta del Estiércol, arriba del valle de Hinnom, donde se arrojaban los desperdicios. Como su oficio se consideraba propio de mujeres, los tejedores se contaban entre los menospreciados. Los gremios se habían fortalecido al grado de poder regular los precios, establecer los horarios de trabajo y prestar ayuda a sus miembros en tiempos de necesidad; los agremiados de ciertos oficios acordaban abrir un día sí y otro no cuando el comercio era bajo, y probablemente aprovechaban los días de cierre para trabajar como jornaleros.

A través de los siglos, los maestros de la ley judía elaboraron un código para proteger al trabajador. "No explotarás al jornalero humilde y pobre", recalcaba el Deuteronomio (24, 14), "ya sea uno de tus congéneres o un forastero que resida dentro de tus puertas; le darás cada día su salario antes de que el sol se ponga, porque es pobre y lo necesita para vivir". En la época de Herodes ya se habían determinado las horas de trabajo y el alimento del jornalero, su alojamiento, su vestido y el salario. En general los judíos seguían estos preceptos al igual que gran parte de la aristocracia extranjera de Judea; sin embargo, no ocurría lo mismo en las ciudades helenizadas de otras regiones.

La esclavitud era una vieja institución en Palestina. A pesar de que el mercado de esclavos de Jerusalén trataba en gentiles (o paganos) casi exclusivamente (por un esclavo saludable se llegaba a pagar hasta 2.000 denarios), otras ciudades tenían esclavos judíos; los ciudadanos libres podían caer en la esclavitud como castigo si cometían robo o por deudas no saldadas, y los más pobres, tenían la opción incluso de venderse antes que permitir que sus familias murieran de hambre.

De acuerdo con la ley judía, los esclavos varones no podían ser obligados a trabajar una jornada de más de 10 horas diarias, y nunca de noche. No podían

Los orfebres usaban moldes para hacer arillos de distintos tamaños con los que adornaban joyas muy elaboradas. Los joyeros no eran bien vistos por los judíos piadosos, pues su contacto con las mujeres los hacía sospechosos de cometer actos inmorales.

trabajar en el sabat. Tampoco debían ser humillados ni asignados a tareas que los expusieran ante el público, tales como la de sastre, barbero o bañero. Si lograban escapar de su amo, éste no podía obligarlos a regresar. Si eran víctimas de mutilación o maltrato, los jueces los dejaban en libertad. Si el amo los mataba, él debía ser ejecutado también. Las esclavas no corrían con la misma suerte ni contaban con tantos privilegios como los varones; sin embargo, la ley también las protegía; inclusive algunas esclavas jóvenes y agraciadas que estaban como concubinas podían aspirar a que el amo las tomara por esposas sin que importara su origen.

Estas antiguas leyes de protección se habían arraigado en la coherencia de la sociedad agrícola, pero bien poco significaban para la mayoría de los amos urbanos; para éstos, al igual que para el resto del mundo mediterráneo, el esclavo era más un objeto que una persona (una especie de herramienta parlante, decía un romano). Por lo tanto, no es de extrañar que en las ciudades, donde ese tipo de actitud había invadido hasta las clases altas judías, entre los pobres hubiera una intensa y creciente sed de que alguien —un Mesías— los librara de los gentiles y restaurara la gloria de Israel.

Los mercaderes ricos de Palestina podían vivir lujosamente en grandes villas. Muchos tenían varias esposas, una docena de siervos y se deleitaban adquiriendo productos de todo el Imperio Romano. En el dibujo, un importador de cristalería y sus socios examinan unas copas mientras el agente alaba las virtudes de su mercancía. Los muros de la estancia tienen paneles decorados a imitación del mármol, como en los palacios de Herodes. Las columnas y las cornisas son pintadas y dan la sensación de profundidad.

Fiestas y modas para ricos

Los ricos no tenían esa clase de sed. De ninguna manera querían regresar a la bucólica sociedad en que David, el pastor, había sido rey. A salvo en sus mansiones, vivían suntuosamente, servidos por criados y esclavos y, si eran muy acaudalados, complacidos por varias esposas y concubinas; comían manjares, degustaban exquisitos vinos y se cubrían con sedas primorosas. Sus confortables villas de piedra tenían patios, piscinas, jardines, galerías, baños romanos provistos de agua caliente y, en algunos casos, también tenían calefacción.

Su vida social giraba alrededor de la mesa donde se servían los banquetes. Generalmente había nueve invitados, muy rara vez más, y casi siempre eran todos varones. No mucho después del mediodía llegaban a pie o llevados en andas por esclavos; el anfitrión los recibía en el atrio, un patio central abierto. Un criado lavaba las manos y los pies de cada recién llegado y algunas veces lo coronaba con una guirnalda de laurel y le ungía la cabeza con aceites o con perfumes en señal de hospitalidad. Una vez llegados todos, pasaban gustosos al comedor.

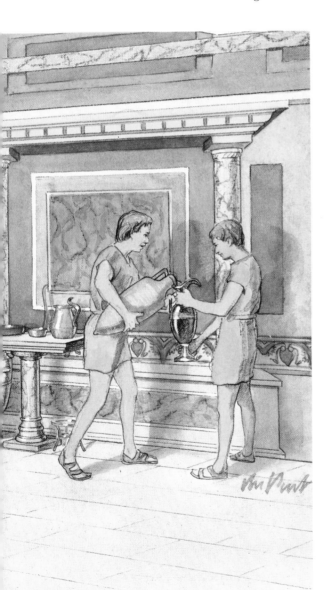

Recostados en canapés, conversaban en griego o quizá en arameo (el lenguaje de la calle), pero nunca en hebreo (el lenguaje del Templo) y pocas veces en latín. La comida se servía en vajilla de plata, bronce, maderas preciosas o *terra sigillata* (fina cerámica roja importada de Italia); las copas eran de vidrio soplado, cuya técnica apenas entraba en boga, y el vino se endulzaba con miel y fluía sin medida. Tomaban las viandas con los dedos, entre sorbos de jugos y con porciones de pan de trigo; al terminar un platillo, los criados les acercaban jofainas y toallas para que se lavaran y secaran las manos.

Durante la comida podía agasajarse a los invitados con música de flautas y tamboriles, con cantos o incluso con bailarinas; las familias más cultivadas acostumbraban llamar a un poeta para que recitara algunas odas, o a un orador notable. Al anochecer se encendían las lámparas de aceite, se servía vino, fruta y pastas de miel; a veces actuaba un grupo de acróbatas y comediantes.

Los invitados vestían de lana fina, lino y seda importada que valía su peso en oro; la forma de ataviarse estaba influida por las modas griega y romana. La prenda principal era una túnica blanca de lino ceñida por un cinturón o una faja; encima se lle-

Los platos de cerámica pintada (que se muestran arriba a la izquierda y en la mesa de servicio del dibujo) eran productos artesanales de composición y estilo únicos en su género. Sólo se han encontrado en Jerusalén. Las garrafas de terra sigillata (como la que se muestra abajo a la derecha, y en un anaquel superior del dibujo en la página opuesta) eran verdaderos artículos de lujo. Una vajilla completa de esta cerámica roja decorada habría llenado de orgullo a cualquier familia de Jerusalén.

vaba una capa voluminosa y llamativa, cuyo corte y caída quedaban al gusto de cada cual pero que a veces la asemejaban a la toga romana. La costumbre judaica exigía adornar la orilla con orlas, a menudo muy costosas. Las capas más lujosas estaban teñidas con púrpura (que era producida en Tiro), obtenida del caracol marino del mismo nombre. Herodes vestía de púrpura, sin duda, salvo en las ceremonias oficiales; en este último caso usaba prendas bordadas de origen asiático, con orlas multicolores de exquisita confección. Los ricos se calzaban con botas que llegaban al tobillo, de costosa piel de hiena o de chacal; a veces usaban unos zapatos rojos con las puntas dobladas hacia arriba. Todo el mundo llevaba sandalias excepto en los círculos más romanizados, donde se consideraban afeminadas salvo que se usaran con traje de noche.

Los gorros de estilo persa, los *kaffiyehs* árabes (turbantes) y los mantones podían verse en las calles y bazares, pero los ricos que vestían de última moda no acostumbraban cubrirse la cabeza, o usaban sombreros de paja para protegerse del sol. La barba resultaba anticuada; los gentiles y los judíos cosmopolitas se rasuraban como los romanos. Pero, como la antigua costumbre judía establecía dejarse la barba, la mayoría de los aristócratas de Judea la usaban muy bien recortada y perfumada; en las casas de los más acaudalados había barberos de planta.

El corte de pelo más favorecido era el del tipo romano: corto y peinado hacia adelante hasta cubrir la frente, para los varones, y un arreglo muy complicado, para las mujeres. Las damas podían permanecer sentadas por horas mientras sus doncellas hallaban el modo más inverosímil de trenzarles el pelo, añadiendo nidos de pelo falso para abultarlo; el conjunto se sostenía con multitud de prendedores de oro, peinetas de marfil o de carey y redecillas de hilo de oro con filigranas de perlas. El artilugio más vistoso era el llamado "ciudad de oro": una diadema cuya forma semejaba la de las fortificaciones de un pueblo o ciudad. Al igual que las mujeres, los varones se teñían el pelo, a menudo con alheña, que daba a éste un color castaño rojizo. Las mancebos presumidos podían llegar incluso a espolvorearse oro en la cabeza, para deslumbrar.

El kinnor *(arriba se muestra una réplica) era el principal instrumento de los músicos del Templo y predilecto del pueblo judío. El joven David lo tocaba para calmar la furia de Saúl.*

La aristocracia tradicional

Esta forma de vida principesca conducía a dos resultados: los ricos de Palestina, bien fueran judíos o gentiles, se sentían cerca de las clases altas del resto del Imperio Romano, pero en esa misma proporción se desarraigaban y distanciaban de las necesidades del pueblo. Los territorios de Herodes abarcaban regiones muy distintas entre sí, con más de dos millones de súbditos judíos, árabes, sirios, fenicios y griegos más las mezclas entre ellos. Sólo 4 o 5 por ciento de este mosaico étnico pertenecía a la aristocracia, y aún era mucho menor el número de los que controlaban casi toda la riqueza de la nación; en su mayoría poseían latifundios, otros tenían en el gobierno puestos lucrativos y algunos percibían del Templo grandes ingresos.

En Judea, la aristocracia más tradicionalista era una casta sacerdotal antiquísima concentrada principalmente en unas cuantas familias muy relacionadas con el sumo sacerdocio; de pocas cosas se podía hacer tanto alarde como del hecho de descender del venerado Sadoc, que había sido sumo sacerdote mil años antes, en tiempos de David y Salomón. Algunos miembros del clan sadoquita formaron el núcleo del partido saduceo, poderoso y conservador (cuyo nombre se deriva de Sadoc); junto con otras pocas familias saduceas, este núcleo había dominado el consejo de gobierno tradicional en Judea, conocido anteriormente como gerousía o senado y el cual en tiempos de Herodes se había convertido en el Sanedrín de 71 miembros.

En segundo término figuraban los levitas o descendientes de Leví, encargados del mantenimiento y de la música del Templo. Tenían estrictamente prohibido poseer tierras pero no necesariamente eran pobres; en un principio, a los levitas se les entregaba el diezmo que todo judío debía pagar al Templo y a su vez ellos entregaban a los sacerdotes 10 por ciento de los diezmos percibidos. Después, en la práctica los sacerdotes cobraron directamente los diezmos e hicieron el reparto a su modo. Nunca faltaba qué repartir: además de los diezmos, al Templo llegaban muchos donativos y contribuciones especiales; asimismo, como a los sacerdotes les correspondía por ley la piel de los animales ofrecidos en sacrificio, recibían pingües ganancias al venderla. Los levitas también tenían a su cargo el lucrativo cambio de moneda que se efectuaba en el atrio del Templo. Así, aunque su rango era inferior al de los sacerdotes, algunos levitas eran más ricos que muchos de éstos.

Ningún advenedizo podía llegar al sacerdocio, el cual no se podía rehusar una vez ofrecido; el título y las obligaciones que implicaba eran rigurosamente hereditarios. Las familias sacerdotales se enlazaban mediante complicados procedimientos matrimoniales en los que se vigilaba la genealogía; aun así, el tiempo y las invasiones extranjeras disolvieron algunas ramas familiares y propiciaron otras nuevas. Los varones de estos clanes no aristocráticos eran indudablemente sacerdotes y como tales merecían respeto, pero poco les tocaba en el reparto de la riqueza y el prestigio pertenecientes a las grandes familias sacerdotales de Jerusalén.

Así, cuando Herodes subió al trono existía ya un tenso resentimiento dentro de la casta sacerdotal, el cual aumentó con su llegada al poder.

El nuevo orden herodiano

Una de las primeras acciones de Herodes al tomar el poder consistió en ordenar la ejecución de la mayoría de los miembros del Sanedrín, con lo que eliminó a los jefes de varias familias influyentes. Las familias perduraron y siguieron siendo ricas pero tuvieron que ceder el paso a la nueva élite escogida por Herodes. Los sacerdotes saduceos continuaron dominando el Sanedrín, pero éste perdió mucha fuerza en los asuntos del Estado y mucha autoridad frente a la nueva corriente rabínica de los sabios y escribas del fariseísmo. Algunos de los fariseos que estaban en la avanzada de esa nueva corriente comenzaron a adquirir un halo aristocrático y algunos lugares

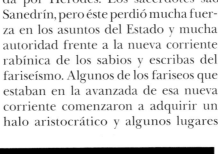

Estos recipientes de vidrio datan del siglo I a.C. y del siglo I d.C., en la extrema derecha, un ánfora; arriba, una taza medidora; abajo a la derecha, una escudilla. En Jerusalén, entre los vestigios de una fábrica del siglo I a.C. los arqueólogos han hallado fragmentos de vidrio moldeado y de vidrio soplado; este último era casi una novedad en esa época..

Los peinados que estaban de moda entre la aristocracia eran muy elaborados y requerían que las damas pasaran horas bajo la atención de sus doncellas, como puede verse en este relieve romano del siglo I a.C. El resultado se examinaba en espejos de metal pulido (abajo).

prominentes en el Sanedrín, lo cual tenía que irritar por fuerza a muchos saduceos de viejo cuño. Desde el punto de vista del rey, lo más importante era que esa tensión interna impidiese al consejo unirse en su contra.

Entre los que alcanzaron poder y prestigio durante el reinado del rey Herodes, muchos pertenecían a unas cuantas familias que habían estado fuera de Judea desde el exilio de Babilonia, ocurrido en el siglo VI a.C. Como líderes de las extensas comunidades de la diáspora, se habían mezclado con los potentados del mundo clásico y tenían una mentalidad cosmopolita. Animados por Herodes para regresar, o quizá simplemente absorbidos por la expansión de las fronteras de Judea (lo cual le sucedió a la propia familia del rey), se sentían mucho más identificados con la corte herodiana que con los grupos tradicionalistas; no obstante, a sus manos habrían de pasar las tradiciones y el sacerdocio del Templo, durante el reinado de Herodes y durante las subsecuentes décadas de régimen directamente romano.

Sobresalía entre estas familias de la diáspora la casa de Boetos, cuyo fundador ya había regresado de Alejandría cuando Herodes llegó al poder. En el año 24 a 23 a.C., Herodes nombró sumo sacerdote al respetado Simón Ben Boetos y poco después se casó con su hija Mariamna. Simón conservó su cargo hasta el último y aciago año de vida del rey Herodes, cuando éste, creyendo que Mariamna conspiraba en su contra, se divorció y destituyó al sacerdote. El que lo sustituyó no tardó en ser a su vez destituido, misma suerte que corrió el siguiente sumo sacerdote, al cual suplieron por poco tiempo dos hijos de Simón: Joezer y Eleazar; un tercer hijo también llamado Simón fue nombrado para ese cargo más tarde, bajo el régimen romano directo.

Esta vertiginosa designación y destitución de sumos sacerdotes, primero efectuada por Herodes y posteriormente por los romanos, deterioró mucho la autoridad propia del cargo, a la vez que sembró las semillas de una nueva élite, la cual comprendía a todos los sumos sacerdotes, sus familias y sus descendientes. (Probablemente a esta élite nueva se refieren los evangelistas y San Pablo cuando hablan de "sumos sacerdotes".)

A pesar de que el Sanedrín era por tradición el consejo del pueblo judío, Herodes casi no lo tomó en cuenta; en cambio, formó su propio consejo con personas distinguidas que fungían como asesores y como educadores de la familia real. Insaciable, Herodes quería rodearse de hombres de talento que buscaba fuera de Palestina para organizar y materializar sus aparatosos proyectos; era lógico que los intereses de su grupo no se orientaran hacia el devoto pueblo judío, que formaba la base del reino, sino hacia la cultura del mundo grecorromano en general. Así como había preferido nombrar un sumo sacerdote procedente de la diáspora y no de la aristocracia autóctona,

Las joyas no sólo adornaban, sino que también indicaban la riqueza material de una persona. Los aretes y las narigueras que se muestran abajo fueron encontrados en un cementerio de Nabatea. Para los ricos había adornos todavía más costosos, como el que se ve arriba, de oro y piedras semipreciosas. También eran muy solicitados los brazaletes, los anillos (para manos y pies) y los collares.

así también su más cercano asesor y confidente fue un tal Nicolao, que no provenía de su reino sino de Damasco, una ciudad antigua pero profundamente helenizada.

Nicolao de Damasco había recibido una educación en artes y ciencias totalmente griega y era seguidor de la filosofía aristotélica. Erudito y filósofo de renombre internacional, había sido tutor en la corte de Marco Antonio y Cleopatra; tras el suicidio de esta pareja real fue llamado a la corte de Herodes. Su principal obra literaria fue una historia universal en 144 libros que culmina con una detallada relación del reinado de Herodes. (Para describir la vida de este rey, Flavio Josefo se basó principalmente en lo que Nicolao dejó escrito.) Redactó ensayos filosóficos y científicos, tragedias, comedias, una autobiografía y una biografía de Augusto; también compuso obras musicales.

Era un hombre alto, flaco, simpático y muy buen diplomático; su influencia creció pues no sólo Herodes lo respetaba sino también el emperador Augusto. Según parece, fue uno de los pocos verdaderos allegados de Herodes.

En la corte todos los rangos y sus designaciones eran griegos, desde el más alto hasta la clase especial de mancebos nobles llamados *syntrofoi*, compañeros de juegos de los hijos del rey. Inclusive las monedas se inscribían en griego y no en hebreo, y los nombres griegos eran muy comunes entre las clases altas judías (costumbre que había comenzado desde la época asmonea).

El principal encargado de las finanzas del reino y depositario del sello real se llamaba Ptolomeo; poco se sabe de él, salvo que organizó la administración conforme a los métodos griegos. Su trabajo consistía en captar y supervisar los ingresos de las tierras reales, vastas fincas agrícolas que quizá abarcaban más de la mitad del reino; también administraba los fondos provenientes de las grandes propiedades que Herodes poseía en el extranjero, de varias empresas comerciales gubernamentales y de los impuestos. Parte de la captación de impuestos se efectuaba mediante la burocracia de Herodes y otra parte se cobraba a la manera romana, a través de los publicanos. Éstos eran funcionarios corruptos pero, mientras entregaran a tiempo sus cuotas, nadie en la corte se preocupaba por saber cuánto más extraían de los bolsillos del pueblo.

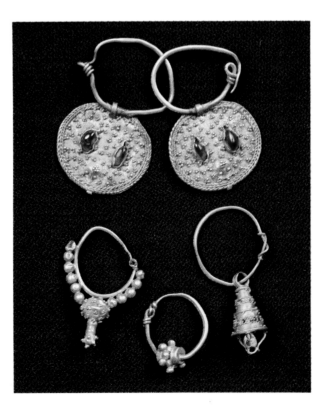

El ejército, como casi todos los de aquella época, estaba compuesto principalmente por mercenarios cuyas nacionalidades eran tan diversas como las del gobierno que defendían. Probablemente había algunos asesores romanos, así como guerreros experimentados provenientes de la misma región que el rey, es decir, de Idumea. Otros mercenarios procedían de lugares muy lejanos, inclusive de Germania. La guardia personal de Herodes estaba formada por una compañía de tracios, germanos y galos, complementados por 400 fogueados gálatas que el emperador

Augusto le había dado a Herodes y que habían pertenecido a los ejércitos de Cleopatra. También había regimientos de conscriptos y militares judíos, a los que Herodes recompensó con cesiones de tierras o estableció en colonias militares a lo largo de las fronteras. Asimismo, el rey invitó a incorporarse a sus tropas a más de 500 disciplinados jinetes de Babilonia que además eran arqueros extraordinarios y los instaló en una ciudad especial para ellos, situada en una estratégica provincia fronteriza del noreste; esta ciudad quedó exenta del pago de impuestos, lo que atrajo a otros colonos.

En general este impresionante conglomerado militar sirvió más para disuadir que para combatir. En la Palestina de Herodes, la fuerza del helenismo se enfrentaba peligrosamente a la del judaísmo; no obstante, a pesar de algunas amenazas del exterior y de las continuas tensiones internas, el reinado de Herodes transcurrió mayormente en paz. La ausencia de conflictos internacionales se debía a la presencia del Imperio Romano y a las buenas relaciones que Herodes mantenía con el emperador; en cambio, la paz interna fue un logro exclusivamente herodiano.

Intrigas familiares

Con toda su habilidad política, Herodes nunca pudo controlar a su familia, en la cual abundaban unas egolatrías tan inmensas como la suya propia. Tuvo diez esposas y numerosos hijos, muchos de ellos posibles aspirantes al trono; conforme el rey envejecía y la sucesión se volvía un asunto urgente, el ambiente de la corte se enrareció debido a la competencia entre aquéllos. La lucha por la sucesión dividió a la familia en facciones ambiciosas e inflexibles, en la medida en que las madres y los hijos intrigaron contra el favorito en turno.

Cuando Herodes llegó al poder, surgió una fatídica crisis familiar debido a su intento de granjearse la lealtad de la nobleza asmonea sobreviviente tomando por esposa a la primera Mariamna, nieta del gobernante vencido.

Colores y aromas

Muchas mujeres se maquillaban. El rímel se hacía con una mezcla de antimonio y agua o goma; se aplicaba con una espátula y hacía resaltar los ojos a la vez que los protegía del sol. El rojo de labios lo utilizaban sobre todo las damas ricas y se hacía con jugo de moras o con ocre rojo o almagre. Varones y mujeres utilizan aceites y perfumes. La gente pobre usaba aceite de oliva y extractos de flores y hierbas; los ricos importaban nardo índico (ungüento elaborado a base de una planta del Himalaya) y esencias de Alejandría, Egipto.

El frasco de cristal para cosméticos que se muestra a la derecha fue hallado en Jerusalén, al igual que la espátula de bronce colocada en una de sus divisiones, Ambos artículos datan del período romano pero su diseño es muy similar al que se utilizaba en Egipto, a juzgar por el papiro antiguo que se muestra a la izquierda. Probablemente las espátulas egipcias eran de madera. Las mujeres del mundo antiguo sabían elaborar en casa los cosméticos.

Las monedas de bronce acuñadas en Palestina por Herodes el Grande y sus hijos (salvo Herodes Filipo, así como por las autoridades romanas que los sucedieron, están inscritas en griego con los nombres de los gobernantes que las emitieron. Algunas también tienen la fecha. Casi todas las figuras son de espigas de cebada, lirios, hojas de vid, palmeras, cornucopias, doseles y otros símbolos que no violaban la prohibición de grabar imágenes ni "ídolos".

Esta astuta maniobra de ningún modo representaba un sacrificio, dado que Mariamna era hermosa y el rey estaba apasionadamente prendado de ella. Pero cuando la madre de Mariamna conspiró con éxito (valiéndose de Marco Antonio y Cleopatra) para que su hijo de 17 años fuera nombrado sumo sacerdote en lugar del que Herodes ya había designado, el rey percibió que se estaba desafiando su autoridad. El alto y apuesto joven causaba una excelente impresión vestido con sus galas sacerdotales, y la multitud lo aclamó con entusiasmo. Poco después, cuando nadaba con otros jóvenes nobles en el viejo palacio asmoneo de Jericó, el lozano sacerdote se ahogó "accidentalmente", es decir, por órdenes expresas de Herodes.

Tal fue el principio de una serie de asesinatos y ejecuciones familiares. Entre las demás víctimas se contó Hircano, abuelo de Mariamna y anterior gobernante; Herodes lo mandó estrangular, probablemente antes de que sostuviera una entrevista crucial con Augusto en el año 30 a.C., por si al emperador se le ocurría devolverle a Hircano la corona. Herodes también dejó instrucciones de que, si no regresaba de esa entrevista, su amada Mariamna fuera ejecutada. Al conocer esta orden, Mariamna consideró que era ya el colmo; insultó abiertamente al rey y le prohibió acercarse a su lecho. Después fue procesada por adulterio y pronto pasó a la lista de los asmoneos muertos.

Mucho se entristeció Herodes por la pérdida de su adorada esposa. Según Flavio Josefo, "dejó de lado la administración del reino y se hallaba tan afectado por su pasión que a veces mandaba a los siervos llamar a Mariamna como si aún viviera..." Acabó hundiéndose en tan profundo delirio que "se temía por su vida". Durante esta desesperada etapa la madre de Mariamna, que en realidad había estado en el centro de muchas de las conspiraciones, intentó una vez más tomar las riendas del reino; pero actuó con lentitud, y Herodes, ya en vías de recuperación, ordenó ejecutarla. Con esta muerte el linaje asmoneo se restringió a los hijos de Herodes y Mariamna: Alejandro y Aristóbulo; ambos jóvenes fueron enviados a Roma a estudiar.

El legado de Herodes

Herodes fue un individuo peculiar, marcado por todas las tendencias culturales que confluían en su reino. Era capaz de representar a diario una docena de papeles distintos y lo hacía, pero no obstante su adaptabilidad de camaleón, no era un hipócrita; los papeles que representó eran parte indisoluble de sí mismo. Era a la vez judío, idumeo, romano y griego; conquistador despiadado, tirano benévolo, súbdito fiel, rival astuto.

Demostró su capacidad para el asesinato cruel y el exterminio en masa, pero no destruyó ninguna de las poderosas instituciones que se disputaban el reino sino que las equilibró creando una tensa tela de araña con él al centro; su consumada habilidad política, que es lo que verdaderamente le valió el sobrenombre de "el Grande", mantuvo una coalición difícil pero estable entre regiones dispares y pueblos enfrascados en continuas reyertas.

Sin embargo, la aguzada ponderación que marcó su larga regencia habría de ser de mal agüero para su legado: nadie más era capaz de manejar los hilos que controlaban Judea, e incluso el propio Herodes comenzó a perderlos al final de su reinado; una vez que esos hilos se soltaran, la tela de araña quedaría completamente destruida.

La lucha por la sucesión

La guerra familiar herodiana se concentró más tarde en Alejandro y Aristóbulo, los hermanos asmoneos, y en el primogénito de Herodes, Antípater (hijo de la primera esposa del rey, Doris, oriunda de Jerusalén).

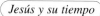

El emperador romano tenía facultad para otorgar el trono de un reino aliado, pero Augusto cedió a Herodes el honor de nombrar a su propio sucesor. El rey eligió primero a Alejandro y Aristóbulo, que durante su estancia en Roma se habían convertido en los grandes favoritos del emperador; pero resultaron ser arrogantes y abusivos, criticaban abiertamente a su progenitor y se mofaban de la rama familiar idumea.

Por su parte, Antípater era taimado y tenía una lengua viperina; con la ayuda del hermano y la hermana de Herodes, se encargó de que éste se enterara de todas las tropelías de los hermanos asmoneos. Herodes acabó cambiando de parecer y nombró a Antípater príncipe heredero; Alejandro y Aristóbulo quedaron en segundo y tercer planos.

No quedó satisfecho Antípater y trató de eliminar por completo a los asmoneos. A sus sesenta y tantos años de edad, Herodes flaqueaba ya en cuerpo y mente; era presa fácil del veneno que inundaba la corte. Se desató la suspicacia y el rey empezó a ver enemigos por doquier; tenía alucinaciones en las que veía a su hijo Alejandro amagándolo con una espada.

Finalmente se descubrió una complicada conjura contra la vida de Herodes y ambos hermanos quedaron implicados; Alejandro fue acusado de conspirar contra el rey y, más aún, de seducir a los tres eunucos predilectos de Herodes. Comenzaron las investigaciones y los torturadores de palacio se encargaron de arrancar confesiones; Herodes convocó a un tribunal de nobles que unánimemente declararon culpables a los hermanos y éstos fueron estrangulados por órdenes de su padre.

Cuando Herodes murió en Jericó, dice Josefo, "Arquelao se encargó de que el funeral de su padre fuera magnífico en extremo, y se vistió con sus mejores galas para acompañar el cortejo. El cuerpo de Herodes fue llevado en un féretro de oro y piedras preciosas... cubierto con púrpura. El difunto también había sido vestido con púrpura y llevaba una diadema..." Respetando la costumbre, Arquelao contrató a un grupo de flautistas y a otro de plañideros. Detrás de la multitud de parientes seguían los guardias, y luego los tracios, germanos y galos, "todos equipados para combate. Luego seguía un ejército como si marchase a la guerra... y por último quinientos lacayos llevando especias". El cuerpo fue enterrado en Herodión. "Así terminó su reinado."

Obsesionado con las intrigas de sus esposas e hijos, Herodes empezó a perder el control del reino. Un grupo de fariseos que el rey multó por negarse a jurar lealtad a Augusto profetizaron que Herodes perdería el trono y que Bagaos, un eunuco de palacio, prohijaría al sucesor. El eunuco y algunos de los fariseos fueron ejecutados, pero el daño estaba hecho: se había inflamado el descontento y se avivaron otras brasas.

Antípater detentaba la primacía ya sin rivales aunque no estaba completamente a salvo mientras su padre viviera, por lo tanto, intentó precipitar su muerte. Cuando uno de los siervos fue sometido a tortura confesó que Antípater le había dado la orden de preparar un veneno para matar al rey, el príncipe fue arrestado y procesado por el gobernador romano de Siria. Durante el juicio Herodes estalló en rabia. "Nadie que atente contra mi vida escapará", clamó, "ni aunque todos mis hijos resulten convictos". Antípater fue puesto en prisión.

La muerte del rey

Los achaques de Herodes se transformaron en una grave enfermedad que no es posible determinar con exactitud a partir de lo que nos dice Flavio Josefo. De ella se hablaba en los términos más espeluznantes (gangrena, infestación de gusanos en las partes pudendas, comezón incontenible, convulsiones severas, úlceras en las entrañas, etc.). Los azorados médicos no podían hacer nada. Las famosas aguas termales de Calliroe, en la ribera este del Mar Muerto, no surtieron efecto. Cuando el monarca fue sumergido en una tina de aceite caliente (lo que creían que era un buen remedio) se desmayó del dolor.

Entretanto, el desasosiego crecía. En la primavera del año 4 a.C. un grupo de estudiantes instigados por dos prominentes fariseos, que eran sus maestros, derribaron un águila dorada que Herodes había mandado colocar encima de la puerta del Templo de Jerusalén años atrás y la destrozaron con hachas, aduciendo que violaba el mandamiento que prohibía las efigies. ("No harás ídolos ni imagen tallada alguna de lo que hay arriba en los cielos, abajo en la tierra, o en las aguas, bajo tierra...".) Fueron arrestados de inmediato y llevados ante Herodes. Afrentado por este insulto a su generosidad, el rey los acusó del sacrilegio de mutilar el Templo y los mandó quemar en la hoguera.

Herodes, temeroso de que su inminente muerte no fuera deplorada, en su delirio optó por dar a su reino un motivo de lamento. Ordenó llamar a judíos notables de todos los rincones e hizo que los encerraran en el hipódromo; luego mandó que, una vez que él hubiera muerto, todos fueran ejecutados. Fue su última orden, o casi, pues antes de expirar mandó a sus guardias a matar a Antípater. Cuando el empe-

El mapa muestra cómo se dividió el reino de Herodes el Grande entre sus tres hijos (Arquelao, Herodes Filipo y Herodes Antipas) y su hermana Salomé, que también heredó el palacio de Ascalón, en el Mediterráneo. Las ciudades de Gaza, Hippos y Gadara quedaron bajo el control del gobernador romano de Siria.

MAR MEDITERRÁNEO

Lago Hule

GAULANÍTIDA

TRACONÍTIDA

BATANEA

GALILEA

Mar de Galilea

Hippos

AURANÍTIDA

Gadara

Río Jordán

SAMARIA

PEREA

JUDEA

Jerusalén

Ascalón

Gaza

IDUMEA

Mar Muerto

EL REPARTO DEL REINO DE HERODES

- Territorio de Arquelao
- Territorio de Herodes Filipo
- Territorio de Herodes Antipas
- Territorio de Salomé

rador Augusto se enteró de esta terminante instrucción, supuestamente comentó: "Preferible es ser un cerdo de Herodes que hijo suyo."

Herodes fue sepultado con la pompa y el esplendor propios de un emperador. Lentamente, el cortejo fúnebre partió de Jericó, cruzó los montes de Judea y llegó a Herodión. Allí, en la fortaleza que llevaba su nombre, el rey Herodes el Grande fue enterrado. Su último deseo fue que Arquelao, hijo de Maltaké de Samaria, su cuarta esposa, reinara en la mayor parte de sus territorios; el resto tendría que dividirse entre otros dos hijos. Herodes Filipo, hijo de la quinta esposa de Herodes (cuyo nombre era Cleopatra), gobernó en la heterogénea y difícil Transjordania, en los territorios de Batanea y Traconítida; lo hizo de manera competente y por muchos años. Herodes Antipas, también hijo de Maltaké de Samaria, gobernó en Galilea y Perea; hombre capaz y pacífico, también lo hizo adecuadamente, aunque habría de pasar a la historia como el personaje que mandó decapitar a Juan el Bautista por instigación de su sobrina Salomé.

Augusto no quiso otorgar a Arquelao el título de rey, y éste fue nombrado etnarca de los ricos territorios de Judea, Samaria e Idumea. No pudo atajar los sucesos que ocurrieron en Jerusalén y en el lapso de un mes empezaron las contiendas entre la multitud que acudió a la ciudad para celebrar la Pascua. Arquelao llamó al ejército y se produjo una matanza en la que murieron unas 3.000 personas; los alzamientos cundieron y pronto toda la región se rebeló.

El gobernador romano de Siria llegó con el propósito de restablecer el orden al mando de un gran ejército; antes de que se resolviera la crisis, parte del Templo de Jerusalén fue incendiado y el tesoro fue saqueado. En el año 6 d.C., el emperador Augusto mandó a Viena al exiliado Arquelao y decretó que sus territorios serían una provincia oficial de Roma. Desde entonces éstos fueron administrados por una serie de prefectos militares, de los cuales el más famoso habría de ser Poncio Pilato.

Capítulo 4   La vida rústica

Cuando María y José regresaron de Egipto, volvieron a Nazaret, donde Jesús "crecía y se fortalecía", nos dice San Lucas. En su infancia, Jesús observó la vida campesina, cuya savia después imbuiría sus enseñanzas.

En el siglo I d.C. la gran mayoría de los galileos vivían en pueblos campesinos donde la labranza determinaba cada aspecto de la vida cotidiana: las tradiciones y costumbres, los días de santificación y las creencias. Tal era Nazaret, hogar de la infancia de Jesús, en lo alto de una resguardada cuenca a unos 400 metros sobre el nivel del mar. Las colinas que rodean Nazaret forman parte de una estribación caliza que marca el límite sur de la Baja Galilea. Arriba del pueblo, desde una cima, puede verse al oeste el monte Carmelo, ya en la costa del Mediterráneo; al este el cercano monte Tabor, y al norte y en lontananza el monte Hermón cubierto de nieve. Al sur se extiende la fértil llanura de Esdraelón; la suavidad de su terreno y su estratégica ubicación la convirtieron desde antiguo en botín de conquistadores y encrucijada de viajeros y comerciantes. La ruta de caravanas de Egipto que se apegaba a lo llano de la costa fue seguramente la que María y José recorrieron con Jesús niño al volver a su tierra tras la muerte del rey Herodes. Después de tantas vicisitudes, debieron de sentirse felices al reunirse de nuevo con sus parientes y amigos, al volver a entrar al hogar y al taller de carpintero.

El eje de todo pueblo, y por tanto de Nazaret, eran el mercado y las calles aledañas donde los artesanos tenían sus talleres y vendían sus productos. El herrero y el carpintero vivían generalmente muy cerca entre sí, como se muestra al lado, pues sus respectivos oficios se complementaban para hacer y reparar los instrumentos de labranza: arados con puntas de hierro, hoces, ruedas de carreta ... En cada pueblo se necesitaban también los estereros, alfareros y cesteros, que exhibían en la calle sus productos.

La frondosa campiña de Nazaret sigue siendo muy hermosa, pero en sus días Josefo, el historiador judío, tendía a ponerse poético: "Aquella tierra es tan rica en suelos y pastos y produce tanta variedad de árboles, que hasta el más indolente se siente llamado... a dedicarse al trabajo agrícola. Y en efecto, sus habitantes han cultivado cada palmo de terreno." Como todos los campesinos de Palestina en esa época, los nazarenos repartían su tiempo entre la bulliciosa plaza del mercado, un área colmada de casas y talleres, y los apacibles campos y viñedos que circundaban el pueblo.

La gente de la Baja Galilea

Aunque la mayoría de los habitantes de Galilea eran judíos había también algunos gentiles, ya fuesen esclavos o libres. Había sirios llegados del norte, griegos establecidos tras las conquistas de Alejandro Magno y romanos que habían llegado a mediados del siglo I a.C.

Los judíos eran muy cortos de estatura, de tez relativamente clara pero fuertemente curtida por el sol durante toda una vida transcurrida al aire libre. Sus recios rostros casi siempre estaban enmarcados por un cabello castaño oscuro o negro, muy largo tanto en las mujeres como en los varones; éstos, acordes con la tradición, usaban barba en su gran mayoría.

Los galileos hablaban un dialecto arameo que sonaba áspero y poco culto a los educados en griego; los jerosolimitanos los consideraban como rústicos montaraces. La estricta jerarquía religiosa de Jerusalén desconfiaba de ellos pues los suponía poco rigurosos en su observancia de la ley.

La vida familiar

La vida social galilea se desarrollaba alrededor de la familia. Las familias campesinas tienden a ser grandes, unidas y muy trabajadoras, lo cual seguramente era cierto en el caso de los parientes y vecinos de Jesús. El esposo era la cabeza espiritual y legal de la casa, el juez indiscutido cuando se trataban asuntos concernientes al bienestar de la esposa y los hijos. Las mujeres solían llamar a sus maridos *baal* ("señor") o *adón* ("maestro"); como es natural, a su vez el esposo tenía la responsabilidad de alimentar, defender y dar techo a su familia. Según la ley, si la mujer no hallaba "favor a sus ojos por haber cometido una indecencia", el marido le podía extender una cédula de divorcio; si la "indecencia" no llegaba al adulterio, el matrimonio podía disolverse llanamente y ambas partes eran libres de volverse a casar. Pero si la esposa era acusada de adulterio, el sacerdote la llevaba a juicio ante Dios, es decir, la obligaba a ingerir una amarga pócima; si enfermaba, era considerada culpable y sería lapidada o ejecutada de algún otro modo, y si no enfermaba, era declarada inocente y regresaba con el marido.

Todos los judíos del pueblo se regían por un severo y estricto conjunto de códigos morales, sociales y religiosos.

Es probable que a los primeros habitantes de Nazaret los atrajera el manantial (hoy conocido como el Pozo de María) que brota en una resguardada ladera que domina el valle de Jezrael. Nazaret estaba muy cerca de una ruta de caravanas que llegaba a Egipto. Situado a 50 kilómetros del Mediterráneo y a 25 del Mar de Galilea, el pueblo debió de tener una extensión de 2.5 hectáreas, sin contar los sembradíos. Hoy sobresale la iglesia de la Anunciación (en el centro de la foto), quizá la mayor iglesia cristiana del Medio Oriente.

Los maridos tenían obligaciones muy definidas para con sus esposas, y a la inversa; a los hijos se les enseñaba desde pequeños a honrar a sus padres, y éstos sabían muy bien sus deberes para con los hijos. En la vida de Nazaret todo acontecimiento importante, desde el nacer hasta el morir, pasando por el matrimonio y la paternidad, tenía su debido tiempo, sus reglas y sus ritos inmutables, muchos de los cuales exigían orar. Por ejemplo, era común que los judíos profiriesen una bendición para cada circunstancia, hasta para despertar y levantarse, vestirse, atarse las sandalias y lavarse las manos.

El hogar paterno

Los padres, los niños, los solteros, los hijos casados y sus esposas solían vivir bajo un mismo y reducido techo; nada era cosa privada y había pocas comodidades. Las casas mejores, sobre todo en los pueblos grandes, eran por lo común de piedra y tenían varios cuartos, quizá en dos pisos; pero la típica casa campesina no era más que una tosca vivienda de adobe con dos habitaciones que servían para todo. Las puertas eran angostas y tan bajas que había que agacharse un poco para pasar por ellas. Las casas de los ricos quizá tuvieran cerraduras con llave, pero las demás tenían puertas de madera sujetas con tiras de cuero y, si llegaban a cerrarse, era con pestillos de madera o atrancándolas con barras de fierro.

Como los animales domésticos se resguardaban dentro de la casa por la noche, el interior tenía generalmente dos niveles; el más alto, donde comían y dormían las personas, estaba a unos 45 centímetros arriba del otro, destinado a los animales.

Salvo en las casas mejores, casi no había mobiliario; no se usaban camas, sino que la familia se recostaba en esteras y se cubría con túnicas y capas. Eran pocos los enseres personales; en un solo baúl cabían todas las pertenencias de la familia. Para cocinar había un horno, algunas cazuelas, unos cuantos utensilios y la despensa donde se guardaban los alimentos. La casa se alumbraba con la mortecina luz de unas lámparas de aceite puestas en nichos, en repisas o sobre una base. No había baño; el aseo personal se hacía en el patio o en la calle, donde el agua corría sin convertir en lodo el piso de tierra de la casa.

Todos los días las mujeres acudían al pozo para sacar agua potable, encontrarse con las amigas e intercambiar noticias. Este viejo pozo, situado en un llano barrido por el viento, ha debido de saciar la sed de muchas generaciones, a juzgar por el hondo surco que en el brocal han dejado las cuerdas con que se ataban los pesados cubos. Algunas casas tenían cisternas para recoger el agua de lluvia, que se usaba sobre todo para limpiar y lavar.

Por lo común el techo era plano. Para hacerlo se entretejían ramas secas, se colocaban sobre un armazón de maderas y se cubrían con una gruesa capa de barro que rellenaba los huecos y formaba un revestimiento duro y uniforme. Para evitar que el techo se desplomara había que encargarse de darle mantenimiento, lo que comprendía entre otras cosas apisonarlo con una especie de rodillo (el pisón) después de las tormentas, añadir otra capa de barro en otoño, antes de la temporada de lluvias, y rehacer todo el techo o partes de él en caso necesario. Por fortuna era bastante sencillo recortar partes del techo y rehacerlas, lo cual se trae a colación en el evangelio según San Marcos (2, 1-4). Mientras Jesús predicaba en una casa de Cafarnaúm, se agolpó tal cantidad de gente que la puerta quedó bloqueada y los amigos de un paralítico no podían llevarlo hasta donde estaba Jesús, para que lo curase; la solución más práctica

consistió en abrir un boquete en el techo y bajar al inválido por el agujero directamente al interior de la casa.

A la azotea se subía por una escala de mano o una escalera exterior. En las noches de calor la gente dormía en las azoteas, pero éstas servían también para comer, meditar, charlar en privado, gritarle las noticias al vecino o incluso bailar y otros festejos. Los frutos se ponían a secar en la azotea, lo mismo que la ropa lavada. Si la familia ya no cabía en la casa, podía construir otro cuarto en la parte alta. Para que la azotea resultase segura en vista de toda esa actividad, se le construía un pretil de unos 45 centímetros de altura; ya lo sentenciaba bien claro el Deuteronomio (22, 8): "Cuando construyas una casa nueva pondrás un pretil en derredor de la azotea, no sea que alguien se caiga de allí e incurras en la venganza de sangre."

Casi todas las casas de pueblo se apeñuscaban unas con otras; así se lograba más protección y se ganaba tierra para los cultivos. Las casas más grandes tenían un patio y varias habitaciones. A veces se agrupaban muchas casas en torno de un mismo patio, donde podían resguardarse los animales. Los techos planos servían para charlar y dormir en las noches de estío.

Cuando los hombres y muchachos se iban a trabajar al campo o al taller, las mujeres que no tenían que ayudarlos se quedaban trabajando en la casa y sus inmediaciones; había que ir al pozo diariamente. Como todos los miembros de la familia, la esposa y sus hijas bregaban mucho y duro, de la misma manera que lo habían hecho sus abuelas, bisabuelas y tatarabuelas. El libro de los Proverbios (31, 10-27) canta las virtudes de la mujer honrada:

> ¿Quién hallará una mujer fuerte? Es
> más valiosa que las perlas.
> El corazón de su marido confía siempre
> en ella...
> Le produce el bien, no el mal, todos los
> días de su vida.
> Ella busca lana y lino, y los trabaja con
> manos hacendosas.
> Ella es como las naves del mercader
> que traen de lejos el sustento.
> Se levanta cuando aún no ha amanecido
> y da de comer a los suyos...
> Comprueba que su quehacer marcha bien
> y ni de noche apaga su luz.
> Coge en sus manos la rueca y hace bailar
> el huso.
> Tiende sus brazos al desvalido, sus
> manos alarga al indigente.
> De fortaleza y de dignidad está vestida,
> y mira gozosa al porvenir.
> Con sabiduría abre su boca, doctrina
> de bondad hay en su lengua.
> Está atenta al bien de su casa y no
> come su pan de balde.

Hilar y tejer

Cuando una buena esposa cogía en sus manos la rueca y el huso, como dice el proverbio, comenzaba su labor como tejedora de la familia. Empleaba la rueca y el huso para hacer estambre o hilo de lana cruda o de lino. Después tenía que tejer las telas; los telares de la época de Jesús generalmente servían

La manera más sencilla de hacer harina consistía en moler el grano en un mortero o molcajete.

Gran parte del trabajo de la mujer se realizaba en el patio, donde jugaban los niños y se criaban los animales: ovejas, cabras, gallinas y asnos. También en el patio estaba un horno grande de barro, adobe o piedra en el que se cocía el pan. El molino que aparece en el primer plano era más eficiente que el mortero que se muestra arriba.

para hacer lienzos de alrededor de un metro de ancho, de modo que era necesario coser a lo largo dos lienzos para, de esta manera, poder hacer la mayoría de las prendas de vestir. Sin embargo, en Galilea los telares eran más anchos y se podía fabricar ropa de una sola pieza. San Juan (19, 23) nos dice en su evangelio que la túnica de Jesús estaba hecha "de una sola pieza, sin costura de arriba abajo". En lo referente a la túnica, Jesús y otros varones usaban una prenda holgada a manera de capa o manto con orlas sujetas con tiras de listón azul.

La manufactura de hilos y estambres no ha cambiado mucho en algunos lugares, como lo demuestra esta foto en que aparece una joven palestina. Para convertir la fibra en hilo, la hilandera enganchaba la lana o el lino en una rueca (una vara con un armazón de varillas curvas) que sujetaba con una mano mientras con la otra iba devanando la fibra en el huso. El huso, semejante a una vara, quedaba suspendido y giraba en tanto que la hilandera, al devanar, iba torciendo la fibra. El huso tenía abajo un peso (una piedra, por ejemplo) que facilitaba su rotación. Puesto que hilar era propio de las mujeres, la rueca se convirtió en símbolo de feminidad.

La túnica y a veces el manto se ceñían con un cinturón de cuero o con una faja de unos 10 centímetros de ancho; la faja podía tener una especie de dobladillo que servía de bolsillo. Cuando un hombre vestía sólo la túnica, se decía que estaba desnudo o desvestido; muchos se "desvestían" para trabajar. Así, en el evangelio de San Juan (21, 7), cuando se narra que Pedro "estaba desnudo" antes de arrojarse al agua al reconocer a Jesús, tal vez sólo llevara puesta la túnica. Si para ceñirse la túnica se usaba una faja, ésta se llamaba taparrabo, y si uno se remangaba la túnica entre las piernas y la arrebujaba en la faja para tener mayor libertad de movimiento, se decía que uno se ceñía los riñones. El atavío de los hombres se completaba con las sandalias y quizá con un paño blanco que se ataba a la cabeza y colgaba hasta los hombros. La esposa hacía también su propia ropa. Usaba una túnica como la de los varones pero el manto tenía más vuelo y su orla le cubría los pies. Para trabajar se remangaba el frente del manto hasta la faja, de modo que formaba una especie de bolsa de mandil donde llevaba pequeños enseres. Casi todas las mujeres se cubrían la cabeza. Las sandalias para mujer y para varón tenían suelas de corteza de palmera o de madera, y lazos de cuero; generalmente se compraban.

El pan cotidiano

Entre los deberes de la esposa figuraba el moler el trigo, hornear el pan, ordeñar las cabras y hacer quesos y requesones. Estos quehaceres diarios comenzaban al amanecer. Para moler el grano se usaba una especie de molcajete o un molino manual compuesto de dos discos de piedra; en el disco inferior se ponía el grano, y el superior se hacía girar con fuerza encima del otro. Una vez que la harina estaba lista, había que preparar la masa mezclando agua, sal y un poco de levadura, que se obtenía apartando y dejando fermentar cierta cantidad de masa el día anterior; la masa se dejaba reposar unas horas hasta que levantara. Después se aplanaban las porciones de masa a modo de tortillas y se ponían a cocer, generalmente en el horno de barro que estaba en el patio. Jesús, que seguramente vio muchas veces a su madre hacer el pan, comparaba el reino de los cielos con la levadura que hace levantar la masa.

Mientras el pan se horneaba, la esposa preparaba la comida para el día. La mayoría de las familias comían dos veces; el almuerzo era ligero y se llevaba a

Galilea era famosa por sus campos de lino azul celeste y por las telas que se hacían con las fibras de esta planta.

los campos o a los talleres para comerlo a media mañana o a mediodía. En cambio, la cena era variada y abundante: verduras, huevos, queso, pan, mantequilla, vino, almendras y frutas, y a veces pollo o algún ave silvestre. El pescado se comía en abundancia y con relativa frecuencia, pero la carne roja era una rareza, salvo en las grandes ocasiones, cuando entre fanfarrias y ceremoniales se presentaba a la mesa el becerro de engorda y el cordero ritual.

Algunas carnes y pescados estaban prohibidos por la religión. Por ejemplo, el cerdo y los crustáceos eran considerados "impuros", al igual que todo animal que no hubiera sido matado ex profeso para comerlo y que no se hubiera desangrado por completo, pues decía el Deuteronomio (12, 23) : "La sangre es la vida", y hasta la de los animales era sagrada. En tiempo de calor se cocinaba en el patio. En los días fríos o lluviosos era mucho mejor llevar el fuego a la casa en un anafre de barro; aunque, como no había chimeneas en esa época, el humo y los olores de los guisos impregnaban el ambiente.

Excepto el pan, casi toda la comida se cocía en una olla grande y se sazonaba con sal, cebolla, ajo, menta, eneldo, comino, cilantro, ruda y mostaza. Para endulzar se usaba miel silvestre o ciertos jarabes de dátil y de uva.

La cena era un descanso luego de la dura jornada. Todos se tenían que lavar las manos antes de comer, pues la cena se servía en un platón para todos y cada quien tomaba su ración con los dedos. En cierta ocasión, Jesús fue reprendido por un fariseo porque comía sin haberse lavado las manos; como respuesta, el fariseo sólo escuchó de Jesús el comentario de que él, el fariseo, se estaba preocupando por la letra de la ley mientras que olvidaba lo esencial: el espíritu.

Juegos y diversiones

A pesar del cansancio, la hora de la cena no era el único rato que la familia tenía para divertirse; aunque pocos, había momentos y a veces todo un día en que hasta las mujeres podían solazarse, y en tales ocasiones los niños y los adultos disfrutaban de su mutua compañía. Los pequeños jugaban a la pelota, a caminar de cojito y a una especie de boliche. Los arqueólogos han encontrado numerosos silbatos, sonajas, animales de juguete (que "caminaban" con ruedas), aros y trompos. Los niños mayores y los adultos competían en juegos de tablero, inclusive una especie de juego de damas.

El sabat y las fiestas de guardar

La cena y los juegos ocasionales no bastaban para dar descanso suficiente a unos trabajadores que eran tenaces. Como parte de las observancias religiosas que abarcaban casi todos los aspectos de la vida, los judíos estaban obligados a consagrar al Señor un día a la semana. Este día de reposo era el sabat, que comenzaba al anochecer del viernes y terminaba al anochecer del sábado; era tal su obligatoriedad en la época de Jesús, que a ningún labriego se le ocurri-

Para hacer tela, de una viga se colgaban largos cabos de hilaza o de estambre (la urdimbre) que se tensaban por medio de pesos atados al extremo inferior, como se muestra arriba. Se intercalaba una barra de madera entre los cabos dividiéndolos en dos series. Mediante la lanzadera se hacía cruzar entre los cabos divididos otro hilo o estambre (la trama), que luego se empujaba hacia arriba con la barra. A la derecha se muestra un fragmento de tela procedente del desierto de Judá (siglo I d.C.).

El teñido de los hilos y las telas se podía hacer en casa, sin necesidad de recurrir al tintorero. Arriba se muestra una tina para teñir.

La cena pascual o séder conmemoraba la última comida que los hebreos hicieron en Egipto antes del Éxodo. Los adultos y niños varones se reclinaban en esteras de paja alrededor de una mesa baja, y las mujeres les servían. Podía haber cuchillos pero lo común era comer con los dedos. Se servía pan ázimo (sin levadura), cordero, una planta amarga (quizá achicoria silvestre), fruta y otros alimentos simbólicos; a veces se ofrecían galletas hechas con saltamontes. A intervalos se leían las Escrituras.

ría ir a sus campos, ni al artesano ir al taller, ni a la mujer atender sus quehaceres, ni al comerciante ir al mercado. Como durante el sabat no podía hacerse nada, el viernes por la tarde había un ajetreo general: los varones se apresuraban a terminar sus faenas de la semana, y las mujeres se esmeraban en limpiar la casa, llenar las lámparas, preparar de antemano la comida y lavar la ropa.

Cuando ya aparecían en el firmamento las primeras estrellas, el hazán, ministro o sacristán de la sinagoga, convocaba a los aldeanos a oración sonando tres veces un cuerno de macho cabrío; los fieles acudían a la sinagoga. Después seguía la cena del viernes, motivo de gran alborozo familiar, pues las viandas eran apetitosas y además se recitaba el Kiddush para bendecir el vino. El sábado por la mañana la familia asistía nuevamente a la sinagoga para orar y escuchar la lectura de las Escrituras; el sabat terminaba al ponerse el sol, con otras tres sonoras llamadas del *hazán*.

El sabat se celebraba todas las semanas, pero había fiestas que sólo se celebraban una vez al año. El Año Nuevo del judaísmo, el Rosh Hashaná, caía en el

primer día de Tishrí (septiembre-octubre). Diez días después era el Yom Kippur, Día de la Expiación, cuando los judíos se arrepentían de los pecados cometidos el año anterior; éste no era un día de festejos sino de ayuno total y de introspección. La Jannuká se celebraba durante ocho días, a partir del 25 de Kislev (noviembre-diciembre), para conmemorar la Dedicación del Templo de Jerusalén por Judas Macabeo en el año 164 a.C., tras la profanación cometida por Antíoco IV Epífanes. Los Purim o Suertes se celebraban el 14 y el 15 de Adar (febrero-marzo) con gran regocijo, pues se conmemoraba la libe-

ración de los judíos según se narra en el libro de Ester, que se leía en la sinagoga como parte de la celebración. ("Por eso los judíos diseminados, que viven en pueblos no fortificados, celebran el catorce de Adar como día de banquete y alegría, intercambiándose regalos unos a otros, mientras que, para los de las ciudades, este día feliz y de intercambio de regalos, es el quince de Adar.") También había varias fiestas relacionadas con el ciclo agrícola, y por supuesto la Pascua, que duraba una semana y que tanto habría de significar en la vida de Jesús.

La fiesta de la Pascua constituía una mezcla de dos antiguas celebraciones. Por una parte, conmemoraba la liberación del pueblo judío del yugo egipcio, ocurrida probablemente en el siglo XIII a.C.; por otra, se remitía a un origen todavía más remoto, sin duda asociado a la migración de los rebaños en primavera. La Pascua comenzaba el 15 de Nisán (marzo-abril) y los judíos la inauguraban con un séder o cena ritual y el relato de la salida del pueblo de Israel de Egipto.

La vasija de arcilla, la jarra de bronce, los platos de madera y el cuchillo fueron hallados en una cueva. Datan del siglo I d.C., y sorprende que la hoja y el mango del cuchillo estén aún intactos.

San Lucas (2, 41) nos dice que José y María iban todos los años a Jerusalén a celebrar la Pascua. Aunque para los campesinos el mes de Nisán era de mucho trabajo, no eran pocos los que podían ir en peregrinación a Jerusalén conforme a la tradición de sus antepasados. Otros había que se resignaban a compartir la cena pascual en casa con sus parientes y amigos.

La tenencia de la tierra

Si bien la vida social de los judíos del campo se desenvolvía alrededor de la familia, a su vez la vida de ésta se arraigaba en la tierra; las actividades de diario se gobernaban por las exigencias del año agrícola. Al campesino judío sólo Dios y la familia le importaban más que su tierra, aunque la seguridad de los suyos dependía de la tierra que él poseía y trabajaba. A ciencia cierta no se sabe qué convenios legales regulaban la tenencia de la tierra en Galilea, pero

En la Pascua, que caía al comienzo de la primavera, se comían frutas secas. Las uvas se dejaban secar en la vid, como se muestra en la primera foto de la derecha, o se extendían en el suelo. Los higos, extrema derecha, maduraban en verano, se dejaban secar y se ensartaban y guardaban para el siguiente año. También podían hacerse durante la cosecha pasteles de frutas secas, que podían llevar consigo los campesinos y los viajeros.

en algunas partes de Palestina las mejores fincas estaban en manos de unos cuantos propietarios: principalmente los gobernadores romanos, la familia herodiana y la aristocracia sacerdotal; en estas fincas quienes trabajaban la tierra eran arrendatarios e incluso esclavos. Según parece, en Galilea la mayoría de los campesinos judíos eran propietarios libres que tenían pequeñas parcelas, o bien jornaleros no propietarios pero a veces relacionados con los titulares. En la época de los macabeos se había hecho un reparto de tierras y desde entonces muchos predios habían ido pasando por derecho hereditario a los descendientes de los primeros beneficiarios.

Entre los árboles más florecientes que se cultivaban en Palestina se hallaban la palmera datilera (abajo), el almendro (arriba, a la derecha) y el olivo (arriba). De las datileras se podían aprovechar los frutos y las hojas, con que se tejían esteras y cestos. Los almendros eran los primeros en florecer y dar fruto: heraldos de la primavera. Los olivos pueden vivir hasta 2.000 años, como lo demuestran sus gruesos y nudosos troncos.

Por tradición, la tenencia de la tierra se heredaba en familias; esta tradición se remontaba en el Antiguo Testamento a más de 1.000 años atrás, cuando Josué repartió la recién conquistada Canaán entre las tribus de Israel conforme al designio de Dios. La propiedad tenía que pasar de padres a hijos en una cadena continua durante generaciones. El primogénito recibía el doble que sus hermanos; como los más jóvenes generalmente recibían parcelas

	Tishrí	Marjeshván	Kislev
Septiembre	Octubre	Noviembre	Diciembre

Rosh Hashaná Succot Yom Kippur Jannuká

muy pequeñas que no permitían un desarrollo independiente, optaban por venderlas al heredero principal y así el predio ancestral permanecía íntegro. Los hermanos menores podían quedarse en el pueblo desempeñando algún oficio o trabajando los campos del primogénito, o dejar el pueblo para unirse a los numerosísimos trabajadores emigrantes que laboraban ocasionalmente y en donde podían, o bien, a veces llegaban a hacerse bandidos. Si un propietario moría sin dejar hijos varones, el predio pasaba a la hija, y en su defecto a los hermanos, tíos u otros parientes cercanos del difunto. Esta tradición de tenencia familiar se refleja en el primer libro de los Reyes (21). Nabot, un campesino del siglo IX a.C., tuvo la desgracia de que su viña estuviera "junto al palacio de Ajab, rey de Samaria". A Ajab le gustaba esa viña y quería anexarla a sus propiedades; le ofreció a Nabot otra mejor a cambio, o inclusive su precio en dinero, pero Nabot respondió: "Líbreme Dios de darte la heredad de mis padres." El campesino fue ejecutado por falsos cargos, pero la Biblia deja muy claro que la negativa de Nabot era justa ante Dios. Sin embargo, el acoso de la realeza fue siempre una amenaza al sistema de tenencia familiar; por ejemplo, Herodes el Grande había sido el propietario directo de más de la mitad de los territorios que gobernaba.

El predio agrícola

Galilea se extiende sobre un lecho de piedra calcárea fácil de excavar para hacer cisternas y silos. Su fértil suelo se componía principalmente de tierra roja (residuos de roca caliza erosionada) y de mantillo. Tanto la tierra como el clima se prestaban en general para hacer cultivos mixtos, y la variedad de cosechas hacía casi autosuficiente a la mayoría de las familias galileas; en cada propiedad se cultivaban cereales, hortalizas, vides y olivos. Casi todas las familias tenían una o dos cabras para ordeña, algunas ovejas para esquila y uno o dos animales de tiro (asnos o bueyes). Seguramente las gallinas y otras aves de corral picoteaban en los patios; Jesús hablaba de reunir a los hijos de Jerusalén "como la gallina reúne a sus polluelos debajo de las alas" (San Mateo 23, 37, y San Lucas 13, 34). Lo común era que el campesino nazareno poseyera en principio el equivalente a entre 1.5 y 2.5 hectáreas. En la época de Jesús, los campesinos calculaban la extensión de un predio a juzgar por las medidas de semilla que se necesitarían para cultivarlo, o bien en términos del zemed o yugada, es decir, la superficie de tierra que una yunta podía arar al día; la yugada (o jugerum, en latín) equivalía a unos 2.700 metros cuadrados.

El campesino estaba atado a su tierra, y su trabajo lo determinaban las estaciones del año. En el calendario de abajo, el ciclo agrícola se representa por las actividades propias de cada mes judío (debajo aparecen sus equivalentes en el calendario gregoriano). Abajo de los meses se nombran las principales fiestas religiosas judías, inclusive aquéllas relacionadas con la cosecha.

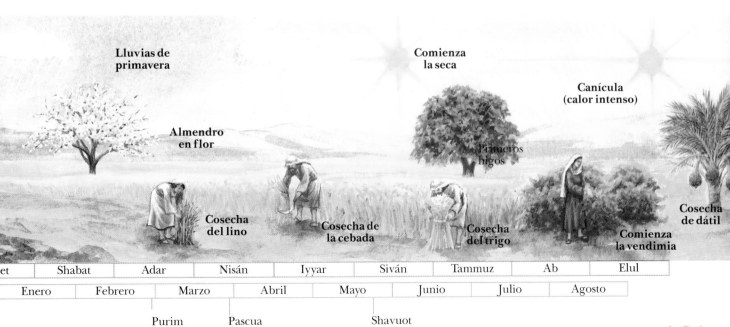

Lluvias de primavera		Comienza la seca		Canícula (calor intenso)			
Almendro en flor				Primeros higos			
	Cosecha del lino	Cosecha de la cebada		Cosecha del trigo		Comienza la vendimia	Cosecha de dátil

...et	Shabat	Adar	Nisán	Iyyar	Siván	Tammuz	Ab	Elul
Enero	Febrero	Marzo	Abril	Mayo	Junio	Julio	Agosto	
		Purim	Pascua		Shavuot			

En otoño se cosechaban las aceitunas, vareando los olivos como a la derecha se muestra. Los distintos tipos de aceitunas se vendían junto con otros condimentos (centro) o se prensaban para obtener aceite. El mejor aceite se hacía machacando los frutos en un mortero y poniéndolos en cestos para que escurrieran. Los molinos grandes constaban de un alfarje o piedra inferior y una volandera que al rodar prensaba las aceitunas (abajo).

Los campesinos muy rara vez tenían el privilegio de que toda su propiedad estuviera junta. Generalmente sus campos de grano estaban en las tierras más bajas y planas, junto a los de sus vecinos; los viñedos y olivares, en las laderas, y en otros sitios los huertos y pastizales. Los sembradíos de grano no tenían valladares sino que sus límites se señalaban con piedras que por ley no podían quitarse, so pena de cometer un grave delito; pero los viñedos se bardaban con muros o muretes, no tanto para marcar los límites sino para desalentar a los ladrones y atajar el paso a los animales.

Impuestos y recaudadores agrarios

Los campesinos tenían que pagar elevados impuestos al rey y al Templo. Existían impuestos gubernamentales a la tierra y a otros bienes, tales como los esclavos; el impuesto a la tierra equivalía aproximadamente a una cuarta o quinta parte de lo que ésta produjera. Parte de los impuestos gubernamentales se cobraba mediante recaudadores, llamados publicanos, que a su vez solían contratar en cada pueblo a subalternos que conocían el lugar y sus habitantes y a quienes por ende era difícil engañar. Cada recaudador tenía que entregar una cierta suma o cuota a la tesorería imperial, pero a su criterio (o a su codicia) quedaba el determinar cómo cobrarla y cuánto más cobrar para embolsárselo. Eran frecuentes la extorsión y el fraude. Es comprensible que los aldeanos desconfiaran de los recaudadores subalternos y les tuvieran temor; constantemente los denunciaban por ladrones y pecadores.

Aunque los impuestos gubernamentales no eran mayores que en otras provincias del Imperio Romano, se volvían muy onerosos cuando se les añadían los impuestos del Templo, que eran "donativos" obligatorios que se calculaban como una décima parte (o diezmo) de las cosechas. Los campesinos también tenían que "donar" los primeros frutos (o primicias) de las cosechas y asimismo del ganado, esto último a fin de proveer animales para los sacrificios rituales. Además, los varones adultos tenían que pagar al Templo un impuesto anual de medio siclo. Si los vecinos de Jesús pagaban en Nazaret todos estos impuestos, difícilmente les quedaba algo más que lo imprescindible para poder subsistir.

La siembra

Para el campesino, el año se dividía en tres estaciones: las de siembra, cosecha y vendimia, aunque estas labores en cierto modo se traslapaban. La siembra comenzaba en los meses de Tishrí (septiembre-octubre) o de Marjeshván (octubre-noviembre) . El labrador esperaba a que hubiera pasado el siroco (ese viento desértico tan singularmente agobiante) y empezaran los vientos marítimos del oeste; el aire fresco acarreaba las primeras lluvias en abril, con lo cual se reblandecían en pocos días los duros y abrasados campos permitiendo que el arado penetrase en la tierra. En el libro de Joel (2, 23-24) se dice: "Alegraos en el Señor, vuestro Dios; pues os dará la lluvia de otoño y primavera, como antes... y las eras se llenarán de trigo."

Comenzaba entonces el largo y fatigoso trabajo de preparar la tierra para la siembra; si era muy pedregosa o si había estado en barbecho durante varios años, había que ararla incontables veces, deteniéndose a quitar las piedras y arrancar los abrojos con el azadón. Aunque, por lo general había que arar sólo dos veces; la primera, para abrir los surcos y sembrar, y la segunda, de través para cubrir la semilla y protegerla de las aves y del viento. Por último, probablemente hubiera que allanar la tierra utilizando una rama a manera de rastra.

Los campesinos nazarenos obtenían la semilla apartando una cantidad de la cosecha anterior; los más avezados sólo apartaban semilla de las plantas más grandes y vigorosas. En promedio, un campesino experto lograba que su semilla produjera el quíntuplo (por ejemplo, cinco arrobas de cebada por cada arroba sembrada), lo cual es muy poco si se juzga en términos modernos.

Las gramíneas se sembraban a voleo; el sembrador recorría los campos a lo largo y a lo ancho, llevando la simiente en un cesto o en un pliegue del manto y esparciéndola al aire a puñados y en todas las direcciones. Según Plinio el Viejo, historiador romano del siglo I d.C., los labriegos más listos procuraban empatar el largo de su brazada con el largo de cada zancada, para esparcir con uniformidad la semilla. Jesús debió de ver varias veces en su infancia a los campesinos sembrar, pues durante su ministerio recurrió a figuras y parábolas inspiradas en el trabajo agrícola. En el evangelio según San Mateo (13, 3-23) Jesús habla de las reacciones de la gente cuando escucha la palabra de Dios. En esta parábola, una parte de la simiente que el sembrador esparce cae en el camino y se la comen los pájaros; otra parte cae en un pedregal y brota pronto por

En la época de Jesús, el arado tenía similitud con las horquillas de madera que durante milenios usaron los agricultores primitivos, pero éste ya tenía una punta de hierro (la reja) para surcar la tierra y no lo impulsaba el labrador sino que lo jalaba una yunta. En el Medio Oriente y en los campos del continente americano aún puede verse este tipo de arado sencillo. El labrador camina detrás de la yunta, arreándola y guiando el arado; el barzón sujeta el timón al yugo.

no tener hondura de tierra, pero estos brotes se secan en cuanto sale el sol; otra más cae entre abrojos y éstos ahogan a los brotes; pero una parte cae en tierra buena y "da fruto, una ciento, otra sesenta, otra treinta". Por supuesto que la tierra buena producía muchísimo más de lo que el campesino esperaba, y sin duda la intención de Jesús era señalar cómo la palabra del Todopoderoso da frutos inesperados en la vida de quienes la reciben.

Salvo algunas hortalizas, lo primero que se sembraba en otoño eran el trigo y la cebada; durante los impredecibles meses de invierno se vigilaba el crecimiento de las mieses. Al trigo se le reservaban las partes más fértiles y extensas de los bajíos aledaños a Nazaret, pues constituía la mitad del alimento familiar: el pan de cada día, literalmente. Los excedentes de trigo podían venderse en los mercados de la cercana ciudad de Seforis.

En Galilea la cebada seguía en importancia al trigo, aunque lo superaba en las comarcas sureñas, más secas. La cebada es menos sabrosa que el trigo pero es más resistente a la sequía y en suelos pobres madura antes que aquél; se usaba sobre todo para cebar al ganado, pero el campesino sentía mucha seguridad al pensar que si la cosecha de trigo era escasa, del costal de cebada también se hacía harina. El maíz no se conocía, y el lino, muy cultivado en Galilea, sólo servía para hacer telas.

Las hortalizas completaban la despensa familiar y permitían variar la dieta, Aunque el varón podía arar el huerto cada año para remover la tierra, generalmente las mujeres lo cultivaban desde la siembra hasta la cosecha. Crecían en aquella región los pepinos, melones, puerros o poros, cebollas, ajos y un surtido de chícharos y frijoles. Debido a que casi todas las hortalizas necesitan un riego constante para crecer, en tiempo de seca las mujeres se afanaban acarreando agua desde el pozo o la cisterna hasta el huerto. En éste podía haber también algunas hileras de árboles frutales: granados, almendros, pistacheros, palmeras datileras y otros, pero no necesitaban muchos cuidados sino hasta la cosecha.

Una vez concluida la siembra, el campesino no podía hacer gran cosa más que esperar que las condiciones fuesen favorables. La falta o el exceso de lluvia, los incendios, las plagas de langostas, los vientos inclementes que arrancaban los brotes, así como toda enfermedad del sembradío podían acabar repentinamente con el trabajo de una estación y el sustento de un año. Mientras tanto procuraba quitar la mala hierba, cuyo vigor solía ser mayor que el de los cultivos; sobre todo había que acabar con la "cizaña que aparece entre el trigo", a la que Jesús alude en el evangelio según San Mateo (13, 24-30). En esta parábola, después que un campesino siembra sus campos, su enemigo siembra encima cizaña; sin embargo, el campesino deja que ésta crezca junto al trigo para evitar que al arrancar la cizaña sea arrancado también el trigo. Llegado el tiempo de la siega, les dice a los segadores: "Recoged primero la cizaña y atadla en gavillas para quemarla, y el trigo recogedlo en mi granero." Al principio, la cizaña es casi imposible de distinguir del trigo porque son plantas muy parecidas; el campesino de la parábola tuvo que dejar crecer ambas. No obstante, si se permite que la cizaña madure y si accidentalmente se siega junto con el trigo, puede causar una desdicha pues es una planta venenosa si se come. Había que aguzar la vista cuando se usaba el azadón para separar la cizaña.

La cosecha

En el mes de Adar (febrero-marzo) comenzaba la cosecha y continuaba en forma escalonada hasta bien entrado el otoño. Probablemente lo primero que se cosechaba en Nazaret era el lino. Los cosecheros arrancaban con el azadón la planta desde la raíz, que es superficial, o bien la arrancaban a mano; luego recogían los tallos, los empapaban, los secaban y después los cardaban para

"El reino de Dios es como un hombre que echa el grano... La tierra da fruto por sí misma, primero hierba, luego espiga, después trigo abundante en la espiga. Y cuando el trigo madura, se mete la hoz porque ha llegado la siega." (San Marcos 4, 26-29.) Las hoces se muestran en el centro a la izquierda, y a la derecha, los gavilladores.

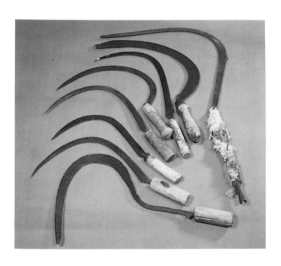

El trillo (arriba) era un tablón que en una cara tenía pedazos de piedra o cuchillas de hierro. Un buey o un asno jalaba el trillo, como se muestra a la izquierda, y el trillador o sus hijos podían subirse al tablón para hacer peso. Al dar vueltas sobre la mies extendida en la era, el trillo separaba el grano de las espigas.

separar la fibra útil. Con esta fibra la familia hacía telas, redes y mechas para las lámparas, entre otros artículos.

En el caso del trigo y la cebada, la siega no era fácil y toda la familia e incluso algunos jornaleros tenían que participar. Era muy importante escoger el momento: si el grano ya estaba demasiado maduro, se caía al segar y no había modo de recogerlo. "Más vale tempranito, que para luego es tarde", podría haber dicho un cosechero.

Una vez que se escogía el momento propicio, los segadores avanzaban entre las mieses asiendo con una mano los manojos de tallos y con la otra segándolos con la hoz; los gavilladores iban detrás recogiendo los manojos sueltos y atándolos en gavillas.

Cuando los segadores habían terminado hacían una señal a los espigadores, que a la orilla del terreno esperaban el momento de entrar para recoger las espigas sobrantes o que habían caído al alzar las gavillas. Conforme a una antigua y caritativa costumbre, el cosechero dejaba que los aldeanos más pobres y sin tierras se quedaran con una parte de la siega, generalmente lo que había crecido en las orillas y las esquinas del terreno. Pero los espigadores tenían prohibido tocar las gavillas; éstas se llevaban en carretones o a lomo de asno hasta la era, donde se separaba la paja del grano.

El grano trillado tenía que ser aventado para quitarle la barcia o desperdicio. No sólo se necesitaba un poco de viento para hacer esto, sino también destreza: con el bieldo se lanzaba al aire la mezcla de grano y barcia y había que vigilar que el primero cayera ya limpio mientras que la paja caía un poco más lejos. La barcia se quemaba, pero la paja y el rastrojo podían usarse como abono, como pienso y para hacer adobes.

Durante la cosecha, sobre todo si ésta había sido copiosa, en la era bullía un espíritu de festividad: la gente acudía a mirar y ayudar entre gritos de salutación e intercambiando noticias mientras trabajaba de sol a sol. La era de Nazaret estaba cerca del pueblo, en un altozano donde soplaba el viento marítimo; el lugar no tenía mayor atractivo (un gran espacio circular de tierra apisonada) pero resultaba práctico para trabajar.

Había varias formas de trillar en la era. Unos trilladores vareaban la mies para que el grano se soltara; las gavillas se apilaban hasta unos 30 centímetros de altura y después se vareaban. Pero, por lo general se usaban trillos arrastrados por asnos o bueyes; el trillo era un tablón de madera dura con pedazos de piedra o cuchillas de hierro en una de sus caras. También se podía usar un pesado artefacto jalado por un buey y formado por hileras de discos de hierro que rodaban sobre la mies. El pisoteo de los animales ayudaba a la trilla.

Había mucho qué hacer. Unos se dedicaban a cargar las gavillas en los carretones y los asnos y a descargarlas en la era. Otros tendían las gavillas al paso del trillador. Los niños se alborozaban cuando se usaba el trillo, pues podían subirse al tablón y "dar la vuelta" mientras hacían peso para que el grano se soltara mejor.

Las mujeres llevaban comida al campo y alrededor de mediodía todo el mundo descansaba un poco para comer, orar y reponer energías. A los animales se les dejaba mordisquear la mies mientras la hollaban, pues estaba escrito en el Deuteronomio (25, 4): "No pondrás bozal al buey que trille."

Una vez que se había trillado la cebada o el trigo había que limpiar el grano aventándolo con bieldos, para que el aire separara la barcia o desperdicio (la cascarilla y otras partículas) y la paja. Para quitarle al grano aventado los residuos que aún pudieran quedarle, se pasaba por una criba (un aro de madera al que se fijaba una especie de malla de tiras de cuero entretejidas; la malla también se podía hacer con tripas de borrego o de cabra); al agitar la criba, los residuos más pesados se colaban por el fondo de la malla, y los más livianos tendían a subir y podían entonces quitarse a mano.

El grano cribado se vertía en grandes recipientes de barro; se apartaba una cantidad para el recaudador de impuestos y el resto se almacenaba, por lo común en la casa. Los campesinos más ricos tenían graneros.

Durante su ministerio Jesús se refirió a un acaudalado terrateniente que se pasó la vida amasando fortunas para sus años de vejez e incluso mandaba demoler sus graneros para construir otros más grandes en los que cupiera todo el grano que iba acumulando. Sin embargo, San Lucas (12, 16-21), en su versión de esa parábola contra la avaricia, nos dice que ese hombre rico murió antes de llegar a viejo, sin creer todavía en Dios y sin haber podido disfrutar de su fortuna.

La fiesta de Shavuot

Para marcar el final de la cosecha de granos, los campesinos y sus familias celebraban el Shavuot o fiesta de las Semanas (así llamada porque caía al día siguiente de que se hubieran completado siete semanas desde el inicio de la Pascua). También se conoce como Pentecostés (de la palabra griega que significa "quincuagésimo día") porque se celebraba a los cincuenta días de que hubiese comenzado la Pascua. La fiesta también conmemoraba la revelación del monte Sinaí, donde, según el libro del Éxodo, Dios dio a Moisés los diez mandamientos y otras leyes. Los cristianos celebraron después una fiesta muy relacionada con el Shavuot: el domingo de Pentecostés, que cae 50 días después de la Pascua y que conmemora los comienzos de la Iglesia ya bajo la guía del Espíritu Santo.

Como el Shavuot coincidía con un lapso en que finalizaba el trabajo en los campos y aún no cobraba toda su fuerza el trabajo en las viñas, quizá muchos nazarenos podían viajar a Jerusalén para hacer sus ofrendas en el Templo; en tal caso, habrían llevado dos hogazas de pan hecho con levadura y trigo recién cosechado. Quienes tenían que permanecer en casa habrían celebrado la fiesta de igual manera, acudiendo a la sinagoga del pueblo para asistir a los oficios religiosos.

Para producir harina en gran cantidad, algunas familias tenían unos molinos compuestos por dos piezas de piedra. La pieza inferior tenía un cono estriado en espiral y un borde para recoger la harina; la superior se hacía girar cubriendo el cono de la otra, para poder moler el grano. La pieza superior tenía un mango de madera para hacerla girar.

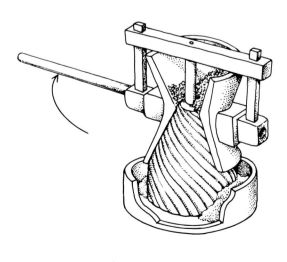

La vendimia

La tercera estación del año agrícola era la vendimia. Iniciaba en el mes de Siván (mayo-junio), antes de que se hubiera terminado de almacenar el grano. El término *vendimia* que aparece en varios versículos del Levítico se refiere en general al cuidado, cosecha y procesamiento no sólo de la uva sino también de las aceitunas, los higos y otros frutos. A diferencia de los cereales, estas cosechas eran producto de plantas perennes cuyo crecimiento era pausado y que, una vez sembradas, formaban parte del patrimonio familiar. Las vides se plantaban de preferencia en bancales o terrazas previamente dispuestas en las laderas, arriba de los trigales, donde incluso en los meses de verano caía un intenso rocío. Se plantaban en hileras separadas entre sí por un espacio de alrededor de 2.5 metros, para que pudieran crecer con holgura y no estorbaran el paso a los trabajadores.

Una vez que se había desarrollado la viña, era muy importante que el viñador la podase en primavera. El profeta Isaías (18, 5) señala: "Cuando su fruto en cierne comience a madurar, se cortarán los sarmientos con la podadera y se arrancarán y podarán los pámpanos viciosos." El viñador recorría todas las hileras deteniéndose ante cada vid para cortarle los sarmientos menos cargados de fruta; la podadera consistía en un cuchillo pequeño de corte curvo y muy filoso. Los sarmientos desechados, o incluso cepas enteras, se quemaban, y en cambio los más fructíferos se apoyaban con horquillas de madera. Por último, el viñador aflojaba suavemente la tierra con el azadón, arrancaba las malas hierbas y esperaba sin prisa a que el ardiente sol hiciera madurar los racimos de uvas.

Cuando ya se acercaba el tiempo de la vendimia, el viñador se construía un cobertizo a la orilla de la viña para vigilarla mejor. A algunos viñadores les bastaba un simple cobertizo de ramas, pero había otros que aprovechaban la ocasión para salir del pueblo y quedarse una temporada en las frescas laderas; como a veces toda la familia tenía que vigilar la viña, era necesario construir un alojamiento algo más firme y espacioso.

El alojamiento más completo consistía en una torre redonda hecha de piedra. A ras de la tierra estaba una bodega y arriba unas habitaciones rudimentarias; por fuera se hacía una escalera para subir al techo. La torre incluso podía estar sombreada por un árbol, y era suficiente para que la familia trabajara, jugara, comiera y durmiera.

En el evangelio según San Mateo (21, 33-44) Jesús se refiere a una de estas viñas: "Un padre de familia plantó una viña, la rodeó de una cerca, cavó un lagar y edificó una torre; la arrendó a unos viñadores y se marchó a tierras lejanas." En esta parábola los viñadores matan primero a los siervos del propietario cuando éstos llegan a recolectar la parte que a él le correspondía, y luego matan a su hijo, prefigurando la muerte de Jesús. Por supuesto, no debía ser común que los arrendatarios maltrataran a los siervos y al hijo del propietario, pero probablemente sí lo era el que un campesino arrendase sus tierras si éstas eran muchas o por si alguna razón tenía que marcharse temporalmente del lugar.

De todas formas, los campesinos eran en su mayoría muy pobres para poder contar con la ayuda de los arrendatarios y tenían que hacer ellos mismos el trabajo con sus familias. En el alojamiento a la orilla de la viña las actividades familiares eran las mismas que en el pueblo. Para hornear el pan, la madre probablemente hacía una fogata en un hoyo y la cubría con piedras planas; esperaba a que éstas se calentaran y después ponía encima las tortillas de trigo para que se cocieran.

Todos, desde los niños pequeños hasta los abuelos, ayudaban en la vendimia que comenzaba en el mes de Tammuz (junio-julio). Jesús se refirió una vez a un padre de familia que les pidió a sus dos hijos que fuesen a trabajar a la viña. El primero se negó pero luego se arrepintió y fue; el segundo dijo que sí iría pero nunca llegó. Jesús recurrió a esta parábola para indicar que los pecadores entran al reino de los cielos antes que los sumos sacerdotes y los sabios, porque todos oyen la palabra pero sólo le hacen caso aquéllos. De paso se refiere al hecho, tan común, de que el padre espere que sus hijos vayan a trabajar a su viña pero éstos no siempre se den prisa a hacerlo.

"Yo soy la vid; vosotros sois los sarmientos. El que permanece en mí como yo en él, ése da mucho fruto…"

Cuando la cosecha era muy abundante, el viñador podía contratar a algunos jornaleros para que lo ayudaran. Casi toda la cosecha se destinaba al lagar, donde se prensaba para hacer vino, no obstante, los trabajadores podían comer todos los racimos que quisieran, con la condición de que no se llevaran ninguno a sus casas. Una parte de la cosecha se apartaba para hacer pasas; estas uvas se dejaban secar en la viña o se extendían en el suelo al calor del sol. También en la vendimia se invitaba a los más pobres para que compartieran los frutos.

Estos mosaicos bizantinos de la ciudad de Bet-shan, situada donde se juntan los valles de Jezrael y del Jordán, muestran las etapas de la vendimia: la recolección de las uvas, el pisoteo en el lagar para obtener el mosto, y por último, el prensado de la pulpa para extraerle el líquido remanente. Sólo los viñedos más prósperos tenían prensas de tornillo.

En seguida se comenzaba a prensar la uva. El lagar era por lo general un afloramiento rocoso en el que se había hecho un hoyo grande al cual se vertía la uva madura. Varias personas descalzas se metían al hoyo y entre cantos, gritos y risas comenzaban a pisotear las uvas. Aquello era una barahúnda de la cual se salía con la piel teñida de rojo y con la ropa manchada.

El mosto o zumo de uva escurría hasta otra cavidad rocosa, que previamente podía haber sido sellada con argamasa; el mosto se dejaba en esta cavidad hasta que se fermentara y las levaduras de la uva hubieran terminado de convertir los azúcares en alcohol. Después, el líquido se pasaba a botijas de barro y se dejaba reposar durante un mes o más. Por último, el vino se filtraba para quitarle el sedimento y se vertía en grandes botijas selladas con pez o con cera, o bien en odres de cabra nuevos. En el evangelio de San Mateo (9, 17) Jesús advierte que "no hay que echar vino nuevo en odres viejos". De lo contrario, dice, "los odres se revientan y el vino se derrama". A finales del verano los campesinos se ocupaban de los dátiles y de los higos, que ya empezaban a estar

En la época de Jesús, el vino se vertía en odres de cabra o en botijas de arcilla selladas, y se almacenaba en cavas para protegerlo del calor del sol. Las cavas eran muy rústicas, como puede apreciarse en la imagen de la derecha.

La fiesta de Succot o de las Tiendas conmemora el tiempo que los hebreos vivieron en el desierto antes de entrar a Canaán. Durante la fiesta, las familias se construían cobertizos (o tiendas) en las calles y en las azoteas; los cubrían con hojas de palmera, ramas de sauce y tejidos de paja o de palma.

maduros. Luego, poco antes de que las aceitunas también hubiesen madurado y que se iniciara nuevamente el ciclo del arar, sembrar y cosechar, los campesinos junto con sus familias se daban un poco de tiempo para descansar y celebrar la fiesta de Succot.

La fiesta de Succot

En hebreo, Succot significa "tiendas": los toscos cobertizos en que vivían los campesinos durante la vendimia y la cosecha de aceitunas. La fiesta de Succot (también conocida como fiesta de los Tabernáculos, de las Tiendas o de la Recolección) caía en otoño, en el mes de Tishrí, y celebraba la última cosecha del año agrícola. En parte era una acción de gracias y en parte una fiesta de año nuevo; sin duda era la más alegre de todas y generalmente daba motivo para viajar al Templo de Jerusalén. Una vez llegada a esta ciudad, la familia dormía en tiendas o en improvisados cobertizos de ramas; en las calles había bailes y procesiones en que la gente portaba ramos de palma hábilmente trenzados con una rama de sauce y un poco de mirto, que simbolizaban la bondad y munificencia de Dios.

Los sacerdotes del Templo acostumbraban verter un jarro de agua sobre el altar todos los días que duraba la fiesta. No se sabe si en la sinagoga de Nazaret también había esta costumbre, pero es muy probable que los aldeanos recitasen una oración para que volvieran las "lluvias de antaño", que habrían de iniciar otro ciclo de abundancia para Nazaret y cientos de otros pueblos campesinos dispersos por toda la tierra de Israel.

El taller del carpintero

Casi todos los pueblos como Nazaret tenían artesanos: carpinteros, herreros, alfareros, tintoreros (que teñían la ropa), cesteros y estereros, así como curtidores y talabarteros; a menudo trocaban sus servicios por cereal, aceite, verduras y otros alimentos. La carpintería era un oficio muy respetado. En cada pueblo había por lo menos un carpintero, pero en Nazaret supuestamente había muchos y se cree que esto le daba fama; a principios del siglo I d.C., entre ellos estaba José.

Todos los artesanos habían aprendido el oficio de sus padres, abuelos u otros parientes varones; conforme a la tradición, uno de los principales deberes del padre era darle a su hijo un oficio provechoso. Los niños aprendían desde pequeños mirando trabajar a sus mayores, pero el aprendizaje formal comenzaba cuando el muchacho cumplía 15 años de edad. Jesús probablemente aprendió la carpintería en el taller de su padre.

Es muy posible que José trabajase a la entrada de su casa, seguramente en una de las calles de artesanos del centro del pueblo; dentro de la casa podía almacenar los materiales y utensilios. José debió de tener una buena cantidad de herramientas, algunas que adquirió durante su vida y otras que heredó de su padre. Para un carpintero, las principales eran el hacha para derribar árboles, la azuela para desbastar la madera, un hacheta, serruchos de hierro para cortar al tamaño la madera, un tablero de berbiquí y varias brocas para perforarla, un martillo con cabeza de piedra para clavar, un mazo de madera para golpear las escoplas o ajustar tablones; escoplos y limas de hierro para labrar la madera, leznas para agujerar madera o cuero y un surtido de clavos para ensamblar y reforzar.

Es posible que José tuviera también una o más garlopas o cepillos, de reciente invención. Para medir tenía diversos utensilios: una regla, un compás, gis y desde luego alguna especie de lápices para trazar los cortes.

En la fiesta de Succot, "celebraréis en honor de Yavé durante siete días... El primer día tomaréis frutos de los mejores árboles, ramos de palmeras, ramas de árboles frondosos y sauces de río; y os alegraréis en la presencia del Señor, vuestro Dios". (Levítico 23, 39-40) Las cidras (abajo) podrían ser los frutos aludidos, y el mirto (abajo, derecha) el árbol frondoso.

Una parte importante de la habilidad carpinteril es saber determinar qué clase de madera y qué cortes de un árbol son más adecuados para un fin, ya sea estructural o decorativo. En los días de José, en Nazaret se prefería trabajar con el sicómoro o higuera silvestre (que no tiene relación alguna con el sicómoro americano), de madera blanda y porosa pero muy resistente; también se optaba por la madera de olivo, dura, de veta fina y de color ambarino, muy abundante en la región, o quizá por el roble. Las maderas que se importaban, tales como el cedro y el ciprés de Fenicia se utilizaban mucho en las ciudades grandes, pero eran costosas y deben de haber sido poco comunes en Nazaret y otros pueblos.

Dado que la madera es un material que se deteriora y corrompe con relativa facilidad, actualmente no es posible determinar qué tan hábiles pudieron haber sido José y sus contemporáneos. Muy poco subsiste de lo que hacían aquellos artesanos: instrumentos de labranza, piezas para construcción de casas, muebles y utensilios de cocina. Los instrumentos de labranza abarcaban desde carros y carretones con ruedas de madera hasta trillos, arados, bieldos, yugos y mangos para diversas herramientas. Para la construcción de casas había que hacer muchos tipos de vigas, postes, tablones, puertas y marcos para las ventanas. Entre los muebles más comunes figuraban las mesas, sillas, baúles de diversos tamaños y cajones para despensa.

En casa del alfarero

De todos los artesanos de pueblo, el alfarero era tal vez el más solicitado y el más creativo y original. En la Biblia y principalmente en el Antiguo Testamento se menciona mucho la alfarería; en el libro de Isaías (64, 8), Dios mismo es considerado como un alfarero: "Nosotros somos la arcilla, y tú eres nuestro alfarero, somos todos obra de tus manos", lo cual dice mucho acerca de la importancia que para la vida cotidiana de los judíos tenía este oficio. El alfarero hacía los hornos, las lámparas de aceite y toda clase de recipientes: ollas, jarras, vasijas y botijas en las que se cocinaba y que servían para guardar desde el agua y los óleos hasta las semillas y el vino. Algunas veces eran útiles también para guardar los más preciados documentos. Por ejemplo, algunos de los Rollos del Mar Muerto, que son una colección de textos bíblicos y teológicos, se depositaron en vasijas cubiertas y se escondieron en unas cuevas cercanas a la ribera del Mar Muerto, probablemente en el siglo I d.C.; cuando estos invaluables documentos fueron descubiertos a mediados del siglo XX, proporcionaron un panorama inédito acerca del Antiguo Testamento, el judaísmo y los orígenes del cristianismo.

Arriba se muestra una colección de herramientas y utensilios. Algunos son réplicas de los que se usaban en tiempos de Jesús. Hay varias sierras y serruchos de carpintería, así como mangos que podrían haberse utilizado para hacer bieldos.

Los principales instrumentos del alfarero eran el torno y el horno; su material fundamental era la arcilla, que abundaba en la región y sólo necesitaba extraerse, aunque raras veces se obtenía ya lista para trabajarla. Por lo general el alfarero la dejaba secar al sol durante un tiempo hasta que se endureciera; después, probablemente la rompía en pedazos con un mazo y le quitaba los guijarros, la paja y otros desperdicios. la mezclaba con agua

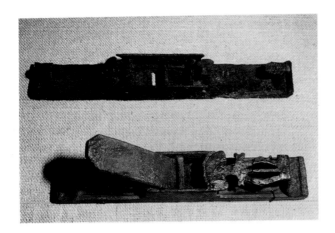

Muchas de las herramientas que José y su ayudante pudieron haber usado en su taller eran muy similares a las que hoy utilizan los carpinteros. Como las garlopas actuales, las antiguas (que se muestran arriba) tenían una sola cuchilla con ángulo y profundidad de corte ajustables.

hasta conseguir una especie de masa chiclosa que pisoteaba hasta darle una consistencia homogénea. Volvía a dejarla varios días a la intemperie y le secaba el agua que afloraba. Por último, el alfarero la plegaba y amasaba infatigablemente hasta eliminar de ella las burbujas y a menudo le iba añadiendo una sustancia que servía de aglutinante.

Cuando la arcilla tenía ya la consistencia apropiada, el alfarero recogía un poco en sus manos y comenzaba a darle forma. Había muchos modos de hacer una vasija: unas veces, moldeando una sola pieza a mano; otras, haciendo un ovillo con una especie de hebra gruesa de arcilla dúctil, y otras más, extendiendo en moldes una capa de arcilla previamente alisada con un rodillo. Muchas veces se usaba el torno, conocido desde hacía tres mil años y utilizado aún en nuestros días.

El torno constaba de dos ruedas horizontales, una casi al nivel del piso y otra más alta, unidas por un eje. Esta máquina rudimentaria se accionaba moviendo con los pies la rueda de abajo, con lo cual giraba también la de arriba, donde el alfarero centraba la arcilla mientras sus hábiles manos iban dándole forma por dentro y por fuera. Si la vasija iba a tener un cuello largo y angosto, o si iba a ser muy grande, había que hacerla en varias partes que posteriormente se unían.

Una vez torneados los objetos, se dejaban secar y después se les quitaba la rebaba con un cuchillo. Algunas veces el alfarero hacía en la arcilla húmeda algunos grabados ornamentales sencillos, o cubría la pieza con una solución de agua y arcilla para darle un aspecto más terso. La alfarería de textura más lustrosa era la bruñida; para darle este tipo de acabado a una pieza, el alfarero tenía que pulirla cuidadosamente con un objeto de superficie dura y lisa, tal como un guijarro.

Finalmente el artesano encendía el fuego de su horno de dos pisos e introducía las piezas de alfarería, que permanecían dentro por lo menos durante tres días. Primero había que avivar el fuego de tal modo que su intensidad no hiciera que las pequeñas burbujas de agua que pudieran haber quedado en la arcilla se convirtiesen en vapor y la hicieran reventarse. Cuando el alfarero consideraba que el fuego ya tenía la intensidad requerida procuraba mantenerla hasta que las piezas hubieran alcanzado determinada consistencia; después, apagaba el fuego muy despacio. El alfarero podía trocar sus productos por alimentos u otros bienes, o podía venderlos en su taller o en el mercado.

Una boda pueblerina

Cualquiera que fuese el oficio o la ocupación de un hombre, su propósito era mantener a su familia pues ésta constituía su razón de ser. Casi todos los jóvenes se casaban, pero eran los padres quienes escogían a las parejas. El procedimiento lo iniciaba el padre cuando su hijo había cumplido 17 o 18 años de edad; escogía a la joven que más le agradaba de entre las solteras de 13 a 17 años, buscaba al padre de ésta y pactaba el precio que el hijo estaba dispuesto a pagar por casarse con ella. (Se consideraba que la joven era un bien, y por tanto su padre esperaba una compensación al perderla.) Lo pactado podía constar por escrito o ser un acuerdo verbal ante testigos; después se efectuaba una ceremonia de compromiso, también en presencia de testigos.

Casi siempre el período de compromiso duraba un año y prácticamente equivalía ya al matrimonio; si en ese lapso nacía un hijo, se le consideraba como legítimo. No obstante, la novia no dejaba el hogar paterno sino hasta después de celebrarse la ceremonia nupcial.

El día de la boda, que por lo común era en otoño durante la cosecha, suscitaba gran expectación en los parientes y amigos de la pareja pues era motivo de bailes, música, risas, festejos y agasajos. Los invitados vestían ropa especial, y el negarse a asistir hubiera sido un insulto. En la parábola de Jesús acerca del banquete nupcial de un rey (San Mateo 22, 1-14) los invitados rehúsan asistir y el rey convida a la gente de la calle; cuando descubre a un comensal que no tenía traje de boda, lo expulsa a las tinieblas. "Porque muchos son llamados, mas pocos escogidos."

Para la boda, la novia vestía un traje ricamente bordado y joyas que le habían sido obsequiadas sobre todo por el novio. Rodeada de sus amigas, que hacían las veces de doncellas, esperaba a que llegase el prometido. La casa tenía que estar resplandeciente cuando el novio llegara, por lo cual las doncellas solían portar pequeñas lámparas de aceite; en los dedos llevaban colgadas unas alcuzas o frasquitos con aceite para repuesto, tal como lo explica Jesús en la parábola de las diez vírgenes (San Mateo 25, 1-13). De acuerdo con esta pará-

Tanto en las bodas como en las fiestas religiosas, se reunían las familias y los amigos. Después de la ceremonia nupcial, los recién casados y sus acompañantes recorrían en alegre procesión las calles del pueblo entre sonoridades de arpas, panderos y flautas. En el banquete se bendecía a la joven pareja. Jesús debió de asistir a muchas bodas; en una de ellas hizo su primer milagro, en el pueblo de Caná. Según San Juan (2, 1-11), cuando el novio se quedó sin vino para sus invitados, Jesús convirtió el agua en el mejor vino, a petición de su madre.

La novia llevaba en la frente varias hileras de brillantes monedas para mostrar su dote. Todo lo que ella aportaba al matrimonio seguía siendo suyo.

bola, "... todas las vírgenes despertaron y prepararon sus lámparas. Entonces las necias dijeron a las prudentes: 'Dadnos de vuestro aceite, que nuestras lámparas se apagan.' Las doncellas prudentes respondieron: 'No va a haber bastante para nosotras y vosotras; es mejor que vayáis... y os lo compréis.' " Eso hicieron las necias, pero cuando el novio llegó ya no pudieron participar en la fiesta, por no haber estado despabiladas.

El novio salía de su casa acompañado de sus amigos, que llevaban antorchas encendidas. Al llegar a casa de la joven pedía ver a su futura esposa, y, cuando ella aparecía, le levantaba el velo y gritaba de alegría por haber hallado tal tesoro; sus compañeros coreaban los gritos y todos los invitados recorrían en procesión las calles. La fiesta culminaba en un banquete en casa del novio, donde los padres y amigos bendecían a la pareja. A veces los festejos se prolongaban una semana, o dos, pero esto ocurría más en las bodas de los ricos de ciudad que en las de los pobres de pueblo.

La crianza de los hijos

Para que la vida familiar sea verdaderamente plena tiene que haber hijos, y en aquella época, tanto mejor cuantos más hubiera, sobre todo si eran varones, aunque todos los hijos eran considerados dones de Dios.

Durante sus primeros años de vida, a los hijos los cuidaba principalmente la madre. Los amamantaba durante dos o incluso tres años, pero en cuanto podían ir y venir por sí mismos y hacer caso a lo que se les decía, se les asignaban pequeñas labores familiares. La educación de las hijas era sobre todo responsabilidad de la madre; también la de los varones hasta la edad de cinco años.

A los hijos se les enseñaba a obedecer a sus padres, sobre todo al padre, que en todos los sentidos era la cabeza de la casa. Los varones aprendían el oficio del padre o de otro pariente varón cuando ya tenían la edad adecuada, y se les mandaba a la escuela a que estudiaran la Torá; la escuela generalmente estaba en la sinagoga (ver capítulo 6, "La vida intelectual"). También el padre tenía la responsabilidad de explicar los preceptos del judaísmo a toda la familia.

Una vez que los hijos habían aprendido un oficio y maduraban, a su vez se casaban, trabajaban, tenían hijos, envejecían y morían. La vida era un ciclo tan natural como el de las estaciones del año: primavera, verano, otoño e invierno; o expresado de otra manera, plantar, podar y abonar, cosechar y ahondar el arado en la tierra con el propósito de prepararla para la siembra.

"Tiene su tiempo el morir"

La muerte se señalaba en el seno de la familia con gran solemnidad y ceremonia; daba lugar a una serie de procedimientos cuidadosamente establecidos

Las doncellas de la novia llevaban lámparas de arcilla. En el orificio grande se vertía el aceite, y por el pequeño salía una mecha.

El áloe o zábila, la mirra y otras plantas aromáticas se envolvían con el cadáver al amortajarlo. La mirra fue uno de los regalos que los Magos de Oriente le llevaron a Jesús cuando nació. El ungüento de áloe se extraía de las hojas carnosas de la planta que arriba se muestra. De esta planta brotan cada año unas flores rojizas o amarillas. El evangelio según San Juan (19, 39-40) nos dice que José de Arimatea pidió autorización para retirar el cuerpo de Jesús, y que Nicodemo "trajo una mezcla de mirra y áloe que pesaba unas cien libras. Tomaron el cuerpo de Jesús y lo envolvieron en vendas, con los aromas, conforme a la costumbre judía de sepultar".

que comenzaban con la preparación del cadáver para el sepelio. Primero había que lavarlo y frotarlo con óleo o rociarlo con perfume; luego se envolvía en una mortaja hecha con largas tiras de lino colocando entre el cuerpo y la mortaja hierbas y sustancias aromáticas, para alejar el olor de la muerte; por último, la cabeza del difunto se ataba con un lienzo también de lino.

Entretanto, la familia y los amigos acudían para proferir agudos lamentos. La intensidad de su aflicción queda reflejada en el profeta Miqueas (1, 8): "Por eso hago luto y me lamento, ando descalzo y desnudo, lanzo gemidos como los chacales, y lamentos como los avestruces." Enlutados, rasgaban sus ropas, generalmente hechas de áspero pelo de cabra como testimonio de su mortificación; se desfiguraban restregándose polvo y ceniza. Algunos se habían rapado la cabeza y la barba conforme a una costumbre muy antigua. Si el caudal lo permitía, se contrataba a plañideros para que asistieran a la pública exteriorización de dolor; en un pueblo pequeño, como Nazaret, casi ninguna familia podría contratar a más de un plañidero. Según una norma que quizá ya se aplicaba en la época de Jesús, todo judío tenía que contratar por lo menos una plañidera y dos flautistas para el funeral de su esposa.

El sepelio se efectuaba generalmente 24 horas después del fallecimiento, dadas las condiciones climáticas y el hecho de que los judíos ni embalsamaban ni incineraban a sus muertos. Había funerarias que se hacían cargo del sepelio. El cuerpo se llevaba en un ataúd o una camilla cruzando por las calles del pueblo donde otras personas se unían al cortejo, que por lo común era muy numeroso y estridente y en el cual podía haber algunos flautistas.

Quizá en cierto momento algún orador más o menos hábil, que podía ser un pariente o conocido, saliera de entre la multitud y encomiara el carácter y las virtudes del difunto.

Jesús presenció tales escenas fúnebres en su infancia y su adolescencia, y desde luego durante sus años de ministerio. San Mateo (9, 23) nos dice en su evangelio que cuando Jesús fue a casa de un jefe de la sinagoga cuya hija se daba por muerta, "vio a los flautistas y a la muchedumbre haciendo tumulto".

El cortejo fúnebre avanzaba hasta una tumba fuera del pueblo o hasta una cueva en una loma. Estos sitios podían estar en cualquiera de los puntos cardinales salvo al oeste del pueblo, pues los vientos dominantes soplaban desde esa dirección. Las cuevas para sepultura generalmente eran aberturas rectangulares hechas en la roca; dentro había o nichos o rebordes donde se depositaban los cadáveres, a veces sin ataúd; las tumbas de los judíos más ricos podían tener varias cámaras. La entrada de la cueva se cerraba con una mole de roca o con una losa para que el olor no saliera y para atajar a los chacales y otros animales que se alimentan de carroña; a veces se encalaba como aviso de que en el interior había un cadáver en putrefacción. A esto último se refería Jesús (San Mateo 23, 27) cuando acusaba a los escribas y fariseos de ser hipócritas, "como sepulcros blanqueados, que por fuera parecen bonitos pero por dentro están llenos de huesos de muertos y de toda inmundicia".

Quien tocase un cadáver era considerado impuro durante siete días y tenía que efectuar un rito de purificación. Esta ley puede explicar parte de la parábola del buen samaritano. Según San Lucas (10, 30-37), un hombre cayó en manos de bandidos en el camino de Jerusalén a Jericó y, después de que lo robaron y le dieron de golpes, quedó medio muerto. Lo vieron un sacerdote y un levita pero no se acercaron a socorrerlo; en cambio, un samaritano (miembro de una secta rechazada por los judíos) que iba de viaje se acercó a él y le vendó las heridas. Aunque en la parábola no se esclarece, en tal situación el sacerdote y el levita (custodio hereditario del Templo) seguramente temieron que la víctima estuviese muerta o que muriera mientras la atendían, con lo cual habrían ya tocado un cadáver; ello implicaba tener que efectuar un rito de purificación y la prohibición de realizar su trabajo durante siete días. Es

Bien fueran naturales o artificiales, las cuevas se usaban a menudo como sepulcros. A veces se cerraban con un gran cilindro de piedra que después se afianzaba con una cuña. En ocasiones se construía una fachada de bloques de piedra.

decir, sopesaron la letra de la ley y el trastorno que les acarrearía el incidente pero desatendieron el espíritu de esa ley, que es el amor a Dios y al prójimo. En cambio el samaritano, menos atado a las leyes de pureza, se sintió libre de prestar ayuda obedeciendo la ley mayor.

La casa del difunto también era considerada impura durante siete días una vez que se retiraba el cadáver; en ese lapso, allí no podían prepararse alimentos: los vecinos llevaban comida a la familia. En ciertos lugares se acostumbraba dejar de trabajar esa semana, pero en las zonas rurales, como en Nazaret, el trabajo no podía esperar y el luto era quizá más corto, aunque los lamentos generales continuaban alrededor de un mes.

Se consideraba que la muerte era parte natural de la vida, y tras el luto la familia seguía su existencia normal. Los hijos nacían, se desarrollaban y desempeñaban el trabajo de sus muertos. En el Nazaret del siglo I d.C. había un hijo llamado Jesús.

Capítulo 5

Jerusalén, la Ciudad Santa

La plaza fuerte del rey David, donde ahora descollaba el Templo de Herodes, había sido durante un milenio el centro del judaísmo. Cuando Jesús viajó con sus padres a celebrar la Pascua, los romanos vigilaban a los peregrinos.

"Tres veces al año", había ordenado Moisés a los hijos de Israel, "todos vuestros varones se presentarán delante del Señor, vuestro Dios". Por tanto, poco antes de las tres grandes fiestas religiosas (de la Pascua, de Shavuot o de las Semanas y de Succot o de los Tabernáculos) llegaba al Templo de Jerusalén gran muchedumbre de judíos. Llegaban de toda Palestina y, más aún, de todo el mundo romano, abarrotando los cuatro principales caminos que conducían a Jerusalén y haciendo que la población de la ciudad aumentara varias veces su número.

Quienes vivían en Jerusalén o en sus alrededores podían participar en las tres festividades y así cumplir puntualmente con la ley; pero es probable que, durante la época de Jesús, para los demás judíos fuera suficiente hacer cada año una sola peregrinación, que seguramente cada cual efectuaba siempre en una misma festividad. Había por lo menos tres millones de judíos que vivían en el extranjero, y quizá para ellos el acudir al Templo y ofrendar los sacrifi-

"Tomarás una parte de las primicias de todos los productos del suelo que coseches en la tierra que te da el Señor, tu Dios; las pondrás en una cesta y las llevarás al lugar elegido por el Señor, tu Dios, para morada de su nombre."(Deuteronomio 26, 2). Cumpliendo esta obligación, los campesinos llevaban al Templo ofrendas de uvas, higos, granadas y otros productos. Las ofrendas de las primicias comenzaban en la fiesta de Shavuot, 50 días después de la Pascua, y continuaban durante todo el verano, hasta el Succot.

La vista aérea de arriba, distorsionada por la lente gran angular de la cámara fotográfica, muestra la parte antigua de Jerusalén. En la página siguiente aparece un mapa de la ciudad que Jesús conoció. En ambos casos, la perspectiva es desde el norte, desde donde Jesús y su familia llegarían a la ciudad procedentes de Galilea. El valle del Cedrón, al este (a la izquierda en la ilustración) se extiende entre la ciudad amurallada y el monte de los Olivos. El valle de Hinnom, al oeste, bordea la muralla y se une al Cedrón en el extremo sur. El valle del Tiropeón, que dividía la ciudad de norte a sur, hoy es una mera hondonada; allí Herodes el Grande mandó construir un viaducto para comunicar su palacio (en la Ciudad Alta) con el monte del Templo. En este monte se yergue hoy el dorado Domo de la Roca, el tercer santuario musulmán más importante después de La Meca y Medina.

cios conforme a lo estipulado por la ley no era una verdadera obligación sino más bien una meta anhelada que alguna vez alcanzarían; para la gran mayoría de ellos, el arduo viaje hasta el corazón de Judea sólo se realizaba una vez en la vida, pues para el judío común implicaba un largo, extenuante y costoso recorrido por tierra y aun por mar.

La peregrinación de Pascua

En la época de Jesús la Pascua era la festividad más concurrida: se celebraba en primavera, cuando la temporada de lluvias había llegado a su fin y los caminos ya no estaban empantanados. Casi todos los peregrinos llegaban en grupos o en caravanas; desde sus pueblos de origen o desde los puertos de escala, se iban congregando por los caminos para hacerse compañía y viajar más seguros. Algunos montaban en asnos o inclusive en camellos, pero en su mayoría llegaban a pie; llevaban consigo provisiones, y los de pueblos cercanos quizá llevaran los corderos pascuales que habrían de sacrificar en el Templo. De camino, unos paraban en las caravaneras; otros acampaban al raso, turnándose para hacer guardia por temor a los ladrones y salteadores.

La Pascua comenzaba con la cena ritual, poco después del ocaso que daba inicio al quinceavo día del mes de Nisán (los judíos contaban los días a partir del ocaso). El principal alimento de la cena pascual era el cordero; éste tenía que haber sido sacrificado en el Templo conforme a la ley, en la tarde del catorceavo día, por lo cual es probable que todos los peregrinos procurasen llegar uno o dos días antes para hacer los preparativos.

Por el camino que provenía de Galilea, entre el grupo de los nazarenos, se acercaban a Jerusalén María, José y su hijo Jesús, que ya había entrado a la pubertad. Según San Lucas la pareja iba todos los años para la Pascua, y Jesús los acompañó cuando ya había cumplido los 12 años. San Lucas no dice que ésta fuese la primera peregrinación de Jesús, pero es muy posible que así fuera. A los 13 años ya se le hubiera considerado como un hombre, y era común que las familias procuraran que, un año antes de que sus hijos cumplieran esta edad determinante, los varones empezaran a conocer sus obligaciones religiosas de adultos, entre ellas emprender un viaje de peregrinación a la Ciudad Santa.

En pocos años Jerusalén había cambiado mucho. Tras la muerte de Herodes el Grande, durante el reinado de su hijo Arquelao como etnarca de Judea, Samaria e Idumea, estas regiones habían sufrido una década de contiendas civiles y religiosas. Heredero de todos los vicios de su padre pero de ninguna de sus virtudes, Arquelao trató a sus súbditos con torpeza y crueldad e inflamó las pasiones religiosas en vez de aplacarlas. En el año 6 d.C. el emperador lo destituyó y nombró en su lugar a un prefecto romano. Una vez más, el corazón del judaísmo había quedado bajo el gobierno directo de un extranjero. Había tropas romanas por doquier: una presencia poderosa e inquietante.

La Pascua conmemoraba la liberación del pueblo judío de su ancestral esclavitud, y Pesaj, el nombre de la fiesta, se derivaba de la promesa de Dios: "Pasaré de largo ante vosotros, y no habrá plaga que pueda exterminaros cuando Yo hiera el país de Egipto. Este día será memorable para vosotros y lo celebraréis como fiesta de Yavé, institución perpetua de generación en generación" (Éxodo 12, 13-14). Esta era una festividad gozosa a la vez que solemne, y durante la ocupación militar romana adquiría un significado especial. Durante los siete días que se prolongaba la Pascua, en el aire de Jerusalén flotaba el anhelo de una liberación; la multitud era un peligro en potencia, sin embargo, los romanos no podían impedir que el pueblo judío cumpliera sus observancias religiosas.

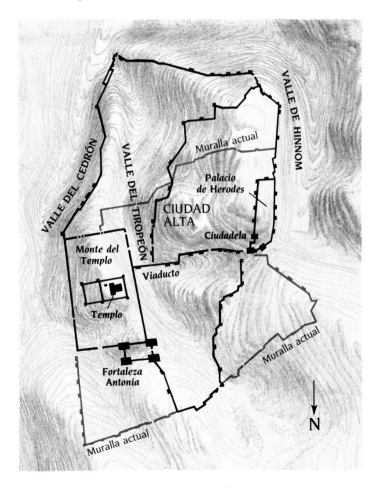

Las puertas de la amurallada parte antigua de Jerusalén tienen una larga historia. En estas imágenes se muestran (de arriba a la derecha, en el sentido de las manecillas del reloj): la Puerta de Jaffa, cercana a la Ciudadela; la Puerta del León o Puerta de San Esteban, en la parte este de la muralla; la Puerta Dorada, también al este, frente al monte de los Olivos, y la Puerta de Damasco, al norte. Todas, salvo la Dorada, son obra de Solimán el Magnífico, sultán otomano del siglo XVI. La Puerta Dorada, de la época bizantina, ha estado tapiada durante casi 1.000 años. El arco más bajo de la de Damasco forma parte de una puerta más antigua, construida por el emperador Adriano en el siglo II d.C.

La llegada a la ciudad

Cuando Jesús y sus padres llegaron a las cimas que al norte resguardaban Jerusalén, aquel muchacho campesino vio extenderse ante él, probablemente por vez primera desde su más tierna infancia, una de las mayores ciudades de su época; Plinio la describía como "sin comparación, la ciudad más famosa no sólo de Judea sino de todo el Oriente".

En Nazaret, durante los oficios religiosos del sabat, Jesús tuvo que haber escuchado como cualquier otro niño la historia y la sabiduría de los judíos.

Como parte de su formación religiosa tuvo que haber sabido que Jerusalén era motivo de orgullo y fuente de toda doctrina; que era el fulcro de la nación judía, de precaria y agitada existencia. Pero ese aleccionamiento difícilmente lo podría haber preparado para ver de pronto y frente a frente la sede del poder, del fervor y de la cultura judaicos.

En las décadas precedentes, la ambición y los caprichos de Herodes el Grande habían convertido a Jerusalén en un pasmoso escaparate de magnificencia arquitectónica. Sus relucientes palacios, nobles edificios públicos, imponentes murallas y anchurosas plazas contrastaban con los viejos mercados, las angostas callejuelas y las apeñuscadas viviendas que constituían el legado histórico. Cerca de las puertas de la ciudad, como si la muchedumbre los hubiese empujado, se amontonaban los comerciantes, entre puestos adornados para atraer las miradas de los recién llegados. Por los llanos cercanos a Jerusalén y en las laderas de las colinas pululaban los cobertizos, agrupados en campamentos donde se albergarían muchos de los peregrinos durante su corta estancia.

Dominándolo todo se alzaba el Templo: joya y prez de Jerusalén, testimonio de casi mil años de tradición (no menos que del extraordinario poder económico de Herodes). Pasmoso y estremecedor, se hallaba en lo alto de un monte, separado de la ciudad por un atrio en el que habrían cabido 20 pistas de un actual estadio deportivo. Brillaba como la nieve en las cumbres, según Josefo, y era tal la cantidad de oro que lo adornaba, que en un día límpido su resplandor habría herido los ojos de quien lo mirase.

Una muchedumbre abigarrada

El grupo de peregrinos nazarenos probablemente se disgregó a las puertas de la ciudad; unos irían a buscar sitio en el campamento mientras que otros preferirían visitar el Templo cuanto antes. Algunos expertos creen que el campamento de los nazarenos debió de ocupar un mismo sitio todos los años, muy posiblemente en el monte de los Olivos, al este de la ciudad. Suponiendo que esta peregrinación pascual fuese para Jesús la primera, lo más verosímil es que José y María lo hubieran llevado de inmediato a visitar el Templo, quizá para que hiciera una ofrenda el último día de actividades normales, antes de que comenzaran los ritos especiales de la semana que duraba la Pascua.

Entre una mezcla de dialectos y de lenguas extranjeras y bajo la escrutadora mirada de los soldados romanos, la familia, fatigada por el viaje, cruzó una de las puertas de la ciudad y se perdió entre la multitud. No debió de ser poco el asombro del pensativo muchacho galileo al internarse por las callejuelas de Jerusalén. Criado entre gente pueblerina de sencillo lenguaje, en esta ocasión lo avasallaba un gentío cosmopolita y lo asediaban los obstinados mercachifles y los pordioseros de profesión.

Calles y mercados

Por lo común Jerusalén bullía de actividad, pero este día sus empinadas calles estaban verdaderamente congestionadas de peregrinos que se añadían a la cantidad normal de jornaleros, comerciantes, esclavos y ciudadanos de alcurnia rodeados de sus séquitos. Sus mercados apenas estarían un poco menos ajetreados que las calles pero, ciertamente, se hallaban más concurridos que los de fuera de las murallas.

Para poder llegar al Templo, Jesús y su familia pudieron haber cruzado el mercado tradicional, ubicado en la hondonada más baja de Jerusalén: el valle de los Queseros o del Tiropeón. Desde allí no alcanzaba a verse el centro religioso debido a que los imponentes muros que se alzaban al este lo impedían.

Las murallas del Templo, reconstruidas por iniciativa de Herodes, eran en sí mismas descomunales; se han encontrado bloques de piedra que alcanzan a pesar hasta 100 toneladas cada uno.

Jesús nunca había visto algo semejante a esos regateos en el mercado, esos gritos y embustes, esa tozudez tan furiosa en clientes y vendedores por igual. Sobre las tarimas o levantado en alto había un abigarrado muestrario de baratijas de recuerdo y mercancía fina (en los mercados jerosolimitanos podía hallarse de todo). Los esclavos y los siervos compraban comida y provisiones para sus amos; los campesinos ofrecían frutas y verduras, quizá a precios exorbitantes. En las calles había interminables hileras de animales domésticos, los que serían llevados al Templo para sacrificarlos y los destinados para la venta a los peregrinos. Las familias de pueblo, como la de Jesús, con su acento y sus ropas rústicas debían de llamar la atención de muchos buhoneros, limosneros y ladrones. La gente sin trabajo tendía a emigrar a las ciudades y representaba ya un grave problema en Jerusalén, donde cada cual vivía como podía.

Mientras sus padres se abrían paso entre la barahúnda con rumbo al Templo, Jesús debió de atisbar algunos otros portentos arquitectónicos herodianos. Es poco probable que hayan pasado por la Ciudad Alta (un apartado sector de Jerusalén reservado a las espléndidas mansiones de los ricos), pero posiblemente vieron las torres de la Ciudadela, adosada al palacio que Herodes tuvo en ese sector (todavía existe parte de una torre, que forma la base de lo que actualmente se conoce como Torre de David). Próximas al monte del Templo debieron de ver las torres de la Antonia, una enorme fortaleza dedicada a Marco Antonio y que se había convertido en cuartel general de la guarnición romana de Jerusalén.

Los primeros habitantes

La historia judía quedó para siempre ligada a Jerusalén desde que el rey David, el más querido de todos los jefes de la nación, la conquistó hacia el año 1000 a.C. Pero antes había existido allí una ciudad preisraelita, por lo menos desde el siglo XIX a.C., puesto que en textos egipcios se menciona como "Rushalimum". Más tarde, en las crónicas de la corte del faraón Amenofis IV y su esposa Nefertiti, se menciona como "Urusalim".

Los expertos siguen discutiendo el significado original del nombre de la ciudad; la mayoría concuerda en que probablemente honraba a Shalim, deidad cananea cuyo nombre también se ha asociado con la palabra shalom, que significa "paz". Cuando en el siglo XIII a.C. Josué condujo a los hebreos allende el Jordán, a la tierra de Canaán, la ciudad se llamaba Jebús, y sus habitantes, jebuseos, los cuales estaban gobernados por Adonisédec. Aunque Josué conquistó la campiña, no ocupó la ciudad.

Además de su ubicación en un sitio protegido por sus características naturales, el lugar no ofrecía mayores ventajas. No pasaba cerca ninguna ruta de caravanas y poco de su suelo era apropiado para el cultivo. Únicamente brotaba agua en una fuente llamada Guijón en la Biblia (y que hoy se conoce como Fuente de María o Fuente de la Virgen), al oriente de la ciudad. Como este manantial se encontraba fuera de las murallas defensivas, había sido necesario excavar un túnel que permitiera ir por agua cuando la ciudad quedaba sitiada por enemigos.

La ciudad de David

Siglos después de Josué, la política interna obligó a David a arrebatarles Jerusalén a los jebuseos. Ávidas de unidad nacional, las tribus norteñas de Israel querían unirse al reino de David, a Judá, al sur. Percibiendo que Hebrón era una capital demasiado asociada al poder de Judá, David optó con sabiduría y diplomacia por cambiarla a Jerusalén, que estaba a medio camino entre el sur y el norte, y que no sólo estaba políticamente bien situada, sino que también era fácilmente defendible por hallarse en lo alto de una colina.

De hecho, era tan defendible que los jebuseos se mofaron de las amenazas de David; decían que incluso los ciegos y los cojos podrían defender las murallas de la ciudad. Pero David no se quedaba atrás en cuanto a sentido del humor, y dijo a sus hombres: "El que quiera herir a los jebuseos, que suba por el túnel para atacar a ciegos y cojos" (2 Samuel 5, 8).

Agua para una ciudad árida

Durante casi toda la historia de Jerusalén, su principal fuente ácuea fue el esporádico manantial de Guijón, en la ladera oeste del valle del Cedrón. En la temporada seca sólo manaba agua una o dos veces al día, por lo cual la ciudad tuvo que contar con piscinas de almacenamiento y con cisternas para recoger el agua de lluvia. Los jebuseos construyeron un túnel por dentro de las murallas para poder llegar sin peligro al manantial en caso de un ataque del enemigo. En el siglo VIII a.C., el rey Ezequías construyó un túnel más profundo para que el agua de Guijón fluyera hasta la Piscina de Siloé, a 538 metros de distancia. En la época de Jesús, la ciudad ya tenía otras piscinas y quizá contaba con más cisternas que casas. Los romanos edificaron un acueducto de 68 kilómetros de extensión desde otros manantiales, cercanos a Hebrón.

La Piscina de Siloé, alimentada por el manantial de Guijón, surte de agua a Jerusalén desde alrededor del año 700 a.C., fecha en que el rey Ezequías mandó excavar un nuevo túnel.

La Piscina de las Torres, o de Ezequías, era uno de los depósitos de agua destinados al uso público. Estaba situada al norte de la Ciudadela, cerca del palacio de Herodes.

Las Crónicas nos dicen que Joab, quien llegaría a ser general de todos los ejércitos de David como premio por su hazaña, condujo a un contingente de soldados por el túnel desde la fuente de Guijón y pilló por sorpresa a los confiados jebuseos. Jebús cayó y Jerusalén se convirtió en capital política y religiosa de la nación judía recién unificada. No pertenecía ni a Israel ni a Judá sino que era el feudo personal del rey. "Y David residió en la plaza fuerte", nos dice el segundo libro de Samuel, "y la llamó la ciudad de David... Así reconoció que Yavé lo había confirmado como rey de Israel y que realzaba su reino a causa de su pueblo Israel".

La talla de piedra que se muestra en la imagen de arriba, fue descubierta en las ruinas de la sinagoga de Cafarnaúm (siglo II o III d.C.), representa un Arca de la Alianza transportable, destinada a guardar las tablas del Decálogo. Durante sus incursiones en el desierto, Moisés encargó el transporte y la custodia del Arca a los levitas, que desempeñaron esta función durante la conquista y el establecimiento de Israel. Según I Samuel, una vez el Arca cayó en manos de los filisteos, que la pusieron en el templo de Dagón, su dios. En un lapso de siete meses, la estatua de Dagón se cayó de bruces, dos ciudades fueron asoladas por la peste... y los filisteos decidieron devolver el Arca.

La ciudad de Dios

Más tarde, el reino fue víctima de la peste, y el profeta Gad le dijo al rey David que erigiera un altar a Dios en la era de Arauná el jebuseo. Arauná estaba trillando el trigo cuando David fue a verlo, y ofreció no sólo la tierra sino hasta los bueyes para sacrificarlos. "No; quiero comprártelo, pues no tomaré para Dios lo que es tuyo ni ofreceré holocaustos de balde", dijo David. Según el segundo libro de Samuel, David pagó apenas 50 siclos de plata, pero según las Crónicas (donde Arauná se menciona con otro nombre, Ornán) el precio se fijó en 600 siclos de oro: una pequeña fortuna. Ambos relatos concuerdan en que se ofreció el holocausto, terminó la peste y David dedicó la era de Arauná como altar permanente. Instaló allí el Arca de la Alianza: un cofre portátil destinado a guardar las dos tablas sobre las que estaban escritos los diez mandamientos. En tiempos de David, se consideraba que el Arca era el sitio donde se manifestaba Dios; estar frente al Arca era estar ante el Todopoderoso. Por este motivo Jerusalén llegó a ser designada en el Antiguo Testamento como "la ciudad que de todas las tribus de Israel escogió el Señor para poner ahí su nombre".

El sacerdocio

David nombró a dos sacerdotes quienes tenían la responsabilidad de custodiar el Arca, Sadoc y Abiatar, con lo cual sembró la semilla de una nueva institución: el sacerdocio centralizado que algún día llegaría a tomar las riendas del poder. Anteriormente habían existido santuarios en todo el territorio, muchos de los cuales habían contado con linajes o familias sacerdotales. Estos sacerdotes habían formado parte de un grupo mayor, el de los levitas o descendientes de Leví, a quienes se había encomendado la custodia y (en la anterior sociedad nómada) el transporte del Arca.

Uno de los principales deberes de los sacerdotes (que por tradición eran descendientes del levita Aarón, hermano de Moisés) había sido el discernir la voluntad de Dios; para ello empleaban dos objetos llamados el urim y el tummim —quizá piedrecillas o palitos de la misma forma pero distinto color—, que permitían obtener respuestas adivinatorias del tipo de "sí o no".

David, al establecer un santuario permanente para guardar el Arca de la Alianza, también propició que se estableciera un grupo o élite sacerdotal consagrada a dicho santuario; y al ubicarlo en un altar dedicado a sacrificios en holocausto, confirió a estos sacerdotes una función ritual única en su género.

El Templo de Salomón

David tuvo la intención de erigir un templo pero fue su hijo Salomón quien realizó el proyecto, que comenzó hacia 960 a.C. No se ha encontrado ningún fragmento arquitectónico del Templo de Salomón. La descripción más detallada proviene del primer libro de los Reyes, en el cual se dice que el edificio principal tenía unos 30 metros de longitud, 10 de ancho y 15 de altura. También se mencionan otras dimensiones útiles para reconstruir el conjunto, pero en la imaginación de todo el mundo persiste la idea de su esplendor: grandes columnas de bronce ingeniosamente decoradas con figuras de granadas y lirios, amplias galerías alrededor del edificio principal, macizos muros de cedro de Líbano y todo el conjunto realzado por el oro. El cedro, de veta libre de nudos, repelente a los insectos y casi incorruptible, se menciona con cierta frecuencia en el Antiguo Testamento como la mejor madera para construir.

Este gran edificio, primer templo de un pueblo nómada que ya se había transformado en sedentario, necesariamente reflejaba las aptitudes arquitectónicas de pueblos más experimentados que el judío en lo referente a la construcción. Se había contratado a talladores de madera fenicios, los más diestros de su época, y un experto de la ciudad de Tiro supervisó el vaciado de los objetos de bronce. La obra no tenía precedente; se completó en siete años y, además de los artesanos especializados, requirió la fuerza de trabajo de por lo menos 30.000 israelitas.

El templo de Salomón era la prueba tangible de que el reino y su deidad suprema constituían fuerzas insoslayables. En muchos detalles se parecía a otros templos de la región; diversas características de su estructura eran comunes en todo el Medio Oriente, desde Egipto hasta Siria. Salomón quiso rivalizar con la majestuosidad de esos otros edificios, aunque más en lo tocante a la riqueza de los materiales que en lo referente a la originalidad del diseño. Eran de oro las lámparas, incensarios, braseros, tenazas y otros utensilios para los holocaustos de animales. Para las purificaciones rituales se usaban elegantes jofainas de bronce, entre las que había un misterioso "mar" que contenía más de 35.000 litros de agua y pesaba unas 30 toneladas. Dentro del Santo de los Santos (recinto al que sólo podía entrar el sumo sacerdote un día al año) había dos enormes querubines alados, tallados en madera de olivo y decorados finamente con oro, que custodiaban el Arca de la Alianza.

Para los creyentes, la riqueza de los materiales del Templo era más que una muestra de gloria terrenal; era el supremo intento de construir una casa digna de la presencia de Dios, el Creador, que había llevado a su pueblo hasta la tierra prometida y lo había ayudado a derrotar a sus enemigos. No importaba que algún crítico mordazmente suspicaz sospechara que Salomón había querido demostrar principalmente su propio poder.

Los dos querubines del Santo de los Santos del Templo de Salomón quizá se asemejaban a esta talla de marfil fenicia (siglo IX a.C.). Los seres alados, con cuerpo leonino y cabeza humana, abundaban en los mitos de la Antigüedad.

El esplendor del Templo de Salomón aumentó el prestigio del reino, y el poder y la posición de los sacerdotes. De los dos que había nombrado David, sólo Sadoc fue sacerdote principal en tiempos de Salomón. (El segundo, Abiatar, había apoyado a otro hijo de David, a Adonías, para que sucediera a su padre en el trono; cuando Salomón subió al poder desterró a Abiatar.) Casi por ocho siglos, la descendencia directa de Sadoc conservó casi sin interrupción y en forma vitalicia el rango de sacerdotes principales (que luego se formalizó como sumo sacerdote).

Infortunadamente, el Templo se convirtió en polo de atracción de fuerzas destructivas y sectarias. De vez en cuando su tesoro se veía mermado o saqueado con el fin de pagar tributo a quienes podrían convertirse en invasores; con igual propósito apaciguador fue arrancado el oro de sus puertas. Un rey llegó inclusive al atrevimiento de profanar los recintos sagrados al erigir altares a dioses paganos. Finalmente, en el año 587 a.C., el rey babilonio Nabucodonosor saqueó y arrasó el Templo por completo; al año siguiente se llevó cautivo al pueblo judío.

El segundo Templo

El Templo de Salomón había durado alrededor de cuatro siglos. El que lo siguió fue mucho menos ostentoso; lo construyeron los judíos que regresaron de Babilonia a Jerusalén amparados por la amnistía que les concedió Ciro el Grande, rey de Persia. Este segundo Templo se terminó hacia 515 a.C., y duró unos 500 años. Con frecuencia se le llama Templo de Zorobabel, en honor del que fue primer jefe de los judíos de Jerusalén tras el exilio. Su construcción posiblemente fue subsidiada por los persas, cuya política estatal permitía a los súbditos conservar y practicar sus costumbres religiosas con tal de que permaneciesen leales al Imperio.

Poco se sabe sobre las características físicas del segundo Templo; quizá fue menor que el de Salomón y desde luego fue más modesto tanto en el concepto como en la ejecución, pero no hay duda acerca del papel fundamental que desempeñó en la vida espiritual del pueblo judío. Se sabe que los oficios religiosos eran impresionantes, conducidos por un sacerdote que vestía un atuendo primoroso, y también que (debido a que el Arca de la Alianza seguramente fue destruida por los babilonios) el recinto más secreto, el Santo de los Santos, estaba vacío y así habría de permanecer.

Durante la época del segundo Templo los ritos se volvieron más complicados, el personal religioso aumentó y se desarrolló un sistema jerárquico basado en las funciones desempeñadas. El sacerdote principal comenzó a ser denominado sumo sacerdote, y tras el regreso de Babilonia se convirtió en el jefe nato de los judíos; al no estar ya subordinado a un rey, detentó la autoridad civil y religiosa.

Su ascenso jerárquico promovió el de todo el linaje sacerdotal como una clase aparte, muy respetada puesto que de ella dependía el ritual del Templo. Los levitas, que antes no se habían diferenciado netamente de los sacerdotes, pasaron a ser un grupo definido de funcionarios subalternos; se dividían en varias agrupaciones, todas de índole hereditaria. Entre los levitas descollaban los cantores e instrumentistas que participaban en los oficios religiosos; en un escaño inferior de la jerarquía estaban los porteros, encargados de abrir y cerrar las puertas del Templo y de evitar que entrara gente indeseable. Otros levitas limpiaban y mantenían los pisos, servían como guardianes, ayudaban a los sacerdotes a vestirse para los ritos y desempeñaban otras tareas similares.

Un recuerdo venerado

Jesús debió de saber acerca del segundo Templo leyendo las Escrituras, y sin duda

Los jugosos frutos que coronan las bellas flores escarlata del granado (derecha), cuando la planta madura, se cuentan entre los símbolos más socorridos de la bendición de Dios. Estos símbolos decoraban las columnas del Templo de Salomón y las túnicas orladas de los sumos sacerdotes; también decoran el trípode de bronce que aparece arriba, descubierto en el oeste de Siria. Es obra de un artesano fenicio, data del siglo XV o XIV a.C. y tal vez es parecido a la decena de trípodes de bronce con ruedas que sostenían las jofainas para abluciones en el Templo de Salomón.

escuchó relatos e historias sobre la importancia que había tenido como refugio político. En tiempos de lucha contra enemigos extranjeros, al igual que durante conflictos internos tales como la guerra civil librada entre los asmoneos Hircano II y Aristóbulo II, que empezó en el año 67 a.C., los recintos sagrados se usaron algunas veces como último reducto de la facción que estuviera defendiendo Jerusalén.

El principal sacerdote Simón II lo fortificó a principios del siglo II a.C. y, hasta donde se tiene conocimiento, sólo una vez el Santo de los Santos fue hollado por un conquistador, que fue el general romano Pompeyo, en el año 63 a.C. (ver

Los cedros del Líbano pueden alcanzar hasta 40 metros de altura y 15 metros de circunferencia; algunos viven más de 1.000 años. Para construir el Templo de Salomón, se derribaron cientos de estas fragantes coníferas que cubrían las cordilleras del norte de Israel. La tala, que prosiguió a lo largo de los siglos, ha hecho que hoy sean poco comunes.

capítulo 2). Dadas las numerosas y encarnizadas batallas libradas para lograr el control de la ciudad, resulta sorprendente que el segundo Templo sobreviviera relativamente intacto hasta que Herodes lo desmanteló hacia el año 20 a.C., para construir otro mayor y más imponente.

El Templo de Herodes

Hacia este nuevo santuario se encaminaban Jesús y su familia, abriéndose paso entre la muchedumbre. Quizá algunos parientes y amigos ancianos habían conocido en su juventud el segundo Templo, y es claro que algunos de ellos lo recordarían con nostalgia y con fervor religioso; pero de él no quedaba prácticamente nada.

Al empezar Herodes su gran proyecto, los sacerdotes, maliciando que este rey cosmopolita podría destruir el Templo para no reemplazarlo jamás, o peor aún, para erigir en su lugar una profanación, se resistieron a sus planes. Para probar que sus intenciones eran rectas, Herodes contrató a 10.000 trabajadores y mandó construir 1.000 carros para transportar piedra. Más aún, deseoso de disipar el temor de que manos no sacerdotales profanasen los recintos sacros del nuevo Templo, mandó instruir en albañilería y carpintería a 1.000 sacerdotes. (Unos 80 años más tarde parte del trabajo que estos inexpertos artesanos habían llevado a cabo se desplomó y hubo que reparar los daños.)

Por desgracia, aunque de las dimensiones y del funcionamiento del Templo de Herodes sabemos más que de los precedentes, sólo podemos conjeturar lo que Jesús vio al entrar en él. En las Escrituras no hay ninguna descripción detallada o sistemática al respecto y, lo que suele ocurrir en Jerusalén, la arqueología se ha visto obstaculizada pues el monte del Templo es igualmente sagrado para los judíos, para los cristianos y para los musulmanes. Alguna idea se extrae de Josefo, que en sus días mozos vivió entre los sacerdotes de Jerusalén antes de que el Templo fuera saqueado y destruido.

Continúa en la página 132

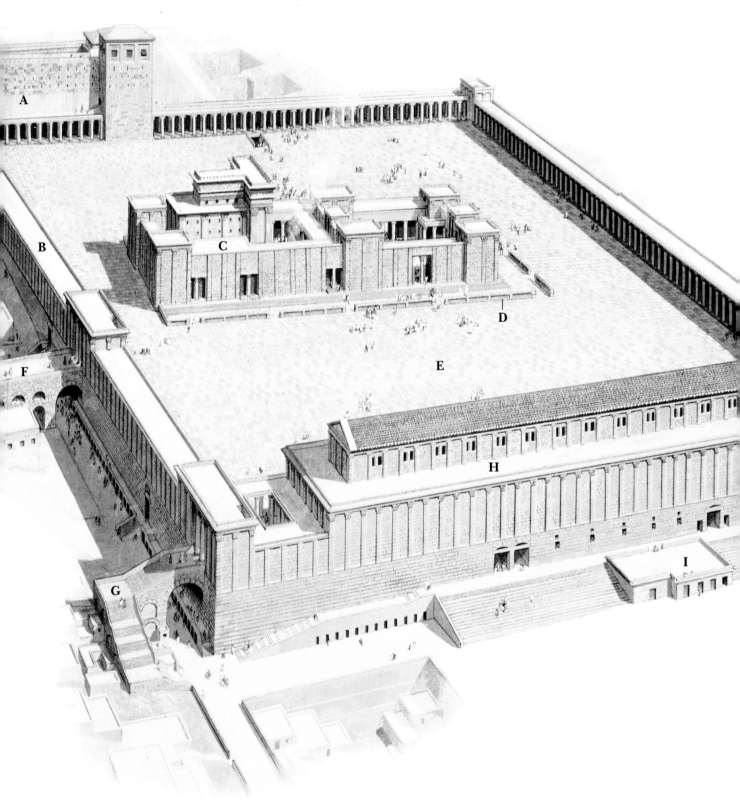

A. Fortaleza Antonia
B. Pórtico
C. Recintos interiores (ver página siguiente)
D. Pretil de piedra
E. Atrio de los Gentiles
F. Viaducto
G. Escalera de la sala del consejo
H. Sala del consejo (sede del Gran Sanedrín después del año 30 d.C.)
I. Baños rituales
J. "Pináculo" (San Mateo 4, 5; San Lucas 9, 4)

El magnífico Templo del rey Herodes: corazón del judaísmo

Aunque los historiadores lo incluyen en el llamado segundo período del Templo, el edificio que construyó Herodes fue en realidad el tercero que ocupó el monte del Templo, y desde luego fue el mayor de todos. Herodes, anhelante de que los judíos toleraran su gobierno, trató de superar la grandiosidad del célebre Templo original, el de Salomón. En realidad estaba rivalizando con una leyenda, y es probable que la haya sobrepasado en casi todo.

La idea de erigir el primer Templo correspondió al rey David, que dijo al profeta Natán: "Mira, yo habito en una casa de cedro mientras que el arca de Dios está en un cobertizo" (2 Samuel 7, 2); sin embargo, fue su hijo Salomón quien de hecho lo construyó. Este primer Templo duró aproximadamente unos 400 años, hasta que en el mes de Ab de 587 a.C. lo arrasaron los ejércitos de Nabucodonosor, rey de Babilonia.

El segundo Templo se erigió con el apoyo del rey persa Ciro el Grande, que derrotó a los babilonios y que en 538 a.C. permitió a los judíos regresar a su patria. Duró casi 500 años, hasta que fue destruido no por un ejército sino por Herodes, para construir el suyo.

No existe ninguna descripción precisa del Templo de Herodes, por lo cual ciertos detalles que en estas páginas se muestran no son más que conjeturales. El plano de abajo muestra la posible distribución de los recintos interiores. Durante la construcción del Templo, comenzada hacia el año 20 a.C., nunca se interrumpieron los ritos de sacrificio. El santuario se terminó de construir en alrededor de un año y medio, pero las obras del monte del Templo siguieron hasta, por lo menos, el año 63 d.C., apenas siete años antes de su destrucción por los romanos, también ocurrida en el mes de Ab.

En este osario se puede apreciar una inscripción en arameo: "Simón, constructor del santuario." El cofre tal vez guardó los restos de un arquitecto que contribuyó al descomunal proyecto del rey.

Fragmento de una lápida inscrita en griego, que prohibía a los gentiles pasar a los recintos interiores del Templo. La pintura que cubre las letras estaba intacta cuando fue hallada la lápida en la Puerta del León, en 1935.

Para superar a Salomón

Por los escritos de Josefo sabemos que Herodes quería exceder la opulencia y el tamaño del Templo de Salomón; además, deseaba que el suyo fuera dos veces más alto que el segundo Templo. Sabemos también que para poder erigir el enorme Atrio de los Gentiles fue necesario agrandar el monte del Templo, construyendo unos soportes desde los hondos valles que lo rodean.

Todo el conjunto arquitectónico (bordeado por una muralla que según los cálculos tenía de longitud 256 metros al sur, 288 metros al norte, 430 metros al este y 443 metros al oeste) abarcaba una superficie de casi 12 hectáreas. La colosal obra arquitectónica no se completó en tiempos de Herodes (ni siquiera en muchas décadas después de su muerte), sin embargo, el santuario como tal se erigió en un año y medio, respetando el diseño salomónico tradicional en cuanto a la distribución de los recintos.

Los muros y las puertas del santuario de dos pisos se cubrieron con oro y se remataron con vides y racimos también de oro, que según Josefo eran "tan altos como un hombre". Colgada enfrente de las puertas había una magnífica tapicería confeccionada en Babilonia cuyo diseño multicolor representaba el universo. Dentro del edificio había un altar para el incienso, una menorá (candelabro de siete brazos) de oro y una mesa para los panes de proposición; cada sabat, sobre esta mesa se colocaba una docena de panes ázimos y también el incienso, que se consagraban como ofrenda a Dios. La entrada al Santo de los Santos se mantenía siempre cerrada por un doble velo; este recinto tenía la forma de un cubo exacto de 9 metros por lado, no tenía ventanas y en él no penetraba la luz del día.

El Atrio de los Gentiles

Ni Jesús ni su familia tuvieron la oportunidad de ver el interior del Templo pues estaba reservado a los sacerdotes; generalmente también lo estaba el atrio que lo rodeaba. Cuando la familia llegó al monte del Templo, se sumergió en un baño ritual o mikvé y después pasó al enorme Atrio de los Gentiles, donde hasta los no judíos podían llevar animales para que los sacerdotes los sacrificaran en el gran altar. Josefo relata que Marco Agripa, lugarteniente del emperador Augusto, en cierta ocasión sacrificó 100 bueyes como holocausto durante una visita a Jerusalén. El Templo atraía a los extranjeros, ya fuesen reyes, mercaderes o siervos; todos podían visitar el Atrio de los Gentiles y mirar asombrados el edificio del cual el Talmud (libro de enseñanzas de la ley judía) expresaba: "Quien no ha visto el Templo de Herodes, no sabe lo que es un edificio hermoso."

En días normales, las obras de construcción en las que participaba gran cantidad de trabajadores producían mucho ruido, mezcla de golpeteos, gritos y viejos cánticos que acompañaban las faenas, pero para la fiesta de la Pascua seguramente se suspendían las labores, dada la gran afluencia de peregrinos, En el pórtico que bordeaba el Atrio de los Gentiles, los cambistas se afanaban en canjear las monedas locales y extranjeras por siclos tirios, los únicos que se aceptaban para hacer ofrendas en el Templo y los que se preferían para pagar impuestos al mismo; también en el pórtico había venta de aves y otros animales de ofrenda. Mucha gente buscaba a sus parientes perdidos entre la multitud; para llamarlos había que gritar, y el galimatías formado por la mescolanza de lenguas bien podía recordar la conocida historia de la Torre de Babel. El hebreo se usaba para los oficios religiosos y el arameo se hablaba en las calles, pero muchos comerciantes, eruditos, escribas y aristócratas hablaban en griego; los judíos de la diáspora seguramente hablaban el idioma de sus respectivos lugares de procedencia.

No es probable que la familia de Jesús se hubiera quedado mucho tiempo en ese atrio exterior congestionado, sino que se encaminaría hacia el pretil de piedra que rodeaba unos atrios más centrales y en el cual había inscripciones en griego y en latín que advertían: "Ningún extranjero puede cruzar el pretil y pasar a los atrios que rodean el Templo. Los infractores de esta prohibición serán responsables de su propia muerte." Los romanos respetaban esta severa prohibición y dejaban que inclusive sus compatriotas fueran ejecutados si se les sorprendía transgrediéndola.

El Atrio de las Mujeres

Habiendo cruzado el pretil, la familia seguramente subió una escalinata que se extendía a lo largo del edificio central y cruzó una de las tres puertas que daban al Atrio de las Mujeres, así llamado porque era el límite después del cual ninguna mujer podía acercarse más al santuario. En este atrio se congregaban todos los judíos, y en cierta forma era el corazón de su comunidad. Allí se escuchaban voces de salutación a los amigos y conocidos, dado que era el sitio donde, habiendo dejado atrás a la multitud, las familias y los grupos de peregrinos se encontraban.

En este atrio se congregaban los predicadores y seudoprofetas, exhortando a los creyentes con sus arengas acerca de la verdad. También acudían los escribas y eruditos para discutir cuestiones de religión mientras que los estudiantes, niños inclusive, escuchaban, aprendían y quizá preguntaban. En este lugar podían los judíos hablar abiertamente de sus anhelos y de su esperanza puesta en el Mesías, el que habría de venir, que los libraría por fin de los romanos... cuyos nerviosos soldados estaban de guardia afuera.

El tesoro del Templo

Además, en el Atrio de las Mujeres se hallaban las 13 arcas del tesoro del Templo; tenían la forma de un shofar, o cuerno de macho cabrío, y en ellas se depositaban las diversas ofrendas con que se sufragaban los sacrificios. El dinero se pasaba a una de las numerosas cámaras construidas en el atrio interior del Templo, de las cuales cada una tenía un propósito. La Cámara de los Siclos guardaba un enorme y creciente tesoro: los medios siclos que todo varón judío pagaba anualmente. En la Cámara de los Utensilios se almacenaban los recipientes de oro y plata que se usaban para el ritual. Los fondos depositados en la Cámara de los Secretos se destinaban a los "pobres de buena familia", a quienes se ayudaba en secreto. Por lo demás, quien lo deseara podía guardar sus objetos de valor en otras cámaras. El funcionamiento de todo ello exigía una administración minuciosa y competente, y su vigilancia seguramente requirió muchos pares de ojos de levitas. Sin embargo, el carácter sagrado del Templo era en última instancia su mejor custodia.

En cada esquina del Atrio de las Mujeres había un recinto para un propósito determinado. Un recinto servía para almacenar e inspeccionar la madera, pues para encender el fuego del altar no podía usarse madera apolillada. En otro se guardaban el aceite y el vino rituales. El tercer recinto se reservaba a los leprosos que creían estar curados: los revisaban los sacerdotes y, si en efecto habían sanado, podían purificarse en un *mikvé* o baño ritual; para completar el proceso de purificación tenían que ofrecer después un holocausto como compensación por el tiempo que habían permanecido separados del culto. El cuarto recinto era exclusivamente para los nazireos, los "dedicados" o "consa-

Los siclos tirios de plata, como los que aparecen arriba, eran las monedas preferidas para pagar impuestos al Templo. Los cambistas brindaban sus servicios (muy lucrativos) a los fieles que no tenían esas monedas. El relieve de más arriba muestra a un cambista en acción.

El shofar, o cuerno de macho cabrío, es uno de los instrumentos musicales más primitivos; todavía se utiliza en las sinagogas. Durante el sitio de Jericó, los hebreos acaudillados por Josué dieron siete vueltas a la ciudad mientras el shofar resonaba; en el Israel moderno, este instrumento se usa para anunciar diversas ceremonias. Sólo puede producir dos o tres notas musicales, pero aun así tiene ciertas cualidades resonantes muy expresivas, que históricamente han servido como llamada al culto y a la lucha.

grados", que por prohibición no bebían vino, tampoco se cortaban el cabello ni se acercaban a los cadáveres.

Lo más cerca del altar

María pudo haber acompañado a José y Jesús hasta el pie de los 15 peldaños semicirculares que conducían a la espléndida Puerta de Nicanor, al oeste del Atrio de las Mujeres; pero sólo hasta allí. Únicamente los varones podían pasar al Atrio de Israel; desde esta especie de acera que precedía al Atrio de los Sacerdotes podían ver el altar, estructura aislada y erigida en alto, de piedra sin pulir, que ninguna herramienta metálica había tocado y con las esquinas alargadas en forma de cuerno. Detrás del altar estaba la fachada del magnífico Templo propiamente dicho. Según la tradición, cerca o quizá debajo del Santo de los Santos se hallaba la roca sobre la que Abraham, obedeciendo a Dios, había estado a punto de sacrificar a su hijo Isaac.

Un temor reverente debió de invadir a padre e hijo cuando contemplaron el lugar, aunque el ambiente no era muy catedralicio. Estaban de pie entre una gran cantidad de hombres; algunos cantaban plegarias mientras que otros conversaban. Había allí corderos, carneros, cabritos, tórtolas, palomas y hasta ganado vacuno, para los sacrificios; los berridos y otros ruidos animales se mezclaban con las voces de la gente. En el aire flotaba el olor de la sangre, del incienso y de la grasa chamuscada, un fétido aroma que incluso podía olerse desde las laderas del monte del Templo.

Las moscas no eran un problema, sin duda porque el aire era muy seco y la brisa soplaba. Las aves de presa y de rapiña, que sí llegaban a ser un problema en los altares de sacrificio desde Egipto hasta Grecia dado que se abalanzaban sobre la carne muerta, no acudían a los ritos de Jerusalén; esto era tanto más raro cuanto que allí abundaban los cuervos y los milanos. Era un milagro, un indicio de la santidad del lugar según algunos, más crédulos que creyentes. La explicación mundanal consiste en el hecho de que había unas púas (de oro) en el techo del Templo, las cuales impedían a las aves anidar o siquiera posarse; probablemente había otras púas similares alrededor del altar.

Los ritos de sacrificio

El sacrificio de animales era parte fundamental de los ritos del Templo. En días normales las obligaciones públicas de los sacerdotes comenzaban al amanecer, con el holocausto (ofrenda que consistía en quemar por completo a un animal) de un cordero y terminaban ocho y media horas después, con el sacrificio de otro. Se degollaba al cordero y se arrojaba la sangre al altar; luego se descuartizaba al animal y se quemaba por partes en el fuego del altar, de modo que hubiera una ofrenda continua.

Además, a diario salvo en el sabat había una constante celebración de sacrificios privados que iban desde pichones hasta toros. Muchos eran sacrificios de reparación, destinados a borrar una impureza o a compensar una falta; en estos casos se efectuaba un holocausto. Otros eran sacrificios pacíficos, es decir, ofrendas que se hacían en ocasiones tales como una reunión familiar, la convalecencia de una enfermedad, la concertación de un pacto y la cosecha de las primicias; en estos casos sólo se quemaban algunas partes del animal (vísceras, parte de la grasa y quizá los riñones) y el resto lo comían después el sacerdote y el oferente. En todo sacrificio la sangre del animal (es decir, la esencia de su vida) pertenecía a Dios y tenía que ser embadurnada en los cuernos del altar o arrojada a los lados o a la base del mismo, dependiendo del tipo de ofrenda. La piel de los animales sacrificados pasaba a ser propiedad de los sacerdotes. En el sabat no había sacrificios privados pero los sacerdotes ofrecían otros dos corderos en nombre de la comunidad.

Desde tiempo inmemorial, el sacrificio de animales había formado parte del judaísmo pues equivalía a reconocer que toda vida pertenece a Dios. Era algo que no podía repugnar ni a Jesús ni a su familia. En otros tiempos había sido el patriarca de la familia quien efectuaba el sacrificio, por lo común en un "sitio alto", como una plataforma o un altar construido en una cima. (A pesar de que el sacrificio de animales era común a muchas religiones del mundo antiguo, sólo los israelitas y los cananeos quemaban sus ofrendas en un altar, como también lo hacían los griegos.) Aun cuando David y Salomón concentraron en Jerusalén la actividad religiosa, en muchos "sitios altos" se seguían efectuando sacrificios; no fue sino hasta después del regreso del cautiverio de Babilonia cuando se centralizaron en el Templo esos ritos.

Únicamente los animales domésticos criados para comerse eran aptos para el sacrificio (ganado vacuno, cabras, corderos, tórtolas y palomas); no debían tener defectos físicos ni estar enfermos o heridos. En el caso de las ofrendas privadas, el tipo de animal dependía del rango y de los recursos del oferente: un sumo sacerdote debía ofrecer un novillo para expiar un pecado o una impureza; un rey ofrecía un carnero; un mercader o un terrateniente ofrecían un cordero o un cabrito, y la gente pobre, un par de tórtolas, como fue el caso de María según nos dice San Lucas (2, 24). En la extrema pobreza, podía ofrecerse una pequeña cantidad de harina. La

En la actual Jerusalén, los fieles portan ramas de palma en ciertas festividades. La procesión del Domingo de Ramos (arriba) conmemora la entrada de Jesús a la ciudad antes de ser crucificado. A la derecha los judíos rezan frente al célebre Muro, único vestigio del Templo de Herodes.

mayoría de los sacrificios de animales se acompañaban de ofrendas de cereales (panes de harina de trigo) y de vino. También de las ofrendas de cereal los sacerdotes recibían una parte.

De todo el procedimiento del sacrificio se encargaba un grupo de sacerdotes, cada uno con una función que se le asignaba echando suertes: uno sería el degollador, otro vertería la sangre en el altar, otro más recogería las cenizas, y así sucesivamente. Por lo general, lo único que hacía el oferente era posar una mano sobre la ofrenda y quizá anunciar el propósito del sacrificio, antes de que un levita entregara el animal al sacerdote que lo degollaría cerca del lado norte del altar. Si el sacrificio era para expiar una falta civil, como un fraude, robo u otro delito contra bienes ajenos, había que confesar el hecho y restituir los bienes (más una multa de 20 por ciento) antes de ofrecer un holocausto; si la víctima del delito ya no vivía, el pago se hacía a los sacerdotes del Templo. El sacrificio como tal no se cobraba a nadie, a diferencia de lo acostumbrado en casi todos los templos de esa época; en el de Jerusalén todo el mundo tenía derecho de ofrecer sacrificios, y no se cobraba la leña del altar.

Los sacerdotes usaban diferentes vestiduras al oficiar, según su rango. Arriba, a la izquierda se muestran las prendas de un sacerdote ordinario. Vestía, sobre una prenda interior de lino blanco, una túnica de la misma tela, de una sola pieza y ceñida por un largo cordón; se cubría la cabeza con una toca de lino blanco. Y a la derecha se representa al sumo sacerdote. Éste se cubría la cabeza con un tocado azul; sobre la túnica blanca sacerdotal vestía una prenda azul orlada con campanillas y pequeñas granadas de oro; en el torso llevaba una especie de chaleco (el efod*) bordado a franjas doradas, púrpura, escarlata y azules. En el pecho llevaba un morral de oro adornado con 12 piedras preciosas, que representaban las 12 tribus; en una época anterior, el* urim *y el* tummim *(dos objetos rituales adivinatorios) se guardaban en este morral. Todos los sacerdotes se descalzaban antes de entrar al Templo.*

Los sacrificios comunales (tales como las ofrendas de corderos matutina y vespertina) estaban prescritos en el Antiguo Testamento. En días de luna nueva se sacrificaban dos novillos, un carnero, un cabrito y siete corderos; iguales cantidades se sacrificaban en la fiesta de Shavuot y cada día de la semana de Pascua. Durante los ocho días que duraba el Succot, se efectuaba el holocausto de un total de 71 novillos, 15 carneros, 8 cabritos y 105 corderos. También se hacían ofrendas especiales los días de Año Nuevo y de la Expiación. Las ofrendas comunales habían subrayado en otros tiempos algunos acontecimientos, tales como la consagración de un altar, las victorias militares o la expiación de una falta cometida por toda la comunidad de creyentes.

La sangre del cordero

Por muchas razones, de todos los sacrificios que se efectuaban durante la Pascua el más importante era el vespertino, que precedía a la cena pascual o *séder*. Se hacía entonces colectivamente la ofrenda de los corderos pascuales, que poco después serían comidos simultáneamente por miles de judíos congregados en Jerusalén. Posiblemente Jesús y su padre, después de hacer su visita preliminar al Templo, regresaron para participar en esta ceremonia, en cuyo caso habrían asistido en representación de un grupo de diez o más personas que compartirían la cena, y habrían llevado un cordero inmaculado de por lo menos ocho días de nacido y de no más de un año. El cordero podría haber sido llevado desde Nazaret, aunque es más probable que el grupo lo hubiera comprado en Jerusalén.

La ofrenda de los corderos pascuales difería de todos los demás sacrificios comunales, pues se trataba de una ofrenda colectiva en la que cada oferente mataba el animal que había llevado. Se preparaba éste para la posterior cena ritual; sólo se le quitaban pequeñas porciones de grasa y de vísceras que después se quemaban en el altar. La sangre se arrojaba a la base del altar, en vez de la antigua costumbre de rociarla sobre el quicio de las puertas de las casas. (Esta costumbre había sido a su vez una alusión ritual a la Pascua original, cuando los hebreos marcaron sus puertas con la sangre del cordero para que sus primogénitos no fuesen llevados con los primogénitos egipcios.)

Las actividades del Templo no eran como las de otro día cualquiera. Los ritos habituales terminaban una hora antes y el resto de la tarde se dedicaba a la matanza ordenada de miles de corderos. Los atrios estaban atestados de peregrinos, que con los corderos a cuestas aguardaban a que se hubiese hecho el último sacrificio. Después se abrían las puertas del Templo y se dejaba entrar a un tercio de la multitud, tras lo cual se escuchaba el penetrante sonido del shofar y volvían a cerrarse las puertas. Los oferentes se detenían frente a una larga hilera de sacerdotes que, formados codo con codo, llevaban sendas vasijas de oro o de plata; detrás de cada sacerdote había otros, formados en fila hasta el altar. Cuando el oferente llegaba ante uno de los sacerdotes del frente, con un cuchillo muy filoso cortaba la arteria carótida (situada en el cuello) del cordero y vaciaba la sangre a la vasija, que el sacerdote pasaba al que estaba detrás; este último entregaba una vasija vacía, y la otra seguía pasando de un sacerdote a otro hasta el altar, a cuya base se arrojaba la sangre. Una vez vacía, esta vasija volvía a pasar de mano en mano hasta el frente.

Cuando ya se había matado y desollado a todos los corderos de este grupo, se abrían nuevamente las puertas y entraba otro tercio de la multitud para seguir el mismo procedimiento; el tercer y último contingente pasaba después a ofrendar sus animales. Mientras se realizaba el ritual se escuchaba la voz de los cantores levitas, que entonaban salmos acompañados de chirimías y otros instrumentos.

Los oferentes regresaban con los cadáveres de sus animales adonde estaban sus familias (o el grupo de amigos o de compañeros de viaje); se asaba entonces el cordero y se comía con pan ázimo y hierbas amargas. Durante la cena se relataba la historia del Éxodo. (La Última Cena de Jesús y sus discípulos fue en principio una cena pascual o *séder*.)

El resto de la semana de Pascua (conocido como la fiesta de los Panes Ázimos) no sólo se relacionaba con la historia del Éxodo, sino también con una festividad agrícola que tradicionalmente marcaba el comienzo de la cosecha de granos. Durante esta semana solemne no se comía pan hecho con levadura ni otro alimento que la contuviera.

Otras peregrinaciones

La fiesta de Shavuot o de las Semanas se celebraba 50 días después de Pascua y seguía siendo, como desde hacía siglos, una fiesta agrícola. Para esa fecha ya se había terminado de cosechar el trigo y era momento de ofrecer al Todopoderoso las primicias en acción de gracias. En la época de Jesús se acostumbraba ofrecer en el Templo dos hogazas grandes de pan con levadura.

Los badiles de bronce para el incienso, como el que se muestra abajo, probablemente se usaban en el Templo. En el badil se colocaban carbones encendidos; el incienso se ponía en ambos platillos y después se espolvoreaba sobre las brasas.

La fiesta de Succot o de los Tabernáculos se celebraba en otoño y era la más alegre del año; daba lugar a los sacrificios más numerosos. También ésta era una fiesta de acción de gracias por la cosecha, en este caso de uvas, aceitunas y del grano veraniego remanente. El Templo de Salomón fue dedicado durante un Succot y cada siete años se leía públicamente la Torá con tal motivo. Entre las observancias propias de esta fiesta se contaba la libación matutina de agua, cuando una procesión de sacerdotes llevaba desde la Piscina de Siloé hasta el Templo una pila transportable y vertía el agua en el altar. Era ésta una de las pocas ocasiones en que la gente podía acercarse al altar; en alegre procesión, los varones adultos daban siete vueltas en su derredor. Desde la primera noche del festival y hasta el amanecer, se bailaba a la luz de las fogatas mientras que los levitas tocaban diversos instrumentos; no era raro ver entre la multitud a algunos respetables eruditos que disfrutaban la jocosa coyuntura danzando y haciendo malabarismos con antorchas encendidas. La distintiva alegría del Succot y la importancia simbólica de la ciudad de David pueden apreciarse en el adiós que en el salmo 128 expresan los peregrinos al regresar a sus sitios de origen: "¡Bendígate Yavé desde Sión todos los días de tu vida! ¡Contemples tú la dicha de Jerusalén, y veas a los hijos de tus hijos! ¡Paz a Israel!"

El Día de la Expiación

La más austera solemnidad del año era la fiesta del Yom Kippur, el Día de la Expiación, cuando el sumo sacerdote oficiaba personalmente todos los ritos del Templo y se presentaba ante Dios para ofrecer un desagravio por los pecados de toda la nación. No era una solemnidad que obligara a hacer peregrinaciones pero, como se celebraba cinco días antes del Succot, muchos judíos se congregaban en Jerusalén para asistir a ambas fiestas.

El sumo sacerdote tenía que prepararse cuidadosamente para esta ocasión. Abandonaba su casa y se retiraba a un recinto especial del Templo siete días antes del Día de la Expiación, para evitar la posibilidad de cometer una impureza ritual. Durante esa semana estudiaba minuciosamente todos los detalles de los ritos, pues no podía cometer errores. La noche previa a los oficios permanecía despierto en compañía de otros sacerdotes, que le leían las Escrituras y lo ayudaban a mantener la vigilia. Simultáneamente, otro sacerdote se preparaba por si tuviera que reemplazarlo.

Para el Yom Kippur el sumo sacerdote vestía prendas especiales, que mudaba varias veces en el transcurso del prolongado ritual de ese día; se bañaba cinco veces y se lavaba las manos y los pies otras diez. Al comenzar el ritual, echaba suerte para elegir entre sus dos machos cabríos: uno sería ofrecido en holocausto, y el otro sería llevado al temible desierto de Judá para que pereciera como "chivo expiatorio", literalmente. El sumo sacerdote confesaba que él también había pecado y luego sacrificaba un novillo como ofrenda por sus propias faltas y por las de todos los sacerdotes.

Después, mientras la gente seguía con la mirada sus movimientos en profundo silencio, presas todos del temor a afrontar quizá la ira de Dios, penetraba el sumo sacerdote (por única ocasión en el año) al Santo de los Santos, para presentar ante el Señor la ofrenda de desagravio.

Tres veces entraba al recinto vacío, donde se creía que la presencia divina habría de manifestarse, y a cada salida, la gente suspiraba de alivio. La primera vez ofrecía incienso, cuyo humo perfumaba el recinto. La segunda, rociaba el aposento con sangre del novillo previamente sacrificado. Antes de entrar por tercera y última vez, sacrificaba al macho cabrío elegido para ese fin, con cuya sangre volvía a rociar el recinto.

El sumo sacerdote regresaba al altar e imponía sus manos en la cabeza del chivo expiatorio mientras confesaba los pecados del pueblo, transfiriéndolos de este modo al animal. Al terminar de enunciar cada pecado, pronunciaba en voz alta el nombre de Dios (Yavé, o *Ywhw* en hebreo): única ocasión en que esta palabra sagrada podía decirse. Después, el pueblo formaba un camino por el cual otro sacerdote conducía al macho cabrío al desierto, hasta un barranco que estaba a unos 20 kilómetros de Jerusalén; allí empujaba al animal hacia el despeñadero. La muerte del macho cabrío se comunicaba por señas hasta Jerusalén, donde el sumo sacerdote oficiaba las ceremonias finales. El día terminaba con gran regocijo: se había efectuado la expiación anual; todo el mundo regresaba a sus casas con fe renovada y con el propósito firme de vivir en verdad conforme a lo que la ley de Dios manda.

El Día de la Expiación, el sumo sacerdote entraba en el Santo de los Santos tres veces. Eran momentos muy impresionantes. La primera vez, tras de pasar entre las dos colgaduras que formaban el velo, espolvoreaba incienso en un badil y el recinto sacro se aromatizaba. Antes de salir del aposento oraba, "pero sin tardarse", decía la Mishná (libro de la ley) "para no angustiar a los fieles".

Sacerdotes y levitas

El ritual oficiado por los sacerdotes era para éstos su razón de ser, pero el trabajo cotidiano del Templo requería un verdadero ejército de guardianes, administradores, sacerdotes y levitas que desempeñaban varias funciones imprescindibles. La jerarquía del Templo constituía un aparato extraordinario y complejo. En la época de Jesús, para la fiesta de Pascua seguramente habría unos 17.000 sacerdotes y levitas de turno en el Templo. Además del sumo sacerdote y de unos 200 sacerdotes principales, habría también alrededor de 7.200 sacerdotes ordinarios y aproximadamente 9.600 levitas. La gran mayoría habría acudido a Jerusalén ex profeso para la fiesta pascual, desde muy diversos lugares.

Jesús, sin duda, había visto sacerdotes en Galilea, y probablemente había conocido a algunos, pero hasta su viaje a Jerusalén quizá no los había visto en su atuendo ritual: una ceñida túnica de lino blanco y una sencilla toca de lino. En el Templo sobresalían de todos los demás por un inconfundible aire de autoridad. Se les veía en el imponente altar sacrificando los animales de ofrenda, quemando el aromático incienso y bendiciendo al pueblo congregado; en ciertos momentos decisivos de cada ceremonia ritual hacían sonar las trompetas de plata como señal para que los cantores intervinieran.

Tenían comida a su disposición: una parte de las ofrendas de carne y de grano, y los panes que cada sabat se colocaban sobre una mesa del santuario; sin embargo, casi todos estos alimentos tenían que ser consumidos en el Atrio de los Sacerdotes. Se repartían las pieles de los animales y podían llevárselas a sus casas; por lo general las vendían a comerciantes.

Solamente durante las grandes fiestas de peregrinación se reunían en Jerusalén los sacerdotes. Los sacerdotes ordinarios se dividían en 24 clases, o linajes, que se turnaban para oficiar durante una semana en el Templo; el turno cambiaba durante la celebración del sabat, antes de que se efectuaran los sacrificios vespertinos. Cada clase podía pertenecer a una región distinta, donde habitaban sus miembros. Estas clases se subdividían en las llamadas casas, o familias, que a su vez se turnaban para oficiar cada día de la semana.

Los levitas también se dividían en 24 clases, pero quizá éstas no se subdividieran en igual forma que las anteriores. Es probable que todos los miembros de una clase ejercieran el servicio durante su semana correspondiente y que la subdivisión en casas se relacionara con funciones específicas. Los músicos levitas tocaban liras, címbalos y otros instrumentos para acompañar a los cantores; las trompetas de plata y el shofar sólo podían tocarlos los sacerdotes. Por la noche los sacerdotes custodiaban los recintos interiores del Templo y los levitas vigilaban las puertas exteriores; para abrir y cerrar las puertas se necesitaban diariamente los servicios de 200 porteros levitas. La limpieza del monte del Templo era responsabilidad de los levitas, pero la del santuario y el Atrio de los Sacerdotes era una responsabilidad exclusiva de los sacerdotes, la cual realizaban sin ninguna ayuda.

La administración del Templo era estrictamente supervisada por un grupo permanente de funcionarios que también se encargaban de aleccionar y evaluar a los sacerdotes oficiantes. No se cuenta con una relación completa de lo que hacían estos funcionarios, pero sí se sabe que, por ejemplo, antes de la destrucción del Templo de Herodes (ocurrida el año 70 d.C.), "Joanán B. Pinejás cuidaba los sellos, Ahías cuidaba las ofrendas de vino, Matatías B. Samuel cuidaba las suertes. Petaías cuidaba las ofrendas de aves... Ben Ahías atendía los males de vientre, Neunías cavaba las zanjas, Gabiní era el heraldo, Ben Guéber cerraba las puertas, Ben Bebaí tenía el látigo, Ben Arza cuidaba el címbalo, Hygros B. Leví cuidaba del canto, la casa de Garmú hacía el pan de proposición, la casa de Abtinas preparaba el incienso, Eleazar cambiaba las cortinas y Fineas se encargaba de las vestiduras". Es evidente que el funcionamiento adecuado de este sacro recinto exigía disciplina, especialización de funciones y mucha atención a los detalles.

El sumo sacerdote

De todos estos servidores del Templo, el sumo sacerdote era el que tenía la mayor autoridad. Por definición era el jefe del pueblo, y por ley era la cabeza del Gran Sanedrín, o consejo de autoridades facultadas para dictaminar sobre disputas religiosas y legales de los judíos. No tenía que oficiar todos los días, pero era suyo el derecho exclusivo de celebrar algunos rituales, como el del Día de la Expiación, y generalmente se le prefería para dirigir otros, tales como los de Pascua, Succot y el holocausto de la vaca colorada.

Este último sacrificio tenía lugar en el monte de los Olivos, cerca de un *mikvé* construido especialmente para que el sumo sacerdote se purificara antes de la ceremonia. Las cenizas del holocausto se guardaban en un repositorio, de donde se tomaban después para preparar el agua lustral; ésta se hacía mezclando dichas cenizas con agua de manantial, y servía para purificar, generalmente al sumo sacerdote cuando se contaminaba por haber tocado un cadáver. Los sacerdotes se cuidaban mucho para no contaminarse y, por tanto, era raro tener que recurrir al agua lustral; además, para prepararla sólo se necesitaba muy poca ceniza. Por eso el holocausto de la vaca colorada era muy poco frecuente (algunos eruditos opinan que en toda la historia judía solamente se efectuó siete veces).

El sumo sacerdocio no era ya un cargo vitalicio, ni era forzoso que lo detentara un miembro de la clase sadoquita. El último sadoquita legítimo, Onías III, había sido suplantado por su propio hermano en el año 175 a.C., por órdenes del jefe seléucida Antíoco IV. Tres años después, este hermano fue a su vez suplantado por Menelao, un no sadoquita. Siguieron 20 años de revueltas y confusión, en cuyo transcurso el heredero sadoquita legítimo, Onías IV, huyó a Egipto y allí mandó construir su propio templo bajo el patronazgo egipcio.

Por último, durante el Succot del año 152 a.C., el gobernante asmoneo Jonatán (de familia sacerdotal pero no sadoquita) se adjudicó el sumo sacerdocio, con lo cual concentró en su persona la autoridad tanto civil como religiosa. Los asmoneos siguieron detentando ambos poderes hasta que Herodes el Grande destruyó la dinastía al establecer la práctica de nombrar él mismo al sumo sacerdote. Tras de su muerte, las autoridades romanas continuaron nombrando a los sumos sacerdotes, que fungían como tales durante breves períodos y eran elegidos de entre unas cuantas familias de la aristocracia.

Cuando Jesús presenció su primera Pascua, probablemente Anás era el sumo sacerdote, encargado de oficiar durante la semana que duraba esa festividad. Era un político poderoso y rico; habrían de sucederlo cinco de sus hijos y después su yerno, Caifás, que desempeñó el cargo en tiempos de la crucifixión de Jesús. El sumo sacerdocio perdió mucha de su autoridad política a raíz de la reforma de Herodes, pero siguió siendo un cargo muy respetado por el

El *mikvé* o baño ritual

Arriba se muestra un típico baño ritual o mikvé, *descubierto en Masada. Abajo se representa su probable funcionamiento. Por un conducto abierto (1) llega el agua de lluvia a una cisterna (2). El agua pasa a continuación a la tina (3) por un conducto subterráneo. La pileta (4) servía para lavarse los pies y las manos antes de meterse en la tina.*

El propósito de la inmersión en un *mikvé*, baño o tina ritual, era purificar no el cuerpo sino el espíritu. El *mikvé* no podía ser portátil y tenía que contar con algo de agua corriente, comúnmente obtenida de un manantial o de la lluvia. En el Templo había varios *mikvés* para sacerdotes, dos de ellos estaban reservados exclusivamente para el sumo sacerdote. Incluso los había públicos, cerca del monte del Templo; los fieles tenían que purificarse antes de entrar a la casa de Dios.

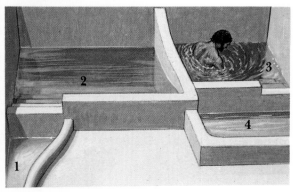

pueblo; además, al irse formando un nutrido grupo de ex sumos sacerdotes, éstos pudieron volver a ejercer una presión política considerable.

Entre los eruditos

Al regresar Jesús y su familia al Templo durante la semana de Pascua para presenciar otros ritos de sacrificio y quizá para hacer él mismo otras ofrendas, su mente clara y penetrante se interesaba en los debates y las discusiones que acerca de la interpretación de los textos sagrados se desarrollaban en los atrios centrales. Sin duda escuchó tanto ásperas polémicas como pacientes explicaciones; tanto el apasionamiento para el hallazgo intelectual como la plácida reiteración de lo ya sabido. Debieron de producirse muchos debates acerca de lo que es una profecía y acerca del tiempo, lugar y modo en que el Mesías habría de llegar. En la mente de muchos estudiantes bullía la idea de una liberación del yugo romano, y éstos preguntaban a los grandes eruditos, escuchaban las respuestas y aprendían de ellas.

Poco debían de intervenir los sacerdotes, ocupados como estaban en oficiar sus ritos, pero en mucho participaban los instruidos escribas. Como su nombre lo indica, éstos tenían muchas habilidades: sabían leer y escribir, aptitud que desde hacía varios siglos los había distinguido. De sencillos trabajadores del Templo habían pasado a ser los intérpretes de la ley, algo así como los modernos abogados; conocían, interpretaban y enseñaban la ley religiosa judía, que abarcaba también la ley civil y penal de la tradición. Los escribas eran, pues, los sabios, los cultos de aquella época. Por medio de ellos tenía Jesús la oportunidad de entrar en contacto con la teoría y el conocimiento judaicos en su máxima expresión.

Los arqueólogos se enfrentan a enormes obstáculos al tratar de descubrir el pasado de Jerusalén. Muchas partes de la ciudad fueron destruidas y reconstruidas varias veces, con materiales de ruinas anteriores; además, hoy muchos sitios históricos o son viviendas o son sagrados para los judíos, los cristianos o los musulmanes. La Ciudadela (abajo) estaba adosada al palacio de Herodes; los romanos la conservaron cuando arrasaron la ciudad en el año 70 d.C. Desde entonces, a menudo ha sido reconstruida o restaurada para usarla como fortaleza. Las estructuras que todavía subsisten son en gran parte obra de los cruzados, los turcos y los mamelucos, pero debajo de ellas, se han encontrado vestigios de la muralla construida por los asmoneos (en primer plano) y algunas añadiduras que probablemente mandó erigir Herodes.

Seguramente también había representantes de las numerosas sinagogas de Jerusalén, y entre los peregrinos debían de estar muchos escribas, intelectuales y estudiosos maestros de toda la diáspora: de todo el mundo conocido. En medio del bullicio creado por las festividades, todos ellos encontraban la ocasión para reunirse e intercambiar ideas, para debatirlas en acalorados corrillos, para enseñar, para aprender. De aquellas discusiones quizá no siempre se obtuviera un consenso, pero definitivamente sí una mayor conciencia de la vital multiplicidad de la fe judía.

El mosaico que se muestra arriba es el mapa de Jerusalén más antiguo que se conoce; data de alrededor del año 560 d.C. En la puerta norte (izquierda) está el pilar desde donde se medían las distancias. Las columnas que se muestran abajo son parte del pórtico que bordeaba la vía pública central.

Es claro que si los judíos se reunían con motivo de las peregrinaciones, provenientes de los cuatro puntos cardinales, no era por cumplir con viejos sacrificios rituales sino para mantener viva la formidable continuidad del judaísmo en su corazón: en Jerusalén, y esto valía también para la gente común. En esta ciudad unos judíos se encontraban con otros, que vivían muy lejos pero que eran fieles y devotos de su patria espiritual, aunque hablasen idiomas distintos y vistieran y se comportaran diferente. Los peregrinos llevaban consigo lo que habían visto y vivido; el judío babilonio de clase media, el próspero judío griego comerciante y el judío egipcio terrateniente ampliaban el horizonte de los que vivían en las ciudades, los pueblos y las aldeas de Palestina.

"Las cosas de mi Padre"

La partida de los peregrinos al terminar las festividades era por lo menos tan tumultuosa como su llegada.

Una vez más se congestionaban los caminos; todo el mundo salía al mismo tiempo, las caravanas al igual que los viandantes. Nos podemos hacer una idea de lo que era aquello si leemos a San Lucas (2, 40-49), que nos dice cómo María y José viajaron de regreso todo un día sin haberse dado cuenta de que Jesús no estaba en el grupo. Volvieron a Jerusalén y tardaron tres días en encontrarlo "en el Templo, sentado en medio de los doctores de la ley, escuchándolos y haciéndoles preguntas".

La escena debió de tener lugar en el Atrio de las Mujeres (donde el intercambio intelectual era más copioso), puesto que también María pudo entrar a buscarlo. ¿A quién habría estado escuchando Jesús todos esos días? ¿Qué preguntaba? ¿Qué le respondían? ¿Qué replicaba él? No lo sabemos. San Lucas sólo nos dice que "todos los que lo oían estaban perplejos por su inteligencia y sus respuestas". En otras palabras, esta vez eran los doctores eruditos quienes hacían las preguntas. No hubiera tenido nada de extraordinario el que un chico ya casi maduro diera respuestas sencillas y sensatas; de modo que si los escribas y los maestros llegados de todo el mundo estaban realmente interesados en los puntos de vista de este muchacho de pueblo, era porque en él hallaban una lucidez intelectual y una hondura de pensamiento que corrían parejas con las suyas propias, e incluso en momentos parecían superarlas.

La reacción de María era muy justificable. Cualquier madre bajo esas circunstancias habría hecho exactamente lo mismo que ella y, olvidándose de la ilustrísima compañía en que se encontraba su hijo, le habría manifestado su preocupación con lo que bien puede interpretarse como un reproche: "Hijo, ¿por qué nos haces esto? Mira que tu padre y yo te hemos estado buscando muy angustiados."

Jerusalén es hoy la Ciudad Santa de las tres grandes religiones monoteístas. Los judíos veneran el Muro de las Lamentaciones (derecha); los musulmanes, el Domo de la Roca (abajo), en el monte del Templo, donde se cree que Mahoma ascendió al cielo, y los cristianos visitan la iglesia de Todas las Naciones (izquierda).

Jesús ni se disculpó ni expuso pretextos. Lo que respondió debió de dejar tan estupefactos a sus padres como a los doctores de la ley que estaban al lado: "¿Por qué me buscaban? ¿No sabían que tengo que ocuparme de las cosas de mi Padre?" (En algunas versiones de la Biblia, las palabras de Jesús se traducen como "tengo que estar en la casa de mi Padre". La diferencia entre ambas formas de traducción es mucho menor de lo que en primera instancia parece: ambas son válidas para interpretar una frase griega que en sentido literal significa "estar en las cosas de mi padre".)

Entre sentimientos encontrados y algo de confusión, el hecho es que la familia ya estaba reunida en el Templo. La Pascua había concluido en forma insólita: el chico que había sido llevado desde Nazaret para que viera las maravillas de Jerusalén y conociera un poco mejor las fuentes de su fe, había terminado la semana discutiendo asuntos de religión de un modo tan lúcido y penetrante que dejaba estupefactos a los eruditos.

María, nos dice San Lucas, a nadie le contó lo ocurrido pero "guardaba estas cosas en su corazón". Cabe pensar que el incidente no trascendió fuera del ámbito familiar; Jesús reanudó su vida normal como muchacho pueblerino de la vieja Palestina. Era "obediente" con sus mayores, una vez más según San Lucas, y aunque "crecía en sabiduría, en estatura y en gracia delante de Dios y de los hombres", todavía no era tiempo de que asumiera la misión que de sus padres terrenales lo llevaría a buscar la voluntad de su Padre celestial.

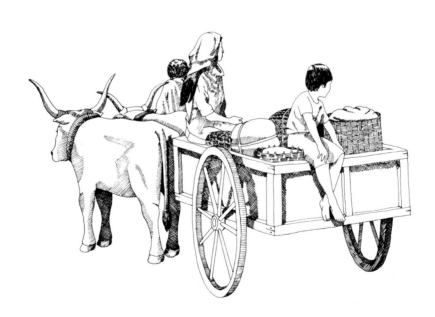

Capítulo 6 | La vida intelectual

Para los judíos, la Torá era la fuente de todo saber: de la religión, la historia y la moral. La sinagoga no era sólo un lugar de culto sino también de instrucción para todas las edades. Pero, inmersos en un mundo helenizado, los judíos absorbieron parte de la cultura grecorromana.

En Palestina, todo niño judío se daba cuenta de pertenecer a una patria que amaba apasionadamente su religión. Hasta los de más corta edad deben de haber sentido que en las mañanas de sabat había una peculiar efervescencia, y más aún en sitios pequeños como Nazaret; todos los judíos del pueblo se reunían muy temprano en la casa que servía de sinagoga. Hombres, mujeres y niños se acomodaban en hileras de bancas colocadas a lo largo de tres de los muros de piedra, o bien permanecían de pie o se sentaban en el piso de losa. Enfrente del cuarto muro, que miraba hacia Jerusalén, danzaban las llamas de un candelabro de siete brazos que iluminaba una mesa de lectura dispuesta sobre un estrado, al cual subía quien esa mañana hubiera de conducir los rezos. Este conductor no era sacerdote, ni forzosamente uno de los ancianos de la congregación, ni tampoco el hazán (encargado de la ceremonia y de hacer sonar el cuerno de macho cabrío para anunciar el comienzo del sabat). El conductor de los rezos podía ser cualquier varón adulto de la congregación: el carpintero, el alfarero o el labrador, distinguido en este sabat para desempeñar aquella función ritual.

Un grupo de jóvenes, con la cabeza cubierta con paños, se congrega en un recinto de la sinagoga destinado a las reuniones de estudio. El anciano maestro, sentado frente a una mesa iluminada por lámparas de aceite, ha llevado un rollo de pergamino en el que está escrito uno de los libros de la Torá, para discutirlo con los jóvenes. Tales debates eran frecuentes en la vida estudiantil judía del siglo I d.C.

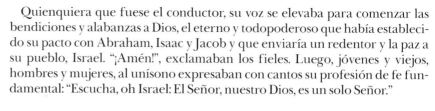

En la época de Jesús, la Torá se copiaba en tiras de pergamino cosidas entre sí y enrolladas en unas varas que se denominaban "árboles de la vida". Para guardarlo, el rollo se cubría con una funda de lino. La funda que arriba se muestra está adornada con una corona y con una placa en la que se indican los días en los que hay que leer ese rollo en particular.

Este fragmento de un rollo de la Torá fue descubierto en una sinagoga de Peki'in, Galilea. Perteneció a una familia cuyos antepasados lograron escapar de los romanos cuando éstos sitiaron Jerusalén en el siglo I d.C.

Quienquiera que fuese el conductor, su voz se elevaba para comenzar las bendiciones y alabanzas a Dios, el eterno y todopoderoso que había establecido su pacto con Abraham, Isaac y Jacob y que enviaría un redentor y la paz a su pueblo, Israel. "¡Amén!", exclamaban los fieles. Luego, jóvenes y viejos, hombres y mujeres, al unísono expresaban con cantos su profesión de fe fundamental: "Escucha, oh Israel: El Señor, nuestro Dios, es un solo Señor."

Después, el hazán colocaba frente a los fieles el Arca de madera que había dejado atrás de la sinagoga al comenzar la ceremonia. Abría el cofre y sacaba uno de los rollos de pergamino de la Torá, que se encontraba envuelto en lino fino; lo desenvolvía, lo desenrollaba y lo sostenía extendido en alto para que todos pudieran ver los renglones de gruesas letras negras: era uno de los primeros cinco libros de la Biblia, el registro de la ley de Dios. El deber y la alegría de los judíos consistía en leer la Torá en voz alta cada sabat, cada festividad, cada luna nueva y todos los lunes y los jueves (días de mercado).

La lección del sabat

Se colocaba el rollo de la Torá sobre la mesa de lectura. La lección o lectura se dividía en tres o más partes, dependiendo de la ocasión. El conductor de los rezos pronunciaba una acción de gracias por el don de la Torá, luego llamaba por turnos a tres o más miembros de la congregación para que leyeran cada parte y probablemente recitaba una bendición al final de cada lectura. Pero en tiempos de la infancia de Jesús el hebreo clásico de los textos sagrados ya no estaba en uso como lengua común, por lo cual era necesario traducirlos al arameo cada tres versículos.

Una vez concluida la lectura de las Escrituras, el rollo de pergamino se volvía a depositar con reverencia en el Arca mientras que la congregación exclamaba otra loa. Después se acercaba a la mesa un orador para pronunciar un sermón acerca del texto. El orador podía ser un funcionario de la congregación, o cualquiera de los miembros que fuese expresamente invitado o que deseara hacer una interpretación del texto leído. Cuando hablaba un orador hábil, que sabía citar las Escrituras y ejemplificar sus ideas con imágenes poéticas y vívidas, los oyentes lo escuchaban boquiabiertos, con los rostros tensos por el interés o sonrientes por la aquiescencia, a la acogedora luz de las lámparas de aceite. En la lección del sabat se apartaban del cotidiano agobio las mentes de los pescadores, artesanos, campesinos y madres de familia.

La ceremonia matutina del sabat concluía con la haftará, o lectura de una parte de un libro profético de la Biblia. San Lucas (4, 16-30) nos explica hasta cierto punto cómo se efectuaba esta lectura.

Al principio de su ministerio, Jesús fue un sabat a la sinagoga de Nazaret. "Y se levantó para hacer la lectura; le entregaron el libro del profeta Isaías." Jesús desenrolló el libro y leyó un pasaje referente a las obras del profeta que ha sido ungido por el Señor. "Y enrolló el libro, lo devolvió al ministro y se sentó. En la sinagoga todos

Dios ordenó a Moisés hacer un candelabro de siete brazos, o menorá, para iluminar el santuario (Éxodo 25, 31-40). La menorá, como la representada en una talla de piedra del siglo III d.C. (arriba), ha sido usada por los judíos desde los tiempos de Moisés. Su forma es muy parecida a la Salvia judaica, una especie de salvia con siete ramas. Otra especie de esa planta, la Salvia palestina (abajo) tiene un tallo y ocho ramas, como la menorá que se usa en la Jannuká.

tenían los ojos fijos en él, y comenzó a decirles: 'Esta Escritura que habéis escuchado se ha cumplido hoy.' Todos hablaban bien de él y estaban admirados de las palabras llenas de gracia que salían de su boca; y decían: '¿No es éste el hijo de José?' " Sin embargo, a continuación Jesús dijo a los congregados algunas palabras que éstos no hubiesen querido oír, y entonces lo criticaron. Normalmente, la ceremonia concluía con una última bendición y con expresiones de buenos deseos sabáticos.

En la usanza moderna del bar mitzvá, la haftará suele ser leída por un muchacho que acaba de cumplir 13 años y que, por tanto, ha llegado a la mayoría de edad como fiel. No existen pruebas de que ésta fuera la usanza en tiempos de Jesús, pero seguramente todos los chicos de las congregaciones, al salir de la ceremonia en las mañanas de sabat, esperaban ansiosos el día en que pudieran leer frente a sus amigos y vecinos las sagradas palabras de las Escrituras. El culto colectivo habitual, tan arraigado en la forma de vida, era uno de los factores educativos más poderosos para la formación del individuo desde su infancia.

La Torá

A pesar de que el Templo era el polo del judaísmo, la esencia de la vida judía iba centrándose cada vez más en las sinagogas. Es muy probable que los judíos comunes encontraran mayor estímulo a su devoción en las sinagogas, rodeados de sus convecinos, que en la aparatosa grandiosidad del Templo. Pues bien, la lectura de la Torá constituía el corazón ritual de las sinagogas. El término hebreo torá, aunque suele se traducirse como "ley", proviene de una raíz que significa "instrucción" o "guía". La palabra Torá puede emplearse para denotar el conjunto de creencias judías, pero por lo general se restringe al Pentateuco o los cinco primeros libros históricos incluidos en el Antiguo Testamento: el Génesis, el Éxodo, el Levítico, Números y el Deuteronomio. Estos libros narran la historia que constituye el fundamento del judaísmo: cómo Dios hizo un pacto con los patriarcas, sacó de la esclavitud de Egipto a sus descendientes, les dio la ley (que incluía los diez mandamientos) y los condujo a la tierra prometida.

Por tradición se creía que Moisés había escrito los cinco libros de la Torá, pero los estudios bíblicos modernos no concuerdan con esta opinión. Por lo general, los expertos señalan que durante la época de Judá e Israel como reinos independientes (922-587 a.C.) circulaban entre los hebreos varias versiones orales y escritas de los sucesos (e inclusive de los diez mandamientos) descritos en la actual Torá. En ésta se entremezclaron las tradiciones, las leyendas, la poesía, las directrices rituales y las leyes, crónicas, oraciones y profecías acumuladas a través de los siglos.

Según se relata en el segundo Libro de los Reyes (22, 3-13), durante el reinado de Josías de Judá (640-609 a.C.) y mientras se estaba reparando el Templo

de Jerusalén, se descubrió un "libro de la ley" que fue llevado al monarca. Se cree que era el Deuteronomio, pero los expertos discrepan en cuanto a su origen; algunos creen que fue compilado por una facción de reformadores deseosos de uniformar, depurar y restaurar la fe después de un período de relajamiento, y otros piensan que formaba parte de la literatura del reino de Israel (al norte de Judá) y que fue llevado a Jerusalén tras la destrucción de Israel por sus enemigos asirios, ocurrida en el año 721 a.C.

Sea como fuere, Josías se enmendó, abandonó la idolatría y prometió obedecer los preceptos del libro sagrado. Entretanto, los reformadores y sus sucesores reunieron los textos que se usaban en Israel y estatuyeron una compilación de las viejas tradiciones del judaísmo, en cuatro libros que, junto con el ya conocido por Josías, habrían de formar la Torá. Este trabajo se prolongó durante un turbulento período que abarcó varias generaciones y en el cual el reino fue avasallado por los babilonios; los judíos fueron obligados a vivir en el exilio, pero más tarde pudieron regresar y reconstruir el Templo.

A mediados del siglo v a.C. los cinco libros formaban ya la Torá aceptada. Para los judíos, la Torá era más que una historia del mundo y una norma de vida: cada palabra provenía de Dios; era el fundamento de toda moralidad. Junto con los libros sagrados de sabiduría, de crónica y de profecía que se agregaron posteriormente, la Torá llegó a formar las Escrituras del judaísmo (el Antiguo Testamento de los cristianos), en las que se hallaba todo el conocimiento necesario para vivir en la tierra por los siglos de los siglos. Estudiar y acatar las leyes de la Torá era, pues, crecer espiritualmente; también era una forma de culto y una obligación de por vida. Hilel, un gran maestro judío de la época de Jesús, decía: "Un hombre ignorante no puede ser piadoso."

Los varones judíos acostumbraban atarse filacterias o tefillín en los brazos y en la cabeza para hacer sus oraciones matutinas, salvo en el sabat y en las festividades. Las cajitas de piel negra tenían dentro unos trozos de pergamino doblados, en los que estaban escritos algunos pasajes de la Biblia (los diez mandamientos, por ejemplo). Arriba, centro, un muchacho judío lleva atadas las filacterias durante su bar mitzvá, que marca su paso a la madurez religiosa. La filacteria que aparece sobre estas líneas, proviene de las cuevas de Qumrán y es la única que se conserva de la época de Jesús.

Una educación temprana

La iniciación a la Torá comenzaba lo antes posible, inclusive antes que la educación escolar, pues todo padre estaba obligado a enseñar a sus hijos con la palabra y el ejemplo. Un niño podía observar cómo su padre se ataba en los brazos y en la frente las filacterias o *tefillín*, cajitas en las que se guardaban algunos versículos de la Torá escritos en pergamino, y era natural que preguntase "¿qué estás haciendo?" El padre podía contestar con palabras del Deuteronomio (6, 5-8), diciendo que el deber de todos era "amar a Dios con todo el corazón, con toda el alma y con toda la fuerza", y que a él como padre se le había ordenado: "Estas palabras estarán grabadas en tu corazón... se las repetirás a tus hijos... y las atarás a tu mano como una señal, como un recordatorio ante tus ojos." Además, según los preceptos del libro del Éxodo (13, 6-8), al llegar la Pascua el padre tenía que explicarle a su hijo que la cena pascual y los panes ázimos tenían como motivo recordar "lo que hizo conmigo Yavé cuando salí de Egipto". Casi todas las costumbres (como la de construir cobertizos para la fiesta de los Tabernáculos) tenían su origen en la alianza de Dios con su pueblo; cada acto de la vida, por insignificante que fuese, tenía un sentido sagrado, y para inculcar tales enseñanzas se apoyaban mutuamente el hogar, la escuela y la sinagoga.

La escuela elemental

Para los hijos varones la escuela comenzaba cuando tenían alrededor de cinco años de edad, con su ingreso al *bet hasefer* o "casa del libro". Durante cinco años asistían por lo menos medio día, seis días a la semana. "Los hijos tienen que ser engordados con la Torá", decía un sabio, "así como el ganado se engorda en el pesebre". Las madres o los padres llevaban a los niños al amanecer y regresaban a buscarlos hacia la "hora sexta" o mediodía. (Si un niño no estaba en la escuela, era porque estaba ayudando en el campo o aprendiendo un oficio.) En los pueblos pequeños el maestro podía ser el *hazán* de la sinagoga, y ésta servía como salón de clase; en los pueblos más grandes, donde llegaba a haber hasta 25 alumnos, podía nombrarse un segundo maestro.

Los niños se sentaban a los pies del maestro, literalmente, y primero aprendían las 22 letras del alfabeto hebreo; luego se les enseñaban palabras y más tarde frases de la Torá, que era su único material de "lectura". Pero como el hebreo de aquella época se escribía sin vocales, los niños sólo podían aprender los sonidos de las palabras escuchándoselas al maestro y repitiéndolas después. La memoria era una aptitud importante, y aquellos niños que podían memorizar muchos pasajes eran los que llegarían a ser eruditos destacados, sobre todo porque no se consideraba correcto copiar las palabras de la Torá, salvo para fines litúrgicos y de enseñanza. Todo el estilo educativo estaba condicionado por una cultura en la que la palabra hablada se transmitía de una generación a otra. Así pues, el salón de clase y las calles aledañas resonaban todo el día con las rítmicas recitaciones de los pequeños que aprendían de memoria la lección.

En siglos posteriores este método de aprendizaje llegó a ser considerado vital para los judíos. Según cierta historia, algunos enemigos de Israel preguntaron a un sabio cuál era la mejor forma de destruir a los judíos. "Acérquense a sus sinagogas y escuelas", les dijo. "Si encuentran allí que los niños alzan la voz, no podrán someterlos; si no la alzan, sí podrán." Exagerando un poco, pero con gran seguridad, el historiador judío Josefo se jactaba en el siglo I d.C.: "Si a uno de nuestros compatriotas se le pregunta acerca de las leyes, las enunciará con más soltura que si fuera su propio nombre. Desde el despertar de nuestros intelectos se nos enseñan a fondo las leyes, lo cual da por resultado que las tengamos, por así decir, grabadas en el alma."

Las clases avanzadas

Al cumplir 10 años, Jesús o cualquier otro niño ingresaría a las clases "avanzadas", al *bet talmud* o "casa de aprendizaje". Estas clases podían ser impartidas en el mismo lugar y por el mismo maestro que las elementales, pero la materia de estudio no era ya sólo la Torá, la "ley escrita", sino también la "ley oral" o Mishná, que era más compleja. (La Mishná fue puesta por escrito en el libro del Talmud varios siglos después de Cristo.) Se trataba de la interpretación de los mandamientos de la Torá tal y como oralmente la habían transmitido los jefes espirituales de Israel durante generaciones. Era un trabajo arduo. Probablemente había que asistir a clase por la mañana y por la tarde; los estudiantes distraídos quizá fueran castigados.

Poca atención se daba al ejercicio físico y a las matemáticas, la música, el arte, la retórica y la filosofía, materias que ocupaban por completo a los estudiantes de las ciudades helenísticas en los llamados gimnasios.

En las escuelas de las sinagogas el maestro escribía el alfabeto hebreo en una tablilla de madera cubierta de cera, con un estilete. Arriba se muestran estos utensilios (en la tablilla casi no queda cera). El extremo plano del estilete se usaba para borrar. Los niños aprendían el nombre de cada letra, lo decían en voz alta y luego lo escribían en sus propias tablillas. En cuanto a escritura, no solían calar más hondo.

Una vez más, la memorización, puesta a prueba y fortalecida por la recitación en voz alta, era el punto de partida del aprendizaje. Sentado en su banca, el maestro planteaba una pregunta acerca de la ley; por ejemplo: "¿Hay algún tipo de trabajo que se permita realizar en el sabat?" Luego citaba los versículos referentes a esta cuestión y explicaba cómo tal sabio o tal otro habían respondido a la pregunta. Las opiniones del maestro llevaban a redefinir hasta las mismas palabras *permitir, trabajo y sabat*, para lo cual se recurría a otros versículos de la Torá. Reunidos alrededor del maestro, los alumnos repetían la lección, todos al mismo tiempo o bien en forma individual según se les pidiera, hasta que el concepto general y luego inclusive el enunciado exacto quedaban "grabados" de modo indeleble en sus mentes.

Ahondar en la ley, el paso siguiente

Tales discusiones solían restringirse a las obligaciones legales escuetas, pero la ley oral o Mishná también se refería a los asuntos filosóficos y morales que forman el trasfondo de toda ley. ¿Qué deberes tenemos para con Dios, la familia, la sociedad y el gobierno? ¿Cómo podemos ser éticamente responsables en el mundo cotidiano? ¿Qué designios nos tiene reservados Dios? ¿Cómo debemos preparar a nuestros hijos para el mundo venidero?

Un método de estudio consistía en analizar el texto con detalle, con la precisión de un juez o un abogado. Sin embargo, algunos eruditos recurrían también a las leyendas, las fábulas, los cuentos y otros medios ilustrativos que permitían desentrañar el sentido de la Torá. A esta clase de conocimientos se les conocía como Midrash.

Otra importante forma de exposición era la parábola, que con tanta eficacia habría de emplear Jesús. Las parábolas eran comunes a diversos pueblos del mundo antiguo. Platón y Aristóteles recurrieron a ellas y también son frecuentes en el Antiguo Testamento, como es el caso en 2 Samuel 12. Cuando el profeta Natán supo que David había cometido adulterio con Betsabé y que había arreglado las cosas de modo que el marido fuera muerto en combate para poder casarse con ella, el profeta le contó a David acerca de dos hombres, uno rico y otro pobre. El rico tenía muchos rebaños, mientras que el pobre tenía sólo una ovejita. Cuando el rico necesitó un cordero para darle de comer a un invitado, no quiso tomar ninguno de los que él tenía y prefirió matar y asar la ovejita del desposeído. Cuando David se encendió en cólera contra el rico de la historia de Natán, éste le dijo: "Tú eres ese hombre."

Las parábolas son historias que tienen por lo menos dos sentidos, el literal y el figurado. En el ejemplo anterior, la parábola es una sencilla alegoría. En sentido literal hay un hombre rico, un hombre pobre y la ovejita no es más que un animal; pero en sentido figurado el rico es David, el pobre es Urías (el marido) y la ovejita es Betsabé. El propósito de toda parábola es hacer que el oyente o el lector piensen en las consecuencias de lo que se ha narrado y cambien de comportamiento. La parábola de la ovejita hizo que David se percatara de la gravedad de sus acciones y cambiara su conducta, Durante su ministerio, Jesús usó magistralmente muchos tipos de parábolas, pero es probable que su primer contacto con ellas tuviera lugar en sus tiempos de estudiante.

Las clases avanzadas consistían en gran medida en transmitir información, pero también, su propósito era enseñar a los alumnos a razonar y argumentar. Por ejemplo, el maestro podía mencionar alguna de las leyes que prohibían comer animales "impuros", tales como el camaleón, y el uso de ollas en las que hubiera caído algún animal de este tipo. Después podía entablar un diálogo como el siguiente:

—Eliézer —comienza a preguntar el *hazán*—, ¿es preciso destruir una olla que ha sido contaminada por un animal impuro?

Eliézer responde de inmediato "Sí" y cita el Levítico 11, 33 para apoyar su respuesta: "Si cae alguno de estos bichos en una olla de barro, cuanto haya dentro de ella quedará impuro y romperás la olla."

—Ah —comenta el maestro—. Pero explícanos tú, Simón, ¿es esto cierto en todos los casos?

Simón piensa y luego responde con una cita de la ley oral, la cual distingue las ollas según el material de que están hechas.

—Bien —dice el maestro—. Ahora, Josué y Elihú, pasemos a otro tema. Sabemos que está prohibido trabajar el sabat, pero ¿es cierto en todos los casos?

Se produce un alzar de manos y se citan más versículos y comentarios. A veces hay que infringir la ley, para salvar una vida, por ejemplo. ¿Valdría este principio para todos los casos? La animación aumenta a medida que los chicos van ejercitando el ingenio, razonan por analogía o comparación y ponderan los ejemplos y las argumentaciones.

El lenguaje que usaban el maestro y los alumnos se conocería más tarde como hebreo mishnaico. Aunque posterior al de las Escrituras, este hebreo estaba muy influido por las vívidas imágenes y los paralelismos poéticos de

El maestro y sus alumnos algunas veces salían al aire libre. Bajo los árboles, los niños aprendían el alfabeto y recitaban pasajes de la Torá. Los alumnos mayores aprendían la ley oral, se deleitaban con las parábolas y entablaban animadas discusiones.

pasajes bíblicos tales como: "El día habla al día, y la noche comunica sus pensamientos a la noche" (Salmos 19, 2). "Vete donde la hormiga, perezoso; mira sus andanzas y serás sabio" (Proverbios 6, 6) . "¿Dónde estabas al fundar yo la tierra... cuando las estrellas del alba cantaban al unísono y todos los hijos de Dios exclamaban de alegría?" (Job 38, 4-7).

En toda época han sido escasos los alumnos y los maestros talentosos, por lo cual seguramente muchos días (durante los tres años que duraba el *bet talmud*) resultaban pesados debido a las monótonas repeticiones, al sofocante calor de Palestina, al zumbido de los insectos... y los pies se meneaban, los cuerpos cambiaban de postura y de vez en cuando se escuchaba una reprimenda. Sin duda muchos chicos olvidaban los versículos apenas abandonaban el salón de clase o cuando ya entraban a la edad adulta, pero nunca olvidaban la lección fundamental: que ellos eran el pueblo de Dios y que nunca debían perder de vista las enseñanzas de sus legisladores, jefes y profetas.

El estudio de las Escrituras no sólo les confería aptitud para interpretar sus leyes sino también una amplia perspectiva histórica, desde la Creación hasta su propia época, y les enseñaba que los hechos históricos debían evaluarse fundamentalmente a la luz de la ética. Les daba héroes a los cuales emular y ejemplos de incorrección moral que debían rehuirse. Les enseñaba el valor de la libertad y a no reconocer como absoluta ninguna autoridad humana, sino sólo la de Dios. Los elevaba hasta las cumbres de la poesía hebraica, en los salmos y los libros proféticos. Les decía que tenían una alianza especial con Dios pero les recordaba la fragilidad del hombre. Su libro de texto los enfrentaba al problema del mal en el mundo y les aconsejaba sobre cómo comportarse en la vida diaria. Los instruía acerca de sus obligaciones para con los más débiles de la sociedad: los pobres, los huérfanos, los desamparados, los expatriados. Les enseñaba a buscar la voluntad de Dios en todo, y a entender que el futuro estaba en manos de Dios. En suma, se trataba de un programa de estudios flojo en cuanto a ciencias y artes pero muy vigoroso en leyes, ética e historia. Se trataba de formar seres humanos decentes, dotados de un hondo sentido moral.

La educación de las niñas

En los pueblos judíos tradicionales no se impartía educación escolar a las niñas, pero tampoco se les dejaba en la ignorancia respecto a sus deberes. La madre enseñaba a la hija todo lo necesario para que ésta cumpliera su papel de esposa y madre de acuerdo con la ley y la tradición judaicas.

De gran importancia era enseñarles las normas que marcaban la devoción familiar a Dios en el ritmo y las actividades de la vida diaria. Por ejemplo, las leyes alimentarias convertían la rutina cotidiana en una expresión de obediencia a Dios y de unión con su pueblo. Según la Torá, estaba prohibido comer animales impuros, o animales puros que no hubiesen sido matados y desangrados en la forma ritual; tampoco se podía cocer la carne de ningún animal en la leche de su madre. Esta última ley acabó interpretándose en el sentido de que era preciso usar ollas distintas para la carne y para los lácteos.

Las leyes alimentarias eran muy específicas y a la vez muy intrincadas. Por ejemplo, había que romper las ollas que hubieran estado en contacto con carne impura. Pues bien, la madre enseñaba a su hija, en la pura y simple práctica, lo que los jóvenes aprendían devanándose los sesos en la sinagoga.

Lo más probable es que ni los chicos ni las niñas preguntaran el porqué de tantas leyes de pureza; simplemente creían que eran leyes que Dios les había dado. Fue sólo mucho después cuando los rabinos llegaron a la conclusión de que las leyes tenían por objeto combatir la crueldad, los ritos paganos (los paganos de entonces quizá cocían carne de cabrito en leche de la cabra madre) y las enfermedades (la carne de ciertos animales aloja parásitos).

Los instrumentos musicales se escuchaban en todas las festividades, como acompañamiento del canto y la danza. A algunos niños judíos se les enseñaba a tocar uno o mas instrumentos, entre ellos los címbalos, la flauta y el kinnor *o arpa hebraica (que más que a un arpa, es similar a una lira).*

Las niñas aprendían a servir la mesa y a decorar y purificar la casa en el sabat y ciertas festividades. Al aprender a hacer estos preparativos, también aprendían las costumbres y la historia subyacentes. Algún día las enseñarían a sus propios hijos. Lo referente a los aspectos cotidianos de la Torá lo aprendían las niñas en la práctica, y se creía que para eso no era necesario ir a la escuela.

Pero lo anterior no significa que el aprendizaje de una futura ama de casa se tomara a la ligera. Hasta las chicas más "ignorantes" sabían hacer muchas cosas, desde hilar y tejer hasta preparar remedios con hierbas, y por supuesto sabían ayudar en un parto. Además, sabían cantar, bailar y tocar la flauta, el arpa, el salterio y también un tamborcillo. La música no sólo se permitía sino que se fomentaba, siempre que tuviera relación con las fiestas religiosas.

La casa de la comunidad

Alrededor de los 18 años de edad, los chicos y las chicas de un lugar como Nazaret ya estaban listos para enfrentar la vida. Pero en adelante seguirían recibiendo una cierta educación en la sinagoga. Ésta era más que un lugar de culto religioso; también era un sitio de reunión para los judíos, como lo indica su nombre (tanto la palabra griega sinagoga como su equivalente en hebreo, *bet haknesset*, significan "casa de la comunidad").

En un pueblo habitado por judíos casi en su totalidad, la sinagoga era una propiedad pública y su jefe y los subalternos eran, asimismo, los principales funcionarios civiles. En las ciudades, las autoridades de la sinagoga y las civiles estaban separadas y podía haber numerosas sinagogas; en la propia Jerusalén había seguramente muchas, pese a que allí estaba el Templo. Existían en todo el mundo antiguo, desde Roma hasta Partia, en África del Norte y en toda Asia Menor, tanto en las ciudades grandes como en las pequeñas: dondequiera que hubiese judíos.

Es claro que el objeto de la sinagoga era congregar a pequeños grupos de judíos para que recibieran una educación a través de la lectura de las Escrituras, los sermones y los grupos de discusión que a veces se formaban para ahondar en el estudio de la ley. Para comenzar la oración pública en la sinagoga tenían que estar presentes por lo menos 10 hombres.

La sinagoga era también un centro comunal donde se discutían asuntos locales, se hacían anuncios, se organizaban obras de caridad y a veces se efectuaban juicios ante los ancianos, que fungían de jueces. En algunos lugares también servía como comedor público y como alojamiento para viajeros. Pero, sobre todo, era un centro educativo.

Se ejercía una cierta democracia en la sinagoga. Para ser el jefe no había que cumplir con requisitos especiales; cualquier varón mayor de 13 años podía dirigir las oraciones o pronunciar un sermón. Si entre los miembros de la comunidad había algunos levitas, o aun sacerdotes, no tenían ninguna función especial, salvo recitar bendiciones.

Inclusive los no judíos que seguían muchos preceptos de la Torá podían asistir a la sinagoga si querían aprender las costumbres y creencias de los judíos. Cuando Jesús comenzó a predicar y, más tarde, cuando sus discípulos difundieron su mensaje, en las sinagogas encontraron siempre oyentes dispuestos.

El papel del escriba

Aunque todos los judíos iban a la sinagoga para aprender, siempre había algunos muchachos mejor dotados que los demás. Estos estudiantes especiales

Continúa en la página 158

Esta escultura de bronce representa a un músico tocando un instrumento de aliento. El instrumento no se ha conservado, pero pudo ser una especie de flauta o bien un instrumento similar a la chirimía. Los instrumentos de aliento se utilizaban tanto en ocasiones festivas como en los funerales.

La sinagoga

La antigua sinagoga no sólo era para los judíos un lugar de culto sino también un centro de actividades comunales (escuela, sitio de reunión y tribunal). No imitaba ni sustituía la función sagrada del Templo de Jerusalén; no había sacerdotes ni tampoco se ofrecían sacrificios.

Las primeras sinagogas probablemente constaban de un solo recinto donde 10 o más varones de la comunidad se congregaban para orar y para discutir conceptos religiosos, específicamente para interpretar las enseñanzas de las Escrituras. Posteriormente las comunidades erigieron edificios especiales, que solían ser los más altos del lugar.

Los diseños arquitectónicos variaron con el tiempo, aunque siempre hubo elementos comunes a toda sinagoga. Las ventanas tenían mucha importancia porque la Torá debía ser leída a plena luz, excepto en las ocasiones en que había reuniones de estudio; la fachada tenía tres puertas, con un pórtico o vestíbulo que permitía a los fieles tomar un respiro antes de entrar. En el interior, las bancas se colocaban en hileras paralelas a tres de los muros, mirando hacia el estrado donde se colocaba el predicante. Algunas

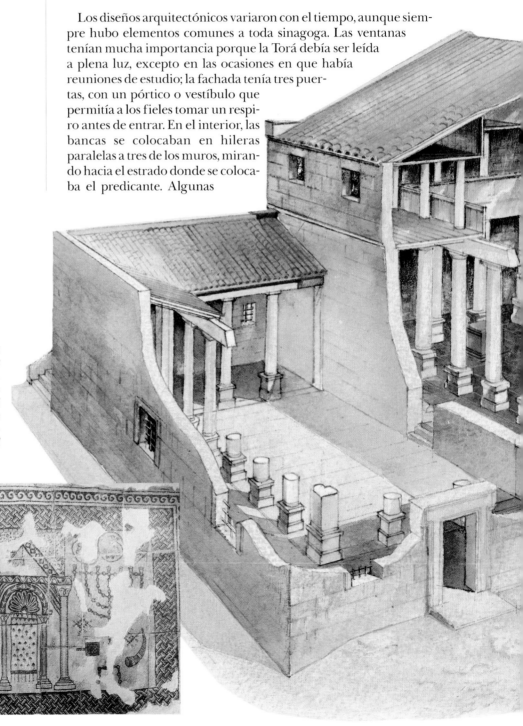

En el piso de mosaico de la sinagoga de Bet-shan (siglo VI d.C.), que se muestra abajo, se representan algunos objetos que se utilizaban para el culto: el Arca (centro), las menorás, los shofares o cuernos y los badiles para el incienso.

156

sinagogas estaban orientadas de manera que los congregados miraran hacia el Arca de la Alianza, donde se guardaban los rollos de pergamino de la Torá, y al mismo tiempo hacia el Templo de Jerusalén. Lo más probable es que a los ancianos se les reservaran ciertas bancas. En aquella época los pisos solían ser de losa, aunque algunas veces estaban decorados con mosaicos multicolores. En el dibujo central se muestra un diseño basado en una sinagoga de Kafr Bar'am, al norte de Galilea (siglo III d.C.); en esta región las sinagogas tenían fachadas muy decoradas. El aula anexa, a la izquierda, se basa en la de una sinagoga de Cafarnaúm, también en Galilea (siglo III d.C.). Las columnas interiores sostenían una galería, como en muchas de las sinagogas actuales. Las columnas de las esquinas, en forma de corazón, estaban especialmente diseñadas para soportar el peso del piso superior.

La sinagoga de Cafarnaúm del siglo II d.C. fue un prodigio del arte decorativo judío, como puede apreciarse en estos fragmentos procedentes de las ruinas. El capitel de abajo tiene una datilera labrada al frente. El friso de arriba está adornado con rosetas, granadas y una estrella de David.

podían proseguir su formación escolar y aspirar a ser escribas, o doctores de la ley, dos términos que en la época de Jesús ya eran sinónimos.

Siglos antes del nacimiento de Jesús, durante los reinados de David y Salomón, los escribas habían sido funcionarios públicos al igual que ocurría en otras regiones del Medio Oriente. En esa época, los escribas se contaban entre los pocos profesionales del arte de leer y escribir, y se les reconocía por las tablillas en que escribían y por los estuches para plumas que llevaban colgados del cinturón. Aquellos primeros escribas hacían contratos de matrimonio y de divorcio, facturas y otros documentos legales. Anotaban los decretos reales. Llevaban las cuentas de los egresos y de los impuestos. Redactaban las cartas diplomáticas que después los mensajeros llevaban a pie o a caballo hasta los jefes de otras naciones. Y, por supuesto, copiaban los textos sagrados, además de escribir todo lo relacionado con el trabajo de los sacerdotes del Templo. Muchos de los primeros escribas probablemente provinieron de la tribu de Leví.

En la época de Jesús los escribas copiaban la Torá en rollos de pergamino; escribían con tinta, usando un cálamo de caña (el moderno escriba que aparece en la foto está usando una pluma de ganso). Las plumas de aves no se usaron para escribir sino hasta el siglo IV d.C.

Tras el exilio de Babilonia, no obstante, los escribas se dedicaron más especialmente a los asuntos religiosos, y a ellos se les confió el trabajo de copiar la Torá para las comunidades judías dispersas, tarea que constituía una responsabilidad sagrada y que sólo podían realizar personas especialmente entrenadas. A través de los siglos, los escribas también transcribieron las palabras de los profetas y los "libros sapienciales", que incluían los Proverbios, el Eclesiastés y el libro de Job.

Durante el siglo de régimen ptolemaico en Palestina, cuando la Torá constituyó el cuerpo de leyes civiles y religiosas de Israel, los escribas no sólo copiaban la ley sino que también la custodiaban e interpretaban. Ellos fueron los que idearon los innumerables comentarios a la ley, buscando cada vez más a fondo en las palabras cotidianas los matices más significativos, mientras que los sacerdotes seguían ocupándose de los detalles del culto y de los sacrificios en el Templo. Durante la rebelión macabea los escribas desempeñaron un papel fundamental para la restauración de la autoridad legal de la Torá. En la época de Jesús, su fuerza política quedó mermada por los regímenes herodiano y romano, pero su estatura religiosa como intérpretes de la Torá siguió incólume.

Los escribas usaban pergaminos hechos con cuero de oveja, de cabra o de algún otro animal puro. Para cada uno de los libros de la Torá (Génesis, Éxodo, Levítico, Números y Deuteronomio) se usaba un solo rollo de pergamino. La tinta era una solución de negro de humo y goma. La pluma estaba hecha con una caña cortada en un extremo que formaba una punta; también se usaban plumillas metálicas. Arriba se muestran una pluma y un tintero romanos del siglo I d.C. (hallados en el lecho del río Tíber).

La formación del escriba

El primer paso para llegar a ser escriba era ingresar a una escuela de estudios superiores, el *bet midrash* o "casa de estudio". No forzosamente se trataba de un edificio o de un lugar sino de un grupo de maestros que, además de su labor docente, podían dictaminar como eruditos en diversas circunstancias. Cada grupo dependía de un maestro particularmente influyente.

Los jóvenes que asistían al *bet midrash* seguían un método ya conocido: se sentaban en grupos pequeños alrededor de uno o más maestros con quienes, no obstante, profundizaban en los temas mucho más que en años anteriores. Al principio se insistía de nuevo en la memorización y la recitación, pero sin duda había más ejercicios de escritura. El programa de estudios era ciertamente más dificultoso, y las preguntas, los comentarios y las respuestas eran más complejos y detallados. Como siempre, toda respuesta tenía que basarse sólo en las Escrituras y la tradición.

También se estudiaban materias complementarias. Había que saber de astronomía lo bastante para calcular los tiempos de las festividades, por lo que era necesario memorizar las posiciones de los cuerpos celestes en cada estación del año; había que saber de matemáticas lo suficiente para determinar el calendario religioso judío. Las ciencias naturales se estudiaban para interpretar las leyes referentes a las plantas y los animales comestibles. También se enseñaba algo de geografía, muy rudimentaria (el centro del mundo era Tierra Santa, bañada por siete "mares"). Ninguna materia se estudiaba por lo que era en sí, sino por su relación con la Biblia.

No había un límite de tiempo para completar los estudios en el *bet midrash*; cuando el maestro juzgaba que el alumno podía resolver por sí solo cuestiones complejas referentes a la ley, lo declaraba erudito consumado, que ya podía ser llamado maestro (rabino).

La eminencia del sabio

La consumación como erudito no era el final del camino para quien de verdad quisiera ascender en sabiduría. Aún había que acudir a un gran maestro, a un sabio cuya vida entera estuviese consagrada a la meditación y la enseñanza, y seguir sus pasos como discípulo. Alrededor del sabio se formaba un pequeño grupo de jóvenes que vivían con él y que, fuera ya de un programa de estudios, aprendían las responsabilidades y los deberes de la vida diaria.

El sabio hacía hincapié en las buenas obras y daba el ejemplo. A veces reunía a su grupo, tomaba algo del dinero recaudado en la sinagoga, compraba comida y ropa e iban todos a llevar estas adquisiciones a la gente pobre que estaba ya muy enferma o quizá demasiado apenada para acercarse a pedir. Otras veces llevaban al abrevadero a los animales de una anciana o se encargaban del sepelio de algún miembro de una familia necesitada, o de puerta en puerta buscaban acomodo para un huérfano. Antes y después de realizar éstas y otras buenas obras, el sabio solía dialogar con sus discípulos acerca de los versículos de la Biblia que se relacionaban con cada caso.

Se reunían todos para orar, y también para comer; durante las comidas era costumbre que alguno de ellos planteara alguna pregunta que suscitase una animada discusión. Para preparar la comida se turnaban los miembros del grupo, y la compra de los alimentos se hacía con fondos a los que cada cual aportaba lo que podía.

El dinero provenía de varias fuentes. Algunos sabios, al igual que sus discípulos, trabajaban parte del día en algún oficio. El trabajo confería dignidad. A veces los estudiantes talentosos recibían dinero de sus familias, pues era una buena obra apoyar el estudio.

En ocasiones, el sabio y sus discípulos viajaban de pueblo en pueblo y se alojaban en casa de familias que se sentían honradas de ayudarlos; ellos organizaban sesiones de estudio para los lugareños. Las sesiones se efectuaban en la sinagoga o quizá inclusive en la plaza del mercado, donde el sabio se sentaba y hablaba a la gente; si era un poco sordo o si tenía una voz débil, un discípulo se encargaba de repetirle las preguntas al oído o de transmitir a la gente las res-

En el mundo antiguo se preparaban muchas medicinas a base de plantas. Los contemporáneos de Jesús a veces aliviaban el dolor intenso con opio obtenido de una especie de amapola (abajo). Para dolencias del cuerpo, usaban aceite de mostaza (arriba).

puestas. A veces los discípulos escribían las valiosas palabras del maestro; o bien, una vez que un discípulo se sentía llamado a ser él mismo el gran maestro de un grupo, relataba las historias de su viejo preceptor, las cuales quizá llegaran a ponerse por escrito mucho después de su muerte. En parte, así fue como llegaron hasta nosotros los evangelios.

El estudio de la medicina y las artes

Para los jóvenes judíos talentosos pero que no querían ser ni maestros, ni labradores, ni artesanos, había pocas posibilidades de opción. El reino judío formaba parte del Imperio Romano, y éste tenía sus propios soldados, constructores y administradores; los judíos que tenían la posibilidad de trabajar con los romanos (por ejemplo, los hijos de los altos funcionarios) iban a estudiar a la capital del Imperio.

Sin embargo, si un joven judío quería ponerse de aprendiz de un sanador, tenía forma de lograrlo. Desde hacía siglos una de las tareas de los sacerdotes había sido reconocer los síntomas de la temible lepra y encargarse de que sus víctimas, consideradas impuras, no contagiaran a otras personas. (En la Biblia se llama lepra no sólo a lo que hoy conocemos como tal, sino también a muchas enfermedades agudas de la piel caracterizadas por la inflamación del tejido cutáneo.) Al estudiar la lepra, los sacerdotes aprendieron a identificar otros padecimientos que producían hinchazón o erupciones y otras lesiones en la piel y la carne; siguiendo un método de tanteos, hallaron posibles remedios en varios tipos de baños y en ungüentos y polvos hechos a base de hierbas y aceites. Es muy probable que desde entonces transmitieran sus conocimientos a algunas familias no sacerdotales.

Los sanadores judíos probablemente administraban también medicinas hechas a base de polvo de raíces, o pociones preparadas con hojas y frutos remojados en agua; con ellas se pretendía ayudar a que el organismo se desintoxicara por sudoración o por otros medios. También se practicaba la cirugía, pero los estudios de anatomía eran muy rudimentarios dada la prohibición de disecar cadáveres.

Y para un muchacho judío con talento artístico, ¿había algún futuro? Ello dependía del tipo de talento. Se fomentaba la música pero, en cambio, un chico dotado para las artes visuales habría tenido mucha dificultad para encontrar un maestro. Los judíos cumplían estrictamente con el mandamiento de Dios expresado en el libro del Éxodo (20, 4): "No te harás escultura ni imagen alguna ni de lo que hay arriba en los cielos, ni de lo que hay abajo en la tierra, ni de lo que hay en las aguas debajo de la tierra." Podía considerarse que esta prohibición significaba tan sólo que nadie debía rendir culto a ninguna imagen, pero la interpretación prevaleciente en el siglo I d.C. era la prohibición total de representar al hombre y los animales, sobre todo aquellos que comúnmente usaban como objeto de culto los paganos. Por tanto, casi no existía entre los judíos escultura, pintura o dibujo figurativos; los objetos de alfarería, por ejemplo, se decoraban con dibujos de hojas y rosetas. Por otra parte, en arquitectura hubo períodos de florecimiento considerable; el rey Herodes procuró granjearse la simpatía de su pueblo decorando con lujo el Templo, aunque tuvo que vigilar que sus artistas no emplearan figuras de seres humanos ni de animales (una sola vez se equivocó: al rematar con un águila la puerta del Templo, lo que provocó un escándalo).

Los muchachos dotados para la poesía habrían tenido que dedicarse a componer versos religiosos. La creación poética no debió de estar prohibida a las mujeres, puesto que Israel tuvo profetisas y cantoras tales como Débora (Jueces 5) y Miriam, hermana de Moisés y Aarón, que cantó triunfalmente cuando los egipcios murieron ahogados en el Mar Rojo (Éxodo 15, 20-21); por desgracia poca de esta poesía se ha conservado en nuestros días.

La educación griega y los judíos

En los pueblos y regiones de Judea y Galilea, donde predominaba la población judía, era común que el sistema educativo desarrollado alrededor de la sinagoga y la Torá permaneciera casi ajeno a la cultura helenística; dicho sistema preservaba la identidad étnica de los judíos y formaba escribas y sabios capacitados para interpretar el conjunto de leyes y textos que constituían la base cultural. Desde luego, el helenismo circundante ejercía cierta influencia en la educación judía, pero como ésta se impartía en las lenguas aramea y hebrea, la barrera del idioma atajaba considerablemente las influencias extranjeras.

Sin embargo, también había muchos judíos que habitaban fuera de las regiones donde predominaba la lengua aramea; tal era el caso de las grandes comunidades judías existentes en las ciudades griegas y en las poblaciones palestinas helenísticas. Por ejemplo, en el importante puerto de Cesarea vivían alrededor de 20.000 judíos, en tensión casi continua con una mayoría de no judíos; los repetidos conflictos acerca de los derechos civiles de ambos sectores condujeron a que en el año 66 a.C. estallara una rebelión contra Roma. Pese a que Cesarea estaba situada en Judea, y no obstante la gran cantidad de judíos que la habitaban, las instituciones civiles y la vida pública y religiosa tenían un marcado sesgo helenístico simbolizado por el esplendoroso templo dedicado a Augusto, erigido en el centro de la ciudad.

De modo similar, los judíos eran una minoría en ciudades tales como Ptolemaida, Ascalón, Escitópolis, Hippos, Gadara y otras. Su condición minoritaria se acentuaba aún más en la diáspora, por ejemplo en Alejandría, Mileto y Antioquía, donde el idioma principal era el griego no sólo para el grueso de la población sino también para los judíos, y donde éstos forzosamente estaban en contacto con los no judíos.

Como es natural, los judíos de la diáspora tenían hacia el helenismo una actitud menos intransigente que los galileos. Por ejemplo, para poder participar en el gobierno de las ciudades donde habían habitado toda su vida, los judíos de la diáspora tenían que formar parte de la clase ciudadana, lo cual significaba que los padres se vieran obligados a impartir una educación griega a sus hijos, dado que sólo quienes habían estudiado conforme al sistema del "gimnasio" podían ser ciudadanos con plenos derechos. A las familias judías que habían logrado destacar en ciertas esferas sociales, se les presentaba el difícil dilema de continuar viviendo excluidas del gobierno o bien tratar de adaptarse a la educación griega pero sin comprometer sus principios étnicos fundamentales.

La mayoría optaba por una de dichas posibilidades. Sólo unos pocos preferían abandonar por completo el judaísmo y entregarse sin restricciones a la cultura helenística. Se sabe de judíos que lucharon por ser admitidos en el sistema educativo de los gimnasios pese a la inflexible oposición de los no judíos, que los obligaban a rendir culto a los dioses de la ciudad como condición para poder lograr los privilegios ciudadanos y la participación en el gobierno.

Se usaban métodos quirúrgicos para extraer cataratas y para practicar traqueotomías y amputaciones. Entre los instrumentos médicos romanos que aquí se muestran hay un espéculo, una vasija para sangrías, una caja para medicamentos, un gancho para extirpar tejidos, un escalpelo, una cuchara para calentar ungüentos y varias tientas para sondear heridas. La horquilla servía para extraer puntas de flecha.

El gimnasio helenístico

¿Cuál era el significado real de la educación impartida en el gimnasio? En todo el mundo grecorromano era un instrumento de helenización, el medio por el cual se podían adoptar los valores y la forma de vida griegos. Además, era el molde en que se formaba la aristocracia de las ciudades; casi siempre el gimnasio estaba regido por las clases altas. Además, se trataba de una educación atlética impregnada de un espíritu de competencia que asimismo se extendía a la literatura y el arte.

Aunque los intelectuales la criticaban duramente por su superficialidad, la educación del gimnasio era un orgullo para quienes pertenecían a la cultura helenística o aspiraban a incorporarse a ella. A pesar de que el plan de estudios variaba mucho según el lugar, durante todo el período grecorromano el gimnasio mantuvo prácticamente constante su naturaleza básica; pretendía formar al hombre griego ideal, un caballero de noble carácter que podía merecer la confianza general para desempeñarse en la vida económica, política y social de las ciudades.

Quizá el rasgo más característico de esta educación era la importancia que se concedía al entrenamiento físico. El gimnasio típico consistía en un espacio abierto destinado al ejercicio y las competencias, rodeado de columnas y de diversos recintos; éstos, según su tamaño, podían usarse como bodegas, como salones de clase o como aulas de lectura y discusión. La denominación de "gimnasio" se deriva de *gymnós*, palabra griega que significa "desnudo", debido a que los muchachos, en efecto, realizaban desnudos los ejercicios físicos.

Cuando algunos años antes de la rebelión macabea se estableció el primer gimnasio de Jerusalén, muchos judíos se escandalizaron. En cambio Filón, filósofo judío que vivió en Alejandría, apreciaba los valores positivos de este tipo de educación y alababa a los padres que fomentaban el desarrollo corporal de sus hijos "mediante el gimnasio y el entrenamiento que ahí se imparte, que permite acrecentar el vigor muscular y la buena condición física y que brinda al cuerpo la facultad de conducirse con garbo y elegancia".

Los deportes representaban una parte muy importante de la educación griega. Los griegos eran grandes admiradores de la belleza del cuerpo humano, y sus atletas solían desnudarse y frotarse el cuerpo con aceite antes de competir en deportes tales como la lucha, que se muestra en este relieve de mármol del siglo VI a.C.

En las ciudades grandes había por lo general varios gimnasios, cada uno destinado a chicos de determinada edad: los niños (de 7 a 14 años), los efebos (de 15 a 17 años) y los jóvenes (de 18 a 20 años). En algunas ciudades, como en Teos, Asia Menor, las niñas y las jóvenes también podían participar plenamente en este tipo de educación.

El director honorario del gimnasio solía ser uno de los principales dignatarios de la ciudad: algún ciudadano que sufragaba parte de los gastos de la institución a cambio del honor de ser llamado el "gimnasiarca"; pero la dirección efectiva y la enseñanza estaban en manos de funcionarios de menor jerarquía.

La educación elemental griega

Casi toda la educación elemental se dejaba a cargo de maestros particulares, pagados por los padres de los alumnos. Por lo común, el Estado no financiaba

Las competencias de atletismo se realizaban en grandes estadios; los participantes se sometían a dietas rigurosas y se entrenaban con ahínco antes de una lid. Estos mosaicos de las Galias romanas (Francia) muestran a un corredor y a un lanzador de disco. San Pablo (1 Corintios 9, 24-27), aludiendo al duro entrenamiento de los atletas, señalaba que aunque todos los corredores participan en la competencia, sólo uno es el ganador. Exhorta a sus lectores a participar para ganar, puesto que su meta es superior a la de los atletas. "Ellos buscan una corona corruptible, pero la nuestra es incorruptible."

directamente la educación aunque algunas veces las autoridades civiles nombraban a un supervisor.

La educación de los niños comenzaba de un mismo modo en todos los casos. Primero se les enseñaba el alfabeto griego, luego cómo combinar las letras en sílabas, y por último cómo formar palabras y oraciones. Una vez aprendido lo anterior, los niños comenzaban a leer en voz alta y a memorizar pasajes de Homero, Eurípides y otros autores clásicos. La formación de sílabas y la lectura en voz alta eran muy importantes porque el idioma escrito no se dividía en palabras ni tenía puntuación sino que consistía en una continua hilera de letras que el lector separaba en palabras sobre la marcha. La aritmética elemental se enseñaba de modo similar: contar, sumar, multiplicar y conocer las fracciones usadas en medición.

La educación secundaria griega

A los 14 o 15 años los chicos pasaban a ser efebos y entraban a una etapa educativa particularmente cultivada en el gimnasio. El plan de estudios se concentraba en la educación física; eran constantes las competencias de carrera, salto, lanzamiento de disco y de jabalina, lucha y boxeo. Este tipo de entrenamiento se había originado como preparación militar, pero durante el período helenístico ya había tomado un cariz principalmente atlético y deportivo. Se prestaba cierta atención a las artes, sobre todo a la música; eran comunes los estudios de lira y de flauta, así como la práctica del canto coral y de la danza, que solía aunarse a este tipo de canto. Menos atención recibían otras artes tales como el dibujo y la pintura.

En lo referente a la literatura, el eje de la educación del gimnasio era el estudio de Homero. La Ilíada y la Odisea no sólo eran objeto de un constante análisis literario sino que incluso suponían para los chicos un catálogo de escenas de valentía, competencia, compañerismo, caballerosidad y nobleza. Las imágenes míticas de los dioses antropomórficos griegos quedaban hondamente arraigadas en las mentes de quienes recibían este tipo de educación.

Además de Homero, se estudiaban con detalle algunos otros autores clásicos. En el período helenístico apareció la costumbre de preparar antologías (colecciones de textos selectos) de las extensas obras de poetas, dramaturgos y oradores griegos de épocas anteriores, para el uso escolar. Muchas de esas obras nos son conocidas actualmente gracias a las antologías; los eruditos helenísticos sabían que estaban transmitiendo una valiosa tradición literaria y se esforzaron en identificar y seleccionar lo mejor de ella. En el gimnasio se estudiaba la poesía de Hesiodo, abundante en referencias a los mitos tradicionales; las severas y apabullantes tragedias de Esquilo y Sófocles, o las joviales comedias de Aristófanes, que seguían representándose en los teatros, siglos después de haber sido escritas; las cartas y discursos de Isócrates, que constituían modelos de oratoria y redacción, y muchas otras obras. En cada género literario se consideraba a un solo autor como exponente máximo. En poesía épica, Homero sobresalía, en especial la Ilíada, por supuesto. En tragedia, Eurípides, quizá porque sus personajes, sin dejar de ser héroes, eran más humanos que los de Esquilo y Sófocles. En comedia, Menandro era el predilecto, más aún que Aristófanes; la "nueva comedia" ideada por Menandro era más sutil y refinada que la virulenta y procaz "vieja comedia" de su predecesor. En oratoria, Demóstenes era indudablemente el modelo más excelso.

La educación superior griega

El estudio de la literatura clásica, combinado con el entrenamiento artístico y sobre todo atlético, proporcionaba lo que se consideraba como la preparación moral idónea para un ciudadano helenístico. Luego de su etapa de efebos, los estudiantes podían continuar su educación por otros dos años, a veces en gimnasios especiales para ellos, y otras, como estudiantes avanzados pero en las mismas instalaciones destinadas a los efebos; en todo caso, generalmente se trataba de los hijos de las más acaudaladas familias y se dedicaban a seguir una preparación para la vida ciudadana de las clases sociales altas. Continuaban sus estudios literarios y filosóficos, pero casi siempre sin mucho rigor.

El sistema educativo griego hacía hincapié en el desarrollo tanto del cuerpo como de la mente y era común en todo el Imperio Romano. Para emprender la parte intelectual del programa, el maestro se sentaba en una silla rodeado de los alumnos, que a su vez se sentaban en sillas, en bancas o en banquillos. Los alumnos no tenían pupitres; sobre las rodillas sostenían las tablas en que escribían. En el relieve de abajo, que adorna una tumba de la Germania romana (Alemania) del siglo III d.C., un maestro barbado se encuentra sentado entre dos alumnos que sostienen sendos rollos; un tercer alumno ha llegado con retraso y parece ofrecer disculpas al maestro.

Para seguir estudios de filosofía, medicina y otras materias semejantes, era necesario ir a alguna de las ciudades universitarias más importantes de esa época, como era el caso de Atenas, Pérgamo o Alejandría, donde podían asistir a las clases de los grandes maestros del mundo antiguo. A principios del período helenístico, un gran maestro (por ejemplo Teofrasto, sucesor de Aristóteles en Atenas) podía haber impartido sus clases a "grupos" de 2.000 estudiantes.

La biblioteca y el Museo de Alejandría

Alejandría contaba con una enorme biblioteca y una institución denominada el Museo (que literalmente significa "santuario de las musas"). El Museo se des-

Un hombre sostiene un rollo de papiro mientras que su esposa sostiene una tablilla encerada y un estilete. (Pintura pompeyana del siglo I d.C.)

tinaba a la investigación superior y en él se congregaban eruditos de todo el mundo conocido. Estuvo patrocinado por la realeza durante el período ptolemaico, que comenzó en el siglo III a.C., y fomentaba los estudios literarios y la investigación científica. Durante su apogeo se lograron adelantos científicos que no serían igualados sino hasta nuestros días. Euclides sistematizó la geometría. Aristarco de Samos postuló que el Sol era el centro del universo. Eratóstenes de Cirene midió la circunferencia de la Tierra. Herófilo de Calcedonia logró importantes avances en anatomía al recurrir a la disección y la vivisección.

Los poetas, dramaturgos y filósofos, al igual que los científicos, hallaban en el Museo todo el apoyo necesario para realizar su trabajo. En realidad, por muy sorprendentes que hoy nos parezcan los descubrimientos científicos de entonces, Alejandría quizá tenía más importancia por su literatura y su investigación literaria que por su ciencia.

Alejandría sufrió reveses muy severos durante la turbulencia política de los siglos anteriores al nacimiento de Jesús. El peor ocurrió cuando Julio César tomó la ciudad en el año 47 a.C. y gran parte de la biblioteca fue incendiada. Para compensar la pérdida, Marco Antonio le donó a Cleopatra 200.000 manuscritos procedentes de la biblioteca de Pérgamo, con lo cual revivió la de Alejandría, que siguió siendo una fuerza dominante en la cultura y la educación helenísticas.

La literatura judía helénica

Es muy fácil imaginar la fascinación que el helenismo ejercía en las mentes de los judíos de intelecto inquieto. No hay datos que nos permitan saber cuántos judíos se educaron en los gimnasios, pero es obvio que muchos recibieron la fuerte influencia del ambiente cultural en que vivían. No obstante, era raro que la fascinación del helenismo los llevara al extremo de renunciar a su propia tradición; antes bien, los extensos fragmentos de literatura judía helenística que se han conservado demuestran que se realizó un gran esfuerzo por apoyar las tradiciones judaicas con elementos tomados del helenismo.

Cuando a principios del siglo III a.C. se tradujeron al griego las Escrituras judías, se produjo un fenómeno cultural insólito, puesto que hasta entonces había sido muy poco lo que de otros textos no griegos se había traducido a esta lengua. Dicha traducción, denominada Septuaginta o de los Setenta, fue considerada casi como un milagro por las comunidades judías de la diáspora. La "Carta de Aristeas", texto largo compuesto en el siglo II a.C., presentaba al mundo de habla griega las excelencias del judaísmo relatando la historia de aquella traducción; la carta explica que los traductores, llegados a Alejandría desde Jerusalén, eran insignes filósofos y sabios que dejaron perplejo al rey Ptolomeo II de Egipto, y explica también que el judaísmo era idéntico en casi todo a la filosofía griega, salvo que los judíos sólo reconocían un único Dios.

En el siglo I de nuestra era, el filósofo judío Filón de Alejandría retomó el punto de vista expresado en la Carta de Aristeas. Filón era miembro de una rica familia alejandrina y conocía con igual profundidad tanto la historia y la literatura griegas como las tradiciones del judaísmo. Como filósofo, estaba imbuido del platonismo de su época; como judío, estaba convencido de la ver-

dad divina de las Escrituras (en su versión griega). Por tanto, tenía la certeza de que ambas corrientes debían concordar. Filón se propuso firmemente, como una tarea de por vida, demostrar el profundo significado filosófico que impregna las historias y leyes de las Escrituras; escribió obras en defensa del judaísmo, comentarios especulativos sobre las Escrituras y biografías de los patriarcas judíos en las que los presentaba como modelos de virtud y de vida filosófica. Filón fue el continuador de la obra de otros filósofos judíos menos conocidos y él mismo fue el predecesor de grandes pensadores cristianos del siglo siguiente.

Pero no era sólo a través de la filosofía como los judíos trataban de hallar posibles lazos entre sus tradiciones y el helenismo. Entre los más curiosos productos de este esfuerzo se cuentan los intentos de relacionar las historias del Génesis y del Éxodo con las leyendas del pasado egipcio y griego: los patriarcas y Moisés eran considerados grandes héroes culturales que aportaron importantes contribuciones a la educación y el progreso de la humanidad. Un escritor llamado Artapano llegó al extremo de identificar a Moisés con Museo, el maestro de Orfeo según la mitología griega; afirmaba que Moisés había inventado los barcos, unos artefactos para sacar agua, otros para guerrear y, además, la filosofía, y que había sido el organizador de las divisiones de Egipto y el autor de los textos sacerdotales y hasta de sus dioses. Los griegos tenían una larga tradición de atribuir a los dioses los inventos más portentosos, y Artapano se la apropió con la intención de "elevar" las tradiciones de Israel; este autor fue sólo uno de tantos que reescribieron la historia de los judíos, pero sin duda aventajó a los otros en imaginación.

El impacto de la poesía épica griega incitó a un poeta judío llamado Filón (no el filósofo) a componer una obra entre épica y erudita titulada Jerusalén, en la que el autor pretende relatar de nuevo la historia bíblica pero remedando los venerados versos de Homero. Otro poetastro, llamado Teodoto, escribió una obra épica titulada *Los judíos*, sorprendente por su énfasis en la observancia rigurosa de la ley judía y por su violento rechazo al matrimonio entre judíos y extranjeros.

Los romanos contribuyeron al fomento de la cultura griega en todo el Imperio, inclusive en ciudades tan antiguas como Bet-shan, llamada Escitópolis por los romanos. En tiempos de Jesús, esta ciudad tenía ya 1.500 años. Una de las marcas que dejó en ella la ocupación romana es el teatro (abajo), con capacidad para 8.000 espectadores. En los teatros grecorromanos los espectadores se sentaban en las gradas, hechas de piedra, que formaban un semicírculo; el escenario constaba de un proscenio o tablado y, un poco más atrás, de un piso alto en el que había ventanas y balcones para uso de los actores, al cual subían por escaleras de caracol. El espacio intermedio entre las gradas y el escenario lo ocupaba el coro. La ficha de hueso (arriba) posiblemente era un "boleto" de entrada.

La biblioteca de Alejandría

Personaje leyendo. (Fresco pompeyano.)

La biblioteca de Alejandría, Egipto, fue la más famosa del mundo antiguo y una de las mayores de todos los tiempos. Fue planeada para alojar casi todo lo escrito en griego (desde Homero hasta los textos más recientes), así como lo que a esta lengua se traducía, por ejemplo la Torá. La fundó a principios del siglo III a.C. Ptolomeo I Soter, rey de Egipto tras la muerte de Alejandro Magno. Para formar la colección, Ptolomeo II ordenó a sus soldados apoderarse de los libros que llevaran los barcos atracados en el puerto de Alejandría, para copiarlos después. La biblioteca llegó a constar de muchos edificios, con aulas de lectura, de conferencia y de archivo, además de las oficinas. Hacia el año 250 a.C. contaba con alrededor de medio millón de volúmenes. Fue dañada y decayó a principios del siglo I a.C. debido a las guerras y los motines, pero sobrevivió durante las primeras centurias de nuestra era hasta que a finales del siglo IV fue destruida. Los volúmenes de esta biblioteca estaban escritos en rollos de papiro, material parecido al papel pero obtenido de tiras de pulpa extraídas de la planta del mismo nombre. Las obras muy extensas se dividían en tomos (en griego, *tomós* significa "corte" o "sección") cuidadosamente rotulados y enfundados. En su época, la colección de manuscritos de Alejandría era la mayor del mundo.

También la tragedia griega impresionó a los judíos. En el teatro de Mileto, en Asia Menor, recientemente se descubrió una inscripción que reservaba algunos asientos a los judíos. Pero éstos no se conformaban con presenciar obras de teatro griego; también las escribían. Han sobrevivido largos fragmentos de una de estas obras, titulada *El Éxodo*, escrita en el siglo III o II a.C. por un autor trágico llamado Ezequiel. El autor narra la historia bíblica con bastante detalle; no se sabe si la obra se representó alguna vez, pero como entre los personajes figura Dios, es probable que haya sido pensada como una pieza teatral destinada más a la lectura que al escenario.

Tales obras son apenas una muestra de lo que producían los habitantes judíos de las ciudades griegas, pero bastan para apreciar el largo trecho que los separaba de los judíos de Galilea. No obstante, unos y otros formaban parte del abigarrado mosaico del judaísmo en el siglo I a.C. Unos y otros contribuyeron al ambiente cultural en el que Jesús creció y se educó.

Capítulo 7   El comercio y los viajes

La paz y la firme administración que existían en los territorios romanos durante el siglo I d.C. impulsaron vigorosamente el comercio y los viajes. Las regiones mediterráneas del este prosperaron gracias a la actividad de las caravanas, que llevaban de Oriente las mercancías que luego se enviaban a Occidente.

Uno de los más conocidos viajeros del siglo I d.C. fue el apóstol Pablo, que tras la muerte de Jesús difundió su mensaje por toda Asia Menor y el noreste de Grecia. Cuando las autoridades romanas decidieron enviarlo a Roma para juzgarlo, hacia el año 60, primero fue llevado a Cesarea, el puerto más próximo a Jerusalén, y allí fue embarcado junto con otros prisioneros "en una nave de Adramicio". Sin duda, la nave había llegado con mercancías de su puerto de origen, en la costa del noroeste de Asia Menor, adonde iba a regresar no sin antes dejar al grupo en un punto más cercano a su destino. Y en efecto, al llegar a Mira encontraron un gran carguero de Alejandría que llevaba trigo y que partía directamente con rumbo a Italia; Pablo y sus compañeros fueron llevados al buque carguero.

Las andanzas de Pablo eran típicas de su época. Había un constante ir y venir de naves mercantes entre los puertos que tachonaban las costas del Mediterráneo. Roma, con mano férrea, había unificado las regiones circunvecinas y luego les había concedido una cierta paz; sus flotas habían logrado erradicar la piratería y, en tierra, sus ejércitos y otras fuerzas misceláneas garantizaban la debida protección a la mayoría de las principales rutas. Las

Cesarea Marítima era un puerto artificial, una obra maestra de la ingeniería auspiciada por el rey Herodes y un centro de intercambio comercial entre Oriente y Roma. A la izquierda, los estibadores se echan a cuestas las pacas de algodón y las ánforas de arcilla; estas últimas servían para transportar vino y frutas secas. En el muelle aguardan los viajeros mientras que el capitán de la nave mercante supervisa la operación de carga. Al fondo, dos enormes torres se yerguen a la entrada del puerto.

169

Los camellos y los dromedarios eran el medio óptimo para viajar por las áridas rutas de caravanas del Medio Oriente. Cada animal puede cargar más de 200 kilos, recorrer unos 50 kilómetros diarios y permanecer más de dos semanas sin beber, aunque, debido a la deshidratación, pierde un cuarto de su peso corporal. Sus ollares (orificios de la nariz) se cierran durante las tormentas de arena, y sus pezuñas pisan con firmeza en el abrasador desierto. Desde el siglo XII a.C. o aun antes, el hombre ha aprovechado la carne, la leche y la pelambre de estos animales.

condiciones eran favorables para el comercio y los viajes, ya fuesen locales o internacionales; y así como hoy los inversionistas más osados gustan de jugar fuerte en la bolsa de valores, entonces gustaban de arriesgar en el comercio. Desde luego había quienes preferían las manufacturas pero éstas se realizaban por lo general en pequeña escala, por artesanos independientes y no brindaban muchas posibilidades para un enriquecimiento rápido y cuantioso; las utilidades mejoraban considerablemente cuando algún mercader compraba los productos al por mayor para venderlos en otros mercados.

De todas las mercancías del mundo antiguo, el trigo era la que más abultaba; era a los navieros de entonces lo que el petróleo es a los de hoy. Levante (otro nombre de las regiones del este del Mediterráneo) apenas tenía suficiente trigo para sus pueblos, pero el vecino Egipto era el principal exportador. De hecho, Levante no tenía mucho que vender: Siria producía una excelente cristalería, el famoso bálsamo de Judea tenía gran demanda y Líbano exportaba madera de cedro; pero todo esto no era mucho. La importancia comercial de Levante estribaba en su ubicación como paso para los exóticos productos que las caravanas llevaban de Oriente, inclusive de China.

Las caravanas del desierto

Las caravanas no eran conjuntos de hombres y bestias de carga reunidos fortuitamente. Estaban organizadas alrededor de un jefe que determinaba el orden de la marcha, los lugares donde habrían de parar y otras cuestiones esenciales para la supervivencia. Una prueba de la vital importancia que tenía para el grupo un buen jefe es el monumento que existe en honor de uno de ellos y cuya placa conmemorativa dice: "A Nesés..., jefe de caravana, [erigido por] los mercaderes que con él hicieron el viaje desde Forat y Volegesia [hasta Palmira], en su honor y con gratitud." El viaje fue de Babilonia a Palmira, siguiendo una de las rutas comerciales clave.

Los camellos eran los animales de carga preferidos para cruzar tramos de desierto. Ninguna caravana recorría una ruta de principio a fin; el trayecto se dividía en una serie de tramos y cada caravana recorría sólo el de un territorio, para entregar a otra la mercancía. Cuando cruzaban por regiones muy remotas y despobladas, las caravanas pasaban la noche en condiciones precarias; en regiones menos inhóspitas, pernoctaban en las caravaneras o posadas que generalmente había en las afueras de los pueblos (en la página 20 se muestra la reconstrucción de una caravanera modelo) y en las que se proporcionaba todo lo necesario para hombres y animales.

Todavía existen las imponentes ruinas de una caravanera en un páramo al este del Mar Muerto; la parte exterior mide unos 45 metros por lado, y el patio interior, alrededor de 30 metros por lado. Las habitaciones son amplias; miden un promedio de 6 por 4 metros o más y hay algunas de dos piezas. Otras caravaneras pudieron haber sido tan grandes y completas como las de épocas posteriores, que eran de dos pisos: la planta baja servía de bodega y el piso alto para las habitaciones; tenían además un pórtico que hacía una agradable sombra. Se entraba al patio por una sola puerta, suficientemente ancha para que pudieran pasar los camellos con la carga. Por la noche esta entrada se cerraba con pesados portones, lo que permitía a los viajeros dormir sin preocuparse de los bandidos.

Rutas de Oriente

Había tres rutas principales de caravanas que llegaban hasta ciertos puertos de la costa de Levante. Una era la ruta de Arabia a Palestina. Por ella transitaban las caravanas que llevaban incienso y mirra; el fragante incienso humeaba en los altares de todo el mundo mediterráneo, y la mirra era un importante ingrediente de ungüentos y emplastos. Desde el sur de Arabia, donde se producían estas mercancías, partían varios caminos hacia el norte, hasta Petra, capital del poderoso reino nabateo que en tiempos de Jesús aún señoreaba en esta región y que se preocupaba de que las caravanas transitaran sin percances. En Petra, un camino seguía hasta el puerto de Gaza, al noroeste, mientras que otro continuaba hasta Hebrón, Jerusalén y el puerto de Cesarea.

La segunda ruta de caravanas partía de Babilonia, al noroeste del Golfo Pérsico, y continuaba ya fuese por tierra o en parte por el río Éufrates hasta Palmira, más al oeste; después seguía con rumbo al noroeste hasta Antioquía y su puerto, Seleucia. El reino de Palmira desempeñaba en esta ruta el mismo papel que el de Nabatea en la de Arabia. Las caravanas transportaban no sólo las finas alfombras y bordados de Babilonia sino también ciertos productos que habían llegado por mar desde la India hasta el extremo norte del Golfo Pérsico, de donde se habían enviado por tierra a Babilonia; entre estos productos se contaban las especias (sobre todo la pimienta), sustancias medicinales, marfil y seda (que a su vez había llegado a la India desde China).

La tercera ruta era la más larga y por ella llegaba la seda directamente desde China. Partía de Loyang o de Sian. Las caravanas chinas transportaban cargamentos de prendas, telas e hilos de seda hasta Kashgar, cerca de la actual frontera entre China y la antigua Unión Soviética; en Kashgar entregaban la mercancía a las caravanas de Asia Central y de la India. Los hindúes se llevaban su parte al sur, a su patria, desde donde la embarcaban con rumbo a Occidente. Los centroasiáticos se llevaban la suya hasta Persia, donde la entregaban a los sirios que a su vez la transportaban por la ruta de Palmira hasta la costa de Levante. Todo el largo viaje duraba más

Continúa en la página 175

Petra, situada al norte de Arabia, era una parada obligada en la ruta de la India al Mediterráneo y se hallaba escondida al final de un cañón (el Siq) de 1.5 kilómetros de largo y 300 metros de profundidad. El fatigado viajero que entraba a la ciudad pasando por este imponente corredor (abajo) veía de pronto las columnas corintias del Jazné, un sepulcro labrado en la arenisca color rosa que forma las escarpas circundantes. En su apogeo, durante la época de Jesús, esta capital nabatea llegó a tener gran influencia en el comercio entre Oriente y Occidente, debido a su estratégica ubicación. Los romanos conquistaron el reino de Nabatea en el año 106 d.C. Petra siguió siendo una ciudad importante durante otros 200 años y luego declinó hasta quedar olvidada.

Vigor y variedad del comercio

En la época de Jesús, el mundo romano abarcaba desde la actual Gran Bretaña hasta el Mar Rojo; los que habían sido pequeños reinos en pugna se convirtieron en la mayor entidad económica del orbe. La industria, la agricultura y la inventiva florecieron conforme se construían buenas carreteras y se despejaban de piratas las aguas del Mediterráneo. Por las rutas comerciales no sólo se abrían paso infinidad de mercancías sino también ideas nuevas (y entre las más revolucionarias, el cristianismo). Abajo se describen las principales mercancías de la época.

Gramíneas

Sobre todo cebada y trigo, en especial de Egipto y África del Norte pero también de Sicilia, Cerdeña, Palestina, Galia y España.

El trigo se usaba para hacer pan y como ofrenda. La cebada, sobre todo como pienso para el ganado, aunque los judíos pobres comían pan de cebada.

Vino

Italia lo exportaba en abundancia, hasta la India inclusive. Había buen vino de Galia, España, Grecia, Asia Menor, Siria y Palestina.

Se bebía en las comidas; se utilizaba en los ritos y, mezclado con hiel, mirra o aceite, en medicina. Por tradición, simbolizaba prosperidad.

Aceite

El de oliva se producía en Italia, España, Galia, África del Norte, Asia Menor, Grecia y Palestina.

Básico para la alimentación; también se utilizaba en la preparación de cosméticos, medicamentos, ungüentos y como combustible para lámparas. Se utilizaba después del baño, para suavizar la piel. Era muy común en los ritos, sobre todo los de purificación. Por tradición era símbolo de alegría y bienestar.

Alimentos de lujo

Alcachofas y pescado en salmuera de España; jamón y carne adobada de Galia; zanahorias de la Germania; queso de cabra y miel de Sicilia; cebollas, queso, mariscos y atún de Asia Menor; ciruelas e higos de Palestina y África; dátiles de Jericó. A Roma se enviaban gansos de Bélgica, puesto que el hígado de estas aves era un verdadero manjar.

Bálsamo, perfumes y especias

El bálsamo es oriundo de Arabia y Somalia. La exportación del fragante zumo del bálsamo era casi un monopolio de Judea. Entre otros perfumes, el incienso y la mirra del sur de Arabia y el nardo de la India. La pimienta era un importante producto de exportación de la India.

La resina del bálsamo se usaba en los óleos sagrados, como ungüento para heridas y antídoto contra mordeduras y picaduras. Mezclado con aceite, era un costoso perfume. Las resinas del incienso y la mirra se quemaban en los ritos y se usaban para hacer medicamentos y perfumes. La pimienta se usaba como especia y conservador.

Papiro

El papiro que se hacía con la planta acuática del mismo nombre era monopolio egipcio.

Para hacer una hoja de esta especie de papel, se cortaba en delgadas tiras la pulpa de la planta; las tiras se colocaban en dos capas cruzadas y luego se golpeaban o se prensaban hasta formar una hoja.

Telas

Lino de Egipto, Siria, Asia Menor, Grecia, Galia y España; lana de Palestina, Asia Menor, Galia y España; algodón de la India; seda de China. De Asia Menor se exportaban lujosas alfombras.

La fibra extraída remojando y golpeando los tallos del lino se tejía para hacer tela, con la que se vestían los ricos y se amortajaba a los difuntos. Las telas de algodón de la India eran un lujo, como la seda de China. La lana abundaba en muchas regiones; con ella se hacía ropa.

Púrpura

Se producía en la costa de Levante. Al principio fue monopolio de Siria, que mantenía en secreto el método de manufactura.

El tinte, obtenido de la secreción glandular de dos especies del caracol marino llamado múrice, era muy costoso; el color variaba del rojo al púrpura. La tela que se teñía con este tinte también se llamaba púrpura.

Betún

Alquitrán de petróleo, sobre todo de Mesopotamia. También afloraba en el Mar Muerto.

Se usaba para impermeabilizar buques y, en Egipto, para embalsamar cadáveres.

Vidrio

Egipto, Siria e Italia eran los principales exportadores.

Fue caro y escaso mientras se fabricó enrollando en núcleos de metal filamentos de vidrio fundido. La invención del vidrio soplado, quizá en Siria a finales del siglo I a.C., lo abarató y permitió hacer muchos tipos de objetos.

Metales

Oro, plata, cobre, plomo, hierro y estaño. Había minas en Gran Bretaña, Galia, España, el valle del Danubio, Italia, Asia Menor y África.

El oro se usaba en joyería y orfebrería. La plata, para acuñar monedas; cuando Judas traicionó a Jesús por 30 monedas de plata (quizá siclos), esta cantidad equivalía a 120 días de salario. En Chipre se extraía cobre, cuyo nombre se deriva del latín cuprum. *El bronce se usaba en joyería, orfebrería y para hacer utensilios y acuñar monedas. El hierro servía para hacer armas y herramientas. El plomo no se corroe; se usaba para forrar los cascos de los buques.*

Madera

Sobre todo de Asia Menor, Macedonia y Mauritania.

Se utilizaba para hacer buques y algunas otras construcciones. El pino de Macedonia era muy costoso. El cedro de Mauritania y el boj de Asia Menor se usaban en ebanistería.

Marfil
De África y de la India.

Simbolizaba riqueza; se usaba para hacer figurillas, incrustaciones y para adornar muebles finos.

Como se muestra en el mapa de abajo, en el centro del mundo romano (en anaranjado) se hallaba el Mar Mediterráneo. Las rutas marítimas enlazaban los puertos de Europa, África y el Medio Oriente, y éste a su vez se vinculaba con Asia, inclusive con China (recuadro). El dominio del Mediterráneo aseguró la paz y una prosperidad desconocida hasta entonces. De China llegaban sedas; de la India, pimienta, y de África, marfil. Pero el comercio no se limitaba a mercaderías lujosas: una de las principales rutas enlazaba a Roma con Alejandría y permitía transportar trigo destinado a todo el pueblo romano.

173

de un año y sus riesgos eran mayúsculos, pero la compensación final no era menor en modo alguno.

El papel de Levante

Algunas de las mercancías que las caravanas llevaban a Levante, tales como el incienso, la seda y las alfombras, se embarcaban de inmediato a otros puertos del Mediterráneo, pero otras llegaban como materia prima que tenía que elaborarse antes de ser exportada. Los hilos que junto con las telas y prendas de seda llegaban de China tenían que tejerse en los talleres de Sidón, Tiro y otras ciudades. Con la mirra de Arabia había que hacer los perfumes y los ungüentos; por ejemplo, en Jerusalén había tantos ungüentarios que la calle donde vivían y trabajaban llevaba su nombre.

Los mercaderes de Levante desempeñaban un papel fundamental para el comercio del Mediterráneo. Ellos se encargaban de enviar a Occidente los valiosos productos, sobre todo a Roma, la capital del Imperio. Roma era el mercado final para una gran parte de las mercancías, y lo que Roma no consumía se mandaba todavía más lejos, a los puertos de Cartago, Marsella y Cádiz, en África del Norte, Francia y España respectivamente. Por motivos económicos, el embarque no se efectuaba en unas cuantas naves grandes sino en muchísimas pequeñas.

El mundo de los negocios

Para comerciar se necesita capital, y el mundo antiguo no conocía ni los poderosos consorcios bancarios ni las empresas navieras internacionales que permiten acumular grandes capitales. El comercio antiguo estaba por completo en manos de individuos o de grupos de socios que casi siempre pedían préstamos para financiar pequeños embarques o para participar en los embarques mayores. Desde luego había excepciones, y unos cuantos podían operar en gran escala. Circulaba una historia sobre cierto sirio que comerciaba con sedas y cuyas operaciones eran tan exorbitantes que enviaba a sus propios agentes hasta la frontera china para supervisarlas; y en Sidón había un naviero fabricante de cristalería que tenía una sucursal en Roma. Pero para el mercader común, el lado italiano del negocio quedaba en manos de compatriotas

Una vista aérea de Cesarea (foto inferior) muestra vestigios del puerto construido por Herodes el Grande en la arenosa costa del Mediterráneo, a unos 110 kilómetros de Jerusalén. En la imagen de la página opuesta se muestra una reconstrucción del puerto y la ciudad. La dársena, de 20 hectáreas, estaba resguardada por un rompeolas de unos 750 metros de circunferencia, el cual no sólo protegía a las naves del embate de las olas sino que además impedía que el puerto se obstruyera con la arena que arrastran las corrientes marinas. La ciudad era muy hermosa; fue sede de los procuradores romanos y, durante seis siglos, capital del gobierno de ocupación.

suyos que operaban en Italia. En Pozzuoli (junto a Nápoles), que en tiempos de Jesús era el puerto italiano más distante, había una sociedad de mercaderes tirios y otra de mercaderes de lo que hoy es Beirut, que se encargaban de los embarques de sus compatriotas.

Algunos mercaderes eran también navieros y por tanto sólo necesitaban pedir préstamos para cubrir el costo del cargamento. Pero la mayoría sólo eran mercaderes y tenían que conseguir préstamos mucho mayores para pagar tanto el cargamento como el flete. Todos obtenían los fondos recurriendo a los prestamistas, que les cobraban unos intereses desmedidos (hasta un tercio del préstamo), lo cual no dejaba de tener su explicación: todo el riesgo recaía en el prestamista, y en esos tiempos no había aseguradoras que sirvieran de protección. Los altos intereses compensaban al prestamista en caso de que la nave no llegara a su destino. El mercader podía ofrecer como garantía su cargamento o, si también era naviero, el barco, pero todo ello no bastaría para consolar al prestamista en caso de que la nave se hundiera.

En el mundo antiguo había también banqueros, cuyo principal servicio era el canje de monedas. Recibían cualquier moneda y la cambiaban por la que el cliente solicitara. Se trataba de un servicio importantísimo dado que en el Medio Oriente circulaba dinero de todas partes: monedas imperiales romanas, monedas acuñadas en cada región por el gobierno romano y monedas acuñadas por algunas ciudades levantinas, por el Estado judío, etc. Como las actuales casas de cambio, los banqueros de entonces exhibían tableros con las tasas correspondientes en los puertos, bazares y otros centros comerciales.

Lo primero que hacía el banquero era cerciorarse de que cada moneda fuera auténtica, y luego la pesaba para comprobar su peso legal. Cobraba una jugosa cuota por sus servicios, hasta 5 por ciento. Los banqueros a veces aceptaban guardar el dinero y otros bienes de sus clientes, pero lo normal era que este servicio lo brindaran los templos, que eran más seguros; los judíos acudían al Templo de Jerusalén, y los gentiles, a los templos paganos.

Barcos de vela

Por aguas del Mediterráneo surcaban barcos de todos los tamaños y tipos. Los mercaderes de Levante no sólo mantenían un comercio de ultramar con

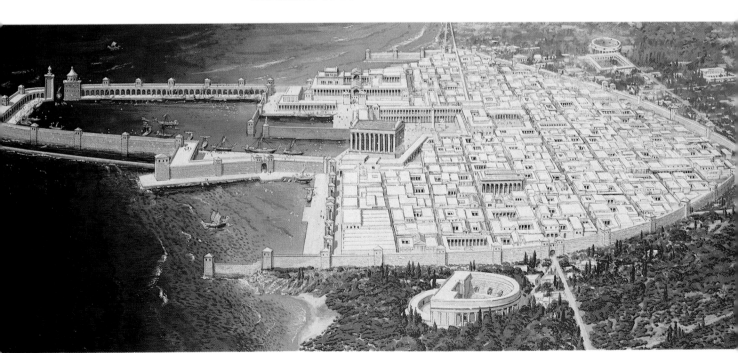

Roma y otras regiones todavía más lejanas, sino que también comerciaban con regiones cercanas, como Egipto al sur y Asia Menor al norte. El tamaño de los barcos guardaba proporción con las distancias que hubieran de recorrer, pero el diseño y el aparejo eran básicamente iguales para todos.

Los cargueros romanos eran buques de cruz (que llevaban velas cuadradas), su principal impulso lo recibían de una vela mayor izada en medio del barco; cerca de la proa tenían otra vela más pequeña cuya función era, más que impulsar el barco, dirigirlo. Ambas eran el velamen básico y eran suficientes para impulsar las embarcaciones de cabotaje; los barcos que recorrían las rutas de ultramar llevaban una gavia triangular arriba de la vela

El peso del dinero

Antes de que se uniformara la acuñación de monedas se utilizaban pesas para comprobar el valor del dinero. Pero en ocasiones estas pesas no eran de fiar; algunos engañadores las rebajaban con cincel. Muchos pasajes bíblicos condenan a los mercaderes defraudadores, por ejemplo en el libro del profeta Miqueas (6, 11): "¿Tendré por justas las balanzas de maldad y la bolsa de pesas de fraude?" Algunos fabricantes de pesas las marcaban con una figura de la diosa de la justicia (en caso de que alguien quisiera acoger el mensaje). Los clientes generalmente podían confiar en las pesas que certificaban las autoridades del gobierno: los "pesos reales".

La pesa de bronce con forma de león (abajo, izquierda) se hizo en Asiria y probablemente se utilizaba para transacciones cuantiosas. Los platillos y las pesas de piedra (arriba, izquierda), se usaban en Judea para el pequeño comercio cotidiano; el valor de cada pesa está marcado en caracteres hebreos. Los mercaderes solían llevar balanzas como la representada arriba (bajorelieve alemán).

mayor, y los barcos mayores, como los cargueros de trigo que navegaban entre Alejandría y Roma, llevaban una mesana o vela de popa, relativamente pequeña.

El velamen de todos los barcos, ya fuesen grandes o pequeños, estaba equipado con un sistema especial para arrizar (disminuir la superficie de las velas) que era más eficiente y más seguro de manipular que el sistema de los buques de cruz de épocas posteriores. En estos últimos, la tripulación tenía que subir a la arboladura (por lo general contra un viento atroz, que era cuando se necesitaba arrizar) y colgarse precariamente de la percha a la que se aseguraba el grátil u orilla superior de la vela, para arrebujar ésta hacia arriba y atarla con unos cabos cortos. En cambio, el sistema antiguo consistía en una serie de cuerdas que, atadas primero a tramos regulares al pujamen u orilla inferior de la vela, subían hasta la percha y luego colgaban hacia la popa; para arrizar, sólo se necesitaba tirar de las cuerdas desde la cubierta del barco, igual que si se tratara de subir (o "arrizar") la persiana de una ventana. Como se podían juntar varias cuerdas en un manojo, unos cuantos hombres bastaban para efectuar la operación. (Sólo había que subir a la arboladura cuando la nave entraba a puerto; entonces subía la tripulación al mástil y arriaba las velas.) Más aún, el sistema antiguo permitía arrizar más o menos determinadas partes de la vela; para ello bastaba con tirar más o menos de las cuerdas correspondientes a cada parte. En síntesis, el velamen que usaban los antiguos tenía poca envergadura y por tanto los buques eran lentos, pero en cambio era muy seguro y en casos de urgencia era más fácil y rápido de maniobrar.

En ocasiones las monedas se hacían fundiendo metales preciosos y vertiéndolos en moldes de piedra (derecha); una vez endurecidas, se cortaban las monedas de cada serie. También se usaban moldes para hacer discos en blanco con determinado peso, que luego se calentaban e imprimían con troquel para indicar su valor.

La construcción del casco

No sólo el velamen y el aparejo eran seguros; también lo era el casco de la nave. La mayoría de los barcos de madera actuales se construyen empezando por la armazón que componen la quilla y las cuadernas o costillas, y después cubriéndola con un forro de tablones. Los griegos y los romanos procedían al contrario. Partían de la quilla, desde luego, pero después construían el forro uniendo los tablones en una forma más propia de ebanistas que de carpinteros de buque. Colocaban los tablones canto contra canto y los unían mediante apretadas ensambladuras del tipo de caja y espiga. En un barco bien construido, las ensambladuras podían estar a un dedo de distancia entre sí, de modo que incluso en las naves más pequeñas había miles de ellas; para que fueran más firmes, estaban atravesadas por un perno. Finalmente, los carpinteros de buque encajaban las cuadernas o costillas para darle rigidez al forro. El resultado era un casco de insuperable resistencia y durabilidad, que requería un calafateo mínimo.

El buque en el que iban Pablo y sus compañeros con rumbo a Roma estaba construido de ese modo, indudablemente; su recio casco soportó durante dos semanas el embate de una tormenta y, tras de fondear en Malta, todavía aguantó lo suficiente para que todos los prisioneros y tripulantes se pusieran a salvo. Los cascos así construidos podían resistir muchos años de uso intenso; tanto es así que cuando los restos de un barco griego naufragado hacia finales del siglo IV a.C. al norte de Chipre fueron rescatados en nuestros días y estudiados detalladamente, se averiguó que al zozobrar la nave tenía 80 años de uso: una veterana.

Diseños probados por el tiempo

Además de las letales tormentas había otros peligros que afrontar al viajar por mar. En las tibias aguas del Mediterráneo, el barrenillo marino es una amenaza constante; para prevenir sus destrozos, los carpinteros de buque griegos y romanos cubrían con un grueso forro de plomo la parte inferior de los cascos de muchas naves. Después del siglo II d.C. esta práctica cayó en desuso, a tal punto que fue necesario reinventarla 16 siglos más tarde, aunque utilizando cobre en vez de plomo para hacer los forros.

Los barcos antiguos de todos los tamaños se gobernaban por medio de dos timones laterales, en vez de un solo timón de popa como sucede con los barcos de nuestros días; para ello tenían dos remos descomunales, uno a cada lado de la parte posterior de la nave, con un mango encajado a escuadra en el extremo superior del remo. El timonel asía un mango con cada mano y, al moverlos en un sentido u otro, regulaba el sesgo de la pala de cada remo, con lo cual modificaba el rumbo de la nave. Los timones laterales se usaron hasta la Edad Media, cuando fueron reemplazados por el timón de popa.

Los altorrelieves pueden ser muy ilustrativos de la marinería antigua. El que se muestra a la derecha representa un barco mercante de cruz que llega a Portus, el puerto de Roma. Lleva las velas orientadas por medio de cuerdas atadas. En la popa, tres personas celebran con un sacrificio el feliz retorno.

En promedio los cargueros griegos y romanos no eran buques muy grandes. Por lo común tenían capacidad para unas 100 toneladas, y probablemente los más pequeños destinados al comercio de ultramar tenían una capacidad no menor de 70 u 80 toneladas. Pero había otros mucho mayores; frente a la costa del sur de Francia, cerca de Tolón, se rescató íntegro el casco de un carguero del siglo I a.C. que tenía 41 metros de eslora (longitud), 9 metros de manga (anchura máxima) y que podía cargar más de 400 toneladas. Los más grandes eran los que navegaban entre Alejandría y Roma. La ciudad de Roma importaba anualmente de Egipto unas 135.000 toneladas de trigo; para transportar esta carga, empleaba una flota de buques de 55 metros de eslora, 14 de manga y con capacidad para unas 1.300 toneladas.

El casco de las naves romanas era casi una obra de ebanistería, como se ve a la derecha; estaba hecho con madera de pino, cedro o abeto. Las espigas embonaban exactamente en las cajas y estas uniones se aseguraban por medio de pernos. Después se añadían al casco las cuadernas o costillas, también fijándolas con pernos. El exterior del casco se impregnaba con pez, para preservar la madera. Luego, como protección contra el barrenillo marino (una especie de gusano que se aloja en la madera sumergida), con lienzo embreado se cubría el exterior del casco hasta la línea de flotación; por último, se le clavaban unas láminas de plomo.

Una vez, en el siglo II d.C., uno de estos buques de carga perdió el rumbo y fue a parar al puerto de Atenas, que en esa época ya no era más que un remanso sin importancia para el comercio internacional. El arribo del buque causó sensación y la gente se arremolinó en el muelle para contemplarlo. Uno de los pasmados espectadores lo describió así: "¡Qué tamaño!; 55 metros de eslora, según me dijo el carpintero de buque, y con una manga de más de 14, y con 13 metros desde la cubierta hasta la cala. ¡Y la altura del mástil, y qué envergadura, y qué estay del trinquete! ¡Y cómo se alzaba la popa en una suave curva hasta rematar en una dorada cabeza de ganso, con su contraparte en la proa, más baja y con dos mascarones de Isis, diosa que daba al buque su nombre! Todo en él era hermoso: la decoración, la pintura, la gavia roja, las anclas con sus cabrestantes y manubrios y los camarotes de popa. La tripulación me dijo que su carga de trigo bastaría para alimentar a Atenas durante un año..." Tras la caída de Roma, tan grandes buques mercantes no volvieron a surcar los mares sino hasta finales del siglo XVIII y principios del XIX, en tiempos del monopolio de la Compañía Inglesa de las Indias Orientales.

La prueba más fehaciente del tamaño y la capacidad de la flota mercante romana son los obeliscos que hoy se yerguen en la ciudad de Roma y que fueron transportados desde Egipto. Uno de los más grandes es el que se halla frente a la basílica de San Pedro; junto con su base, pesa cerca de 400 toneladas. El barco que lo transportó supuestamente tuvo que llevar a bordo entre 800 y 900 toneladas de lentejas, como lastre para equilibrar el peso del obelisco.

El polo opuesto de los grandes buques cargueros era la galera mercante. Por lo general, la palabra galera trae a la mente la idea de un esbelto barco de guerra, impulsado, como si fuera un ciempiés, por cientos de remos movidos por una tripulación de esclavos o prisioneros maltratados; y es que, en realidad, todos los buques de guerra antiguos eran galeras, y en los mayores la tripulación era numerosísima. Pero también existían sencillas galeras mercantes, que se usaban con el pacífico fin de transportar carga y pasajeros; algunas tenían el tamaño de un bote de remos, pero otras eran lo bastante grandes como para ser asignadas al servicio auxiliar de guerra en caso de urgencia. Su gran ventaja consistía en que, cuando no soplaba el viento o cuando éste era adverso, los remos les permitían seguir navegando. Se usaban principalmente para travesías cortas, a lo largo de las costas o entre islas; el apóstol Pablo pudo haber hecho en galeras mercantes algunos de sus viajes.

Trigo, vino y aceite de oliva

En la Antigüedad, tres eran las mercancías que integraban el grueso del comercio de ultramar. Ya se ha mencionado la más importante: el trigo. Las otras dos eran el vino y el aceite de oliva. En la época de Jesús, Italia exportaba a distintos puertos del Mediterráneo miles de litros de vino y de aceite de oliva; pero un siglo más tarde el comercio dio un giro y Francia comenzó su larga carrera como gran vendedora de vino, mientras que España se convirtió en la principal exportadora de aceite de oliva.

El transporte de trigo era cosa sencilla. Se vertía el grano en costales que se depositaban en las bodegas del barco, o bien se vertía directamente a dichas bodegas; sólo había que preocuparse de mantener seca la mercancía. Al arribar, el grano suelto se encostalaba; luego los costales se llevaban a lomo de mula o en carros hasta los almacenes del muelle.

En cambio, transportar vino y aceite era mucho más complicado puesto que tenían que envasarse. El envase común, equivalente al barril de épocas posteriores y al moderno recipiente de acero, era el ánfora, una vasija de arcilla, larga y pesada. Su forma variaba según la región y la época, pero todas las ánforas tenían en común el hecho de que su base terminaba en punta. En promedio tenían alrededor de un metro de altura y podían contener entre 19 y 26 litros; vacías, pesaban unos 25 kilos, pero llenas pesaban el doble. Como la arcilla es porosa era necesario impermeabilizar con brea el interior de las ánforas, y una vez llenas, se tapaban con corcho y se sellaban con barro o con cemento. Los embarcadores acostumbraban marcar con su nombre e insignia el sello.

La primera dificultad para embarcar las ánforas consistía en embodegarlas; había que acomodarlas de modo que permanecieran fijas y no se golpearan entre sí ni siquiera durante un temporal. Se colocaban en hileras, apoyadas sobre sus puntiagudas bases, entre abarrotes (soportes de relleno y amortiguamiento) hechos por lo común con ramas flexibles. En el interior de los buques grandes podían superponerse hasta cinco niveles de hileras, y en ocasiones se transportaban algunas más sobre la cubierta del barco.

Otra dificultad era cómo manipularlas. Cada estibador solamente podía cargar una por vez, a la espalda; puesto que los barcos de tamaño medio transportaban 3.000 ánforas (y los barcos mayores, 10.000), todo puerto importante debía de contar con un verdadero ejército de estibadores al arribar los cargamentos de vino. Nos es fácil imaginar las interminables filas de estibadores que subían y bajaban encorvados por el peso de las ánforas, acarreándolas con mil precauciones hasta llegar a los almacenes del muelle.

De estos almacenes se transportaban algunas ánforas hasta su destino final por medio de animales de carga o de tiro; pero casi siempre había que vaciarlas primero en odres (pellejos de cabra) para reducir a la mitad el peso de la carga. Este procedimiento planteaba otro problema: ¿qué hacer con las ánforas vacías? No podían reembarcarse puesto que resultaba más barato hacerlas nuevas, de tal suerte que, como si fueran "envases no retornables", se regalaban o quizá se vendían para otros usos; eran útiles para guardar desde agua hasta chatarra. Entre los restos del naufragio de un buque antiguo se encontró un ánfora llena de una chatarra compuesta por clavos, herramientas, cacerolas, brazaletes y otros objetos, todos de bronce, seguramente destinadas a la refundición. Las ánforas también servían como lápidas funerarias: la gente pobre, que

Los costales de cereales y legumbres (abajo) muestran la variedad del comercio agrícola del Mediterráneo. Las esbeltas ánforas de arcilla (abajo de estas líneas) podían contener hasta 26 litros de vino o de aceite; para que no rezumaran, su interior se impermeabilizaba y el tapón de corcho se sellaba. Sus bases en forma de punta permitían sumirlas en la arena y mantener fresco el contenido.

Trabajando en una barcaza, como lo indica la sirga o cuerda de remolque a la derecha del bajorrelieve (derecha), los empacadores protegen un cargamento de vino embalando las ánforas con paja entretejida (lo que podría ser el origen de ciertas botellas de vino actuales que se forran con paja). Los vinicultores romanos no pudieron competir exitosamente con los griegos sino hasta el siglo I a.C., pero a partir de entonces exportaban más de dos millones de litros al año. El ejemplo romano convirtió a los galos, que bebían cerveza, en bebedores de vino, lo cual encendió la chispa de la reconocida vinicultura francesa.

no tenía para más, ponía sobre las tumbas ánforas rotas. Pero aun así, sobraban demasiadas ánforas; al parecer, una forma de deshacerse de ellas era aplastarlas y juntar los pedazos en enormes pilas. Cerca de los muelles del puerto cercano a Roma existe una colina, de unos 1.000 metros de circunferencia y 35 metros de altura, llamada monte Testaccio, que literalmente significa "monte de los añicos", dado que está hecha de millones de fragmentos de cerámica. Fue el resultado de siglos de quebrar recipientes sobrantes y apilarlos en un solo lugar.

Viajes por tierra

Los mercaderes, la mercancía y el dinero circulaban libremente por las regiones mediterráneas gracias a la paz y la vigilancia propiciadas por el gobierno imperial romano. En el siglo I d.C., viajar era más seguro y fácil que durante muchos siglos después de la caída de Roma. En los Hechos de los Apóstoles se describe el viaje que Pablo realizó de Siria a diversos lugares de lo que hoy es Turquía, a Macedonia y a Grecia; en ningún párrafo se dice que un viaje tan largo fuera poco usual o que tuviera percance alguno durante ese recorrido.

Pablo viajaba para cumplir una misión religiosa, pero había multitud de viajeros que tenían otros motivos muy diversos. En su mayor parte eran enviados de Roma: los mensajeros encargados de entregar el correo oficial; los procónsules, procuradores y otros funcionarios, que con todo su personal iban a tomar posesión de su cargo o regresaban a la capital; los recaudadores de impuestos; los jueces visitadores; los militares del ubicuo ejército romano... También viajaban los comerciantes y sus agentes, que acompañaban a las mercancías hasta el lugar de su venta. Los turistas, de camino tan sólo por el placer de viajar, nunca fueron más que un puñado.

Viajes por mar

El Mediterráneo formaba el centro geográfico del Imperio Romano; su gran extensión representaba el medio más cómodo y directo de viajar entre dos lugares costeros. Para todo tipo de viajes y en especial para los más largos, el barco era el mejor medio de transporte. Cuando Pablo completó su labor misionera y decidió regresar a su patria se embarcó en Corinto; una nave lo llevó hasta Éfeso, y desde allí otra lo llevó a Cesarea. El transporte marítimo era el único factible para acarrear mercancías voluminosas y pesadas, tales como la enorme cantidad de trigo que Egipto exportaba a Roma; para transportar por tierra tal cantidad de grano, se hubiera necesitado una gigantesca procesión de carros, carretas, asnos y mulas.

La navegación

El viajar por mar tenía ciertas inconveniencias, por supuesto. Para empezar, no siempre era posible hacerlo. La mejor época abarcaba desde finales de la primavera hasta comienzos del otoño, pero el resto del año casi todos los barcos permanecían inactivos, varados en las playas o anclados en los puertos. La razón era que, como todavía no se había inventado la brújula, los marineros romanos tenían que determinar el rumbo de la nave basándose en la observación de la costa o del sol durante el día, y por la noche mirando las estrellas; para navegar así tenía que haber un cielo despejado, lo cual no era frecuente en invierno. Además, en invierno había más peligro de tormentas; la que hizo

Atracciones turísticas

Aunque el comercio y los asuntos de gobierno eran los principales motivos para viajar, también había otros, más particulares. Unas personas viajaban para acudir a los grandes santuarios curativos, tales como los de Asclepio, dios sanador, que había en Pérgamo, Asia Menor, y en Epidauro, Grecia; a estos santuarios llegaban anualmente millares de peregrinos enfermos en busca de curación. Otros viajeros iban a pedir el parecer de oráculos tales como los de Apolo, dios adivino, que había en Delfos, Grecia, y en Claros y Dídima, Asia Menor; los suplicantes interrogaban al

Los jardines colgantes de Babilonia

Las pirámides de Gizeh

dios acerca de su porvenir. También había personas que viajaban para asistir a los grandes juegos internacionales, como los que se celebraban en honor de Zeus, que en proporción atraían muchedumbres tan grandes como las que se congregan en los Juegos Olímpicos actuales. Finalmente, había unos cuantos privilegiados que contaban con el dinero y el tiempo suficien-

que el viaje de Pablo a Roma terminase en naufragio se desencadenó, precisamente, después de cerrada la temporada de navegación.

Otra desventaja era que los barcos de velas, como los que transportaban las pesadas cargas en aquellos tiempos, están a merced del viento. Si no hay viento no se mueven, claro está; si lo hay, pero adverso (que sopla contra proa o contra uno de los costados), estos barcos o no se mueven o lo hacen muy lentamente. Una de las travesías más concurridas era la que mediaba entre Alejandría y Roma. El viaje desde Roma era fácil y rápido puesto que los vientos dominantes soplaban del noroeste; la travesía duraba dos o tres semanas. Pero era muy distinto viajar en la dirección opuesta; había que navegar contra el viento y entonces el viaje podía durar meses.

La mejor forma de viajar de Roma a Levante era a bordo de los grandes cargueros de trigo. Hasta para ir a Jerusalén se prefería viajar por mar, aunque ello implicaba desviarse mucho había que desembarcar en Alejandría, Egipto, y cruzar el Sinaí hasta Palestina. El emperador Calígula le recomendó al prínci-

Atracciones turísticas

tes para ir a contemplar las principales atracciones turísticas, tales como la acrópolis de Atenas, el campo de batalla de Troya, las pirámides de Egipto, el coloso de Rodas, el faro de Alejandría... También había judíos que viajaban a Jerusalén desde los diversos lugares de la diáspora, para participar en las tres grandes peregrinaciones que las Escrituras señalaban como festividades mayores.

Santuario de Asclepio, en Epidauro (arriba)

El faro de Alejandría (extrema izquierda)

La acrópolis de Atenas (izquierda)

pe judío Agripa que regresara a Palestina siguiendo esa ruta, en el año 38 d.C.: "Los barcos", le dijo Calígula "son de lo mejor, y sus tripulaciones, las más experimentadas; gobiernan sus buques como si se tratase de caballos de carreras que avanzan con la misma decisión con que se arroja un dado".

El transporte de pasajeros

La gente viajaba en los grandes cargueros o en algunos de los miles de barcos mercantes porque no tenía alternativa. En aquella época no existían los barcos de pasajeros. Por ejemplo, cuando Pablo cruzó desde Tróade, Asia Menor, hasta Neápolis, que era el puerto cercano a Filipos, indudablemente viajó en algún barco mercante que recorría esa ruta. Para hallarlo debió de hacer lo

La flota romana dominó en el Mediterráneo del siglo II a.C. al siglo III d.C. Los barcos de guerra, cuyos remeros los hacían todavía más rápidos y maniobrables, despejaron de piratas los mares. Casi todos los barcos de guerra llevaban una sola vela, pero algunos de cabotaje llevaban dos, como se puede ver en la imagen de arriba.

Los pesados barcos mercantes (izquierda) eran tan fuertes que podían navegar todo el año, aunque casi ninguno lo hacía en invierno. En un momento dado podía haber hasta 100 barcos en tránsito. En promedio tenían capacidad para 100 toneladas, y los mayores, para 1.300. Algunas naves podían llevar 600 pasajeros.

que cualquier otro viajero de aquellos tiempos: recorrer los muelles de punta a punta y preguntar en cada barco hasta encontrar uno que fuera al lugar deseado o, por lo menos, lo más cerca posible. Salvo agua potable, en los barcos no se ofrecía ningún tipo de servicio a los pasajeros puesto que éstos suponían un negocio muy secundario. Los viajeros se acomodaban en la cubierta acompañados de sus siervos, con camastros y otras provisiones; sobre todo, con suficiente comida y vino para sustentarse hasta el primer puerto de escala o, según el caso, para todo el viaje. Al caer la noche, los siervos preparaban la cama, ya fuese al raso o bajo un cobertizo a manera de tienda. Por lo común había una cocina en la nave; cuando la tripulación terminaba de usarla, los siervos entraban a preparar la comida de sus amos.

Antes de embarcarse, pero cuando ya había arreglado el pasaje, el viajero reunía su equipaje, que sus siervos acarreaban hasta la posada del puerto o hasta la casa de algún amigo que viviera cerca del embarcadero. Allí aguzaba los oídos en espera del grito de un pregonero que anunciaba la partida del barco, pues ésta nunca se efectuaba conforme a un horario: no sólo era necesario esperar a que el tiempo fuera propicio sino también a que lo fuesen los augurios. En el siglo I d.C. todo el mundo tenía tendencia a ser supersticioso, no digamos los marineros. El calendario religioso prohibía hacer negocios de cualquier índole en ciertos días, inclusive el negocio de hacerse a la mar un barco. Así como nosotros solemos decir: "En martes, ni te cases ni te embarques", ningún marinero romano se hacía a la mar un 24 de agosto, un 5 de octubre o un 8 de noviembre; tampoco había que pasar en alta mar el último día de ningún mes.

Supersticiones de marineros

En días despejados y cuando hacía buen viento, las autoridades del barco hacían un sacrificio previo a la partida; si el sacrificio no resultaba bien, había que esperar hasta que sí lo resultase. Si desde el principio resultaba bien, de cualquier modo había que tener en cuenta todo un repertorio de malos augurios: era mala señal el que alguien estornudase al subir por la pasarela; también lo era el que un cuervo o una urraca se posara en el aparejo y graznara, o el ver en la playa los restos de un naufragio, o el pronunciar determinadas palabras y expresiones. La partida podía posponerse a causa de un sueño; el soñar con aguas turbias o con un ancla era señal indefectible en contra de la partida. Soñar con cabras presagiaba siniestros oleajes y tormentas, sobre todo si las cabras eran negras. Soñar con jabalíes significaba violentas tempestades en alta mar, al igual que soñar con toros (y si acorneaban a alguien, signo era de naufragio). Los búhos y algunas otras aves nocturnas auguraban tormenta o ataque de piratas; las gaviotas y otras aves marinas, peligro, aunque no de muerte. El soñarse volando de espaldas o caminando sobre el agua era buen presagio (éstos eran pocos, comparados con los fatídicos).

Y, una vez levadas las anclas, había que estar atento a otros agüeros. Buen presagio era que las aves se posaran en el aparejo (y a fe que lo era, puesto que ello indicaba la cercanía a tierra firme). Cuando hacía buen tiempo nadie debía cortarse ni las uñas ni el pelo; cuando hacía malo, los recortes podían arrojarse a las olas como ofrenda propiciatoria. No se permitían las blasfemias; eran pésimas aun si sólo estaban escritas en una carta recibida a bordo; tampoco se consentía ningún tipo de baile. Si alguno moría a bordo, el cuerpo era inmediatamente arrojado al mar; una muerte a bordo era el peor de los malos agüeros.

Durante la travesía se permitía a los pasajeros divertirse lo mejor que pudieran, pero si la nave estaba en peligro, tenían que ayudar a la tripulación. Cuando la tempestad alcanzó la nave en que viajaba Pablo, él y los demás pasajeros ayudaron a tirar por la borda todos los enseres inútiles; como la situación empeoró, todos acudieron a las bodegas para tirar el cargamento de trigo y así aligerar el barco.

Tempestades y naufragios

Había buenas razones para que los pasajeros, en tales momentos, estuviesen tan dispuestos a ayudar: no tenían otra tabla de salvación sino el barco mismo, pues el equipo de socorro era casi inexistente; había, sí, unos cuantos trozos de corcho que se arrojaban a quien cayera por la borda, pero eso era todo. Cuando era forzoso abandonar la nave, todo el mundo se lanzaba al agua y se aferraba a lo primero que encontrase a flote: pedazos de mástil, trozos de tablazón o inclusive un congénere. No había botes salvavidas. Desde luego siempre había un bote (el esquife) en todo barco, que se remolcaba una vez que éste había zarpado, pero era útil para realizar faenas tales como fondear anclas, revisar el casco, soltar las amarras desde una playa y otras tareas similares; pero, en caso de urgencia, apenas habría servido para alojar a un puñado de hombres.

En una de las pocas novelas que han sobrevivido desde los tiempos romanos, se narra con vívido lenguaje un naufragio. Mientras el barco era azotado por la tormenta, ya sentenciado a zozobrar, los pasajeros y la tripulación entablaron una endemoniada lucha a muerte por conseguir lugar en el bote de remolque. Durante el zafarrancho, el barco se hundió dejándolos a todos en la procela. Algo similar habría ocurrido en la nave que llevaba a Pablo, de no haber sido por su gran autoridad y buen juicio. A medida que la nave era empujada por el viento contra la rocosa costa de Malta, algunos tripulantes comenzaron a bajar el esquife (estaba sobre la cubierta porque, con el temporal, era un problema remolcarlo), supuestamente para fondear más anclas. Pablo, dirigiéndose al centurión que lo custodiaba, señaló que o todo el mundo se quedaba a bordo o no se salvaría nadie. Y el esquife fue abandonado a merced de las olas.

El hecho de que Pablo pudiera opinar acerca de la operación de un barco en el que no sólo era un mero pasajero sino además un preso, nos dice mucho sobre la gran diferencia que existe entre el concepto moderno de navegación y el de los tiempos romanos. Hoy, el capitán de un barco es un autócrata; en ocasiones puede consultar con otros, pero él toma siempre la decisión final. En la Antigüedad el capitán debía pedir el parecer de los demás y hacerles caso, sobre todo a los mercaderes que viajaban acompañando su carga. El barco que llevaba a Pablo se vio en apuros porque levó anclas fuera de temporada. La decisión se tomó por mayoría de votos: el capitán y el propietario

El mar embravecido era un peligro para los marineros, como se muestra en el altorrelieve de abajo, el cual decora el sarcófago de un chico que pereció ahogado a la entrada del puerto cercano a Roma. Un fuerte oleaje lo hizo caer de su bote de remos; al tratar de llegar al barco que a toda vela sale de puerto (izquierda), éste repentinamente tiene que virar para no chocar contra el velero de cruz que llega de la derecha. Un segundo barco de rescate llegará demasiado tarde. Aunque no logran salvar al náufrago, los marineros demuestran gran pericia en maniobrar contra un viento adverso.

Los faros servían para señalar la entrada del puerto, pero no los había para indicar una zona rocosa de peligro. El faro más grande de Italia era el de Portus, el puerto cercano a Roma, cerca de Ostia, en la desembocadura del río Tiber. Este faro, de cuatro pisos escalonados, tenía en lo alto una hoguera alimentada probablemente por madera resinosa impregnada de líquidos inflamables. Los faros se representan con frecuencia en pisos de mosaico, como el de arriba, que está tendido enfrente de las oficinas navieras de Ostia. Estos mosaicos indicaban los puertos a los que navegaban los barcos de determinado naviero.

estuvieron a favor de zarpar; Pablo votó a favor de permanecer en puerto. El barco zarpó, y en seguida lo alcanzó el temporal que acabó por destruirlo. Esta curiosa forma mancomunada de gobernar los barcos se prolongó hasta la Edad Media.

Cuando se hizo evidente que la nave de Pablo estaba en grave peligro, todos cooperaron para efectuar una operación que aún hoy es común en tales circunstancias; en marinería se denomina echazón, y consiste en tirar al mar parte de la carga a fin de aligerar la nave. La echazón también está descrita en la novela romana antes mencionada. "Las olas rugían, el viento ululaba, las mujeres gemían, los hombres gritaban, los marineros recibían voces de mando; todo era ahí clamor y lamento. Entonces el capitán ordenó iniciar la echazón. No importaba si era oro y plata o chatarra lo que se tiraba: todo lo arrojamos por la borda."

La echazón está sujeta a muy complejas normas según el derecho romano, pues había casos en que el barco se salvaba sin que se hubiese arrojado al mar más que lo necesario para evitar el desastre total.

Era muy difícil determinar en estos casos a quién indemnizar y con cuánto. La mercancía perdida por el embate de las olas o por otra causa natural no era objeto de indemnización, sino sólo aquella que deliberadamente había tirado la gente de a bordo. Quienes hubieran logrado salvar sus bienes estaban obligados a pagar una parte proporcional a quienes hubieran perdido los suyos en la echazón, y así sucesivamente. Cuando llegaba a puerto un barco maltrecho, no sólo había mucho trabajo para los carpinteros de buque y los aparejadores sino también para los abogados.

A merced de los vientos

Cuando un viajero se embarcaba para un lugar al que sólo podía llegarse cruzando por mar abierto, ya sabía que lo esperaba una larga travesía pues los barcos eran lentos. Con sus velas cuadradas, en el mejor de los casos podían desarrollar hasta seis nudos (11 kilómetros por hora), y con viento contrario, no más de dos nudos. En la cuenca este del Mediterráneo las condiciones eran tales que se navegaba contra el viento lo mismo al ir que al regresar.

Una leyenda griega relata cómo el rey Agamenón, listo ya para cruzar con su flota el mar Egeo hasta las costas de Troya, quedó parado durante interminables días por un viento adverso. Esta leyenda tiene una sólida base meteorológica; para ir a Troya, la flota tuvo que partir con rumbo al noreste, y en verano los vientos del Egeo (el etesio, o vientos "anuales") soplan del norte. Al sur del Egeo, en aguas comprendidas entre Levante y el sur de Italia, el viento dominante sopla del noroeste; por tanto, los barcos de velas tenían dificultad para navegar si partían de Levante, pero el regreso era fácil y rápido. Se sabe que el viaje de Gaza a Constantinopla duraba 20 días, pero el regreso sólo 10. De modo similar, la travesía de Levante a Roma podía durar meses, pero en sentido inverso se completaba en pocas semanas.

La duración de los trayectos costeros no sólo dependía de los vientos sino también de las escalas que hiciera el barco para cargar o descargar mercancía. Cuando Pablo regresó de Grecia a Palestina, por ejemplo, primero viajó por tierra a Filipos, Macedonia; luego hizo una travesía de cinco días en barco hasta Tróade, puerto de

la costa noroeste de Asia Menor, y allí se embarcó de nuevo haciendo escala en cada puerto, prácticamente uno por noche. Desde el último, Pablo debió de tardar unas dos semanas en llegar a Cesarea.

La red de carreteras

Los asirios, los persas y todos los demás pueblos poderosos que gobernaron el Medio Oriente antes que los romanos, construyeron una buena red de carreteras, pero nunca las pavimentaron. Por el contrario, Roma siempre trató que sus carreteras, por lo menos las principales, fueran transitables durante todo el año y perfeccionó sus técnicas de construcción. La península itálica fue la primera en contar con las mejores carreteras, pero hacia los siglos I y II d.C. ya las había en las comarcas más transitadas del Imperio en su conjunto. Al este de Antioquía (actualmente Antakya, Turquía) todavía es posible caminar largos trechos por la impresionante carretera pavimentada que los romanos construyeron entre esa ciudad y el río Éufrates, ya en las fronteras del Imperio. Al caer Roma, muchas de las regiones que dominó tuvieron que esperar hasta el siglo XIX para volver a tener carreteras tan excelentes como aquéllas.

Los romanos recibían los mejores productos de sus vastos dominios. Una mujer romana (abajo) vierte perfume a un vaso de alabastro; el vidrio soplado en molde (arriba) redujo el costo y aumentó la variedad de los recipientes. El tinte de púrpura obtenido de un caracol marino (derecha) era monopolio de los fenicios.

El objetivo de la gran red de carreteras romanas era facilitar el tránsito de los ejércitos y del *cursus publicus* (el correo del gobierno); las tropas podían desplazarse con rapidez y eficiencia, y el correo podía ofrecer un pronto servicio entre la metrópoli y los rincones apartados del vasto Imperio. Claro que los pueblos de cada región aprovecharon las carreteras para sus propios fines. Por ejemplo, los caminos que enlazaban las ciudades de Asia Menor permitieron que Pablo llegara con facilidad a las comunidades que deseaba visitar.

Los viajeros comunes, como Pablo, iban a pie; la gente rica en carruajes, propios o rentados en las caballerizas que se instalaban a las puertas de cada ciudad. El vehículo de pasajeros más común era un liviano carro de dos ruedas, pero para transitar por malos caminos y para transportar carga se usaban pesados carretones de cuatro ruedas. Estos vehículos eran tirados por un par de animales: los carros livianos, por caballos o mulas, y los carretones, por éstos o por bueyes. Las caballerizas de alquiler tenían vehículos abiertos, pero las de particulares ponían de manifiesto la riqueza de sus propietarios y abarcaban desde los modelos más simples hasta los que estaban equipados con toldo y cortinas. Había también "carros-dormitorio" para viajar por regiones donde no había posadas para pasar la noche; eran vehículos amplios, de cuatro ruedas y cerrados por un pabellón arqueado de tela o de cuero. Como los carruajes antiguos no tenían muelles, no eran cómodos. Los viajeros ricos que querían evitarse horas de zarandeo podían optar por viajar en litera (también las había de alquiler); el usuario se reclinaba cómodamente mientras que seis u ocho musculosos cargadores daban zancadas llevando la litera en hombros. Si el viaje iba a ser largo, en vez de cargadores se utilizaban dos mulas, una delante y otra detrás, con amarras afianzadas a las lanzas o pértigas de los carruajes.

En aquella época, los animales exóticos se importaban de África.

Algunas personas viajaban a lomo de mula, mientras que los siervos sudaban caminando a la zaga. Los caballos de silla se usaban muy poco; eran caros y, para viajes largos, resultaban fatigosos: no se usaban estribos (que se volvieron comunes a partir del siglo IX) y las sillas eran rudimentarias, poco más que un trapo colocado sobre el lomo del caballo. Inclusive los mensajeros del gobierno, salvo en casos de extrema urgencia, preferían viajar en carruaje en vez de a caballo.

Los mensajeros podían beneficiarse de un relevo periódico de los animales de tiro; viajaban a un promedio de 8 kilómetros por hora y recorrían 80 kilómetros en un día normal. Las demás personas viajaban más despacio, unos 40 o 45 kilómetros por día. Era común que delante de todo carruaje caminara un cursor o "corredor", que tiraba de las riendas e imponía el paso a los animales.

Las posadas a la orilla del camino

En cuanto a alojamiento, había pocas opciones y mucho que pensar. Las posadas eran muy sencillas; en el mejor de los casos, eran lugares decorosos y sin pretensiones que ofrecían cobijo y comida al viajero común, y en el peor de los casos, lugares de mala muerte destinados a complacer a marineros, arrieros y esclavos. Los posaderos estaban sujetos a leyes especiales, dado que los huéspedes quedaban por completo en sus manos, por no decir en sus garras ya que, como gremio, los posaderos no tenían reputación precisamente de honestos. Lo mejor que podía hacer un viajero era no parar en una posada. Los ricos iban a casa de sus amigos y conocidos; los funcionarios paraban en casa de los alcaldes y magistrados.

A campo abierto, las posadas estaban a un día de camino entre sí; las autoridades romanas procuraban que hubiera posadas en las carreteras por donde transitaban los mensajeros, aunque por lo demás no hubiera mucha circulación. Cerca de las ciudades, el viajero podía optar entre las muchas posadas que bordeaban los caminos cercanos a las puertas de cada población. Las posadas de los caminos no sólo contaban con habitaciones sino también con establos y con patios para los carruajes; dentro de las ciudades también las había, pero eran para caminantes puesto que no tenían patios ni caballerizas.

Ya fuese dentro o fuera de una ciudad, los huéspedes no podían esperar sino un cuarto muy pequeño que generalmente tenían que compartir con otros huéspedes, tantos como el posadero juzgara conveniente apretujar. El mobiliario era exiguo: catre, estera a modo de colchón, lámpara de aceite o candelero y bacín. Los viajeros más experimentados solían darle vuelta a la estera en busca de chinches, pues eran tan comunes que se les conocía con el nombre de "bichos veraniegos de posada". Los Hechos de Juan, texto apócrifo, describen cómo el apóstol se las arregló para deshacerse de estos insectos durante un viaje de Laodicea a Éfeso, Asia Menor. Él y sus compañeros pasaron la noche en una posada abandonada... salvo por las chinches, dado que Juan, al que se le cedió el único catre, comenzó la noche vociferando: "¡Oh, bichos, comportaos uno y todos; dejad vuestra morada siquiera esta noche!" Luego el apóstol durmió tranquilo; por la mañana, las chinches aparecieron obedientemente alineadas afuera de la puerta del frente.

Lo más probable era que el huésped, al entrar a "su" habitación, la encontrara cubierta de inscripciones que los huéspedes anteriores habían dejado como recuerdo. Algo muy parecido sucedía en Pompeya, sin duda, puesto que en las posadas que los arqueólogos han encontrado prácticamente intactas todavía pueden leerse las inscripciones que dejaron sus ocupantes. Algunos viajeros se conformaban con escribir su nombre, pero otros sacaban a relucir sus emociones. Una inscripción atestigua la iracunda insatisfacción de un huésped: "Posadero", dice, "mojé la cama a propósito. ¿Sabes por qué? Porque no había bacín".

Las posadas de los caminos tenían un excusado afuera; los huéspedes se lavaban en el pozo. Las posadas de ciudad contaban por lo general con una sola letrina, la cual servía para todo el establecimiento; para lavarse, los huéspedes acudían a los baños públicos, que no faltaban en ninguna ciudad o pueblo grande y que ofrecían servicios similares a los de un moderno baño turco.

Es verdad que las posadas de ciudad tenían más ventajas que las otras, pero había un gran inconveniente: el ruido. En algunas ciudades el ruido no cesaba por la noche; las autoridades, temerosas de que el tránsito bloqueara las calles durante el día, no permitían el paso de vehículos, de tal suerte que el tránsito intenso tenía lugar entre el atardecer y la aurora. El extenuado huésped tenía que dormir al son del chirrido de los carruajes, del chasquido de los látigos y del reniego de los arrieros. No sólo eso. Si un huésped cometía el error de quedarse en una posada que estuviera ubicada junto a los baños públicos, caro lo pagaba, pues los ruidos, aunque eran otros, no eran menos estridentes. He aquí un testimonio: "Vivo junto a los baños. No te imaginas qué ruidos. Cuando los forzudos suben y bajan sus pesas, los oigo, y cuando

Las carreteras romanas

A lo largo de las carreteras romanas se hallan hitos como el de la izquierda, que indicaban las distancias y honraban al emperador. Las carreteras a menudo tenían 4 metros de anchura; el pavimento era muy firme, a veces de roca volcánica.

No obstante que eran fundamentales para el vigoroso comercio de la época de Jesús, las carreteras romanas fueron construidas sobre todo con propósitos militares. Roma no dudó en afrontar el enorme costo de pavimentar las carreteras principales, para hacerlas transitables todo el año. El tipo de tránsito y de terreno determinaron las técnicas de construcción. En terreno blando, se cavaba una zanja que después se llenaba con piedras y lodo como cimiento. Para el tránsito intenso, se usaba un pavimento de recias losas, a menudo de 45 centímetros por lado y 20 de grosor. La superficie de las carreteras tenía cierta pendiente para evitar encharcamientos. Las técnicas romanas no fueron superadas sino hasta el siglo XIX, cuando se inventó el macadán, pavimento de piedra aplanado con un rodillo.

sueltan el aire que han estado reteniendo, también. Si es un perezoso que gusta de los malos masajes que ahí se dan, oigo el golpeteo de las manos del masajista. Cuando descubren a un ladrón, hay gritos; para colmo, oigo a los que se complacen cantando en la tina."

Salir a comer

Una gran ventaja de hospedarse en la ciudad era que había muchos sitios en dónde comer. El huésped, para no ir más lejos, podía usar el comedor de la posada o pedir que le llevaran la comida a su habitación. Otra posibilidad era enviar a su siervo a que comprara la comida ya preparada; en casi todas las ciudades había merenderos donde, en un mostrador, se servían comidas ligeras (también las preparaban para llevar). Pero el huésped podía optar por salir a comer a alguno de los restaurantes que solía haber junto a las puertas de la ciudad y alrededor del teatro, la plaza principal y los baños públicos. Los restaurantes comunes tenían un mostrador que daba a la calle, una cocina que funcionaba con carbón y un comedor con sillas y mesas. Los de lujo tenían varios comedores, unos cuantos cuartos privados (para mayor intimidad y para hacer sobremesa), así como letrinas.

En las posadas de campo los viajeros tampoco se veían forzados a usar el comedor del lugar; podían comer en sus habitaciones lo que los siervos hubieran comprado en los mercados, por el camino. Nos podemos dar una clara idea de lo que compraban gracias a que aún se conservan las cuentas que al respecto hizo un alto funcionario romano cuando viajó por la costa de Palestina a Fenicia. Como era costumbre, iba acompañado de un séquito considerable. Todos los días se hacían compras para todo el grupo; para los siervos, vino barato, pan barato, verduras y frutas, y para el amo, vino caro, pan caro, las mismas verduras y frutas pero también carnes diversas. Sólo una vez compraron pescado, pese a que viajaban bordeando el mar.

Crónica de un mal viaje

Los viajeros, por lo menos los de las clases altas, no tenían en buen concepto a las posadas comunes y corrientes, lo cual se confirma en un relato de Arístides, conocido conferenciante y escritor del siglo II d.C. Arístides cayó enfermo en el verano del año 165 y abandonó el lecho del dolor, en Esmirna, para acudir al famoso santuario curativo de Asclepio, en Pérgamo, situado a unos 100 kilómetros al norte. Como iba a estar fuera bastante tiempo, llevaba mucho equipaje; por la mañana del día de la partida, mandó cargarlo en carros y carretas y dio a sus siervos instrucciones de que se adelantaran hasta Mirina, una de las principales ciudades del trayecto, y que allí lo esperaran.

Pero había tanto equipaje que cuando los siervos terminaron de acomodarlo y partieron, ya era mediodía; el sol era abrasador y Arístides optó por esperar a que el calor cediera un poco. Finalmente, partió con su grupo hacia las tres y media de la tarde. A las siete ya habían recorrido más de 20 kilómetros y llegaron a una posada; ésta no era nada acogedora, nadie sabía nada del paradero del equipaje y el grupo continuó su camino al anochecer. Unos 15 kilómetros más adelante llegaron a una población donde había otra posada, tan mala como la anterior.

A medianoche llegaron a otra ciudad, pero era tan tarde que todo estaba ya cerrado; habían recorrido unos 55 kilómetros, estaban extenuados y, no obstante, Arístides dio orden de continuar. A las cuatro de la madrugada llegaron a Mirina; allí estaban los siervos, sentados, esperando con el equipaje frente a una posada. Pero todo estaba aún empacado, y a esas horas la ciudad parecía muerta. Arístides decidió ir con su grupo a casa de un amigo; llegaron allí y, cuando apenas comenzaban a encender el fuego para calentarse, amaneció.

Los viajeros ricos podían recorrer hasta 70 kilómetros diarios en carros de cuatro ruedas tirados por caballos, como abajo se muestra; pero, debido a que no existían los muelles, el viaje era incómodo. Al centro de la escena, un niño se sostiene de una andadera. En la moneda de arriba (que honra a Livia, esposa de César Augusto) se representa un carpentum, *carro de dos ruedas propio para las damas.*

Arístides no iba a permitir que las horas diurnas se les pasaran en sueños, así que ordenó seguir la marcha. La segunda noche del viaje finalmente durmieron en una ciudad que estaba a 20 kilómetros de Mirina. Al día siguiente recorrieron los últimos 25 kilómetros hasta Pérgamo.

La correspondencia del viajero

Además de comer y dormir, todo viajero necesita comunicarse con los suyos, lo cual no era fácil en una época en que el servicio postal sólo servía al gobierno. Los funcionarios romanos solían saltarse las trancas y en las bolsas del correo dejaban caer la correspondencia personal; no sólo la suya sino también la de sus amigos. Los muy ricos tenían sus propios mensajeros; entre su personal de servicio había varios esclavos que como obligación principal tenían la de llevar las cartas. Quienes no eran ni funcionarios ni muy ricos, solamente podían hacer una cosa: recurrir a un viajero que estuviera dispuesto a hacerles un favor. "Como en Cirene hallé a una persona que va adonde tú estás", escribe un joven griego, "aprovecho para decirte que estoy bueno y sano". Este tipo de comentarios aparece en todas las cartas. Como no había sobres ni cosa que se les pareciese, los remitentes escribían por un solo lado de una hoja, la enrollaban o la doblaban por el lado que estaba en blanco, anotaban su nombre y el del destinatario, la ataban y luego la sellaban con cera o con arcilla. No había necesidad de anotar la dirección; bastaba con que el remitente le explicara al viajero adónde y a quién tenía que entregar la carta.

Las cartas que de aquellos viajeros se han conservado estaban dirigidas a personas que vivían en Egipto, cuyo clima seco en extremo permite que aun los materiales frágiles duren siglos sin descomponerse. Estaban escritas en papiro, el cual, como el moderno papel, no resiste la humedad. La gente, después de leerlas, las tiraba junto con la basura; con el tiempo fueron quedando sepultadas bajo una capa de arena, tan seca que, en el siglo pasado, los arqueólogos hallaron muchas casi intactas. En cambio, las cartas que indudablemente se enviaron a Siria, Palestina y otras regiones más húmedas, se perdieron para siempre.

Muchas cartas se enviaban, como hoy, para que los parientes del viajero supieran que había llegado (o que seguía viajando) "con bien". "Habiendo arribado a tierra italiana", dice una, "me pareció importante decirte que llegamos con bien. El viaje fue lento pero no desagradable". Otras refieren los problemas surgidos durante el viaje; por ejemplo, la que una hija escribe a su madre explicándole cómo perdió los enlaces, se le terminó el dinero y no pudo llegar a su destino: "Querida madre, antes que nada ruego a Dios que estés bien. Quiero decirte que el 13 de Tibi [8 de enero] fui a Tirannis pero no

Las posadas romanas, como la representada arriba, eran sitios bulliciosos, apropiados para desmandarse. Los viajeros más prudentes procuraban quedarse en casa de amigos u obtener cartas de recomendación para poder pernoctar en los hogares de los residentes de cada lugar. En las cartas que enviaban los viajeros, éstos se quejaban de la suciedad, las chinches y del ruido que imperaban en las posadas. Los legisladores romanos, sabedores de que había muchos posaderos deshonestos, aprobaron una ley que responsabilizaba a éstos de lo que sus siervos robaran a los huéspedes.

pude ir a verte porque los camelleros no querían ir a Oxirrinco [la ciudad donde vivía la madre]. Luego fui a Antinoe para tomar el barco pero no hallé ninguno. Creo que lo mejor será mandar el equipaje a Antinoe y esperar a que zarpe algún barco. Por favor dales dos talentos y 300 dracmas a los que te entreguen esta carta, para reponerles lo que me prestaron en Tirannis para pagar el transporte. No los entretengas ni una hora... Si no lo tienes a la mano, pídelo prestado... y págales, porque no se pueden entretener ni una hora. No me falles con estas personas que han sido tan amables conmigo. Saludos a [sigue una lista de nombres]."

A algunos viajeros les era imposible quitarse de la cabeza los problemas hogareños y escribían una larga serie de instrucciones. He aquí parte de una carta que cierto funcionario arribado al puerto de Sidón, en la costa de Levante, envió a un colega: "Cuídate mucho y escríbeme qué puedo hacer por ti. Por favor, compra a tiempo para mi llegada tres tarros de miel buena, 600 medidas de cebada para los animales... atiende la casa... para que el techo ya esté cuando yo llegue. Echa un vistazo a los animales... A ver cómo te las arreglas para que vaya alguien a cosechar; si hay que hacer algunos gastos, no vaciles en sufragarlos."

Aquélla fue una época de excepción. Tras la caída de Roma, tan grande actividad comercial y tanta facilidad para viajar no volverían a conocerse sino hasta trece siglos más tarde.

Capítulo 8

Antagonismos religiosos

Roma permitía en el Imperio la libertad religiosa pero no la actividad política. En Palestina, donde la política y la religión eran inseparables, se intensificaron las viejas discordias. Algunos judíos tomaron las armas en nombre de Dios; otros aguardaron al Mesías en el desierto.

Serpenteando hacia el sur, las turbias y a menudo torrenciales aguas del río Jordán recorren unos 325 kilómetros para llegar desde el Mar de Galilea hasta el Mar Muerto, que en línea recta están separados por sólo 100 kilómetros. La diferencia de altura entre el lago de agua dulce más bajo del planeta y el punto más bajo de la superficie terrestre es de cerca de 200 metros y, por tanto, aun en sus tramos más apacibles el Jordán rara vez es de aguas mansas. En primavera, alimentado por el aflujo de las lluvias invernales y por el deshielo de las cimas del norte, el río suele rebasar sus ondulantes márgenes e inunda la amplia franja aluvial por la que culebrea; una vez que terminan las crecidas, el curso de las aguas aparece cambiado en ciertos trechos. Salvo en los más bajos, donde el terreno es muy salitroso y no favorece la vegetación, la franja aluvial verdea de tarayes, sauces, álamos, carrizales y adelfas entrelazadas con vides y zarzas, que forman una abigarrada espesura diseminada bajo el ardiente sol. Hay algunos vados, parajes de escasa profundidad por donde se puede cruzar el río; pero no siempre es fácil hacerlo. Muchas veces las impe-

Desde una escarpadura de la margen oeste del río Jordán, un grupo de sacerdotes saduceos y de levitas observa y comenta lo que hace Juan el Bautista. El efusivo y carismático predicador, cuya doctrina de bautismo y penitencia para el perdón de los pecados atraía multitudes, representaba uno de los muchos y divergentes aspectos del judaísmo. Juan y sus seguidores no sólo preocupaban a las autoridades religiosas de Jerusalén sino también a los romanos.

tuosas aguas se arremolinan iracundas contra el vadeador y lo arrastran junto con troncos, ramas y lodo; otras veces la corriente es más benévola y permite adentrarse en ella sin demasiado peligro.

Juan el Bautista

Seguramente fue en las márgenes del Jordán donde, alrededor del año 28 d.C. un misterioso profeta comenzó a predicar a la multitud. No era del todo insólita su actividad. Muchos individuos había que, como él, recorrían la región predicando diversas doctrinas. Pero Juan, el Bautista, era harina de otro costal.

No por su aspecto, a pesar de que debía de ser impresionante: flaco de cuerpo, endurecido por la solitaria vida en el desierto, con una tosca prenda de pelambre de camello ceñida por un cinto de cuero, con la barba crecida y el cabello en desorden. Tampoco destacaba por tener un halo de venerable longevidad: apenas rebasaba los 30 años de edad. No. Lo que en él llamaba la atención y lo que le atraía tantos seguidores era su mensaje perentorio y la apasionada convicción con que lo comunicaba: "Arrepentíos, pues el reino de los cielos está cerca."

Su voz resonaba con el fervor de los viejos profetas hebreos que anunciaron el juicio de Dios, de hombres como Amós, Elías e Isaías. Y ahora, en el páramo, con todo lo que éste hacía recordar del pacto entre Dios, Moisés y el pueblo hebreo, mucha gente respondía ante el llamado al arrepentimiento y la regeneración. Llegaba el día del juicio de Dios, les decía, y lo explicaba en términos que todos entendían. "Ya está el hacha puesta a la raíz de los árboles", pregonaba, "y todo árbol que no dé buen fruto será cortado y arrojado al fuego". Tales palabras debían de estremecer a quienes las escuchaban, pues casi todos eran campesinos que sabían de sobra con qué enojo implacable se arranca una planta que no da fruto.

Conmovidos por la fuerza y elocuencia de su llamado, algunos miembros de la multitud vadeaban con Juan por el río, y él los bautizaba. Los baños de purificación eran muy comunes en el judaísmo, por una razón u otra. Algunos grupos, como el de los esenios, efectuaban a diario una serie de purificaciones. Pero lo que Juan practicaba era tan distinto que le mereció el sobrenombre de "el inmersor", "el bautista". Para Juan, este bautismo no era una ablución más en una serie de repetidas purificaciones, sino más bien, un sello único que marcaba a quienes se arrepentían y los hacía pertenecer al renovado pueblo de Dios, preparado para recibir la intervención divina en el mundo. Muchos de sus seguidores se preguntaban si él no sería un libertador, el Mesías.

De tal suerte que, como se afirma en el evangelio según San Juan, un grupo de sacerdotes y levitas llegó de Jerusalén para interrogar a Juan el Bautista. En cierto modo llegaban para ver a uno de su propia clase puesto que Juan también tenía, por herencia, derecho al sacerdocio: su padre, Zacarías, había sido largo tiempo sacerdote del Templo de Jerusalén.

Estrictamente, nada de lo que Juan hacía iba contra los preceptos de la Torá, ni tampoco hubiera sido un pecado que él afirmara ser el Mesías. No obstante, la experiencia y las Escrituras ponían en guardia contra el peligro, siempre presente, de que surgieran falsos profetas y se atribuyeran falsos derechos. Había corrido el rumor de que Herodes Antipas, que gobernaba Galilea y Perea

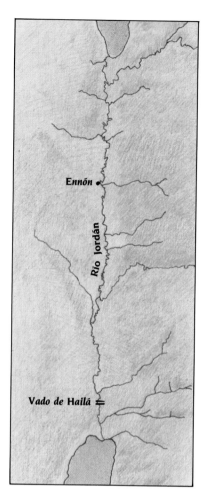

No se ha determinado con exactitud el sitio donde fue bautizado Jesús, pero un lugar posible sería el vado de Hailá, en el bajo Jordán, como se muestra en el mapa de arriba. Según otra tradición, Juan bautizaba en Ennón, Samaria, donde se podía cruzar el río en barca.

Al sur de Galilea, el Jordán serpentea cruzando una llanura aluvial baja (derecha). En la actualidad, el alto Jordán se encuentra bordeado de parcelas cultivadas. En cambio, la parte baja está tan cubierta de espinos y tarayes (y en otros tiempos estuvo tan poblada de leones, lobos y otras fieras) que el profeta Jeremías la denominó "el boscaje del Jordán".

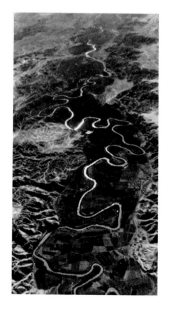

A la derecha, las aguas del río Jordán, que las Escrituras asocian con la liberación de Israel y con los milagros de los profetas Elías y Eliseo, ondean entre los verdes pastos cerca del Mar de Galilea, donde el río, que nace en el monte Hermón, fluye fresco y raudo.

al este del Jordán, estaba cada vez más inquieto a causa de la fama de Juan y temeroso, de que su influencia pudiera provocar que el pueblo se levantara en rebelión.

Habiéndose abierto paso aguas abajo del río, entre la espesura de los matorrales que flanqueaban las márgenes, llegaron los sacerdotes y los levitas ante Juan el Bautista. El evangelio según San Juan narra el siguiente diálogo:

—¿Quién eres tú?—, preguntaron.
—Yo no soy el Cristo—, respondió Juan.
—¿Qué, pues? ¿Eres tú Elías?
—No lo soy.
—¿Eres tú el profeta?
—No.
—¿Quién eres, pues, para que demos respuesta a los que nos han enviado?
—¿Qué dices de ti mismo?
—Yo soy voz que clama en el desierto: "Rectificad el camino del Señor", como dijo el profeta Isaías.

Pero ¡qué preguntas! Nada acerca de su pueblo natal, su familia, su afiliación política y religiosa o sus aspiraciones. Elías había vivido siglos antes. ¿Por qué preguntar si Juan era Elías? ¿Quién era "el profeta"? En realidad, ni Juan ni sus interrogantes necesitaban explicación alguna sobre tales alusiones a las Escrituras. La Biblia hebrea se refería a la época en que ellos vivían, y todos los presentes conocían qué expectativas suscitaban aquellas palabras. [Cuando Juan respondió que él no era el Cristo, todos sabían que hablaba del ungido de Dios: en hebreo, el Mesías; en griego, el Cristo. La pregunta referente a Elías era una alusión a la promesa de Dios según el final de las profecías de Malaquías: "He aquí que yo os envío al profeta Elías antes que llegue el día de Yavé, grande y terrible." En cuanto a "el profeta", los interrogantes estaban aludiendo a la promesa de Dios a Moisés (Deuteronomio 18): "Suscitaré de entre sus hermanos un profeta como tú; pondré en su boca mis palabras y él les dirá todo lo que yo le mande." La última respuesta de Juan era una paráfrasis de otro pasaje de las Escrituras (Isaías 40), que dice "Una voz clama: 'En el desierto abrid camino a Yavé, trazad en el páramo una calzada recta a nuestro Dios.'"]

Todos los evangelistas refieren algo acerca de Juan el Bautista, aunque sólo San Mateo y San Marcos nos describen su aspecto físico. Todos concuerdan en que era un profeta cuya voz resonaba como un toque de clarín en los corazones de la multitud. Según San Mateo, inclusive muchos fariseos y saduceos, miembros de las dos facciones más poderosas de Judea, llegaron a recibir el bautismo de Juan.

El emperador Tiberio (encima de estas líneas), cuyos dominios rebasaban el mundo mediterráneo, asumió el poder en el año 14 d.C., tras la muerte de su padrastro, César Augusto; conservó el mando durante 25 años. Sus dominios incluían Judea, agobiada por viejas tensiones políticas y religiosas. En el año 26 Tiberio nombró a un nuevo prefecto de Judea: su compatriota Poncio Pilato. Éste no simpatizaba con sus súbditos judíos y pronto provocó su odio, pero sí sabía muy bien cómo granjearse al emperador: levantó en Cesarea, capital romana de Palestina, un edificio (posiblemente un templo) en honor de Tiberio; en una lápida (derecha) manda inscribir el nombre del emperador y el suyo.

"¡Raza de víboras!", les espetó, "¿quién os ha enseñado a huir de la ira que se avecina? Dad digno fruto de conversión, y no os contentéis con decir en vuestro interior: 'Tenemos por padre a Abraham...'" Ni el ser judíos de nacimiento, ni su piedad, ni su jerarquía les serían útiles si no abriesen sus corazones con genuino arrepentimiento. "Yo os bautizo con agua para conversión", les dijo, "pero aquel que viene detrás de mí es más fuerte que yo, y no merezco llevarle las sandalias. Él os bautizará en el Espíritu Santo y en el fuego. En su mano tiene el bieldo y va a limpiar su era: recogerá su trigo en el granero, pero la paja la quemará con un fuego inextinguible".

La esperanza mesiánica

No es de extrañar que el mensaje de Juan el Bautista atrajera multitudes. En aquellos días los temores y la furia de la gente eran muy intensos; además, como ocurre generalmente cuando las cuestiones de política y de fe están inextricablemente enlazadas, el descontento cívico se manifestaba en una creciente agitación religiosa.

Unas dos décadas antes, tras más de 30 años de difícil paz y de relativa prosperidad bajo el mando de Herodes el Grande, se había desatado la inestabilidad social bajo el régimen de su hijo e incompetente sucesor, Arquelao. En el año 6 d.C. Roma destituyó al brutal gobernante e hizo de Judea (incluyendo

Samaria e Idumea) una provincia romana. Los judíos nunca habían aceptado la idea de ser gobernados por Roma, pero la situación empeoró mucho más en el año 26, cuando Poncio Pilato fue nombrado prefecto de Judea; administrador imprudente e insensible, Pilato nada hizo para congraciarse con sus gobernados.

Muchos judíos se reconocían junto con su época cuando leían o escuchaban las palabras de los profetas de antaño, tales como Isaías:

"Por eso se alejó de nosotros el derecho
   y no nos alcanza la justicia;
ansiábamos la luz, y hubo tinieblas,
   el resplandor, y no hay más que
   oscuridad.
Palpamos la pared como los ciegos
   y andamos a tientas, como quien no
   tiene ojos;
tropezamos al mediodía como si ya
   anocheciera, y estamos a oscuras como
   los muertos."

Isaías describía una visión del fin de una época, el punto más bajo de la suerte del pueblo judío. Sin embargo, continuaba proclamando que tal momento no debía ser de desánimo sino de esperanza porque anunciaba la llegada de una nueva era:

"Pues he aquí que Yavé en fuego viene,
   y como torbellino son sus carros,
para tornar su ira en incendio
   y su amenaza en llamas de fuego."

En todo el territorio la gente sentía un anhelo mesiánico, la esperanza de que pronto Dios enviara a un héroe inefable que transformase sus vidas. Algunos aguardaban a un gran líder militar que los liberara del yugo romano; otros ansiaban un sacerdote santo que restableciera en toda su pureza la fe de Moisés, y otros más esperaban que Dios mismo, sin humano intermediario,

Pocas iniciativas romanas causaban en Palestina tanto resentimiento como los censos, pues los judíos tenían que formarse en hilera bajo los ojos vigilantes de soldados y funcionarios extranjeros, como se muestra en el friso de abajo, para que sus nombres constaran en los libros. Para los judíos, el pagar impuestos a Roma equivalía a pagar tributo a un amo pagano.

En una cueva, en lo alto de los riscos que bordean el Mar Muerto, un grupo de bandoleros (más tarde llamados zelotas) aguardan emboscados a una compañía de soldados romanos que transitan por el fondo de un desfiladero. Cuando fue muerto Judas de Galilea (probablemente en el año 6 d.C.), fundador de la secta, sus seguidores se retiraron a bastiones naturales como el que arriba se representa. Desde allí libraron una tenaz guerra de guerrillas en favor de la independencia judía; seguramente usaban armas rudimentarias, tales como garrotes, arcos y flechas.

actuase para acabar de una buena vez con la corrupción del mundo y para suscitar un orden nuevo, de justicia y de paz.

Tolerancia religiosa de Roma

El dominio romano, aunque hondamente repudiado en Palestina, dejaba un amplio margen a las cuestiones privadas. Los mercaderes eran libres de comerciar y prosperar, los terratenientes lo eran de administrar sus fincas, los pescadores y labriegos podían manejar sus asuntos como quisieran; todo con la condición de que no causaran conflictos y pagaran los impuestos. Y, lo que era aún más importante, los habitantes de Judea y sus vecinos gozaban de libertad de culto.

En general, en todo el Imperio había tal libertad. Era buena política permitir que en cada lugar se practicara la religión autóctona; algunas, como el judaísmo, podían inclusive extenderse a otras partes del Imperio. Las autoridades sólo intervenían cuando alguna secta desafiaba el poder político de Roma, amenazaba con perturbar el orden público o incurría en flagrante criminalidad; por ejemplo, suprimieron los cruentos ritos de los druidas (sacerdotes galos y celtas), que practicaban los sacrificios humanos, y erradicaron los ritos de una secta fenicia que arrojaba niños al fuego.

Aunque los saduceos y los fariseos estaban en continua disputa, no eran una amenaza para los romanos; cada grupo luchaba por acrecentar su influencia en asuntos civiles y lograr que su respectivo punto de vista religioso se impusiera como norma del judaísmo devoto, pero sin pretender encabezar una rebelión. A la vez proliferaban otras sectas judías, que abarcaban desde un ascetismo solitario dedicado a la vida espiritual hasta la acción violenta.

El abominado censo

Periódicamente los romanos levantaban un censo de la población masculina para determinar su condición respecto a la ciudadanía, el nivel social y la propiedad gravable, todo lo cual, además, servía para informar a la metrópoli que todo el mundo pertenecía a Roma.

El censo era un duro golpe a la dignidad judía y, para muchos, era una insoportable negativa a su condición de miembros del pueblo de Dios. Las Escrituras relataban la peste que asoló todo el territorio cuando el mismísimo rey David levantó un censo, y es que éste implicaba que la gente le pertenecía al rey. El censo romano era todavía peor, pues lo ordenaba el emperador Augusto, que era adorado como dios en ciertos templos de Cesarea, Sebaste y otras ciudades helenizadas. Para muchos judíos, el censo equivalía a la esclavitud ante un mero ser humano que decía ser divino y que imponía sus derechos en lugar de los del Dios de Israel. Así, cuando los censores intentaron empezar su trabajo en el año 6 d.C., brotó la sublevación, acaudillada por un rebelde llamado Judas de Galilea.

Este Judas era quizá el mismo que, conocido como hijo de Ezequías, encabezó una de varias insurrecciones populares diez años antes, tras la muerte de Herodes el Grande. En el vacío de poder que se produjo antes de que Roma confirmara la autoridad de los hijos de Herodes, tuvo lugar una rápida sucesión de rebeldes: "reyes" populares y generales que aliaron al pueblo en contra de los descendientes de Herodes. Varo, gobernador romano de Siria que fue llamado para resolver el problema, arrasó el territorio y terminó crucificando a unos 2.000 cautivos. Esta exhibición de fuerza bruta surtió efecto; un texto judío la consideró como señal del fin del mundo.

En sus escritos, el historiador Josefo se expresa mal de estos líderes rebeldes, a los que llama "bandoleros". Quizá algunos fueran advenedizos que vieron la oportunidad de aprovecharse de la situación, pero éste no era el caso de Judas, que no sólo era un hombre de acción sino también un líder espiritual, heredero de una añeja tradición de fervor patriótico aunado a una profunda convicción religiosa. Su padre había acaudillado una rebelión guerrillera contra los últimos asmoneos y sus patrocinadores romanos, cuando Herodes no era más que un administrador en Galilea. Herodes aplacó este levantamiento con tal severidad que hubo de comparecer ante el Sanedrín. Esta vez los hijos de Herodes tenían en su contra a los hijos de aquellos guerrilleros.

"La cuarta filosofía"

Acicateado por el censo romano, Judas se alió con un fariseo llamado Sadoc para formar un grupo que Josefo denomina "la cuarta filosofía" (porque seguía en orden a los fariseos, los saduceos y los esenios). Sus partidarios se parecían mucho a los fariseos pero, dice Josefo, "tienen una pasión por la libertad que es casi indomable, pues están convencidos de que sólo Dios es su líder y maestro". (Hoy se aplica el término zelota al conjunto de rebeldes de aquella época, pero eran muchos los grupos de disidentes. Los zelotas propiamente dichos aparecieron posteriormente, en el siglo I d.C.; sus orígenes se remontan a Judas y sus seguidores.)

Tanto Judas como Sadoc eran maestros de la Torá y líderes populares; ambos fundamentaron los motivos de la resistencia a los romanos, que más tarde habrían de compartir casi todos los grupos revolucionarios de esa época. Consideraban que pagar impuestos a Roma implicaba ser esclavos de amos extranjeros; por consiguiente, organizaron contra el censo un boicot que trataron de imponer por la fuerza de las armas. Estaban convencidos de que la responsabilidad de sus actos recaía sobre ellos mismos, pero que Dios les daría la victoria. Esta convicción les confirió valor para afrontar impávidos los peores reveses y aun la muerte.

También luchaban por preservar la integridad de la fe y solían invocar la memoria del sacerdote Pinjás (o Finees), nieto de Aarón. Cuando Pinjás, en una época de crisis, descubrió al israelita Zimrí llevar desvergonzadamente una mujer madianita a su alcoba, los siguió y atravesó a ambos con una lanza. Esta prueba de celo religioso agradó tanto a Dios, dicen las Escrituras, que puso fin a una plaga.

El espíritu que animaba a esta "cuarta filosofía" se remontaba también a los macabeos, cuya exitosa rebelión contra los reyes seléucidas, comenzada en el año 167 a.C., había dado por resultado casi un siglo de independencia en Judea. "Todo aquel que sienta un verdadero celo por la ley y mantenga la alianza, que me siga", había manifestado Matatías, el patriarca macabeo; los campesinos, comerciantes, sacerdotes y trabajadores lo siguieron a las colinas para iniciar la lucha.

La lección de la historia estaba clara para Judas. Al igual que la esclavitud en Egipto y el sometimiento a los seléucidas, la colaboración con Roma era intolerable. Los romanos, mientras rigieran la tierra de Israel, eran enemigos, como también lo era todo aquel que los aceptara. El censo era una trampa, inofensiva en apariencia pero mortal en última instancia.

La causa rebelde

Aunque en Jerusalén el sumo sacerdote, político realista, había aconsejado plegarse ante el censo romano, Judas y sus seguidores hicieron un llamado a la resistencia. Su movimiento se extendió con rapidez en Judea, sobre todo entre los jóvenes; escondidos en cuevas y barrancos de las montañas del este, los patriotas se abalanzaban sobre los funcionarios viajeros y sus pequeños destacamentos de soldados. Los judíos ricos colaboracionistas vivían en el terror de ser denunciados y ejecutados por los rebeldes.

Finalmente Judas fue muerto en circunstancias desconocidas; no se sabe cuál fue el destino de Sadoc. Pero el movimiento continuó clandestinamente, encabezado por dos de los hijos de Judas; sus miembros vivían conforme a una interpretación estricta de la Torá, su observancia del sabat era rigurosa, practicaban los baños rituales e insistían en que aceptar a un rey o gobernante de Israel que no fuera Dios equivalía a quebrantar su mandamiento: "No habrá para ti otros dioses delante de mí."

Poco se sabe de lo que los miembros de "la cuarta filosofía" hicieron durante cuatro décadas después del censo. Fue sin duda un período de mucha desorganización y de escasas acciones sistemáticas contra los romanos. Los guerrilleros efectuaban ataques esporádicos; cuando los romanos los atrapaban, los trataban como ladrones y forajidos. Es muy posible que Barrabás, arrestado al mismo tiempo que Jesús, fuera un miembro de este grupo; San Marcos y San Lucas lo describen como un rebelde que buscaba atizar una insurrección, lo cual concuerda con la actividad guerrillera. De modo similar, los "ladrones" anónimos que fueron crucificados al lado de Jesús pudieron haber sido "forajidos" o, más bien, "insurrectos".

El legado macabeo

"La cuarta filosofía" no era en modo alguno el único punto de vista político y religioso viable en la época de Jesús, pero representaba una forma peculiar de entender a Dios, al mundo y al hombre. Otros grupos, como los fariseos y los esenios —y más tarde los cristianos— partieron de la misma mentalidad pero la encauzaron en direcciones muy divergentes. Únicamente los saduceos se mantuvieron al margen.

Las raíces de dicha mentalidad, de esa forma compartida de entender el mundo, se remontan a los tiempos del exilio de Babilonia en el siglo VI a.C., pero, como tantos otros aspectos del judaísmo, fructificaron durante la rebelión macabea. Entre los más acérrimos aliados de los macabeos se había contado el partido llamado de los jasidim (o jasideos), que literalmente significa "los devotos". (Este grupo no debe confundirse con el hasidismo moderno.)

Antes de aliarse con Judas Macabeo y sus rebeldes en la lucha por restablecer la Torá, que fue proscrita por el rey seléucida, los jasidim habían sido sobre todo maestros e intérpretes de la ley. El primer libro de los Macabeos, escrito probablemente en el siglo II a.C., los describe como "israelitas valientes y entregados de corazón a la ley".

Los "malos" samaritanos

Se ha dicho que los peores enemigos son los vecinos y los parientes. Sin duda, la larga enemistad que hubo entre judíos y samaritanos es un buen argumento a favor de tal opinión. Comenzó tras la muerte de Salomón al dividirse su reino en dos estados rivales, Israel y Judá, y se ahondó a lo largo de siglos de contienda. Empeoró cuando en el año 128 a.C. Juan Hircano arrasó el principal santuario samaritano: el del monte Garizim. En la época de Jesús, viajar entre Galilea y Jerusalén era exponerse a un ataque por parte de los samaritanos; ya lo dice claro el evangelio según San Juan: "Los judíos no tienen trato con los samaritanos."

Aunque los romanos no hacían mucho caso de las que parecían discrepancias menores entre unos y otros, desde el punto de vista de los creyentes esas diferencias eran vitales. Para los samaritanos, el monte Garizim era el "ombligo del mundo", el lugar donde Dios había querido tener su templo; había existido aun antes de la Creación, se había salvado del Diluvio y sobreviviría al Día del Juicio. Adán había sido hecho con polvo de las laderas de ese monte, y allí había ido Abraham a sacrificar a Isaac.

Para los samaritanos, la Torá era la única ley, que había sido escrita íntegramente por el propio Moisés. Respetaban a éste más aún que los judíos, pues él era la "luz del mundo" que regresaría para establecer la alianza de Dios con el pueblo entero. En el día de "venganza y recompensa", los ángeles harían básculas para pesar los actos de los hombres; los buenos irían al Edén, y los malos, al infierno eterno.

El monte Garizim representa para los samaritanos el lugar más sagrado del planeta. Se cree que las ruinas del templo de Adriano (mostradas arriba) cubren el templo que aquéllos construyeron hacia el siglo IV a.C. y el cual constituía el centro de su fe. (Los samaritanos consideraban que, conforme a las Escrituras, Dios había escogido el monte Garizim para que en él se le adorara.) Aunque el ejército de Juan Hircano destruyó el santuario en el año 128 a.C., la secta sobrevivió. Aún se reúnen unos 500 miembros cerca de la cima del monte todos los años durante la Pascua (arriba, derecha) para sacrificar corderos.

Pero, aunque prontos a empuñar la espada, su propósito estaba impregnado de una profunda espiritualidad y confianza en Dios. Este doble aspecto de su carácter está ejemplificado en el libro de Daniel, uno de los documentos que sobrevivieron a aquel agitado período y que los expertos atribuyen a los jasidim. La historia narrada en este libro se desarrolla durante el exilio de Babilonia; se refiere a Daniel, héroe de fe inconmovible y obediente de las leyes de Dios.

Ante los ineludibles peligros que le acarrean sus enemigos, quienes lo arrojan a un foso de leones, Dios lo salva. Sus fieles compatriotas, también perseguidos, son salvados de un horno ardiente. La lección estaba clara: hay que tener fe, aun bajo la cruel persecución del conquistador.

Pero el libro es más que una colección de narraciones edificantes. También contiene visiones que interpretan el curso de la historia hasta la época de los jasidim: no obstante la fe y la excelencia de Daniel, sus perseguidores paganos aún tienen el poder; Daniel y sus compatriotas continúan en el exilio, bajo el dominio de fuerzas paganas, pero al final Dios intervendrá, cambiará el curso de los acontecimientos y bendecirá a quienes hayan permanecido fieles. La última visión del libro describe el día en que "muchos de los que duermen en el polvo de la tierra se despertarán, unos para la vida eterna, otros para el oprobio y el horror eternos. Los que con sabiduría hayan actuado brillarán como el firmamento".

Estas visiones pueden parecer extrañas en nuestra época, pero eran expresiones de la mentalidad que condujo a los macabeos y a los jasidim a la lucha que encendió el desprecio de Judas de Galilea por los romanos, que llamó al desierto a los esenios y que inspiró a Juan el Bautista a exclamar: "Arrepentíos, pues el reino de los cielos está cerca."

La certeza de que el sufrimiento presente es temporal y que lo único importante es luchar por ser fieles a Dios, aun en las peores circunstancias, ardía en el corazón de los mártires macabeos, al igual que en muchos de sus descendientes espirituales.

El sacerdocio hereditario

Pero tan compartida creencia no bastaba para subsanar todas las diferencias políticas y religiosas que había entre los judíos. El hecho de que no sólo hubiera preocupación por preservar la ley sino también por ponerla en práctica ocasionaba que los detalles de observancia adquirieran gran relieve. Lo mismo ocurre en nuestra época, cuando toda una nación se rige por una sola constitución y por un solo cuerpo de leyes pero surgen opiniones políticas y legales que afectan la interpretación de las mismas.

Un punto de trepidante desacuerdo se refería al cargo del sumo sacerdote. Antes de la rebelión macabea el sumo sacerdote había sido también jefe de Estado; desempeñaba él solo ambas funciones. Basándose en un antiguo derecho hereditario y por precedentes en las Escrituras, el cargo le correspondía a un descendiente directo de Sadoc, quien había sido sumo sacerdote en los tiempos de Salomón; y, en efecto, todos los sacerdotes del Templo de Jerusalén pertenecían a la familia de Sadoc. Cuando los seléucidas nombraron a un sumo sacerdote que no era descendiente de la familia sadoquita, se produjo un motivo fundamental para la rebelión macabea y la participación de los jasidim. A raíz de su triunfo, cuando los victoriosos macabeos reclamaron su derecho al título, algunos jasidim y sus seguidores se sintieron traicionados: sus aliados estaban traicionando y quebrantando una insoslayable tradición para usurpar un cargo sagrado. El nombre *Sadoc* y todo lo que implicaba se convirtieron, a partir de ese momento en una bandera política y religiosa que se prolongó muchas décadas.

Es fácil imaginar el desagrado de la vieja nobleza sacerdotal ante el hecho de que los asmoneos (descendientes de Matatías), advenedizos aliados con los jasidim, tomaran para sí el cargo de sumo sacerdote. No obstante, pese a su precaria posición como aristócratas atrapados en medio de una revolución popular, las acaudaladas familias sacerdotales lograron mantenerse en su sitio. Ante todo eran gente práctica y poco a poco avanzaron hasta consolidar su posición y recuperar la preeminencia que, a su modo de ver, les correspondía por pleno derecho.

La renovación religiosa y la agitación ocasionada por la rebelión macabea dieron lugar al desarrollo de tres principales partidos políticos y religiosos dentro del judaismo. Los jasidim se dividieron en dos grupos por la cuestión del sumo sacerdocio. Un grupo apoyaba el liderazgo sacerdotal y pedía la restauración de un sacerdocio sadoquita puro en Jerusalén; fue el origen de los esenios. El otro grupo de jasidim se mantuvo leal a los asmoneos y dio origen a los fariseos. A pesar de sus diferencias, ambos grupos tenían en común el propósito de renovar la Torá y adaptar y ampliar las leyes con base en la interpretación de las Escrituras. En contra de estos dos grupos surgió el partido aristocrático de los saduceos,

El tribunal supremo del judaísmo era el Sanedrín, grupo de 71 sacerdotes principales, escribas y laicos prominentes que tenía la última palabra en cuestiones de religión. Como se muestra en el diagrama de la derecha, los miembros se sentaban en semicírculo con el presidente al centro; enfrente había dos escribas y varias hileras de estudiantes. El Sanedrín tenía su propia policía, podía ordenar arrestos por cargos tanto civiles como penales e imponer diversos castigos; la escena de arriba representa un juicio típico. La pena de muerte probablemente escapaba a la autoridad del Sanedrín y requería una resolución del administrador romano.

que, al derivar su nombre de Sadoc, indicaban su particular defensa de la tradición sacerdotal.

Los saduceos

Los saduceos negaron toda autoridad a las resoluciones legales adoptadas por los eruditos jasidim. La compleja tradición oral de jurisprudencia, precedente e interpretación de las Escrituras, defendida por los fariseos, limitaba excesivamente la autoridad judicial y doctrinal de los saduceos como sacerdotes, en cuyo partido los intereses y las creencias de la aristocracia estaban consolidados mediante una postura legal, religiosa y filosó-

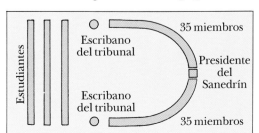

Estudiantes

Escribano del tribunal

Escribano del tribunal

Presidente del Sanedrín

35 miembros

35 miembros

fica que podía resultar eficaz inclusive en las nuevas circunstancias, en las cuales no detentaban un predominio político sino que tenían que luchar por él.

Pero los gobernantes asmoneos acabaron volviéndose aristócratas helenizados, y entonces los saduceos vieron surgir su oportunidad. Cuando el sumo sacerdote Juan Hircano, sucesor de Simón, entró en una insalvable contradicción con sus consejeros fariseos, se alejó de éstos y de sus reglamentaciones y buscó a los saduceos como sustitutos. Por ser miembros de familias poderosas, los saduceos ya habían ganado escaños en el senado de Hircano, pero esta vez avanzaron hasta una posición de predominio en cuestiones políticas y religiosas. Con pocas interrupciones, controlaron el senado o Sanedrín hasta la destrucción de Jerusalén, en el año 70 d.C.

El Sanedrín de 71 miembros era una importante base para los saduceos. Era una combinación de tribunal supremo y cuerpo legislativo a la cual inclusive los romanos permitieron operar con gran libertad. Cualquier asunto que no pudiera resolverse en forma local o que, por alguna razón, no correspondiera en forma directa al control romano recaía en el Sanedrín. La tradición judía posterior tendió a recordar al Sanedrín como un consejo de eruditos de la Torá, pero las descripciones que de él se proporcionan en los escritos de Josefo y en el Nuevo Testamento muestran que, durante la época de los Herodes y de los gobernadores romanos, el Sanedrín estaba por completo en manos del sumo sacerdote, de su clan y del partido saduceo. La jurisdicción legal del Sanedrín se limitaba a Judea, pero su autoridad moral se extendía a toda comunidad judía que lo aceptara. Las vastas facultades que la tradición posterior le atribuyó (declarar la guerra, juzgar a ciudades y tribus) fueron más bien nominales, ya que tales asuntos estaban en manos de los reyes y gobernadores. Aun así, era grande su influencia, y su poder, aunque restringido, era muy real.

Pragmáticos en política y aristócratas hasta la médula, los saduceos eran un grupo homogéneo que no sólo incluía las clases altas sacerdotales sino también una buena parte de la nobleza no sacerdotal. Mucho más que en el caso de los fariseos, su poder se concentraba en Jerusalén. A pesar de sus tendencias helenizantes, sus miras eran profundamente conservadoras y, no por una casualidad, atribuían la mayor importancia religiosa a aquellos elementos del judaísmo en que ellos dominaban: el Templo y los sacrificios; sin embargo, no pretendían aplicar a todos los aspectos de la vida diaria las normas de pureza imperantes en el culto del Templo.

Los saduceos porfiaron en mantener su posición frente a los argumentos de los fariseos recurriendo a lo que podría denominarse una lectura "estrictamente estructural" de la Torá. Para empezar, consideraban que únicamente los cinco primeros libros de las Escrituras judías, los "libros de Moisés", podían usarse para adoptar resoluciones legales; aceptaban desde luego los libros proféticos y sapienciales, pero no los consideraban como ley. Mientras que un esenio o un fariseo podía "interpretar" o ampliar una norma legal a la luz de una profecía de Isaías, por ejemplo, los saduceos no aceptaban tal cosa.

Segundo, los saduceos no admitían la complacencia de los fariseos de convertir en precepto la tradición oral que pasaba del maestro al discípulo. Cuando la "tradición" se esgrimía como argumento para cambiar la aplicación de una ley, los saduceos se oponían terminantemente. Josefo dice que consideraban una virtud el rebatir a sus propios maestros.

Su estricta orientación hacia la ley, al igual que sus posiciones de riqueza y poder, hacían patente que los saduceos, y en general la aristocracia, poco habían experimentado de aquellos conflictos de fe que llevaron a los jasidim a concebir que el mundo está bajo el dominio del mal y que Dios tiene que intervenir. Tampoco compartían la preocupación por el mundo venidero y la resurrección de los muertos.

Para los saduceos, la vida había que vivirla aquí y ahora. Cualquier hijo de Abraham era libre de seguir los preceptos de Dios tal como se explicaban en la Torá y conducirse con honor y prudencia, y en este caso hallaría su recompensa aquí en la Tierra, en una vejez plena y próspera; la otra vida consistiría para él en el honor y el prestigio que su nombre hallaría en la posteridad.

Los fariseos

Entre los fariseos, rivales de los saduceos, se hallaba el germen del futuro del judaísmo. Las fuentes documentales antiguas tienden marcadamente a presentar ambos grupos como antagónicos, por lo cual es muy fácil olvidar que, a diferencia del resto del mundo, en realidad concordaban mucho más de lo que discrepaban. Aun así, en casi todos sus puntos de desacuerdo los fariseos representaban una postura que seguiría caracterizando gran parte del judaísmo subsecuente, mientras que la defendida por los saduceos apenas perduró tras la destrucción del Templo en el siglo I d.C.

La oposición entre ambos grupos obedecía de modo fundamental a sus respectivas identidades. En contraste con la base aristocrática del poder saduceo, los fariseos se apoyaban en el aprendizaje y en el rigor de su devoción a la Torá. Eran herederos de la erudición y la piedad de los escribas y los jasidim.

Aunque muchos sacerdotes eran fariseos, éstos en su mayoría no descendían de sacerdotes, lo cual no quiere decir que estuvieran en contra del Templo. Las reglamentaciones del Templo formaban parte de la Torá, y los fariseos eran los primeros en cumplir todos los diezmos y ofrendas debidos a aquél, a los sacerdotes y a los levitas conforme a la ley de Dios. Si de algo pecaban, era de ser demasiado generosos al respecto; pero el Templo no era lo que determinaba su identidad, a diferencia de los saduceos.

El término fariseo puede significar "separatista", y quizá indicaba que los fariseos tomaban muy en serio el hecho de que cumplir con rigor las leyes exigía una separación de quienes no eran tan escrupulosos. A sí mismos se designaban con el término hebreo haberim, "compañeros", que aludía a las comunidades de apoyo mutuo formadas por ellos.

Sin embargo, no obstante su separatismo los fariseos permanecían en la sociedad y no se retiraban a monasterios del desierto, como lo hacían muchos esenios; aunque separados en comunidades de "compañeros", permanecían entre la gente como maestros e intérpretes de la ley y llegaron a ser auténticos líderes religiosos en el período de renovación que prosiguió mucho después de la rebelión macabea.

Los fariseos aspiraban a la creación de una sociedad judía ideal, que en el Éxodo se describe como "un reino de sacerdotes y una nación santa". Este ideal sólo podía alcanzarse si cada miembro de la sociedad se familiarizaba con la Torá al grado de que ésta guiara toda su conducta diaria.

Las dos Torás

El proceso de aplicar la Torá a todo momento de la vida estaba íntimamente relacionado con el desarrollo de la "ley oral", paralela a la Torá escrita. Los fariseos eruditos estaban entregados por completo a desarrollar y transmitir este vasto cuerpo de la ley aplicada (argumentaciones legales, normas y precedentes, es decir, todas las "tradiciones de los mayores") a las sucesivas generaciones de intérpretes de la Torá. Conforme creció la ley oral, creció también su importancia; llegó a atribuírsele al propio Moisés, que, según se pensaba, la había recibido de Dios. Se consideraba que desde entonces había pasado de una generación a otra y que era tan venerable y obligatoria como la ley escrita.

Para nuestro criterio moderno, tales tradiciones fueron adaptaciones y transformaciones que se hicieron a las leyes antiguas conforme se modificaban las circunstancias. Pero para los fariseos, todo era antiguo y sus interpretaciones sólo ponían de manifiesto lo que con anterioridad existía. De todos modos, el efecto de la ley oral fue revolucionario; en vez de dejar que la Torá se convirtiera en un fósil rígido, la ley oral la transformó en una realidad viva, flexible y capaz de crecer. En el siglo II d.C. parte de esta tradición se puso por escrito en la Mishná, pero continuó desarrollándose y en los siglos subsecuentes dio por resultado el Talmud de Babilonia, el de Jerusalén y muchos comentarios extensos.

Un ejemplo de los problemas de interpretación a que se enfrentaban los campeones de la ley oral es la aplicación de las leyes referentes al año sabático. Varios pasajes de la Torá escrita (sobre todo del Éxodo y el Levítico) señalan que cada siete años toda tierra de labranza debe dejarse en barbecho (es decir, sin cultivar), todo esclavo hebreo debe dejarse en libertad y toda deuda debe condonarse (lo cual habría causado estragos en los mercados de Jerusalén).

En otros tiempos, la cancelación de las deudas había servido para impedir que el préstamo de dinero se convirtiera en un negocio y para preservarlo como un acto de ayuda al prójimo. Sin embargo, en la economía imperial romana, cada vez más monetarizada, el resultado fue que los créditos escasearan a medida que se acercaba el año sabático. Si había que cancelar las deudas, los banqueros no prestaban. Así pues, conforme a la Mishná, el gran rabino Hilel instituyó una nueva forma de contrato según la cual el deudor y el acreedor podían pactar, ante jueces, que las deudas garantizadas por bienes raíces no se cancelarían al llegar el año sabático. Esta práctica cambió el efecto de la ley, de modo que quienes necesitaban crédito no se veían perjudicados por una institución cuyo objeto era ayudarlos. Se diseñó un sistema para que las deudas pudieran traspasarse a favor de los tribunales, de forma que el acreedor pudiera permanecer dentro de la ley pero sin perder dinero.

Los fariseos se deleitaban con este tipo de soluciones. Su propósito era aplicar las reglas de la Torá a todo aspecto de la existencia, hasta el más ínfimo, y si para hacerlo se tenía que desplegar un considerable ingenio legal, tanto más se deleitaban. Estaban dispuestos a "hacerle a la ley un cerco", según decían, erigiendo una barricada de argumentos y resoluciones preventivas que impidieran que alguien se saliera de los caminos dispuestos por Dios. Sin ser sacerdotes, serían tan santos como éstos.

En las sinagogas, un lugar de autoridad era la cátedra de Moisés, donde un sabio anciano (a menudo un fariseo) se sentaba, leía la Torá y explicaba su significado a la congregación. El asiento de piedra de abajo, procede de una sinagoga de Corazaín, Galilea, y tiene inscrito el nombre de un benefactor. Jesús acusó a los fariseos de hipocresía: "Ellos dicen, pero no hacen" (San Mateo 23); sin embargo, dijo a sus discípulos que debían acatar las enseñanzas de los fariseos porque "ocupan la cátedra de Moisés".

Los fariseos como profetas

Pero los fariseos no sólo eran herederos de los estudiosos escribas como intérpretes de las Escrituras, sino que también eran los beneficiarios de la revolución teológica encabezada por los jasidim y su apocalíptica forma de ver el mundo. Aunque las fuentes documentales antiguas no indican que los fariseos hayan tenido un especial interés en las visiones y las alegorías históricas, lo cierto es que creían con convicción en la resurrección de los muertos y el mundo venidero. Para ellos, las fuerzas sobrenaturales de ángeles y demonios rodeaban la vida humana y se disputaban el destino de cada individuo. Aunque las circunstancias de la vida de cada persona estuvieran influidas en gran medida por la providencia divina, la decisión de seguir o no la ley de Dios era un asunto de libre elección. Para los fariseos, la vida con todas sus penalidades e injusticias era un estado transitorio, y las verdaderas recompensas del hombre bueno y piadoso llegarían en la otra vida, como también el castigo para los malos. El cuerpo moriría, pero el alma era inmortal y tras la muerte

Este detalle de una menorá de bronce alude con realismo al encuentro ocurrido entre el gran maestro judío Hilel y un gentil que lo retó a enseñarle toda la Torá mientras él se sostuviera sobre un solo pie. Hilel respondió enunciando una norma de conducta que seguramente era muy conocida en aquella época.

ocurriría la resurrección. Habría de llegar el día de ajustar las cuentas, y aparecería una figura mesiánica anunciando un nuevo reino de Dios en la Tierra; entonces los justos despertarían al gozo eterno y los demás serían condenados al castigo sin fin.

En este esquema estaba implícito que cada individuo tenía que prepararse para la vida futura y que, aun si nadie podía controlar realmente sus circunstancias básicas (como el ser pobre o ser rico, por ejemplo), cada persona podía escoger entre seguir el camino de la rectitud o no. Más allá de esta elección, el destino estaba en manos de Dios. "Todo está en manos de Dios, salvo el temor de Dios", decían los fariseos.

Las sinagogas, centros de influencia

Aunque los fariseos nunca pretendieron denigrar el Templo sino que lo veneraban como un sitio de culto divino, su trabajo se concentraba en una nueva institución: la sinagoga, que consideraban como un importante y válido santuario para el estudio, la oración y la reflexión. Había sinagogas en casi todas las poblaciones, donde servían de lugar de reunión, escuela y sitio de culto. Los fariseos se reunían en ellas para discutir e instruir a la gente acerca de la verdadera piedad; pero al hacerlo comenzaron a minar la autoridad de la aristocracia sacerdotal. De hecho, al cuidar con atención cuestiones tales como la pureza ritual y la conducta devota, empezaron a comportarse como si fuesen sacerdotes.

El ideal de un "reino de sacerdotes" únicamente podía entreverse recurriendo al tipo de institución local que era la sinagoga, donde la gente común, que jamás podría aspirar a leer por sí misma la Torá, podía escucharla y discutirla semanalmente.

Hilel y Shammai, dos grandes maestros

A medida que los fariseos cobraron fuerza, su versión del judaísmo llegó a ser la más respetada entre la comunidad de judíos devotos. Se fueron apartando cada vez más del papel político activo que habían desempeñado durante el régimen asmoneo y se encauzaron hacia el de guías religiosos del pueblo. No obstante, surgieron rivalidades entre algunos maestros; la más notable tuvo lugar entre Shammai, gran erudito conservador que tendía a adoptar una posición inflexible con respecto a la interpretación de las Escrituras, e Hilel, que era un poco más liberal.

Ambos maestros se convirtieron en cabezas de dos escuelas de pensamiento opuestas y sus debates dejaron una profunda huella en el fariseísmo. Casi todas las discusiones habidas entre sus seguidores se referían a detalles de aplicación de la ley: cómo observar el sabat, cómo distinguir entre los diezmos del Templo y los destinados a los sacerdotes, cómo recitar las oraciones, etc. Se conocen unos 300 puntos de desacuerdo, sin embargo, en el último análisis el contraste más significativo entre ambas escuelas tenía que ver con la actitud y la personalidad de Hilel.

Los discípulos de Hilel acostumbraban relatar una historia ilustrativa acerca del particular modo que su maestro tenía de considerar e interpretar la ley. Parece ser que un gentil hizo una vez a Shammai una extraña y peculiar proposición: se convertiría al judaísmo si, durante el corto tiempo que él pudiera permanecer sobre un solo pie, el sabio fuera capaz de enseñarle toda la Torá.

Shammai, que era de pocas pulgas, golpeó a su interlocutor y lo despidió con cajas destempladas.

Entonces el gentil buscó a Hilel y le hizo la misma propuesta. Hilel no dudó en contestar: "No hagas a tu prójimo lo que no quieras para ti; eso es la Torá, y lo demás es comentario." Ésta era en esencia la filosofía de Hilel, y la repetía incansablemente (inclusive encontró eco en la enseñanza suprema de Jesús).

A Hilel no le interesaban mucho las visiones apocalípticas. Como otros fariseos, consideraba que el medio de salvación estaba arraigado en lo concreto, en llevar una existencia humanitaria y respetuosa de la ley. "Quien haya hecho suyas las palabras de la Torá", decía, "ha hecho suya la vida del mundo venidero".

Los esenios construyeron el monasterio de Qumrán en una de las más desoladas regiones de Palestina. El conjunto de edificios, cuyas ruinas aparecen en la parte superior de la fotografía de arriba, abarcaba casi una hectárea y comprendía talleres, bodegas y un aposento para los calígrafos. Los esenios vivían en tiendas o en las cuevas de los riscos que aparecen en primer plano. Al este se halla el Mar Muerto y, más a lo lejos, los riscos de Moab, como se muestra arriba de estas líneas.

"¡Ay de vosotros, hipócritas!"

En la época de Jesús, el partido fariseo contaba con alrededor de 6.000 miembros y su influencia en el Sanedrín muy frecuentemente era dominante. Cuando se planteaban asuntos relativos al ritual del Templo, solían ser los fariseos quienes, con su conocimiento superior de la ley, dictaban las pautas que hasta los saduceos tenían que seguir. Conforme el grupo fue ganando mayor respeto, algunos de sus miembros daban la impresión de exhibir un evidente orgullo de su propia piedad; se detenían en las esquinas de las calles a recitar sus oraciones, ocupaban los primeros asientos en las sinagogas, se ataban filacterias más grandes de lo normal y de varios otros modos trataban de llamar la atención. Escrupulosos en el cumplimiento de la ley, muchos de ellos se daban demasiada prisa para corregir a quienes, a su juicio, consideraban desobedientes de la misma.

Enmarañados en las trampas de las argumentaciones y los detalles, y a menudo altaneros para con quienes no obraban igual que ellos, los fariseos al parecer perdieron el rumbo. Fueron objeto de severas críticas por parte de los saduceos y los esenios, no menos que de otros maestros entre los que se contaron Juan el Bautista y Jesús.

Los esenios

Mientras que los fariseos salían a instruir a la gente, otros grupos buscaban a Dios retirándose de la sociedad. De estos grupos monásticos, el de mayor prestigio era el de los esenios, muchos de los cuales vivían en el desierto, en Qumrán, a orillas del Mar Muerto. Es difícil imaginar una secta que asumiera las exigencias de la piedad con más ahínco e intransigente seriedad que los esenios. Los integrantes de este grupo eran verdaderos santos del desierto, "una estirpe solitaria", escribiría el historiador romano Plinio, "y rara como nadie más en el mundo".

Abnegados, a menudo célibes, los esenios se sujetaban a una disciplina tan rigurosa como la de los soldados. Todos sus bienes eran comunales. De cada acto daban razón. Combinaban en su identidad dos elementos básicos: primero, sus sacerdotes eran verdaderos "hijos de Sadoc", proscritos del Templo por los renegados que lo controlaban, y segundo, estaban hondamente compenetrados de una visión apocalíptica del mundo.

A su modo de ver, el mundo se dividía en dos campos intrínsecamente hostiles: los Hijos de la Luz, que representaban las fuerzas de la verdad y la rectitud, y los Hijos de las Tinieblas. Cada campo estaba dominado por un ser celestial designado por Dios. Había un Príncipe de la Luz y un Ángel de las Tinieblas; entre ambas fuerzas existía una guerra incesante en todos los niveles, desde la esfera de los ángeles hasta los más recónditos recintos del alma humana. Todo hombre y toda mujer pertenecían a uno de ambos grupos y nadie podía hacer gran cosa para decidir pertenecer a uno u otro, pues Dios había predestinado a todos. Aun así, el Ángel de las Tinieblas persistía en atrapar las almas de los piadosos, que debían combatirlo sin tregua.

La lucha estaba predestinada a terminar en la victoria de Dios; el Día del Juicio, los Hijos de la Luz prevalecerían. No sólo habría de aparecer una figura mesiánica, sino tres: un profeta, tal como lo había predicho Moisés; un rey mesiánico, descendiente de David, y un sacerdote mesiánico, que sería el más importante de los tres. A su llegada, los ejércitos angélicos del Señor emitirían un gran grito, los cimientos de la Tierra se cimbrarían y "una guerra de los poderosos de los cielos se extenderá por todo el mundo". La devastación sería terrible y consumiría toda la creación, pero al terminar prevalecería un nuevo orden en el que todo mal sería abolido y "la rectitud brillará como el sol". Como ocurre en otras visiones apocalípticas, los elegidos vivirían en paz y felicidad eternas, mientras que los ruines caerían en la perdición.

Así pues, los esenios se retiraron al desierto para preparar allí "el camino del Señor". El gran día podía sobrevenir de un momento a otro. Tenían que estar preparados para ello, con sus almas purificadas y con sus cuerpos curtidos, por completo dispuestos a ocupar sus lugares como soldados del ejército celestial de Dios.

El ejército de Dios

Al igual que los fariseos, los esenios eran herederos de los jasidim; de hecho, su nombre suele ser interpretado como la forma aramea de jasidim, "los devotos", aunque podría estar más relacionado con otra palabra que significa "sanadores". Muchos expertos consideran que el suceso que determinó el surgimiento de los esenios como grupo definido fue el

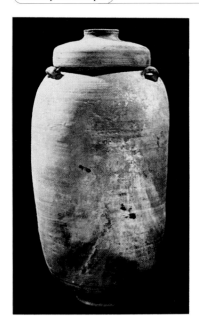

Los esenios usaban vasijas de arcilla para guardar sus documentos sagrados (los llamados Rollos del Mar Muerto). Centenares de rollos sobrevivieron en vasijas, como la de arriba, depositadas en cuevas.

momento en que, en el año 152 a.C., Jonatán el Asmoneo recibió el cargo de sumo sacerdote de manos de un aspirante al trono seléucida. Para aquellos sadoquitas íntegros, semejante deslealtad significaba que el Templo de Jerusalén había sido profanado y que no podía ser ya un lugar donde rindieran culto quienes permanecían fieles a la verdadera ley de Dios. El líder del grupo, que sorprendentemente se conoce en los textos esenios sólo con la designación de "el Maestro de Justicia", impugnó la autoridad del sumo sacerdote, del Templo de Jerusalén y de todo su cuerpo sacerdotal; declaró inválidos sus ritos y sacrificios (pero esto no era todo, afirmó también que el calendario era erróneo y que las grandes festividades judías se estaban celebrando en fechas equivocadas) y se retiró a Qumrán con un grupo de disidentes.

Hasta Qumrán los siguió un alto funcionario del Templo, al parecer con la intención de humillar o incluso matar al Maestro de Justicia. Pudo haber sido el propio Jonatán, pero los documentos esenios tan sólo se refieren a una visita del "Sacerdote Perverso". Los esenios se plantaron con firmeza en el duro páramo y no se dejaron intimidar; se entregaron a la tarea de configurar el futuro de una nueva orden monástica.

El resultado fue una secta tan estrictamente organizada como una legión romana, con una jerarquía fija en cuanto a líderes y rangos. Puesto que se consideraban soldados de Dios, los esenios vivían fortaleciendo sus cuerpos y almas, en ansiosa espera de la batalla que habría de llegar. Hasta el monasterio estaba diseñado como un modelo del perfecto reino de Dios que sería establecido una vez ganada la batalla; autosuficiente por completo, tenía un cuartel general con un aposento para los calígrafos, varios talleres y salas capitulares, así como un eficiente sistema de riego que proveía de agua a los campos adyacentes, donde los esenios cultivaban sus alimentos.

Cada día se iniciaba con una oración al amanecer, antes de la cual no se podía pronunciar palabra. Luego los miembros se dirigían a sus ocupaciones: unos a los trigales; otros a las cocinas; otros a los talleres de alfarería; otros a los telares, donde tejían las túnicas de lino blanco que se usaban en la orden, y otros más, al aposento de los calígrafos, donde absortos leían los documentos y copiaban los textos sagrados.

Los manuscritos que este último grupo preparaba son los que en nuestra época se conocen como los Rollos del Mar Muerto. Tras más de 200 años de existencia, la secta fue prácticamente exterminada por los ejércitos romanos que arrasaron Jerusalén en el año 70 d.C. Se cree que, al acercarse el enemigo, los esenios guardaron cuidadosamente sus valiosos manuscritos en vasijas de arcilla y escondieron éstas en las cuevas que hay en los riscos cercanos al Mar Muerto. Allí permanecieron hasta 1947, cuando algunas vasijas fueron accidentalmente descubiertas por un pastorcillo árabe que buscaba una cabra perdida. Son cientos los documentos de pergamino y de papiro, y gracias a ellos podemos conocer muchos detalles de la organización de la secta, sus leyes y prácticas, así como su intensa y arrolladora visión del apocalipsis; también se hallaron textos hebreos del Antiguo Testamento y libros de salmos de alabanza y acción de gracias.

A la hora quinta (las once de la mañana) todos los esenios se reunían para tomar un baño ritual de agua fría y luego, en el amplio refectorio, comían frugalmente. Por la tarde regresaban al trabajo y después tomaban una colación, de la misma frugalidad. Dormían en tiendas o en cuevas.

Tal era su vida seis días de la semana. El sabat cesaba toda actividad, como era habitual entre los judíos, pero los esenios eran todavía más escrupulosos que los fariseos en su observancia del día de descanso. Los alimentos, preparados el día anterior, se servían fríos, y ningún esenio se hubiera atrevido a evacuar, por miedo a que sus heces profanaran el día del Señor. Toda falta a la estricta observancia del sabat se castigaba con una terminante expulsión de siete años, tras los cuales era posible reincorporarse a la secta.

En la rutina cotidiana había dos prácticas que diferenciaban de otras sectas a los esenios: los baños rituales frecuentes y la celebración de comidas en común. Por una larga tradición, todos los judíos devotos se lavaban las manos antes de comer y rezar y tomaban baños rituales en los mikvés, pero los esenios daban a esta práctica una importancia espiritual mucho mayor y se bañaban ritualmente a diario antes de comer; por regla general, todo miembro de nuevo ingreso a la secta tenía que sumergirse en agua corriente, rito de iniciación precedente del practicado por Juan el Bautista.

Los tinteros de cerámica que se ven arriba, pudieron haber pertenecido a algún escriba. La tinta que se usó para escribir los Rollos del Mar Muerto estaba hecha con carbón pulverizado; los textos aún son legibles, después de 2.000 años.

La comida en común quizá tenía una importancia aún mayor. Comenzaba en silencio y luego un sacerdote invocaba la bendición de Dios; prevalecía un notable decoro y nadie hablaba de más. "No hay ruido ni alboroto que altere la paz de sus recintos", se maravillaba un comentarista; "hablan por turnos, cediéndose la palabra. A los forasteros, el silencio imperante les parece un tremendo misterio".

Las comidas no sólo representaban la unión en la hermandad y el alejamiento de la malicia del mundo, sino también una gozosa anticipación de los banquetes mesiánicos que seguramente tendrían lugar en el mundo venidero. La ración era frugal, y el ambiente, austero; pero no importaba. El compartir el pan era un acto sagrado, muy similar al que los primeros cristianos celebrarían para conmemorar la última cena de Jesús con sus discípulos.

Los miembros de reciente ingreso pasaban por un largo período de prueba y adoctrinamiento para demostrar su valía. Después del primer año recibían el hábito: prenda interior, túnica de lino blanco y un hacha pequeña. (Esta herramienta era signo de pertenecer a la secta y también tenía un propósito sanitario: antes de evacuar, los esenios cavaban con el hacha un hoyo que luego cubrían con la tierra excavada.) Los neófitos pasaban otros dos años como novicios; tomaban parte en el trabajo y en el baño ritual pero aún no participaban en las comidas del refectorio. Llegado el momento, cedían a la orden todas sus pertenencias.

La doctrina esencial del grupo de los esenios está redactada en un rollo de pergamino de casi dos metros de largo, conocido como Manual de Disciplina, que data de alrededor del año 100 a.C. El tiempo ha deteriorado los bordes del manuscrito, como puede verse en el fragmento de la derecha, pero aun así el rollo proporciona datos muy completos acerca de las leyes, la ideología y algunos ritos y costumbres de esta secta. En él se especifican los castigos que se aplicaban a quienes mentían, blasfemaban, reían estrepitosamente o escupían durante las reuniones.

Los puros de corazón

Una vez concluido este noviciado, todo miembro hacía un voto de por vida: practicar la devoción a Dios, actuar con justicia para con todos los hombres y rechazar al injusto; no lastimar a nadie, no mentir ni robar y no guardar secretos para con sus hermanos ni revelar los secretos de la orden a forasteros. Sobre todo, se comprometía a combatir el mal y dirigir su pensamiento a lo que es santo y bueno.

Era un ofrecimiento solemne, que obligaba a llevar una vida mucho más austera que la de los saduceos y fariseos. No había pureza ritual ni conducta ética que por sí mismas bastaran a los esenios; lo esencial era el estado mental más recóndito: la piedad y la gracia divina del alma. Amonestaba un texto esenio: "Sólo un espíritu recto y humilde puede expiar el pecado."

Para asegurar el bienestar espiritual de la comunidad, todo iniciado tenía que someterse periódicamente al escrutinio de sus mayores. En determinadas ocasiones toda la comunidad se congregaba para confesar sus pecados y recibir la bendición de los sacerdotes; se recordaba que las abluciones no serían más que ceremonias huecas y carentes de sentido a menos que se practicaran con total sinceridad.

El culto de otros dioses

Los cultos paganos florecieron en todo el mundo mediterráneo durante los períodos helenístico y romano, no sólo en Roma y Grecia sino también en Egipto, Asia Menor, Siria y otras regiones orientales. Los esclavos, soldados y mercaderes, que tendían a viajar o a ser enviados de un sitio a otro, llevaban consigo sus deidades. Aun en la lejana Palestina había devotos de Júpiter, Minerva y otros dioses grecorromanos, en cuyo honor se erigían estatuas. También pudieron haberse erigido templos a Cibeles, diosa de Asia Menor, y a su joven amante Atis, que de acuerdo con la leyenda nació de una virgen, como Jesús.

El dios-héroe Mitra, deidad de origen persa que se identificaba con la fuerza del sol, se dispone a degollar un toro (acto mítico central de una antigua religión). La estatua romana de mármol que se muestra a la izquierda, data del siglo II d.C.

¡Ay del hermano descarriado! Se le rebajaba de rango o, en ocasiones, se le expulsaba de la hermandad. La expulsión era un castigo terrible, pues todo miembro había hecho voto de no tomar alimento que hubiese sido cultivado por extraños a la comunidad. Mientras viviera expulsado y no renunciara a este voto, tendría que subsistir de alimentos silvestres (en su calidad de proscrito, es posible que ni siquiera le fuera permitido vivir de lo que él mismo cultivase) y, en aquella tierra desértica, no era difícil morirse de hambre.

No todos los esenios estaban en el monasterio de Qumrán. La secta floreció y se expandió rápidamente hasta que, en los tiempos de Jesús, llegó a contar con quizá 4.000 miembros, que en su mayoría vivían en conglomerados de celdas cerca de los pueblos y ciudades, en cuyo caso seguían manteniendo con estricto rigor los ideales de la secta: evitar el lujo, obedecer a los mayores, ayudar a los necesitados, tomar los alimentos en común y practicar los ritos de purificación. Unos cuantos contraían matrimonio y tenían hijos, pero casi todos eran célibes. Josefo, que probablemente pasó algún tiempo estudiando con los esenios, los admiraba sin restricciones. "Se reservan su justa indignación", escribió, "y son amos de su carácter, campeones de la fidelidad y verdaderos ministros de la paz".

Una de las principales repercusiones del descubrimiento de los Rollos del Mar Muerto ha sido que los expertos en la materia han podido conocer más a fondo esta secta, que hasta ese momento permanecía rodeada de misterio. Ahora conocemos cuán profunda era la agitación intelectual y espiritual del

Baal-Shamem, dios fenicio de los cielos, aparece en la imagen que se muestra abajo, flanqueado por el dios lunar (con una media luna en su halo) y el dios solar, en un altorrelieve sirio. Hermes, el Mensajero, uno de los dioses predilectos de Grecia, resalta en un medallón de oro (izquierda); veloz, hábil y elocuente, era patrono de los mercaderes, viajeros, oradores, filósofos y jóvenes. Una de las diosas más veneradas era la Artemisa de Éfeso (derecha); ésta no era la Artemisa griega, sino una diosa de la fertilidad cuyo culto se extendió desde Asia hasta las Galias.

Los frutos del algarrobo (las algarrobas) tienen forma de vaina; probablemente de ellos se alimentaba Juan el Bautista. Las vainas son muy ácidas antes de madurar, pero en primavera se llenan de un zumo espeso y nutritivo similar a un jarabe, que en la actualidad se usa para elaborar dulces. En los tiempos bíblicos, las vainas secas se usaban para alimentar al ganado y a los cerdos; únicamente la gente muy pobre las comía. (Como era el caso del Hijo Pródigo de la parábola de Jesús, pues dice el evangelio según San Lucas —15, 16—, "deseaba llenar su vientre con las algarrobas que comían los cerdos".)

judaísmo durante el siglo I d.C. Ante nuestros ojos se manifiesta un grupo que, siendo totalmente judío, se alejó por igual del Templo y sus sacrificios y de los maestros fariseos, a quienes los esenios consideraban como "blandengues" incapaces de someterse a la dura disciplina del desierto.

Sin embargo, independientemente de las diferencias que pudieran existir entre los grupos religiosos de Judea, todos concordaban en la importancia de mantener el judaísmo lo más puro posible. Palestina estaba repleta de extranjeros y paganos, desde soldados y administradores romanos hasta ciudadanos comunes de otras razas, religiones y culturas. La mayoría de los judíos temerosos de Dios veían con estremecimientos de horror las religiones ajenas; consagrados a un solo Dios, no tenían la tolerancia que en el mundo antiguo era común para con los dioses de los demás. Pero, a pesar de todas las divergencias que pudieran existir entre las creencias judías y las paganas, también había una sorprendente cantidad de similitudes y un fecundo intercambio de ideas y conceptos religiosos.

El mensaje de Juan

El panorama del judaísmo en la época de Jesús era muy variado, desde los jasidim hasta los fariseos y los esenios; desde "la cuarta filosofía" y los zelotas hasta los saduceos, los numerosos profetas solitarios y los maestros. No es de extrañar que, en aquella época de agitación, el surgimiento de una figura tan carismática como la de Juan el Bautista resultase a la vez familiar y trastornadora. En muchos sentidos, Juan encajaba perfectamente dentro de aquel panorama; pero en muchos otros, los líderes de la sociedad, desde Herodes hasta los saduceos, tenían razones para temer la fuerza que tal figura profética podía desencadenar en el pueblo. Sus posiciones, sus fortunas y hasta sus vidas podían depender del hecho de impedir que surgieran movimientos religiosos masivos que los romanos percibieran como amenazantes. Y esta voz que hablaba con tanta vehemencia y con tal ansia del advenimiento de otro cuyo juicio era aún más poderoso, no era por cierto tranquilizadora.

Juan provenía de una familia sencilla y devota. Nació durante el reinado de Herodes, unos seis meses antes de que naciera Jesús, con quien estaba emparentado (su madre, Isabel, era parienta de María, posiblemente su prima); su padre había sido un anciano sacerdote de pueblo. Poco se sabe de sus años de formación, pero es posible que recibiera la instrucción común en la sinagoga. Sin embargo, en algún momento lo poseyó un fervor religioso que lo hizo retirarse al desierto, donde se alimentaba de miel silvestre y saltamontes.

Algunos expertos en la materia consideran que pudo haber ingresado al monasterio esenio de Qumrán. Sus enseñanzas son similares a las de los esenios en algunos aspectos pero, a diferencia de ellos, él buscó a la gente, exhortándola al arrepentimiento y a recibir el bautismo sin que en ello mediara ningún voto monástico. Desde luego, su dieta de miel silvestre y saltamontes habría sido muy similar a la de un esenio expulsado.

Vestido con la prenda típica de los profetas antiguos, hecha de pelambre de camello, Juan comenzó a bautizar en el Jordán. El trasfondo ético de su llamado al arrepentimiento, según lo registra San Lucas en su evangelio, era simple y humanitario: "El que tenga dos túnicas, que las comparta con el que no tiene; el que tenga para comer, que haga lo mismo." Los recaudadores de impuestos podían seguir haciendo su trabajo, les decía, pero sin timar a nadie; los soldados podían seguir siéndolo, pero sin extorsionar ni hacer denuncias falsas.

Sin embargo, el mensaje primordial de Juan era que estaba cerca el momento en que Dios intervendría en el mundo; "el que viene detrás de mí" estaba ya entre los judíos, e Israel debía prepararse. Tal como lo recuerda la tradición cristiana, Juan fue el gran precursor del Mesías.

El bautismo de Jesús

Un día (el evangelio según San Juan dice que fue al día siguiente del interrogatorio de los sacerdotes y levitas), mientras el Bautista predicaba, vio aproximarse una figura e interrumpió sus palabras.

—Él es—, exclamó Juan, —de quien yo dije "Detrás de mí viene un hombre, que se ha puesto delante de mí porque existía antes que yo".

San Mateo, en su evangelio nos dice que cuando Jesús pidió ser bautizado, Juan quedó perplejo. "Soy yo el que necesita ser bautizado por ti, ¿y tú vienes a mí?", preguntó desconcertado.

—Déjame hacer ahora—, insistió Jesús, —pues conviene que así cumplamos toda justicia.

Juan efectuó el rito. Al salir Jesús del agua, según narra San Marcos, "vio que los cielos se rasgaban y que el Espíritu, en forma de paloma, bajaba a él. Y vino una voz de los cielos: 'Tú eres mi Hijo amado; en ti me complazco'".

Había llegado la hora para Jesús.

En el rito bautismal que efectuaba Juan en el río Jordán, el penitente probablemente se arrodillaba en un vado y confesaba sus pecados, en tanto que Juan, de pie junto a él, lo absolvía en nombre de Dios. La Biblia no refiere detalles acerca de cómo se realizaba este rito; sólo dice que Juan bautizaba con agua.

Capítulo 9 | La misión del Mesías

De palabra y de obra, Jesús puso en tela de juicio muchas de las tradiciones prevalecientes en Palestina y con ello atrajo la atención de sus compatriotas. Algunos lo veían como un maestro lúcido; para otros, era un líder que simbolizaba la oposición a Roma. Pero a juicio de una minoría creciente, él era el Redentor enviado por Dios.

No lejos de las refrescantes aguas del Jordán se levantan las sedientas crestas montañosas del yermo. En este hostil desierto de Judá oró y ayunó Jesús durante 40 días, el mismo lapso que Moisés pasó en el monte Sinaí, donde habría de recibir de Dios los diez mandamientos. Quizá también Jesús andaba en busca de una nueva forma de interpretar la voluntad de Dios. Tradicionalmente, los judíos ayunaban en señal de arrepentimiento, pero Jesús permaneció sin probar bocado las seis semanas para negar el cuerpo y fortalecer así el espíritu. El ambiente austero no hacía sino reflejar una antigua creencia: la voz de Dios se escucha en las montañas con la mayor claridad; sin embargo, según otra vieja convicción, también los espíritus malignos frecuentan el desierto. Pues bien, al término de los 40 días, dice el evangelio según San Mateo, Satanás llegó para tentar a aquel hombre joven, famélico y extenuado. El escenario de la tentación bien pudo haber sido la ladera de un monte calizo que se yergue hasta más de 350 metros: el Yebel Qarantal, al noroeste de Jericó. Allí, el suelo estéril estaba salpicado de toscos bloques de roca parda semejantes a hogazas, pero Jesús resistió la tentación de convertir-

"De nuevo comenzó a enseñar junto al mar. Había en torno a él una muchedumbre tan grande que tuvo que subir a una barca y, ya en el mar, sentarse; y la muchedumbre estaba a lo largo del mar, en la ribera. Les enseñaba muchas cosas..." (San Marcos 4, 1-2). Desde la barca, Jesús podía hablar desahogadamente a la multitud que había acudido a orillas de esta caleta del Mar de Galilea.

Yebel Qarantal, que según la tradición es el lugar donde Jesús fue tentado, se levanta sobre las desoladas colinas del desierto de Judá. El nombre de Qarantal es una deformación arábiga de quadraginta, *que en latín significa "cuarenta" (por los 40 días que ayunó Jesús).*

los en pan; en cambio, contestó con su propia versión del Deuteronomio (8, 3) : "No sólo de pan vive el hombre, sino de toda palabra que sale de la boca de Dios." Luego Jesús se halló sobre la parte más alta del Templo de Jerusalén, desde donde, según Josefo, no sin vértigo se podía contemplar la barranca del valle del Cedrón; si Jesús diera un salto abajo, insinuó el Tentador, los ángeles de Dios lo llevarían en sus manos hasta el suelo. Pero Jesús apartó de sí la tentación, recordando que otro precepto del Deuteronomio (6, 16) advierte que Dios no debe ser tentado. De nuevo en el desierto, el demonio llevó a Jesús a "un monte muy alto" —posiblemente el mismo Yebel Qarantal— y "le mostró todos los reinos del mundo", ofreciéndole la oportunidad de dominarlos como un César. "Todo esto te daré si te postras y me adoras", dijo el Tentador; pero Jesús replicó: "¡Apártate, Satanás!"

Al repetir la historia de las tentaciones y cualquier otro pasaje de la vida de Jesús, seguimos la narración que de ello nos han dejado los cuatro evangelios, escritos en las últimas décadas del siglo I y los cuales proclaman que Jesús es el Mesías e Hijo de Dios. Los evangelios difieren entre sí en muchos aspectos; por eso la Iglesia primitiva se oponía a que se utilizara sólo alguno de ellos sin recurrir a los otros. Por ejemplo, para relatar las tentaciones de Jesús en el desierto, a San Marcos, en su evangelio le basta un versículo, mientras que San Mateo y San Lucas son más prolijos (pero el orden en que narran las tentaciones segunda y tercera no es el mismo en ambos casos); San Juan no las menciona en absoluto.

Los evangelistas demostraron la fidelidad de Jesús para con los mandamientos de Dios tal como éstos se enuncian en el Antiguo Testamento. Demostraron que Jesús tenía poder para enfrentarse a las fuerzas demoníacas del mundo y vencerlas. Proclamaron también que el ministerio de Jesús no habría de consistir en una autoglorificación política ni milagrosa, sino en la confianza en el Todopoderoso y la sumisión a la voluntad divina.

Tras de las tentaciones, Jesús no permaneció en el desierto, como hizo Juan el Bautista para exhortar a la gente a purificarse con miras al juicio inminente, sino que fue a los pueblos y ciudades para difundir su mensaje.

Los comienzos del ministerio

Según San Lucas, Jesús tenía alrededor de 30 años de edad al comenzar su ministerio; salvo este dato, nada sabemos acerca de su aspecto físico. Como los judíos consideraban impropio representar la figura humana en pintura o escultura, no contamos con ningún retrato de Jesús que haya sido hecho durante su vida. Los primeros intentos de descripción datan del siglo III, cuan-

Jesús estuvo en el desierto "entre los animales salvajes", según San Marcos. Y es que a pesar de su desolación, en el desierto de Judá había vida animal, sobre todo durante la temporada de lluvias: aves, serpientes, gacelas (abajo), íbices (centro) y hatos de cabras que se alimentaban de matorrales y hierba (derecha).

do los Padres de la Iglesia determinaron que Jesús había sido poco atractivo e incluso feo; se basaban en Isaías (53, 2), que afirma que el siervo de Dios "no tenía apariencia ni presencia que atrajera las miradas, ni hermosura que agradase". Pero en el siglo IV, imbuidos de las idealizaciones del arte griego y romano, los escritores cristianos, sostenían que Jesús era apuesto, y para demostrarlo citaban el salmo 45, 3: "Eres el más hermoso de los hijos de los hombres..." Desde luego, no existe prueba ni en un sentido ni en otro; sólo sabemos que Jesús era un judío galileo, y cabe suponer que su aspecto era como el de los demás judíos galileos de su época: barbado, vestido con túnica, manto y sandalias.

No es fácil determinar qué hizo Jesús en las primeras semanas de su ministerio ya que los evangelios difieren en sus narraciones. San Juan relata que mientras Jesús estuvo al este del Jordán, donde había sido bautizado, llamó a sus primeros discípulos: de uno no dice el nombre (quizá era el propio Juan); el otro era el pescador Andrés, que también había llegado de Galilea para escuchar la predicación del Bautista. (El término discípulo significa estudiante, aprendiz o seguidor.) Estos dos primeros discípulos fueron rápidamente cautivados por la singularidad espiritual de Jesús. Cuando Andrés presentó a su hermano Simón, Jesús, por así decir, lo caló al instante y lo llamó Pedro, que significa "roca". Para los judíos de Palestina, el hecho de dar un nuevo nombre a alguien —en el libro del Génesis, Dios cambió el nombre de Abram por el de Abraham, y el de Jacob por el de Israel— indicaba que la persona había sido elegida para una misión divina. Nuevamente, Jesús se remontaba a la tradición del Antiguo Testamento, esta vez para inaugurar su revolucionario movimiento de renovación espiritual.

Luego de su encuentro con Pedro, relata San Juan, Jesús quiso ir a Galilea; allí atrajo a Felipe, que al igual que Pedro era oriundo de Betsaida, y a Natanael, de Caná.

Por otro lado, San Lucas, en su evangelio nos dice que Jesús comenzó su ministerio enseñando en las sinagogas de Galilea, "alabado por todos". Pero

Alrededor del Mar de Galilea se desarrolló gran parte del ministerio de Jesús en sus comienzos. A lo largo de la ribera llamó a sus discípulos, enseñó e hizo muchos milagros. Una noche, Jesús caminó sobre las aguas de este lago para alcanzar a sus discípulos, que se encontraban en una barca lejos de la orilla; luego cruzaron el lago en la barca y llegaron a Genesaret. La fotografía que se muestra arriba, está tomada desde Genesaret, en la ribera noroeste.

no se circunscribía a las sinagogas sino que se mezclaba con la gente. De algunos de sus seguidores demandaba más que sólo escuchar sus palabras; posiblemente fue entonces cuando convenció a sus discípulos pescadores de que lo siguieran y se hicieran "pescadores de hombres". La respuesta no se hizo esperar; Santiago y Juan se dieron tanta prisa que hasta dejaron a su padre, Zebedeo, en la barca con los jornaleros. Dejaron atrás sus medios de vida para seguir a Jesús, a pesar de que, lo más probable, es que estuvieran acostumbrados a disfrutar de buenos ingresos. Las consideraciones de índole material palidecían ante la convicción de que, en verdad, "el reino de los cielos está cerca".

En Cafarnaúm y sus alrededores

El centro de actividad de Jesús fue Cafarnaúm, población ribereña de aproximadamente unos 5.000 o 6.000 habitantes, predominantemente judíos. Estaba situada en la ruta comercial que iba de Damasco a Alejandría y quizá era un puesto fronterizo entre los territorios de Herodes Filipo y los de Herodes Antipas; sin duda era una población más cosmopolita que Nazaret. Posiblemente Jesús halló su segundo hogar en casa de Pedro.

En las sinagogas de esa comarca enseñaba Jesús, por lo que se extendió su prestigio. San Marcos (1, 22) dice que la gente "quedaba asombrada de su doctrina, pues les enseñaba como quien tiene autoridad, y no como los escribas".

Durante algunos meses, Jesús probablemente siguió enseñando en las sinagogas de Cafarnaúm y sus inmediaciones, pero su fama cundió debido también a otra característica de su ministerio: el poder de curar a enfermos y posesos, lo que quizá atrajo las multitudes que los evangelios describen.

Jesús no buscaba a los enfermos; su disposición a ayudarlos era más que suficiente para que acudieran a él, en una sociedad casi carente de recursos médicos. La gente se arremolinaba en torno suyo, a tal grado que a veces tenía que subirse a una barca para no ser arrollado. Para él, curar a los enfermos era una prueba del amor de Dios.

San Juan relata que Jesús, estando en Caná, fue llamado con desesperación por un funcionario militar cuyo hijo agonizaba en Cafarnaúm. Con sosegada autoridad, Jesús le dijo: "Vete, que tu hijo vive." Cuando el funcionario llegó a su casa al día siguiente, halló que la fiebre de su hijo había cedido en el preciso instante en que Jesús le respondió.

En otra ocasión, según San Lucas (4, 33-36), en la sinagoga donde Jesús estaba enseñando gritó con cólera un poseso: "¿Qué tienes tú con nosotros, Jesús de Nazaret? ¿Has venido a destruirnos?" Percatándose de que aquélla era una

Continúa en la página 226

Una abundante pesca en aguas del Mar de Galilea

En las aguas del Mar de Galilea prolifera una gran variedad de peces comestibles; uno de los más apreciados por su sabor es la *Tilapia galilea*, cuyo nombre común es pez de San Pedro. Según San Mateo (17, 27), Jesús le dijo a Pedro que tomara de la boca de un pez una moneda para pagar el tributo del Templo; y según una leyenda, ese pez era una *Tilapia galilea*, que San Pedro marcó para siempre con las huellas de sus dedos.

Para pescar se usaban varios tipos de redes. Para hacerlo desde la orilla o en aguas poco profundas, se arrojaba una pequeña red circular, como la que estaban usando Pedro y Andrés cuando Jesús los llamó para que se volvieran sus discípulos. Las redes barrederas se tendían entre dos barcas o entre una barca y un pescador, que caminaba por la ribera; es posible que en ocasiones Juan, Santiago y Pedro, que tenían su propia barca, utilizaran este tipo de red.

Luego los pescadores desechaban los peces prohibidos por las leyes alimentarias judías, limpiaban y vendían los demás y reparaban las redes. Santiago y Juan estaban reparando las suyas cuando Jesús los llamó.

"El reino de los cielos es como una red que se echa en el mar y recoge peces de todas clases; y cuando está llena, los pescadores... recogen los buenos en cestos y tiran los malos" (San Mateo 15, 47-48). Arriba se muestran unas barcas de pesca del Mar de Galilea, y a la derecha, un pescador y una redada de peces de San Pedro.

Una casa del siglo I

Las casas de los pescadores de Cafarnaúm, como la que habitaba Pedro, probablemente eran muy similares a la que se muestra en la ilustración de abajo. Estaban hechas con piedra, sin argamasa; el exterior se recubría con arcilla y se encalaba. Protegían bastante bien del sofocante calor del verano y de las frías lluvias de invierno. El techo, construido de varas y cañas cubiertas de arcilla, era suficientemente impermeable pero necesitaba un mantenimiento constante. Desde la calle se pasaba por una puerta al patio interior, donde se encontraba el horno para hacer el pan y cocinar. A la izquierda de esta entra-

En Cafarnaúm, las excavaciones han puesto al descubierto las ruinas de un pueblo ordenado en manzanas de casas con algunos edificios públicos entremezclados. En la fotografía del extremo izquierdo pueden distinguirse las ruinas de una iglesia octagonal del siglo V (que cubrió la casa del siglo I que se muestra en la ilustración). En el extremo derecho de la foto están los restos de una sinagoga de piedra del siglo IV; debajo se descubrieron vestigios de un edificio público, del siglo I, que seguramente fue la primera sinagoga de Cafarnaúm.

da estaba una amplia y espaciosa habitación que lo mismo hacía las veces de estancia y comedor que de dormitorio. La luz del día penetraba por la puerta y por unas ventanas muy pequeñas, dispuestas abajo de los aleros. El mobiliario era bastante simple y sencillo; la gente acostumbraba dormir en el suelo o en esteras de paja.

Otra puerta exterior daba a la tienda, donde se vendía el pescado del día, y de allí se pasaba a otras habitaciones que servían como talleres y bodegas. Al final del patio estaba el corral. La leche de oveja y de cabra se aprovechaba como alimento; la lana de los borregos y el pelo de las cabras servían para confeccionar telas y tapetes.

Los pilares de una sinagoga del siglo III o IV se yerguen sobre las ruinas de Cafarnaúm, pueblo galileo de pescadores, lugar donde Jesús vivió durante algún tiempo. En el sitio de esta sinagoga hubo anteriormente otros edificios. Los arqueólogos han descubierto las losas del pavimento de una sinagoga que quizá fue la misma donde Jesús predicó y "asombró" con sus elocuencias a la gente allí congregada para celebrar el sabat.

Ese mismo día, en casa de Pedro, Jesús se disponía a cenar cuando alguien le informó que la suegra de su discípulo tenía fiebre. San Lucas relata que al tomar Jesús la mano de la mujer, se disipó la fiebre; con actitud hospitalaria, la suegra de Pedro se levantó y sirvió la cena del sabat a sus invitados.

Tales curaciones no eran infrecuentes en aquellos tiempos. En el ambiente judío tanto como en el helenístico se creía que ciertos hombres, inspirados por Dios o por los dioses, eran capaces de efectuar curaciones milagrosas. También es posible que muchos judíos, convencidos de que la salvación de su patria estaría precedida por actos milagrosos, estuvieran especialmente predispuestos a presenciarlos.

No obstante, los relatos de las curaciones de Jesús son notables por varias razones. Nadie más curaba tantos males, entre ellos la ceguera, la parálisis, la lepra y la mutilación del oído externo. Los evangelios narran tres resurrecciones efectuadas por Jesús. Y, sin embargo, él no recurría a fórmulas mágicas ni a ritos impenetrables; más que recitar oraciones e invocar abiertamente el poder de curar, Jesús solía hacer hincapié en la fe de los afligidos o en la de quienes por ellos se preocupaban. Jamás curó por dinero.

La institución de los Doce

Al día siguiente a los milagros de Cafarnaúm, Jesús quiso estar solo y antes del amanecer se marchó a un lugar apartado. San Marcos narra que cuando Pedro y algunos amigos lo hallaron y le dijeron que la gente lo buscaba, Jesús contestó: "Vayamos a los otros pueblos, para que también allí predique"; y agregó, "pues para eso he salido".

Este último comentario insinuaba que era ya momento de formar un núcleo de seguidores. Sin salir de Galilea, donde no más de 300.000 habitantes vivían en una extensión de unos 4 000 kilómetros cuadrados, Jesús escogió a doce de sus discípulos para que fueran sus apóstoles, emisarios principales de su obra. Su número correspondía a las doce tribus de Israel, lo cual quizá reiteraba que la misión estaba encaminada a la renovación del pueblo judío.

En conjunto, los apóstoles pertenecían a la misma clase social que Jesús: eran pobres pero no indigentes, pues todos tenían oficio. Se consagraron a Jesús tal como otros judíos tradicionalmente decidían seguir a otros maestros;

los seguidores podían aprender tanto por la palabra como por el ejemplo, pero tenían que conservar las enseñanzas "como una cisterna encalada, que no deja escapar ni gota".

Sin embargo, existían por lo menos dos diferencias entre seguir a Jesús y seguir a un maestro tradicional. Primero, porque los apóstoles fueron elegidos mientras que en el resto de los casos eran los estudiantes quienes escogían al maestro. Segundo, porque Jesús no basó su enseñanza en una explicación rigurosa de la Torá, ni fue maestro por haber recibido una educación formal por parte de un experto en las Escrituras. Él consideraba que su autoridad se derivaba de su capacidad para interpretar directamente la voluntad de Dios. Esta diferencia era fundamental y, para muchos creyentes, la más importante e inquietante.

Los apóstoles se enfrentaban a una tarea que no era sólo teórica; tenían que abandonar los placeres del mundo y relegar a un segundo plano sus oficios, familias, esposas si las tenían y sus pertenencias. Acabarían participando de los peligros, privaciones y humillaciones resultantes de su lealtad a Jesús.

Cuando Jesús escogió a los Doce, flotaba en el ambiente una sensación de alegría victoriosa; iba en aumento el entusiasmo de la muchedumbre que buscaba a Jesús dondequiera que estuviese. Además de los Doce, Jesús tenía muchos otros discípulos y, caso excepcional en aquella época, entre éstos había muchas mujeres. San Lucas (8, 2-3) afirma que la ayuda económica para los viajes de Jesús y los apóstoles provenía de un grupo de mujeres entre las que se contaban Juana, esposa de un administrador de Herodes Antipas; Susana, y María Magdalena, de quien Jesús había expulsado siete demonios. (Aunque la tradición sostiene que María Magdalena era la pecadora que lavó con sus lágrimas los pies de Jesús para luego secarlos con su cabello, no existen pruebas al respecto; pudo haberse tratado de dos mujeres distintas.) San Marcos (15, 40-41) relata que había un grupo de mujeres que seguían a Jesús por toda Galilea y que después lo acompañaron a Jerusalén; nombra a María Magdalena, a María la madre de Santiago el Menor y de José, y a Salomé. Que un maestro de aquellos días tuviera seguidoras era un hecho inusitado, y subraya el carácter peculiar del ministerio de Jesús.

Visita a Nazaret

Durante su ministerio en Galilea, en cierto momento Jesús hizo una visita a Nazaret, el pueblo donde se había criado. Sin duda lo precedió la fama, pues es sabido que, más que correr, los rumores vuelan; pero allí la fama sólo despertó extrañeza y escepticismo. San Mateo (13, 55-56) narra que mientras Jesús hablaba en la sinagoga de Nazaret, algunos paisanos comentaban: "¿No es éste el hijo del carpintero? ¿No se llama su madre María, y sus hermanos, Santiago, José, Simón y Judas? ¿No están todas sus hermanas entre nosotros? Entonces, ¿de dónde le viene todo esto?" El asombro que causaban las enseñanzas de aquel a quien ellos creían conocer tanto y tan bien, no hizo sino encender la animadversión de los pueblerinos, que acabaron tomándolo todo a mal. Jesús se marchó, sorprendido de aquella incredulidad. En su versión del incidente, San Lucas dice en su evangelio que los lugareños, iracundos, trataron de despeñar a Jesús desde una escarpa del monte del pueblo. (Esta historia recuerda en cierto modo la costumbre de que un sacerdote arrojara desde un risco al chivo expiatorio durante la fiesta del Yom Kippur como reparación por los pecados del pueblo judío.)

Nunca más volvió Jesús a las polvorientas calles y senderos de su niñez. Nazaret habría de convertirse en una demostración práctica y una advertencia para los hombres, relacionada para siempre con el hiriente comentario que alguna vez hizo Jesús: "Sólo en su tierra, entre sus parientes y en su casa es menospreciado el profeta."

Esta sombreada piscina alimentada por un manantial confiere un ambiente de paz y serenidad a Betsaida, pueblo de pescadores del cual eran oriundos los apóstoles Felipe, Andrés y Pedro. En Betsaida Jesús predicó e hizo algunos milagros.

Los doce apóstoles

"Por aquellos días se fue él al monte a orar, y se pasó la noche en la oración de Dios. Cuando se hizo de día, llamó a sus discípulos y eligió doce de entre ellos, a los que llamó apóstoles" (San Lucas 6, 12-13). Aunque eran muy distintos entre sí, los Doce permanecieron muy unidos en su amor a Jesús y, salvo Judas Iscariote, en su dedicación a llevar su mensaje a toda la humanidad. Fueron los siguientes:

Pedro. Simón, pescador galileo, fue llamado *Pedro* ("roca") por Jesús. No obstante este nombre, los evangelios ponen de manifiesto su carácter impulsivo. No dudó en declarar su fe en Jesús, pero durante la Pasión negó tres veces conocerlo. En la naciente Iglesia, Pedro se dedicó sobre todo a los judíos, mientras que Pablo predicó a los gentiles. Según la tradición, Pedro fue crucificado con la cabeza hacia abajo en la Roma de Nerón.

Andrés. Era hermano de Pedro y también fue pescador. Ambos eran oriundos del pueblo de Betsaida. La tradición afirma que Andrés predicó en Escitia y que fue martirizado en una cruz en forma de X.

Santiago el hijo de Zebedeo. Junto con su hermano Juan, dejó el oficio de pescador para seguir a Jesús. Cuando algunos aldeanos samaritanos le negaron hospitalidad a Jesús, Santiago y Juan le preguntaron si quería que pidieran que cayera fuego del cielo sobre el pueblo. Según San Marcos (3, 17), Jesús los llamó "hijos del trueno". Con Pedro, estos hermanos fueron los discípulos más allegados a Jesús. Santiago fue decapitado por Herodes Agripa hacia el año 44.

Juan. Hermano de Santiago, quizá es el discípulo "que Jesús amaba", al cual encomendó a su madre poco antes de morir en la cruz. Pablo decía que Juan era uno de los "pilares" de la Iglesia de Jerusalén. Probablemente es el autor del evangelio y las epístolas que llevan su nombre, pero es posible que no lo sea del Apocalipsis. Según la tradición, vivió hasta una edad muy avanzada.

Felipe. Como Pedro y Andrés, era oriundo de Betsaida. Durante la última Cena solicitó a Jesús: "Muéstranos al Padre", a lo cual Jesús respondió con estas palabras, "Quien me ha visto a mí, ha visto al Padre". Según la tradición, Felipe predicó en varias partes del mundo.

Bartolomé. El apóstol que San Juan llama Natanael puede ser el mismo que los otros tres evangelistas llaman Bartolomé; algunos expertos creen que Bartolomé ("hijo de Talmay") era el sobrenombre de Natanael. Según San Juan, Felipe le dijo a Natanael que Jesús era aquel de quien habían escrito Moisés y los profetas. Natanael respondió: "¿Puede salir de Nazaret algo bueno?" Según una tradición, Bartolomé predicó en la India y en Armenia Mayor, donde fue desollado vivo y después decapitado.

Mateo. Era recaudador de impuestos y abandonó su trabajo cuando Jesús, al pasar un día frente a su despacho en Cafarnaúm, le dijo, "Sígueme." Como otros judíos que recaudaban impuestos para los romanos, seguramente Mateo era mal visto por sus compatriotas. En los evangelios según San Marcos y San Lucas, a este apóstol se le llama Leví. Un día en que Jesús estaba cenando en casa de Mateo, los fariseos lo criticaron por reunirse "con recaudadores y pecadores"; pero Jesús respondió: "No he venido a llamar a los justos, sino a los pecadores." La tradición lo ha hecho autor del evangelio que lleva su nombre.

Tomás. Llamado el Mellizo en el evangelio según San Juan, Tomás estuvo dispuesto a seguir a Jesús hasta Judea aunque tuviera que morir por ello, pero sólo creyó en la resurrección de su maestro cuando pudo verlo en persona. Según la tradición, predicó en la India, donde fue martirizado.

Santiago el hijo de Alfeo. Este Santiago puede ser Santiago el Menor, al que se refiere San Marcos (15, 40). Una tradición bastante dudosa lo identifica con "Santiago el hermano del Señor" (Gálatas 1, 19), que sucedió a Pedro como cabeza de los cristianos de Jerusalén y que murió lapidado en el año 62.

Simón el Celador. No se dice absolutamente nada de Simón en las Escrituras, salvo que fue uno de los Doce. El epíteto de Celador indica su celo por la ley judía; quizá fue miembro de un grupo de judíos zelotas, opositores del gobierno romano. San Mateo y San Marcos lo llaman Simón el Cananeo, que en arameo quiere decir "celador", y no necesariamente a "oriundo de Canaán".

Judas el hijo de Santiago. Este Judas es probablemente el Tadeo de los evangelios según San Mateo y San Marcos, donde quizá se usa el sobrenombre del apóstol para distinguirlo de Judas Iscariote. Según San Juan, en la Última Cena éste preguntó a Jesús por qué no se manifestaba al mundo como lo había hecho ante sus discípulos. En la tradición está muy relacionado con Simón el Celador, y se dice que ambos fueron a predicar a Persia, donde fueron martirizados.

Judas Iscariote. El sobrenombre de Judas el traidor puede significar "hombre de Queriyot", lo cual indicaría que quizá era el único apóstol no oriundo de Galilea (Queriyot está en Judea). Judas era el tesorero del grupo y, según San Juan, era deshonesto. Por dinero traicionó a Jesús dándole un beso. Según San Mateo, después Judas se arrepintió de su acción pero ya era demasiado tarde y, desesperado, se ahorcó. Según los Hechos de los Apóstoles (1, 18), compró un campo con el precio de su traición, y "cayó de cabeza, se reventó y se derramaron sus entrañas".

La familia de Jesús

¿Qué decir acerca de su propia casa? En el relato referente al ministerio de Jesús casi no se menciona a María, y según la tradición José había muerto para entonces. De los "hermanos" y "hermanas" a que aludían en la sinagoga los nazarenos, no dicen gran cosa los evangelios. Algunos expertos creen que María permaneció virgen toda su vida y que aquéllos eran primos, o parientes aún más lejanos, pues en hebreo no hay palabra que distinga entre hermanos y otros grados de parentesco; otros creen que Jesús sí tuvo hermanos menores. ¿Hubo acaso conflictos entre Jesús y al menos algunos de sus parientes? Es posible que su familia se uniera a quienes trataban de detener la obra de Jesús pues, según relata San Marcos, estaba "fuera de sí".

No obstante estos atisbos, los evangelios se concentran en Jesús hasta el punto de que no es factible saber, por ejemplo, qué papel desempeñó María durante esos años, sino hasta que vuelve a ser mencionada con motivo de la muerte de su hijo.

El Sermón de la Montaña

Jesús continuó con su labor de enseñanza y sólo interrumpía esta labor para peregrinar a Jerusalén o para visitar otras ciudades como: Sidón, Tiro y Cesarea de Filipo, quizá con el propósito de descansar del clima de Galilea o para retirarse por un tiempo, dada la oposición a su ministerio; su doctrina atemorizaba a las autoridades tanto como complacía al común de la gente. ¿Por qué? Los sucesos habrían de demostrar que ni los seguidores ni los detractores podían ponerse de acuerdo acerca de lo que Jesús enseñaba, y el debate prosigue hasta nuestros días.

Las profundas y penetrantes máximas que componen el Sermón de la Montaña ponen de manifiesto tanto la fuerza como el carácter intrincado de las enseñanzas de Jesús. Pocos expertos en la materia consideran que estas máximas constituyeron un sermón como tal, destinado a la gente en general; San Mateo, en su evangelio, señala que estaba dirigido principalmente a los discípulos. Desde luego, los pasajes que cita San Mateo, casi cuatro veces más extensos que los referidos por San Lucas (en cuyo evangelio el sermón tuvo lugar en un llano), habrían resultado abrumadores para una muchedumbre congregada al aire libre.

Independientemente de dónde haya sido pronunciado el Sermón de la Montaña (algunos creen que debió de ser en una colina desde la cual se dominaba el Mar de Galilea), se considera que este sermón es la síntesis de la doctrina de Jesús. Al respecto han surgido innumerables interpretaciones, pero es común que se haga hincapié en tres secciones por lo menos, las cuales despiertan y fortalecen la conciencia individual y proponen un ejemplo que no puede seguirse sin fe y firmeza espiritual.

Primero se enlistan las bienaventuranzas, que en la versión del evangelio de San Lucas (6, 20-21) resultan a primera vista muy paradójicas: "Bienaventurados los pobres, porque vuestro es el reino de Dios. Bienaventurados los que tenéis hambre ahora, porque seréis saciados." No menos enfáticas son las maldiciones que también menciona (6, 25): "¡Ay de los que reís ahora, porque tendréis aflicción y llanto!" En el evangelio según San Mateo (5, 3-4), las bienaventuranzas parecen permitir una interpretación más inclinada al lado espiritual; por ejemplo: "Bienaventurados los pobres de espíritu... Bienaventurados los mansos, pues ellos poseerán la tierra." Pero en ambos evangelios prevalece la paradoja: el reino de Dios es, por completo, el reverso del mundo. Las bienaventuranzas señalan cuáles serán la mentalidad y el espíritu de una persona cuando haya aceptado plenamente en su vida la voluntad de Dios.

Jesús dijo a sus discípulos: "Y del vestido, ¿por qué preocuparos? Aprended de los lirios del campo, cómo crecen; no se fatigan, ni hilan, pero yo os digo que ni Salomón, en toda su gloria, se pudo vestir como uno de ellos. Pues si a la hierba del campo, que hoy es y mañana será echada al horno, Dios así la viste, ¿no lo hará mucho más con vosotros, hombres de poca fe?" (San Mateo 6, 28-50). Los "lirios" bien podrían ser las anémonas (arriba, centro) que cubrían las laderas de Palestina en primavera. En otras ocasiones, Jesús se refirió a varias plantas de la región, desde el sencillo cardo (arriba) hasta el aromático eneldo (extremo izquierdo) y la colorida ruda (extremo derecho), usada en medicina y cocina.

Para evitar que se tome a mal su mensaje, Jesús agrega de inmediato que él está cumpliendo la ley de Dios: "No penséis que he venido a abolir la ley y los profetas. No he venido a abolir sino a consumar." La interpretación que él da es penetrante y, a la vez, exigente; somete los pensamientos a un examen tan riguroso y estricto como el que la ley aplicaba a las acciones. Sí, la ley prohibía matar, pero Jesús también previene contra la ira que mata en el corazón. La ley castigaba el adulterio, pero Jesús juzga que también los pensamientos lascivos son pecaminosos.

Las máximas de Jesús obligaban a reconsiderar las reacciones más íntimas, pues tales máximas son más que meros consejos; son como centellas que desmoronan toda forma cómoda de pensamiento y de conducta: "Si alguno te abofetea en la mejilla derecha, dale también la otra." Y "amad a vuestros enemigos y orad por los que os persiguen". Para todo discípulo, la meta —que, aunque quizá fuera inalcanzable en términos de la capacidad humana, había que buscar siempre diligentemente— era el ser perfecto, "como perfecto es vuestro Padre celestial".

Nadie debía jactarse de sus logros espirituales ni ansiar el reconocimiento público por sus buenas acciones. Hasta la oración exigía una actitud de humildad, como puede apreciarse en el modelo que Jesús proporcionó: el Padre nuestro.

También alertaba Jesús contra la tendencia a pasar la vida acumulando bienes materiales en lugar de los auténticos tesoros de servicio y justicia. "No podéis servir a Dios y al dinero", advertía. Preferible es confiar en la providencia de Dios, que da a cada cual lo que necesita: "Mirad las aves del cielo, que no siembran, ni cosechan, ni recogen en graneros; y vuestro Padre celestial las alimenta. ¿Acaso no valéis más vosotros que ellas? Además, quién puede, por más que se afane, añadir un ápice a la duración de su vida?" (San Mateo 6, 26-27.) Jesús exhortaba a la gente a ocuparse de lo que incumbía al reino de Dios y a la justicia, "y lo demás se os dará por añadidura".

El Sermón de la Montaña prosigue con la definición de buenas acciones. La más célebre es la siguiente Regla de oro: "Cuanto queráis que os hagan los hombres, hacédselo vosotros a ellos" (San Mateo 7, 12). Jesús afirmaba que la salvación sólo la alcanzarían quienes hicieran la voluntad de su Padre. Jesús concluyó con una parábola. Quien pusiera en práctica su doctrina sería como el hombre prudente que edifica sobre roca: su casa sobrevive a la peor tormenta. Pero quien oyera sus palabras y no las pusiera en práctica, sería como el hombre insensato que edifica sobre arena: su casa se desploma.

Cómo usaba Jesús las parábolas

Durante todo su ministerio, para dirigirse a la gente Jesús recurrió a las parábolas, que eran muy similares a las que se usaban en la sinagoga para explicar las Escrituras. Las parábolas de Jesús abarcan metáforas y comparaciones que varían desde unas cuantas palabras hasta historias detalladas. Para muchos oyentes, tales historias no eran más que lo que parecían; pero para los que estaban más compenetrados con Jesús, se convertían en revelaciones que los obligaban a examinar su comprensión de Dios y de su propio ser.

La importancia de las parábolas de Jesús resalta si se piensa en lo que quería decir al referirse al "reino de Dios". En los evangelios nunca se define con precisión qué significaba para Jesús esa frase tan corta y tan esencial, sino que él recurría a las parábolas para motivar en sus oyentes un atisbo de lo que el "reino" era y habría de ser. "El reino de los cielos es semejante a un tesoro escondido en un campo, que quien lo encuentra lo oculta y, lleno de alegría, va, vende cuanto tiene y compra aquel campo. Es también semejante a un mercader que busca perlas preciosas, y que al encontrar una muy valiosa, va, vende todo lo que tiene y la compra" (San Mateo 13, 44-46). Sobra preguntar si el que halló el tesoro tenía que haber informado de ello a los dueños del campo. Jesús no estaba hablando realmente de campos y perlas sino de hallar en la vida un valor supremo que liquida el pasado (venderlo todo) e inaugura un nuevo rumbo (comprar con alegría).

La muerte del Bautista

Durante el comienzo del ministerio de Jesús, Juan el Bautista había sido arrestado por Herodes Antipas, quien creía que representaba una amenaza para su reino y lo encarceló en la fortaleza de Maqueronte, al este del Mar Muerto. Hubo un momento en que el prisionero sintió que su fe flaqueaba; o tal vez era que había prestado oídos a sus propios seguidores, que consideraban dudosas las acciones de Jesús. (Por ejemplo, Jesús, a diferencia de Juan, no exigía que sus discípulos ayunaran.) No sabemos qué pasaba realmente por la mente de Juan, pero el hecho es que logró enviar a dos de sus seguidores a Galilea para hacerle a Jesús una pregunta tajante: "¿Eres tú el que ha de venir, o debemos esperar a otro?"

Esta pregunta podía deberse a las diferencias de carácter que había entre el ministerio de Jesús y el de Juan. El Bautista era un asceta contumaz y muy elocuente; exhortaba a la gente para que se bautizara como señal del advenimiento del juicio divino. No era ni "una caña agitada por el viento" ni "un hombre vestido con ropas elegantes", para decirlo con palabras de Jesús, sino un profeta "y más que un profeta".

Jesús consideraba que su ministerio estaba íntimamente ligado al de Juan, pero escogió su propio camino para consumarlo. San Lucas (7, 33-35) relata que Jesús exclamó: "Ha venido Juan el Bautista, que no come pan ni bebe vino, y decís que tiene un demonio. Y viene el Hijo del

Los panes y los peces con que Jesús dio de comer a la multitud eran alimentos básicos en la región de Galilea. Los ondulantes campos de cebada (arriba) —trigo de la gente pobre— eran un espectáculo muy común, y el Mar de Galilea proporcionaba gran cantidad de peces. El milagro de los panes y los peces pudo haber tenido lugar en Tabga, cerca de Cafarnaúm, donde un mosaico del siglo VI (derecha) alude al milagro.

hombre, que come y bebe, y decís que es un comilón y un borracho, amigo de recaudadores de impuestos y de pecadores. Pero la sabiduría ha sido justificada por todos sus hijos."

En vez de llamar a la gente al desierto para que alcanzara la pureza ascética, Jesús fue a los pueblos y ciudades y se mezcló con gente que ni por ensueño podía considerarse apegada a la ley de Dios: los proscritos, los necesitados, los desamparados. Desde luego, había que tener mucha visión para imaginar que Jesús era "el que ha de venir".

Según el evangelio de San Lucas (7, 22-23), Jesús dio a la pregunta de Juan una respuesta afable: "Id y contad a Juan lo que habéis visto y oído", dijo a sus enviados; "los ciegos ven, los cojos caminan, los leprosos quedan limpios, los sordos oyen, los muertos resucitan, se anuncia a los pobres la buena nueva; ¡y dichoso aquel que no se escandalice de mí!"

Juan estuvo preso diez meses. Luego, según Josefo, Herodes Antipas lo mandó matar acusándolo de ser un líder rebelde. Igual sospecha podía cernirse sobre Jesús; su gran popularidad, lo mismo que en el caso de Juan, podía hacer pensar que estaba rebelándose contra la autoridad de Herodes.

Pero San Mateo y San Marcos pintan un cuadro más vívido y estrujante acerca de la muerte del Bautista. Herodías, esposa de Herodes, odió a Juan por haberla denunciado como adúltera. En un banquete, su hermosa hija Salomé bailó delante de Herodes. La tradición afirma que aquella muchacha bailó una de las danzas que desde hace siglos se asocian con las culturas nómadas del Medio Oriente, una danza ágil y persuasiva, pletórica de un sutil erotismo. Embelesado, Herodes prometió concederle todo lo que pidiera. Instigada por su madre (San Mateo 14, 8), Salomé respondió: "Dame en una bandeja la cabeza de Juan el Bautista." Con remordimiento, Herodes cumplió la promesa.

La muerte del Bautista provocó una conmoción, y quizá ocasionó que Jesús se refugiara brevemente en el territorio de Herodes Filipo.

El milagro de los panes y los peces

Los evangelios de San Lucas, San Mateo y San Marcos relatan el milagro de los panes y los peces a continuación de la muerte del Bautista, y según el evangelio de San Juan, tuvo lugar poco antes de la Pascua. Jesús quería descansar de las multitudes de Cafarnaúm, y para ello se embarcó con algunos de sus discípulos a un lugar solitario; pero cuando se acercaron a la otra orilla, la gente estaba ya esperándolos de nuevo.

El día comenzó, como tantos otros, con la predicación y las curaciones. Podemos suponer que se trató de un día absorbente, puesto que nadie se percató de que había un problema sino hasta bien entrada la tarde: la multitud congregada para escuchar a Jesús todavía no había comido, y solamente tenían cinco panes de cebada y dos pescados. Era muy poco, pero Jesús ordenó a sus apóstoles que acomodaran a la gente sobre la hierba; luego bendijo los alimentos, los partió y comenzó a distribuirlos pasándolos de mano en mano. Comieron unas 5.000 personas, y con las sobras se llenaron doce canastos. Esta pasmosa historia ha sido considerada por algunos como una parábola que demuestra que Dios, creador de todos los seres vivientes, no deja de darles el sustento que necesitan.

Misión de los discípulos

La multiplicación de los panes y los peces también indica que los discípulos habían estado aprendiendo los aspectos prácticos de su misión, tales como la

Tras la huella de Jesús

En diversos momentos de su vida Jesús viajó por toda Palestina. En el mapa anexo se señalan los lugares más significativos.

Galilea. Región donde Jesús creció y realizó gran parte de su ministerio.

Mar de Galilea. Donde Jesús llamó a Pedro y a otros para que fueran "pescadores de hombres". Predicó desde una barca, calmó una tempestad y caminó sobre el agua. Tras de su resurrección, Jesús se apareció a sus apóstoles cuando pescaban.

Caná. En este lugar Jesús hizo su primer milagro al convertir el agua en vino.

Nazaret. Pueblo de la infancia de Jesús. Al regresar para enseñar en la sinagoga, fue rechazado.

Monte Tabor. Posiblemente es el "monte alto" donde tuvo lugar la Transfiguración.

Naín. Lugar donde Jesús hizo que resucitara el hijo de una viuda.

Decápolis. Región por donde Jesús cruzó, enseñando y realizando milagros tales como curar a los enfermos.

Samaria. Región donde los habitantes de un pueblo negaron hospitalidad a Jesús.

Sicar. Donde Jesús pidió de beber a una samaritana junto a un pozo.

Río Jordán. Tradicionalmente se considera como el lugar donde Jesús fue bautizado.

Perea. Región adonde Jesús se retiró antes de la resurrección de Lázaro.

Judea. Región que comprende la ciudad de Jerusalén, donde Jesús fue crucificado.

Jericó. Pueblo del desierto donde Zaqueo, rico recaudador de impuestos, conoció a Jesús y se convirtió. Cerca de allí Jesús curó de la ceguera a un limosnero.

Emaús. Después de su resurrección, Jesús llegó a este lugar donde visitó a dos discípulos y les reveló su identidad.

Jerusalén. Escenario de muchos sucesos de la vida de Jesús. En su infancia, fue presentado en el Templo; a los 12 años de edad asombró a los sabios; predicó; hizo milagros; atajó a sus enemigos; fue condenado a muerte y crucificado. En la página 250 se muestra un mapa donde se señalan los sucesos del último día de vida de Jesús.

Betsaida. Próspero pueblo de pescadores; hogar de Pedro, Andrés y Felipe. En este lugar Jesús curó a un ciego.

Cafarnaúm. Centro del ministerio de Jesús en Galilea. Allí curó a mucha gente, inclusive a la suegra de Pedro, al siervo de un centurión, también a un paralítico.

Genesaret. Adonde llegó Jesús tras de haber alimentado a 5.000 personas y haber caminado sobre el agua; curó a muchos enfermos.

Monte de los Olivos. Lugar al que Jesús se retiró con sus discípulos para hablarles de los Últimos Tiempos. De acuerdo con la tradición, también es el sitio donde tuvo lugar la Ascensión.

Betania. Hogar de Lázaro, Marta y María. Tras la muerte de Lázaro, Jesús regresó e hizo que su amigo resucitara. Jesús fue ungido en casa de Simón el leproso.

Belén. Lugar donde nació Jesús. Hasta donde se sabe, Jesús nunca regresó allí.

conducción de multitudes. Muy pronto, a los doce discípulos les fueron asignadas tareas más difíciles: Jesús los envió a recorrer toda la región, para que anunciaran que el reino de Dios estaba cerca y exhortaran al arrepentimiento; también les dio el poder de curar y exorcizar. Estos discípulos estaban recibiendo una preparación.

Jesús fue muy preciso acerca de un aspecto. Por lo general, los viajeros de aquella época llevaban consigo ropa y sandalias para mudarse, un bastón, comida y dinero; pero, según San Marcos, Jesús les ordenó a sus discípulos llevar sólo lo puesto y un bastón, y según San Mateo, ni siquiera éste: debían viajar sin otro recurso que su predicación. En cada pueblo debían quedarse en la primera casa donde fuesen recibidos; si no los recibía nadie, debían seguir su camino y "salir de ese pueblo sacudiéndose el polvo de los pies, en testimonio contra sus habitantes".

No sabemos cómo fue recibida esta misión, pero cabe suponer que dejó huella puesto que aumentó el recelo de Herodes Antipas por Jesús, a quien nunca había visto ni oído. Hasta Herodes llegó el rumor de que este líder tan popular era Juan el Bautista, que había resucitado de entre los muertos; para el gobernante, en el mejor de los casos volvía a plantearse el mismo grave problema que creía haber resuelto. Aunque Jesús y sus discípulos diferían de Juan en muchos aspectos, también llamaban a Israel al arrepentimiento y señalaban la necesidad de vivir conforme al reino de Dios y no conforme al régimen de Herodes. Este último sabía muy bien el efecto que podía tener tal mensaje, dado que prácticamente todos los movimientos políticos de Israel tenían raíces religiosas. La idea de un reino de Dios poderoso y justo llevaba implícita una crítica al gobierno inepto y a menudo despiadado que los galileos conocían de sobra.

Las sandalias se han usado en Tierra Santa desde tiempo inmemorial; las que usaban los discípulos de Jesús debieron de ser similares a las que arriba se muestran. Sólo iban descalzos los enlutados y la gente muy pobre.

Jesús como Mesías

A medida que transcurrió el tiempo, Jesús comenzó a dedicarse más a sus allegados puesto que éstos, al igual que sus enemigos, hallaban dificultad en aceptar el modo en que él desafiaba los valores establecidos. Posiblemente Jesús no estaba muy seguro de su incondicionalidad. ¿Sabían en realidad quién era él? Varias veces había hecho caso omiso de la vehemencia con que ellos querían proclamarlo como Mesías. ¿Perduraría su lealtad aunque no se estableciese un nuevo reino terrenal ni se derrocara al César o a Herodes? ¿Estaban preparados para el sufrimiento y las humillaciones que habrían de llegar?

En uno de los más conmovedores episodios del Nuevo Testamento, Jesús llevó a sus discípulos fuera de Galilea, a la región de Cesarea de Filipo, para tener con ellos una plática en privado. Quizá fue una de las primeras reuniones que tuvieron tras la misión de los apóstoles, pues la conversación comenzó a manera de informe. Según San Mateo (16, 13), Jesús preguntó: "¿Quién dicen los hombres que es el Hijo del hombre?" (En el evangelio según San Marcos, 8, 27, la pregunta es más directa: "¿Quién dicen los hombres que soy yo?") Si se tienen presentes las expectativas de la gente y las convicciones de algunos de sus seguidores, es sorprendente que nadie dijera que Jesús era el Mesías. Corría el rumor de que él era el Bautista, o Elías, o Jeremías, o algún otro profeta. Era obvio que la mayoría de sus seguidores lo relacionaban con la tradición profética.

Luego Jesús quiso conocer el punto de vista de los propios apóstoles: "Y vosotros, ¿quién decís que soy yo?" Según San Mateo (16, 16), Pedro habló de inmediato, haciendo una confesión breve pero elocuente de su fe en Jesús. "Tú eres el Cristo, el Hijo de Dios vivo", respondió. (El título de Cristo se deriva de una palabra griega que significa "el ungido" y equivale a la designación hebrea de "Mesías".) Jesús llamó "bienaventurado" a Pedro por haber reconocido esta verdad que sólo Dios podía haberle revelado, y, jugando con el significado del nombre Pedro ("roca"), añadió: "Y yo te digo que tú eres Pedro, y sobre esta piedra edificaré mi Iglesia, y las puertas de la muerte no prevalecerán contra ella. A ti te daré las llaves del reino de los cielos; lo que ates en la tierra quedará atado en los cielos, y lo que desates en la tierra quedará desatado en los cielos." Jesús pidió a sus discípulos que, por el momento, guardaran el secreto de su verdadera identidad.

Al hacer su confesión de fe, Pedro no sabía lo que a continuación se explica en el evangelio: "A partir de entonces, empezó Jesús a explicar a sus discípulos que él debía ir a Jerusalén y padecer mucho de parte de los ancianos... y morir y resucitar al tercer día" (San Mateo 16, 21). Para los discípulos era inconcebible relacionar con el sufrimiento y la muerte la idea del Mesías, y Pedro reprendió a Jesús con franqueza por haber insinuado tal cosa. Pero Jesús consideró que el reproche de Pedro era una tentación a eludir su misión. "¡Quítate de mi vista, Satán!", conminó, con una frase que recordaba las tentaciones del desierto. Luego dijo a sus discípulos: "Si alguno quiere venir en pos de mí, niéguese a sí mismo, tome su cruz y sígame."

Transfiguración de Jesús

Alrededor de una semana después, según el evangelio de San Mateo, un grupo aún más reducido pasó por una experiencia que habría de reforzar, quizá en todos, la fe que Pedro ya había expresado. Jesús llevó a Pedro, Santiago y Juan a "un monte alto". Mientras oraba delante de ellos, su apariencia física sufrió una asombrosa transformación. Su rostro resplandecía como el sol, y sus vestidos se pusieron blancos como la luz. De pronto, los tres discípulos vieron a dos figuras que hablaban con Jesús: Moisés, que había dado a los hebreos la ley de Dios, y Elías, prototipo de los profetas del Antiguo Testamento.

En Cafarnaúm, lo más probable es que Jesús viviera en la tosca casa de piedra de su discípulo Pedro, donde sus seguidores más allegados se reunían y serían instruidos en la nueva doctrina. En esta escena imaginaria, Pedro está sentado en el extremo izquierdo, junto a su hermano Andrés. Juan y su hermano Santiago están reclinados cerca del plato de la cena. Tomás, de gran entrega aunque escéptico en ocasiones, se encontraba a la derecha de Jesús.

Pedro, con la vehemencia que lo caracterizaba, propuso hacer unos cobertizos o tiendas para los tres (quizá similares a los que solían construirse durante la fiesta de Succot); pero, mientras aún estaba hablando, dice San Mateo (17, 5), "los cubrió una nube luminosa y de ella salió una voz que decía: 'Este es mi Hijo amado, en quien me complazco; escuchadlo' ". Pasó la nube y la visión desapareció. De nuevo pidió Jesús a los apóstoles que guardaran en secreto aquel suceso, pero esta vez añadió: "Hasta que el Hijo del hombre haya resucitado de entre los muertos." Los discípulos no sabían qué quería decirles con estas misteriosas palabras.

Con rumbo a Jerusalén

Poco después, Jesús dejó Galilea para siempre. En esta región había pronunciado sus principales sermones y realizado sus más notables milagros, pero se acercaba la hora de una confrontación distinta y definitiva. Así pues, dice San Lucas, "se afirmó en su voluntad de ir a Jerusalén" porque consideraba que sólo allí debían "perecer" los profetas. Desde la fértil Galilea llevó a sus discípulos a la rocosa región de Judea, donde los corazones de quienes a él se oponían habrían de ser tan duros e inmisericordes como la inhóspita tierra. San Marcos (10, 32) nos da una idea de lo terrible que debió de ser aquel viaje: "Iban de camino subiendo a Jerusalén, y Jesús marchaba delante de ellos; estaban todos sorprendidos y los que lo seguían tenían miedo." El miedo casi se palpaba en el aire, pero Jesús siguió avanzando con determinación al frente del grupo, llevándolo siempre hacia adelante: hacia el peligro.

A lo largo del camino Jesús siguió enseñando, pues las multitudes le salían al paso. En determinado momento le llevaron a unos niños para que los tocara. Cuando los discípulos trataron de impedirlo, relata San Marcos, Jesús se en-

La redondeada cima del monte Tabor, de 588 metros de altura, es considerada desde hace mucho como el lugar donde los discípulos de Jesús presenciaron su asombrosa transfiguración. Aunque los evangelios no nombran el lugar, la descripción que hacen de él como "un monte alto" indujo a que los primeros peregrinos lo identificaran con el monte Tabor. En el siglo VI ya se habían erigido en la cima tres iglesias, una por cada una de las tiendas que Pedro quería construir. Actualmente, una iglesia franciscana señala el sitio tradicional de la Transfiguración.

fadó y les dijo: "Dejad que los niños vengan a mí, no se lo impidáis, porque de los que son como ellos es el reino de Dios. Yo os aseguro, quien no reciba el reino de Dios como un niño, no entrará en él." Y Jesús tomó en brazos a los niños y los bendijo.

Antes de que Jesús pudiera reanudar la marcha, se le acercó un hombre joven que, arrodillándose, le preguntó qué debía hacer para ganar la vida eterna. Según San Marcos, cuando Jesús le dijo que cumpliera los diez mandamientos, el hombre respondió que siempre lo había hecho. "Y Jesús, fijando en él su mirada, lo amó y le dijo: 'Una sola cosa te falta; vete, vende lo que tienes y dáselo a los pobres y tendrás un tesoro en el cielo; luego ven y sígueme.'" Pero el joven se fue muy triste, porque tenía muchos bienes. Jesús dijo entonces a sus discípulos: "Más fácil es que un camello pase por el ojo de una aguja, que el que un rico entre en el reino de Dios."

Al escuchar esto, los discípulos se asustaron y le preguntaron quién podría salvarse. Jesús les aseguró: "Para los hombres es imposible, mas no para Dios, porque todo es posible para Dios." Pedro comentó que los discípulos habían dejado absolutamente todo para seguirlo, y Jesús contestó: "No hay nadie que habiendo dejado casa, o hermanos, o hermanas, o madre, o padre, o hijos, o campos, por amor de mí y del evangelio, no reciba el ciento por uno ahora en este tiempo en casas, hermanos, hermanas, madres e hijos y campos, con persecuciones, y la vida eterna en el tiempo venidero. Y muchos primeros serán los últimos, y los últimos, primeros."

Jesús en Jerusalén

Es probable que, tal como se infiere del evangelio según San Juan, Jesús llegara a Jerusalén poco antes de la fiesta de Succot, en otoño; de acuerdo con la cronología de los demás evangelistas, habría sido en primavera, poco antes de la Pascua. En todo caso, Jesús no se escondió y entró en abierto conflicto con los fariseos y los saduceos.

Era aquél un período de altercados, nos dice San Juan. La gente preguntaba: "¿Cómo entiende éste de letras sin haber estudiado?" (Parece ser que Jesús nunca se vinculó con ningún gran maestro o sabio, que era la forma usual de llegar a serlo uno mismo.) Pedían una respuesta tajante: "Si eres el Cristo, dínoslo abiertamente." Además, la huella que dejaba Jesús alarmó a las autoridades, según se desprende de un comentario relatado por San Juan: "¿No es a éste a quien querían matar? Mirad cómo habla con entera libertad y no le dicen nada. ¿Será que de verdad las autoridades han reconocido que él es el Cristo?" En una ocasión, los guardias enviados por los sacerdotes y fariseos para arrestar a Jesús regresaron con las manos vacías: hasta ellos quedaron cimbrados por sus palabras.

La adúltera y el ciego

Muchas veces trataron los fariseos y los escribas de inducir a Jesús a que hiciera declaraciones comprometedoras o que demostraran que ignoraba la antigua ley. Pero, no sólo fracasaron en su intento sino que Jesús siempre logró convertir el debate en una lección en la que nunca perdía de vista la condición humana, como se comprueba en la historia que San Juan (8, 1-11) relata acerca de una mujer sorprendida en adulterio.

Un día, mientras Jesús enseñaba en el Templo, algunos escribas y fariseos le llevaron una mujer. Para acorralar a Jesús, lo retaron diciéndole: "Maestro, esta mujer ha sido sorprendida en flagrante delito de adulterio. Moisés, en la ley, nos ordena apedrear a estas mujeres. ¿Tú qué dices?" Era conocido por todos que Jesús era indulgente con tales pecadoras, pero si

sugería que la mujer fuera dejada en libertad, estaría desafiando la ley.

En silencio, Jesús se apartó un poco, se inclinó y comenzó a escribir con el dedo en la tierra. (Algunos textos posteriores explican que estaba escribiendo "los pecados de cada uno de ellos".) Finalmente, Jesús se incorporó, los miró y dijo: "Aquél de vosotros que esté sin pecado, que le arroje la primera piedra", y siguió escribiendo. Mudos, los acusadores y los mirones fueron retirándose uno por uno. Era una respuesta ingeniosa; más aún, era la respuesta de un hombre que era capaz de interpretar los principios de la ley con compasión hacia el acusado. Cuando Jesús levantó la vista, sólo halló a la mujer, asombrada de no haber sido sometida a una muerte dolorosa.

—Mujer, ¿dónde están?—, preguntó Jesús. —¿Nadie te ha condenado?

—Nadie, Señor.

—Tampoco yo te condeno—, le dijo. —Vete y no peques más.

En ocasiones como la anterior, los detractores de Jesús quedaban desarmados. Pero había para ellos otras oportunidades, sobre todo cuando insistían en que Jesús no respetaba el descanso del sabat tal como, según los escribas y fariseos, lo ordenaban los diez mandamientos. Un sabat, Jesús pasó junto a un limosnero ciego de nacimiento. Jesús escupió en tierra, hizo con la saliva un poco de lodo, lo puso sobre los ojos del ciego y le dijo que fuera a lavarse a la piscina de Siloé. El limosnero lo hizo, comenzó a ver y salió corriendo a anunciar con alegría su curación. Pronto se enteraron los fariseos, que empezaron a interrogar al hombre hasta desconcertarlo. Para ellos, no era aceptable una curación que implicaba transgredir un precepto de Dios: Jesús había trabajado

Al hacer su entrada triunfal en Jerusalén, Jesús pudo haber cruzado por la Puerta Dorada, que está situada en la muralla oriental de la ciudad. En la vista panorámica (derecha) aparece en primer plano, dominando el valle del Cedrón y la Tumba de Absalón (en la parte más baja del valle). En la foto de arriba se muestran los arcos gemelos que forman la puerta.

en el día sagrado. En el evangelio según San Juan, resalta de manera extraordinaria el contraste entre las exigencias de la tradición y la preocupación por las necesidades humanas concretas. Los fariseos consideraban esa curación como un acto violatorio, y no como una reinterpretación de la ley; consideraban a Jesús como un hereje, no como un sanador entregado a una misión divina.

Evidentemente, aquéllos eran días de conflicto en torno de Jesús. Algunos letrados estaban dispuestos a intercambiar opiniones con él, pero otros sólo trataban de desprestigiarlo. Mucha gente se sentía atraída por él, pero también muchos se sentían encolerizados. Algunos lo acusaban de estar poseído por el demonio; si no, pensaban, no podría hacer milagros. Otros lo denunciaban a Herodes Antipas, esperando que interviniera. Por lo menos una vez, según San Juan, lo que Jesús decía ocasionó que algunos oyentes recogieran piedras para arrojárselas.

Casi cada piedra de Jerusalén y sus suburbios nos hace recordar la vida de Jesús. En la Piscina de Betzatá (derecha), baño romano que se hallaba al norte de la ciudad, Jesús curó a un paralítico diciéndole: "Levántate, toma tu camilla y anda." En Betania, al este, resucitó a Lázaro (cuya tumba pudo haber sido la que se muestra en la foto del centro) y declaró: "Yo soy la resurrección y la vida." Estos actos de gracia motivaban la gratitud hacia la persona de Jesús. Las ruinas que aparecen en la fotografía de arriba pueden ser las de la casa de Simón el leproso, en Betania, donde una mujer ungió la cabeza de Jesús con un perfume.

El tributo que todo súbdito romano debía al Estado se pagaba en monedas como el denario de plata que se muestra arriba, acuñado con la efigie de Tiberio César; equivalía a un día de sueldo. En Palestina circulaban varias monedas judías, pero éstas no tenían efigies, pues lo prohibía la ley de Moisés.

Pero durante todo ese año tumultuoso Jesús siguió enseñando hasta que, por última vez, sintió que necesitaba un retiro espiritual. San Juan nos dice que cruzó el Jordán y se quedó en la región de Perea, al este de Jerusalén.

La resurrección de Lázaro

Entonces, dice San Juan, llegó la noticia de que su amigo Lázaro, hermano de Marta y María, estaba enfermo; dos días después, Jesús dijo a sus discípulos: "Volvamos a Judea." Ellos expresaron su temor de que Jesús fuera apedreado si regresaba allí. Quizá sólo la popularidad de Jesús había podido salvarlo con anterioridad en Jerusalén; quizá sus opositores habían ganado aún más fuerza desde entonces. Pero Jesús respondió que su amigo Lázaro había muerto y que él debía ir a su casa. Esta vez no fue Pedro el primero en hablar, sino Tomás (el que, más tarde, habría de dudar de la resurrección de Jesús): "Vayamos también nosotros", exhortó a los demás discípulos, "a morir con él".

Partieron todos para el pueblo de Betania, pequeño y situado a orillas del desierto de Judá, en la ladera oriental del monte de los Olivos. Cuando llegaron, ya se habían congregado las plañideras para acompañar y consolar a las hermanas. Marta tuvo fuerzas para saludar a Jesús, pero María se encontraba tan afligida que hubo que animarla a salir de la casa para que se acercase a él; cayó a sus pies. Jesús también lloraba, y después condujo a los presentes hasta el sitio de la tumba.

Podemos imaginar cómo los amigos y parientes se acercaron al sitio mientras en sus oídos quizá resonaban aún los agudos lamentos de las plañideras. La entrada de la tumba estaba cerrada con una piedra grande. Los presentes se asombraron cuando Jesús ordenó: "Quitad la piedra." Marta, siempre práctica y realista, explicó que Lázaro tenía cuatro días de muerto y que olería mal. Conforme a la costumbre, el cuerpo había sido lavado con aceites aromáticos y envuelto en una mortaja de lino, pero los judíos no embalsamaban a sus muertos. Jesús insistió. Después de orar a Dios, gritó: "¡Lázaro, sal fuera!" Envuelto en la mortaja, el hombre salió tambaleándose. Así se cumplió lo que Jesús había prometido a Marta: que, si creía, vería la "gloria de Dios".

Un cambista cuenta su acopio de monedas en este relieve del siglo III d.C., mientras que un cliente se dispone a negociar un préstamo. La banca y las transacciones monetarias se efectuaban al aire libre en la época romana.

Poco después, Jesús y los discípulos fueron a Efraím, colina aislada que se hallaba a unos 30 kilómetros al noreste de Jerusalén. Entretanto, relata San Juan, la resurrección de Lázaro ocasionó un estallido de ira en el Sanedrín, donde se temía que tales milagros persuadieran al pueblo de seguir a su líder hasta la rebelión y ello provocara la intervención de los romanos. Caifás, sumo sacerdote, concluyó: "... preferible es que muera sólo un hombre por el pueblo, y no toda la nación". Lo principal era mantener el poder y el orden público.

Se tomó la decisión de provocar la muerte de Jesús cuanto antes. Según San Juan, los principales sacerdotes y los fariseos dieron orden de que se les notificara de inmediato dónde estaba Jesús, para detenerlo. Seguramente los funcionarios del Templo tenían la certeza de que Jesús no desaprovecharía la oportunidad de presentarse en la ciudad en cuanto llegaran las multitudes para celebrar la Pascua.

Mientras tanto, Jesús estaba preparando a sus discípulos para los acontecimientos que habrían de ocurrir. Según San Lucas (18, 31-33), fue muy explícito: "Mirad, subimos a Jerusalén y se cumplirán todas las cosas escritas por los profetas acerca del Hijo del hombre. Será entregado a los gentiles, y escarnecido, insultado y escupido; después de azotarlo, lo matarán, y al tercer día resucitará." El misterio que encerraban tales palabras se acentuaba por la forma en que Jesús se refería a sí mismo: el "Hijo del hombre". Aún en nuestros días se discute el significado de esta frase. Es posible que aludiera a una visión expresada en el libro de Daniel, acerca de una figura humana a la que se le daría el "imperio eterno". También podía tener por objeto el desechar la noción preconcebida que la gente tenía acerca del Mesías. Jesús utilizó muchas veces el término "Hijo del hombre" cuando se refería al sufrimiento que habría de padecer. Desde luego, ésta es una forma breve de expresar la idea de un Mesías sufriente.

Entrada triunfal en Jerusalén

Seis días antes de Pascua, Jesús regresó a Betania, donde, dice San Juan, muchos judíos fueron a verlo a él y a Lázaro. Según San Mateo, Jesús pidió a dos de sus discípulos que le llevaran un asno de Betfagé, cercana población de galileos. Entre el gentío reunido en Jerusalén para celebrar la Pascua, cundió el rumor de que Jesús también iría.

Al día siguiente, un alegre gentío comenzó a reunirse en el camino, hasta las puertas de la ciudad. Unos esparcían frescas ramas de palma; otros extendían sobre el suelo sus prendas. En medio de este exuberante entusiasmo, Jesús llegó montado en el asno. El símbolo era muy claro y desafiaba a las autoridades de Jerusalén. Según San

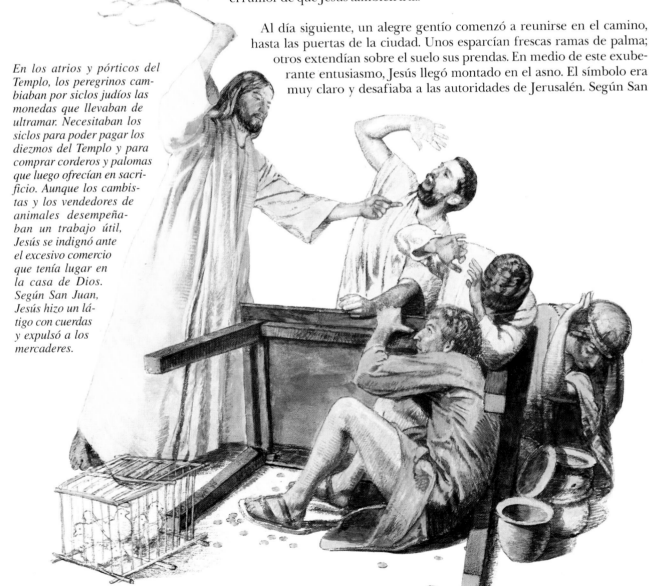

En los atrios y pórticos del Templo, los peregrinos cambiaban por siclos judíos las monedas que llevaban de ultramar. Necesitaban los siclos para poder pagar los diezmos del Templo y para comprar corderos y palomas que luego ofrecían en sacrificio. Aunque los cambistas y los vendedores de animales desempeñaban un trabajo útil, Jesús se indignó ante el excesivo comercio que tenía lugar en la casa de Dios. Según San Juan, Jesús hizo un látigo con cuerdas y expulsó a los mercaderes.

Mateo, Jesús estaba recalcando la profecía que sobre una entrada mesiánica se expresa en el Libro de Zacarías (9, 9): "He aquí que viene a ti tu rey, justo él y victorioso, humilde y montado en un asno."

Los resultados eran lo bastante efervescentes como para alarmar a algunos fariseos, pues por los caminos que llevaban a la ciudad se oían gritos tales como: "¡Hosanna! ¡Bendito el que viene en nombre del Señor! Bendito es el reino de nuestro padre David, que viene!" Según una tradición del siglo IX, Jesús entró a Jerusalén por la Puerta Dorada, que lleva al monte del Templo.

La depuración del Templo

El evangelio de San Marcos relata que Jesús fue al Templo tras de su entrada triunfal en Jerusalén y observó todo a su alrededor. Seguramente vio a los mercaderes y los cambistas, más numerosos que de costumbre ya que había muchos negocios que hacer, dado el gentío que llegaba para celebrar la Pascua. Como ya era tarde, dice San Marcos, Jesús fue con sus discípulos a Betania para pasar la noche. Pero en su interior debía de estar hirviendo la cólera contra el exagerado comercio que tenía lugar en el Templo.

Por la mañana, de regreso a Jerusalén, Jesús sintió hambre y, al ver una higuera, se acercó a recoger higos; pero no era época de higos y el árbol sólo tenía hojas. Ya con el ánimo irritado, Jesús maldijo a la higuera. Y para cuando llegaron al Templo, Jesús no contuvo más la cólera que había estado royéndolo toda la noche y comenzó a expulsar a todos los que allí vendían y compraban; volcó los puestos de los vendedores y las mesas de los cambistas de palomas para ofrenda. Exclamó: "¿No está escrito que 'Mi casa será llamada Casa de oración para todas las naciones?' ¡Pero vosotros la habéis convertido en cueva de ladrones!" Los sacerdotes principales y los escribas estaban bastante alarmados, pero tenían temor de que la gente la emprendiera contra ellos si arrestaban a Jesús; por lo que optaron por confabularse contra él y aguardar un mejor momento.

Jesús siguió enseñando en el Templo y por la noche regresó a Betania. Al día siguiente, de camino para Jerusalén, volvió a pasar junto a la higuera maldita y Pedro le hizo notar que se había secado de un día a otro hasta la raíz. Jesús

La iglesia de Santa María de Sión, en Jerusalén, tradicionalmente se considera como el sitio donde estuvo la casa en que Jesús y sus discípulos celebraron la Última Cena. El lugar donde en realidad se celebró ha sido objeto de muchas controversias, pero después de las Cruzadas fue construida esta iglesia, y uno de sus recintos, el Cenáculo, fue destinado a conmemorar aquel suceso. Los arcos góticos del Cenáculo son característicos de la arquitectura medieval.

entonces comentó que cuando se tenía fe, era posible mover montañas. "Todo lo que en oración pidáis", agregó "creed que ya lo habéis recibido, y lo obtendréis. Y cuando os pongáis de pie para orar, perdonad, si tenéis algo contra alguno, para que también vuestro Padre, que está en los cielos, os perdone vuestras ofensas".

"Dad al César"

La excitación que acompañó la entrada de Jesús en Jerusalén parece que se desvaneció rápidamente. No se produjo ningún cambio aparatoso. San Mateo y San Lucas relatan que Jesús volvió a discutir y debatir en el Templo según era su costumbre, pero San Juan dice que estaba entristecido y que hablaba de cómo el pueblo de Israel lo rechazaba. Como antes, hubo intentos de acorralarlo para que hiciera afirmaciones que lo incriminaran. No se trataba tan sólo de que perdiera un debate; aunque algunos de los acertijos que le planteaban los escribas y fariseos no llevaban mala intención, a menudo eran invitaciones a jugar con la muerte.

En una de esas ocasiones le preguntaron a Jesús si era correcto que los judíos pagaran dinero como tributo al César, opresor e idólatra. Si Jesús decía que sí, daría la impresión de estar apoyando la tiranía e irritaría al pueblo. Si decía que no, podría ser acusado ante los romanos por deslealtad al César. Para contestar, Jesús pidió que le mostraran una de las monedas con que se pagaba el tributo; su respuesta fue tanto más memorable cuanto que fue muy concreta. El denario de plata, moneda acuñada en Lyon, en las Galias, no era común en Palestina; tenía la efigie del emperador Tiberio. "¿De quién es esa imagen y esa inscripción?", preguntó Jesús. Sólo cabía una respuesta: "Del César." La conclusión de Jesús dejó atónitos a sus opositores; era impecable tanto en lo político como en lo espiritual. "Dad al César lo que es del César y a Dios lo que es de Dios." Frustrados por aquellas contestaciones de tan sutil discernimiento, los que habían sido inveterados enemigos se unieron en contra de Jesús: fariseos, saduceos y herodianos. La suerte estaba echada.

Traición y amargos pensamientos

Pero la traición más devastadora habría de surgir del círculo de los más allegados. Considerado por algunos como el discípulo más astuto para asuntos de dinero, Judas Iscariote, que, según nos dice San Juan, había fungido como tesorero del austero grupo, secretamente perdió la fe. ¿Acaso, como quizá tantos

En el Medio Oriente todas las casas, salvo las más humildes, tenían cerca de la entrada unas pilas para lavar los pies, como la del siglo II a.C. que aquí se muestra. Al llegar un huésped, ponía los pies sobre el soporte del centro mientras que un siervo de la casa se los lavaba.

"El Hijo del hombre no vino para ser servido sino para servir", dijo Jesús a sus seguidores, "y a dar su vida para la redención de muchos". Pero en la Última Cena, cuando lavó los pies a sus atónitos discípulos, confirió a sus palabras un nuevo significado, exhortándolos a servirse mutuamente, tal como él lo había hecho. Su actitud suponía un conmovedor trueque de funciones, pues el lavar los pies a otro era un gesto de hospitalidad que usualmente realizaban los siervos.

otros que con entusiasmo habían dado la bienvenida a Jesús pocos días antes, se sintió desilusionado de que no hubiese tomado el poder? Por una suma de dinero, según San Mateo, un miércoles Judas aceptó ayudar a los enemigos de su maestro para que cazaran su presa cuando llegase el momento. No es probable que el dinero fuera en sí mismo una tentación tan poderosa. Las 30 monedas de plata que San Mateo menciona habían sido tradicionalmente el precio de un esclavo, pero en los tiempos romanos ya no servían más que para pagar una túnica nueva. Los verdaderos motivos de Judas no los conocemos pero tal vez su deserción no era más que un reflejo del estado de ánimo que invadía a la gente en Jerusalén. Conforme se acercaba la Pascua, quedaba claro que el entusiasmo del pueblo en apoyo de Jesús ya había culminado. Otras fuerzas estaban surgiendo.

No obstante, a medida que el peligro crecía, Jesús les recordaba a sus discípulos que las cosas no eran lo que podían parecer. Sí, lo matarían y todo parecería indicar que lo habían derrotado, pero después seguiría una gran destrucción. Diariamente el grupo regresaba al Templo y pasaba toda la jornada entre las imponentes columnas de mármol, pero Jesús los prevenía: "No quedará piedra sobre piedra que no sea derruida." ¡Más visiones terribles e inverosímiles del futuro! Para entonces, los discípulos debían de estar agobiados por todo lo que ya había ocurrido y se sentían incapaces de asimilar de inmediato lo que Jesús les anunciaba: las tribulaciones venideras, el significado del rechazo a Jesús y de la muerte predicha y, por último, el vaticinio de que el Templo de Herodes sería reducido a escombros. ¿Podía esto considerarse como el sustento de la esperanza mesiánica? Quizá algunos aún vivirían en el año 70 y presenciarían la destrucción de Jerusalén; 80.000 soldados bajo el mando del futuro emperador Tito incendiarían la ciudad tras haberla sitiado durante muchos meses.

Su propia muerte inminente dominaba los pensamientos de Jesús, y él decía a sus discípulos que debían prepararse para morir también, pues no sabían ni el día ni la hora en que serían llamados, dice San Mateo. Jesús les describió el día en que el Hijo del hombre congregaría ante sí

Los viejos olivos de este huerto (derecha) quizá señalan el sitio de Getsemaní, en el monte de los Olivos, adonde Jesús llevó a sus discípulos después de la Última Cena. (Getsemaní significa literalmente "lagar o prensa de aceite".) Para llegar a este huerto desde la casa donde tuvo lugar la Última Cena, Jesús probablemente bajó desde el monte Sión por un sendero empinado que después fue pavimentado en forma escalonada (arriba); luego salió de la ciudad y cruzó el valle del Cedrón.

a todo el mundo y, como un pastor, separaría las ovejas de los cabritos. Entonces, habría llegado el momento de llamar a vida eterna a aquellos que hubieran dado de comer al hambriento, de beber al sediento, que hubieran dado hospitalidad al forastero, vestido al desnudo y visitado al enfermo y al prisionero, porque "cuanto hicisteis a uno de mis hermanos menores, a mí me lo hicisteis". Por el contrario, condenaría a fuego eterno a quienes no hubieran actuado con justicia y misericordia, porque "cuanto dejasteis de hacer con uno de estos pequeñuelos, también conmigo dejasteis de hacerlo".

Dos días antes de la Pascua, según San Marcos, mientras Jesús cenaba en casa de Simón el leproso, en Betania, llegó una mujer con un frasco de alabastro con costoso perfume de nardo puro y lo derramó sobre la cabeza de Jesús. Algunos de los presentes consideraron el acto un despilfarro y comentaron que el perfume podría haberse vendido en más de 300 denarios para repartirlos entre los pobres. (Un jornalero ganaba un solo denario al día.) Pero Jesús los reprendió diciéndoles: "Ha hecho una obra buena conmigo. Porque pobres, en todo tiempo los tendréis, pero a mí no me tendréis siempre." La mujer, les dijo Jesús, se había anticipado a ungir su cuerpo para la sepultura.

La Última Cena

El jueves al atardecer, Jesús se reunió con sus doce apóstoles en una "sala alta": el piso superior de la casa de alguien cuya identidad desconocemos. Allí tuvo lugar la "Última Cena". Tres de los evangelistas la describen como un tradicional séder de Pascua, pero San Juan dice que tuvo lugar el día antes de Pascua (lo cual, según los expertos en la materia, es más probable puesto que el juicio, que habría de efectuarse en la noche y hasta la madrugada, no hubiera podido realizarse durante la festividad). En todo caso, Jesús le dio un significado totalmente nuevo a la cena pascual. Fue tan intenso el sentimiento de confraternidad con Jesús que, después de su muerte, para los discípulos aquella cena se convirtió en símbolo permanente de unión a su Señor.

Al comienzo de la cena, nos dice San Juan (13, 3-15), Jesús puso el ejemplo a sus discípulos al cambiar su papel de maestro y superior por el de esclavo. Se ciñó una toalla, echó agua en una jofaina y empezó a lavarles los pies. Los desconcertados discípulos no sabían qué hacer, pero entonces Jesús les explicó cuál era el sentido de aquel acto inusitado: "Si yo, vuestro Señor y Maestro, os he lavado los pies, también vosotros debéis lavaros los pies unos a otros." De la Última Cena, el momento que habría de convertirse en el corazón del culto cristiano está descrito por San Mateo, San Marcos y San Lucas. Jesús tomó el pan, dio gracias a Dios, lo partió y lo dio a sus discípulos diciendo: "Este es mi cuerpo." Luego tomó un cáliz de vino, dio gracias y lo pasó a sus discípulos para que bebieran, diciendo: "Esta es mi sangre de la alianza, que va a ser derramada por muchos" (San Marcos 14, 22-24). Al referirse a la "sangre de la alianza", Jesús estaba aludiendo a la escena del monte Sinaí descrita en el Éxodo, 24, cuando quedó sellada la alianza que Dios hizo con su pueblo al librarlo de Egipto.

Para los discípulos, la Pascua que conmemoraba tal liberación no volvería a ser nunca más la misma. La festividad que hasta entonces había servido para rememorar el pasado se había orientado para siempre al futuro. Jesús recalcó la idea del futuro cuando, según San Marcos, dijo a sus apóstoles: "Yo os aseguro que no volveré a beber del fruto de la vid hasta aquel día en que lo beba nuevo en el reino de Dios."

La Pascua, preciada festividad que el Talmud definía como "tan deleitosa como el fruto del olivo", se distinguía esta noche por sombrías reflexiones. Jesús habló de su muerte perentoria y, en un momento de terrible clarividencia, anunció que uno de los presentes habría de traicionarlo, "el que ha mojado conmigo la mano en el plato". Cuando Judas tomó un trozo de pan —de la misma mano de Jesús, dice San Juan— no hubo exclamación alguna. Una vez más, a los discípulos se les escapaba el sentido de lo que estaba sucediendo. Jesús, aceptando lo que tenía que ser, dijo a Judas: "Lo que has de hacer, hazlo pronto." Judas se retiró de inmediato.

En los momentos de tierna amistad que siguieron a la partida de Judas, Jesús habló del amor que sus discípulos deben tenerse mutuamente. Durante la cena, seguramente estaban reclinados a la manera romana. Era la calma que precede a la tempestad. Saciados, pensativos, absortos en las reflexiones de su maestro mientras oscilaba el fulgor de las lámparas de aceite en la fresca noche de primavera, le hacían preguntas a Jesús y le profesaban su lealtad. Jesús les vaticinó que, por el contrario, el fervoroso Simón Pedro, aunque juraba estar dispuesto a morir por él, habría de negar que lo conocía, tres veces, antes de que al amanecer cantara el gallo. Era evidente la inminencia de lo que habría de ocurrir.

En estas últimas horas, Jesús recalcó en las mentes de sus apóstoles aquello que podría sostenerlos. Debían aprender a hallar la grandeza y el mando en el servir. Debían mantenerse firmes aun en la tribulación, confiados en un reino que es don de Dios. Debían creer que él regresaría a ellos, y confiar en el Espíritu Santo que los guiaría cuando él se fuera. En una larga disertación, que San Juan refiere con detalle, Jesús dio a sus discípulos el mandamiento de "que os améis los unos a los otros como yo os he amado. Nadie tiene mayor amor que el que da su vida por sus amigos. Vosotros sois mis amigos, si hacéis esto que os mando". El camino que tendrían que recorrer no sería fácil, pero Jesús les prometió una paz profunda e inconmovible. "En el mundo tendréis tribulación", les advirtió sabiendo que sobre él se cernía la traición, "pero ¡ánimo!: yo he vencido al mundo".

"Alzó los ojos al cielo", nos relata San Juan, y oró por los apóstoles, a quienes enviaba al mundo tal como el Padre lo había enviado a él. "Conságralos en la verdad", rogó; "tu palabra es verdad". También oró por aquellos que llegarían a creer en él gracias a las enseñanzas de los apóstoles: "Que todos sean uno; como tú, Padre, estás en mí y yo en ti, que ellos también sean uno en nosotros, para que el mundo crea que tú me has enviado."

La agonía en el huerto

Poco tiempo después, los apóstoles acompañaron a Jesús fuera de la ciudad; cruzaron el valle del Cedrón hacia el noreste, hasta un huerto llamado Getsemaní, situado en el monte de los Olivos. Quizá el huerto era propiedad de algún amigo; Jesús y los discípulos habían descansado allí en otras ocasiones. Les dijo que lo esperasen mientras se apartaba a orar con Pedro, Juan y Santiago. Luego, intensamente angustiado, Jesús pidió a estos tres discípulos que se quedaran allí y vigilaran; él se alejó un poco más, solo. No quería morir. Cayó en tierra y suplicó: "¡Abbá, Padre!, todo es posible para ti; aparta de mí este cáliz, pero no sea lo que yo quiero sino lo que quieres tú." Después de orar, regresó adonde estaban los tres discípulos. Llevados hasta el límite de sus fuerzas físicas, emocionales y mentales por todo lo ocurrido en aquella semana, se habían quedado profundamente dormidos. Y le dijo a Pedro: "¿Duermes? ¿Ni una hora has podido velar? Velad y orad, para que no caigáis en tentación; el espíritu está pronto, pero la carne es débil." Dos veces más se retiró a orar, y al regresar cada vez halló dormidos a los apóstoles. Jesús les dijo: "¡Levantaos!, ¡vámonos! Ya está aquí el que ha de entregarme."

En un instante, el pequeño huerto se colmó de luces y ruidos. Con antorchas, con las armas repercutiendo, un grupo de hombres entre los cuales había guardias del Templo irrumpieron con Judas a la cabeza. Conforme al modo tradicional de saludar a un maestro venerable, Judas avanzó para besar a Jesús. Ésta era la señal convenida con los perseguidores, que de inmediato lo aprehendieron, Jesús no se resistió, pero Pedro desenvainó la espada y le cortó una oreja a uno de los esclavos del sumo sacerdote. Decidido, Jesús exclamó: "¡Basta ya!", y curó al esclavo.

El gallo que cantó cuando Pedro negó a su Señor está representado en esta pintura del siglo XI. El canto del gallo señala el período de la noche que precede al alba.

Jesús ante Anás y Caifás

Lo que así había comenzado, pronto se precipitó. La oscura y silenciosa noche de aquella vieja ciudad fue muchas veces perturbada antes de que amaneciera. Muy difícil es reconstruir con exactitud lo que sucedió entonces y al día siguiente, pues los evangelios difieren mucho entre sí al relatar lo ocurrido. En el de San Juan la secuencia principia cuando Jesús fue llevado al lujoso sector de Monte Sión, donde estaba la casa de Anás, anterior sumo sacerdote y suegro de Caifás, que ahora desempeñaba el cargo. Anás, líder de importancia y político astuto, "interrogó a Jesús acerca de sus discípulos y su doctrina", como si todo ello fuera un secreto. Jesús afirmó que siempre había hablado abiertamente en las sinagogas y en el Templo. "Pregunta a los que me han oído qué es lo que les he hablado; bien saben ellos lo que he dicho." Ante esta réplica, un guardia abofeteó a Jesús por su insolencia, pero el interrogatorio cesó. Anás mandó atar a Jesús y lo envió a Caifás; después, Jesús fue llevado ante el prefecto romano Poncio Pilato para que éste lo juzgase. San Juan no explica qué aconteció entre Jesús y Caifás; en cambio, narra cómo Pedro negó tres veces ser discípulo de Jesús, antes de que cantara el gallo, conforme a lo vaticinado. Salvo el interrogatorio de Anás, San Juan no relata lo que le aconteció a Jesús ante las autoridades judías.

San Mateo y San Marcos concatenan los sucesos de otro modo. Luego de ser arrestado, Jesús fue enviado a Caifás, sumo sacerdote, que había reunido a los sacerdotes principales, a los ancianos y a los escribas. El Sanedrín llevó a cabo un proceso durante la noche. Según San Marcos, sólo se presentaron falsos testigos cuyas declaraciones no concordaban. San Mateo afirma que dos de ellos concordaron al declarar que Jesús había dicho que podría destruir el Templo de Dios y reconstruirlo en tres días. No obstante, al final el proceso se redujo a una sola pregunta, que el sumo sacerdote le hizo a Jesús: "¿Eres tú el Cristo, el Hijo del Bendito?" Según San Marcos (14, 62) Jesús respondió: "Sí, yo soy, y veréis al Hijo del hombre sentado a la diestra del Poder y venir entre las nubes del cielo." Para los judíos, las palabras Bendito y Poder significaban Dios. Lo que Jesús respondió les pareció una blasfemia, a todas luces una pretensión humana a la divinidad, y Jesús fue condenado a muerte. Mientras se desarrollaba este proceso, Pedro estaba en el patio; en tanto que Jesús confesaba y el Sanedrín lo condenaba, Pedro negó tres veces conocerlo y luego, abatido, rompió a llorar. Por la mañana, tras una reunión para deliberar, el Sanedrín entregó a Jesús ante Pilato.

San Lucas proporciona una tercera perspectiva sobre los hechos. Después de su arresto, Jesús fue llevado a la casa del sumo sacerdote y retenido en el patio durante toda la noche. Pedro también estaba allí, junto a una fogata, y la prueba a que fue sometida su lealtad resultó especialmente lacerante. Aun estando cerca de Jesús, Pedro no tuvo la entereza de admitir que era su discípulo; dos veces negó conocerlo, y cuando todavía estaba pronunciando su tercera negación "cantó el gallo, y el Señor se volvió y miró a Pedro. Y Pedro se acordó de la palabra del Señor, cuando le dijo: 'Antes de que el gallo cante hoy me negarás tres veces.' Y, saliendo fuera, lloró amargamente". Al llegar la mañana, finalmente Jesús fue llevado ante el Sanedrín. También San Lucas recalca que para el tribunal lo más importante era saber si Jesús afirmaba ser el Cristo e Hijo de Dios. "Si os lo dijera", respondió Jesús, "no me creeríais..." San Lucas no refiere ningún veredicto formal, pero narra que todo el Sanedrín llevó a Jesús ante Pilato.

Hasta la fecha se discute acerca de si el Sanedrín tenía autoridad para ejecutar a una persona por un delito grave. Es seguro que en la mayoría de los casos sólo el prefecto romano tenía la facultad para imponer la pena de muerte, y que en todo caso él podía intervenir si lo deseara.

Pilato y Herodes Antipas

Era sabido que Poncio Pilato despreciaba a los judíos y sus creencias; su verdadera preocupación consistía en mantener la paz y explotar la región. Cuando Jesús le fue entregado, poco le importaba si había o no blasfemado contra el Dios de los judíos. Lo único que le interesaba era conocer la respuesta a esta interrogante: "¿Eres tú el rey de los judíos?". Esta pregunta casi definía a cualquiera de los numerosos rebeldes que se habían sublevado en la agitada Palestina, como los muchos que en ese momento tenía detenidos Pilato para ejecutarlos. Sin declararse inocente, Jesús dio una respuesta en forma ambigua: "Tú lo dices", pero no respondió al hacérsele otros cargos.

Los evangelios, de un modo u otro, coinciden al narrar que Pilato se resistía a ejecutar a Jesús. Probablemente estaba genuinamente interesado en su desconcertante prisionero. San Juan refiere el diálogo que se produjo cuando Jesús aseveró que, aunque su reino no era de este mundo, él había nacido para ser rey y para dar testimonio de la verdad. El romano preguntó, quizá con mundano escepticismo y con un sentido de ironía producto de sus intrigas en política: "¿Qué es la verdad?"

Quizá, también, Pilato se sentía dividido entre su molestia ante este judío insolente que no respondía las preguntas y su fastidio ante aquellos jefes judíos que se lo habían entregado para juzgarlo. Era de sobra conocido que Pilato no sabía tratar a los judíos. Filón de Alejandría consideraba que la conducta del prefecto estaba colmada de "sobornos, violencia, robos, ultrajes, agravios desenfrenados, muchas ejecuciones sin juicio previo y una crueldad incesante y atroz". De acuerdo con este testimonio, Pilato era capaz de ejecutar a un judío como si fuese un insecto, pero posiblemente no quería dar una impresión de condescendencia para con las pretensiones del pueblo que regía. Andando el tiempo, el gobernador romano de Siria habría de ordenar a Pilato que regresara a Roma para someterse a juicio por los crímenes que había cometido siendo prefecto.

Sea como fuere, los evangelios subrayan varias veces que Pilato no hallaba en Jesús delito grave, aunque acabaría sentenciándolo. El hecho de que Pilato estaba dándole vueltas a este asunto quizá se insinúa en el pasaje en que San Lucas refiere cómo Pilato envió a Jesús ante Herodes Antipas, que de Galilea había llegado a Jerusalén para celebrar la Pascua.

Según San Lucas, Herodes estaba feliz de que le hubieran llevado a Jesús. Lo que simplemente quería era ver un milagro, y quizá deseaba aplacar su temor de que Jesús fuera el Bautista resucitado. Jesús, que ya en una ocasión se había referido a Herodes llamándolo "ese zorro", se negó a hablar. Furioso, Herodes incitó a sus soldados para que se mofaran del prisionero, y llevando el escarnio hasta el extremo, hizo que lo vistieran con "un espléndido manto", seguramente propio de reyes. El tetrarca le devolvió a Pilato la responsabilidad de decidir qué hacer, pero a partir de entonces "Herodes y Pilato se hicieron amigos, pues antes estaban enemistados".

Por el momento, Pilato decidió frustrar los deseos que la aristocracia sacerdotal tenía de deshacerse de Jesús, y con ese fin urdió una treta que pronto se volvió en su contra. Según los evangelios, los romanos acostumbraban señalar la Pascua judía indultando a un condenado a muerte. En aquellos días estaba sentenciado Barrabás, rebelde que había participado activamente en una insurrección contra Roma. Pilato, quizá confiado en que la popularidad de Jesús induciría a la multitud a que pidiera la ejecución del rebelde, dejó que el gentío optara entre soltar a Barrabás o soltar a Jesús, "el rey de los judíos".

La Antonia, fortaleza situada al noroeste del Templo, servía como cuartel de las tropas romanas; tal vez allí compareciera Jesús ante Poncio Pilato. En la maqueta de arriba resaltan los gruesos muros y las cuatro imponentes torres. Probablemente los soldados se entretenían con los dados (bajo estas líneas) y otros juegos de azar durante las horas libres; en el pavimento marcaban la puntuación, como en la losa de abajo.

Inclinada a favor de un rebelde antirromano activo, la multitud gritó: "¡Suéltanos a Barrabás!" Pilato no esperaba eso y trató de encontrar la manera de apoyar el indulto del hombre menos peligroso para él. San Marcos nos relata que "Pilato les dijo otra vez: '¿Y qué voy a hacer con el que llamáis rey de los judíos?' La gente volvió a gritar: '¡Crucifícalo!' Pilato les dijo: 'Pero ¿qué mal ha hecho?' Pero ellos gritaron con más fuerza: '¡Crucifícalo!' "

La gente estaba empeñada en soltar a Barrabás, aunque ello implicara ejecutar a Jesús. Al final, Pilato abandonó su plan. Dándose cuenta de que se estaba gestando un motín, relata San Mateo, ordenó que le llevaran una jofaina con agua y enfrente de todo el gentío se lavó las manos diciendo: "Inocente soy de la sangre de este justo. Allá vosotros." Después Pilato dio orden de soltar a Barrabás y ejecutar a Jesús.

Flagelación y crucifixión

La crucifixión, descrita por el orador romano Cicerón como "el más cruel y repugnante de los castigos", en Palestina se reservaba para criminales que no tenían la ciudadanía romana, generalmente los rebeldes contra el Estado, los esclavos delincuentes y los más brutales malhechores. Era un atroz ejemplo de castigo para desalentar la delincuencia. Quizá fue inventado por los persas, en una versión rudimentaria que Alejandro Magno extendió por el Medio Oriente, pero los romanos refinaron este método de castigo para que produjera una muerte lenta y muy dolorosa.

Primero se desnudaba al reo, se le ataba a un poste y se le daban 39 o más azotes con un corto flagelo de cuero (el *flagrum*). Los extremos del *flagrum* tenían diminutas esferas de plomo y cortantes trozos de hueso de borrego. Por lo común, se turnaban dos soldados para azotar al reo; el propósito era provocar tal pérdida de sangre, dolor y alteración circulatoria que la víctima casi agonizara; Josefo refiere que ciertos rebeldes judíos habían sido "destrozados por los azotes antes de ser crucificados". La flagelación debilitaba al reo hasta el punto de que luego no sobrevivía mucho tiempo en la cruz: involuntaria piedad. En el caso de Jesús, se añadían el rigor de una noche sin dormir, los ultrajes físicos y emocionales, las comparecencias ante varios tribunales y el caminar de un sitio a otro hasta recorrer quizá cuatro kilómetros. Después de ser flagelado, Jesús fue cubierto con

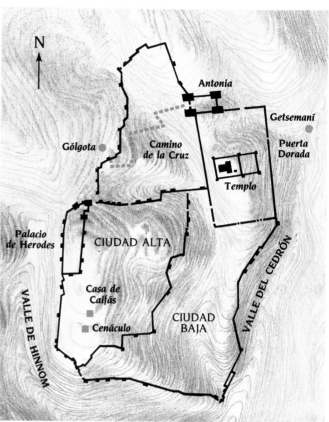

Una serie de santuarios marcan hoy el último trayecto de Jesús por las calles de Jerusalén. Tras de su condena y flagelación, fue obligado a llevar a cuestas uno de los maderos de su cruz. Un convento franciscano (arriba) ocupa el sitio donde se cree que ocurrieron tales sucesos, y un templo franciscano (abajo) señala el lugar donde Simón de Cirene relevó a Jesús de su carga. Según la tradición, Jesús cayó tres veces en el camino al Gólgota. En el sitio de la última caída hay un monasterio copto del siglo XIII (abajo, a la derecha).

Según la tradición, después de su proceso y condena en la fortaleza Antonia, Jesús, cargado con un pesado madero, caminó hasta el Gólgota (aproximadamente a unos 525 metros), sitio de la crucifixión. Esta ruta, denominada Vía Crucis o Camino de la Cruz, está indicada en el mapa de arriba. Sin embargo, algunos expertos creen que Jesús fue sentenciado por Pilato en el palacio de Herodes, en el sector oeste de Jerusalén.

un manto de púrpura, coronado con un aro de espinas (probablemente varas entrelazadas de azufaifo, árbol común en Judea) y escupido por los soldados.

Fue entonces cuando, dice San Juan, Pilato presentó a Jesús ante el pueblo, pronunciando la frase: "Aquí tenéis al hombre" ("Ecce homo"). Según parece, quería que el gentío viera las consecuencias de su elección; posiblemente también quería descargar en la multitud su responsabilidad por aquella condena.

El vía crucis

Conforme a la costumbre, el reo tenía que llevar a cuestas el *patibulum* (el madero horizontal de la cruz) por las calles que conducían al sitio de la ejecución, que en Jerusalén era un árido monte de las afueras llamado Gólgota, "lugar de cráneos". Siempre había allí un macizo poste de madera, listo para ser usado como *stipes* (madero vertical) de la cruz.

Caminando con dificultad por el tosco pavimento, Jesús se vencía con la carga del patibulum, de hasta casi dos metros de largo y unos 55 kilos de peso. Se desconoce de qué madera estaban hechas las cruces pero, en todo caso, Jesús ya estaba muy débil por la fatiga y la pérdida de sangre, y no podía llevar a cuestas el madero. Los soldados señalaron a un hombre que estaba entre la multitud, un judío de la diáspora llamado Simón que "venía del campo" desde Cirene, región de África del Norte, y le ordenaron llevar el madero y caminar detrás del sangrante Jesús.

Una gran muchedumbre iba detrás de Jesús, inclusive un grupo de mujeres que lloraban por él. Volviéndose a ellas en cierto momento, les dijo que, llorasen por ellas mismas más que por él, citando un proverbio que decía: "Si esto se hace en el leño verde, en el seco ¿qué se hará?" Jesús aludía con amargura a su propio sufrimiento: si él, siendo inocente, recibía tal tortura, ¿cuál no sería el castigo de la culpable Jerusalén?

Cuando Jesús llegó a la cima del Gólgota, desde donde quizá podía ver el panorama de la ciudad que lo había rechazado, fue despojado de sus ropas y tirado al suelo. Sus brazos fueron extendidos sobre el *patibulum*. A juzgar por los restos de esqueletos hallados en Jerusalén, le fueron clavadas unas largas puntas de fierro entre los huesos de las muñecas hasta fijarlas en el madero, probablemente traspasando el nervio mediano y provocando un intenso dolor. Luego cuatro soldados levantaron el *patibulum* y lo encajaron en el *stipes* vertical. (El *patibulum* estaba cortado de modo que embonara a tope en el *stipes*, formando una cruz en forma de T.) Seguramente clavaron los pies de Jesús a un escabel de madera conocido con el nombre de *suppedaneum*, o bien al propio *stipes*.

Arriba de la cabeza de Jesús fue colocado el *titulus*, rótulo que anunciaba el nombre y el delito del reo. En el caso de Jesús, Pilato quiso aguijonear con ironía a sus súbditos judíos, que tanto despreciaba, y mandó inscribir en el *titulus*: "Jesús de Nazaret, Rey de los Judíos." (Según San Juan, lo anterior fue escrito en griego, latín y hebreo, pero al decir "hebreo" probablemente quiso decir "arameo", que era el idioma común de los judíos de Jerusalén.) Los sacerdotes pidieron que la inscripción aclarase que Jesús sólo había *dicho* que era rey, pero Pilato se ensañó: "Lo que he escrito", confirmó, "escrito está". Bajo este *titulus* mordaz comenzó la agonía de Jesús; era la hora tercia (las nueve de la mañana), nos dice San Marcos.

Jesús en la cruz

Algunos miembros de la aristocracia hicieron una fugaz aparición para ridiculizar a Jesús. Los soldados, que se habían quedado con sus ropas y estaban

"¡Salve, rey de los judíos!", gritaban los soldados burlándose de Jesús después de haberle ceñido la cabeza con una corona de espinas. En Judea hay muchas especies de cardos y arbustos espinosos; algunos alcanzan una altura de dos metros. Los expertos no concuerdan acerca del tipo de espinas con que los soldados hirieron a Jesús. Arriba se muestra una de las especies que crecen en la región.

sorteándoselas, con sarcasmo le dijeron: "Si eres el rey de los judíos, sálvate a ti mismo." Para muchos judíos, las esperanzas que en Jesús habían puesto parecían perdidas para siempre.

Gimiendo, algunos abrumados seguidores estaban presentes, inclusive muchas mujeres que como discípulas acompañaron a Jesús desde Galilea. Con ellas estaba María, madre de Jesús, cuyas acciones y palabras de esos momentos no nos han sido transmitidas. Al verla al pie de la cruz junto al "discípulo que él amaba" (tradicionalmente se considera que era Juan), Jesús llamó a ambos a ser como madre e hijo.

Dos "ladrones" (posiblemente rebeldes, como Barrabás) pendían de sendas cruces a ambos lados de Jesús. Uno de ellos se mofó de Jesús, pero el otro le expresó fe, y a éste le fue prometido el Paraíso.

Pocos detalles conocemos de las horas de sufrimiento. Durante la agonía, las lesiones seguramente producían un dolor intolerable y contracciones musculares en los brazos. Se sabe que los insectos penetraban en las laceraciones del crucificado y que las aves de rapiña acudían a desgarrarles a los inmóviles reos los ojos, las orejas y la nariz. La sed era insoportable debido a que el cuerpo sufría deshidratación. Según San Juan, la única queja de Jesús fue exclamar: "Tengo sed"; se le dio a beber vinagre, o quizá vino, en una esponja sujeta a una rama de hisopo (planta que se usaba en los ritos de purificación). Según San Marcos, también se le dio "vino con mirra", que producía un efecto sedante, pero Jesús no quiso tomarlo.

Uno de los principales estragos de la crucifixión era un tipo de paro respiratorio. Como el cuerpo pendía forzando los músculos, al reo cada vez le resultaba más arduo espirar; el bióxido de carbono no se expelía por completo y la víctima sufría una asfixia paulatina. Se cree que cuando el crucificado era especialmente vigoroso, en algunas ocasiones se precipitaba su muerte recurriendo al *crurifragium*, que consistía en fracturarle las piernas por debajo de las rodillas; el reo, imposibilitado para enderezarse y respirar, se asfixiaba en corto tiempo.

Muerte y sepultura

Pero Jesús murió alrededor de las tres de la tarde; su agonía en la cruz fue mucho más breve que lo común. "Todo ha terminado", dijo, y, según San Mateo, dio un fuerte grito y exhaló el espíritu. Desde la hora sexta (mediodía) la oscuridad se había apoderado de "toda la tierra", y a la hora nona, al morir Jesús, hubo un terremoto y el velo del Templo "se rasgó en dos, de arriba abajo". Para los consternados seguidores reunidos en el Gólgota, la gran promesa encarnada en su maestro había concluido en infamia y horror. Nadie podía aún darse cuenta del verdadero significado de aquel día que ahora los cristianos veneran como Viernes Santo, aunque muchos de los presentes supieron que al morir Jesús había ocurrido algo trascendental. Según San Marcos, el centurión que estaba frente a él en ese

Algunos cristianos creen que el sepulcro de Jesús pudo haber sido esta cueva situada al norte de la antigua muralla de Jerusalén. Fue descubierta en 1867.

instante no pudo menos que reconocer y exclamar: "Verdaderamente este hombre era Hijo de Dios."

José de Arimatea, hombre rico que en secreto había sido seguidor de Jesús, obtuvo de Pilato el permiso para sepultar el cuerpo. José, miembro del Sanedrín y que, según San Lucas (23, 51), "no había aprobado ni la resolución ni los actos de los demás", tenía un sepulcro de piedra sin utilizar en un huerto cercano al Gólgota. Según San Juan, Nicodemo, fariseo sensato que también en secreto había conversado con Jesús, acompañó a José. Algunas seguidoras y parientas que habían permanecido al pie de la cruz pudieron haberse unido a ellos para ayudar a envolver el cuerpo en lino y hierbas aromáticas. Lo depositaron en el sepulcro y cerraron la entrada con una piedra grande. Comenzaba el sabat; descorazonados, los seguidores de Jesús regresaron a la ciudad al caer la noche.

En el interior de la cripta pueden verse las repisas sobre las que se colocaban los cadáveres. La tumba de Jesús también pudo haber estado localizada en el Gólgota.

Resurrección y ascensión

Nadie estaba preparado para las asombrosas revelaciones que comenzaron a divulgarse entre los creyentes a las 48 horas o quizá antes. San Marcos relata que el domingo, muy de madrugada, María Magdalena, María madre de Santiago y Salomé (tres discípulas de Jesús) fueron al sepulcro. Había concluido el sabat y querían ungir el cuerpo de Jesús, pero se preguntaban de qué manera iban a retirar la piedra de la entrada; de pronto se dieron cuenta de que ya había sido removida. Entraron al sepulcro y vieron a un joven, vestido con una túnica blanca y sentado a un lado. "No os asustéis", les dijo. "Buscáis a Jesús de Nazaret, el crucificado. Ha resucitado; no está aquí."

Al principio las mujeres no dijeron nada a nadie, pero luego la noticia se fue extendiendo paulatinamente. La aparición de Jesús a María Magdalena pudo haber ocurrido casi inmediatamente después de aquella visita al sepulcro. Ella estaba llorando afuera, junto a la tumba; al ver a Jesús que se le acercaba, relata San Juan, María Magdalena creyó que era el hortelano. Reconoció a su maestro cuando él la llamó dulcemente por su nombre.

San Lucas narra que cuando las mujeres anunciaron esta buena nueva a los apóstoles, ellos pensaron que decían desatinos y no les creyeron. Sin embargo, durante aquel día y los siguientes, las apariciones y las visiones propiciaron que todo el grupo que había seguido a Jesús llegara a la inquebrantable convicción de que él vivía realmente. Sintieron su presencia, oyeron sus palabras e inclusive comieron con él. San Juan relata que cuando el discípulo Tomás expresó sus dudas acerca de la resurrección, Jesús lo invitó a tocar las heridas que le había causado la crucifixión. "Has creído porque me has visto", le dijo Jesús. "Dichosos los que, aun no viendo, creen."

Había que consolidar la fe y asegurar que las palabras de Jesús dieran lugar a un movimiento en nombre suyo. Un día, dice San Lucas, Jesús llevó a sus discípulos al monte de los Olivos, les dio su bendición y "fue llevado al cielo". Los discípulos aún tenían que hallar respuesta a muchas preguntas. ¿Qué podía significar el que muchos meses antes hubieran sido escogidos en las riberas del Mar de Galilea? Pero los invadía el gozo y la esperanza, mientras aguardaban a que el futuro se les manifestara.

"Y estuvo en el desierto cuarenta días, tentado por Satanás; moraba entre las fieras, y los ángeles le servían" (San Marcos 1, 12-13). Pintura de Duccio, artista italiano de los siglos XIII-XIV.

"Porque tanto amó Dios al mundo, que le dio a su Hijo único, para que todo el que crea en él... tenga vida eterna."

Durante su breve paso por la tierra, Jesús enseñó, realizó milagros, sufrió, murió y resucitó de entre los muertos. Nadie sabe cómo era su verdadero aspecto, pero durante siglos los artistas nos han dado su versión del hombre que fue Jesús y de algunos sucesos de su vida.

"Caminando a orillas del Mar de Galilea, vio a Simón y a Andrés, hermano de Simón, que echaban las redes en el mar pues eran pescadores. Entonces Jesús les dijo: 'Venid conmigo, y yo os haré pescadores de hombres'" (San Marcos 1, 16-17). Mosaico de Ravena, Italia, del siglo VI.

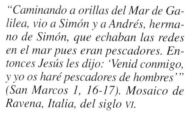

"Seis días después, Jesús tomó consigo a Pedro, Santiago y su hermano Juan y los llevó aparte, a un monte alto. Y se transfiguró delante de ellos; su rostro resplandecía como el sol, y sus ropas se tornaron blancas como la luz. Entonces se les aparecieron Moisés y Elías, que conversaban con él" (San Mateo 17, 1-3). Vitral de la catedral de Chartres, Francia, del siglo XII.

"Viendo a la muchedumbre, subió al monte, se sentó y sus discípulos se le acercaron. Entonces tomó la palabra y les enseñaba diciendo: 'Bienaventurados los pobres de espíritu, porque de ellos es el reino de los cielos. Bienaventurados los que lloran, porque ellos serán consolados. Bienaventurados los mansos, porque heredarán la tierra...'" (San Mateo 5, 1-5). Detalle de una pintura del artista francés Claude Lorrain (1600-1682).

"Cuando acabó de hablar, dijo a Simón: 'Boga mar adentro, y echad vuestras redes para pescar.' Simón le respondió: 'Maestro, hemos estado trabajando toda la noche y no hemos pescado nada; pero, puesto que lo dices, echaré las redes.' Haciéndolo, pescaron gran cantidad de peces, tanto que las redes se rompían. Hicieron señas a sus compañeros de la otra barca para que vinieran a ayudarlos. Vinieron y llenaron las dos barcas, tanto que se hundían" (San Lucas 5, 4-7). Detalle de un vitral de la catedral de Canterbury, Inglaterra, del siglo XIII.

"Subió después a la barca y sus discípulos lo siguieron. De pronto, se produjo en el mar una tempestad tan grande que las olas llegaban a cubrir la barca; pero él estaba dormido. Ellos, acercándose, lo despertaron diciendo: '¡Señor, sálvanos, que perecemos!' Él les dijo: '¿Por qué teméis, hombres de poca fe?' Entonces se levantó, increpó a los vientos y al mar y sobrevino una gran calma" (San Mateo 8, 23-26). Ilustración de un manuscrito alemán del siglo XI.

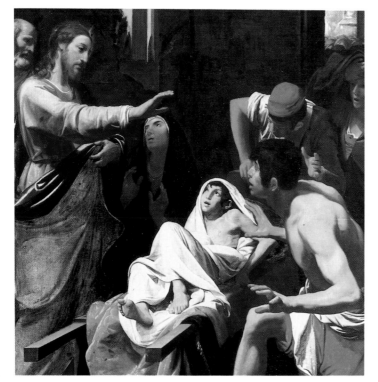

"Y acercándose tocó el féretro... Y dijo: 'Joven, a ti te hablo, ¡levántate!' El muerto se levantó y comenzó a hablar" (San Lucas 7, 14-15). Detalle de Cristo resucitando al hijo de la viuda de Naín, del pintor italiano Domenico Fiasella (1589-1669).

"Aún estaban saliendo cuando le presentaron a un mudo endemoniado. Y expulsado el demonio, habló el mudo" (San Mateo 9, 32-35). Miniatura de la Biblia de Winchester, del siglo XII.

"Jesús le dijo: 'Ve, tu fe te ha salvado.' Y al instante recobró la vista, y lo seguía, glorificando al Todopoderoso" (San Lucas 18, 42-43). Detalle de un retablo de Duccio di Buoninsegna, artista italiano de los siglos XIII-XIV.

"Tomó los cinco panes y los dos peces, y levantando los ojos al cielo, los bendijo, los partió y los dio a los discípulos para que los fueran sirviendo a la gente. Comieron todos hasta saciarse, y se recogieron doce canastos de trozos que habían sobrado" (San Lucas 9, 16-17). Mosaico de Estambul, Turquía, del siglo XIV.

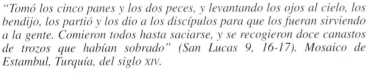

"Les dijo Jesús: 'Llenad de agua las tinajas...' Cuando el maestresala probó el agua convertida en vino... dijo: 'Todo el mundo sirve primero el vino bueno... pero tú has guardado el vino bueno hasta ahora'" (San Juan 2, 7-10). Placa de marfil del trono bizantino del arzobispo Maximiano, que data del siglo VI.

257

"Salió y, según su costumbre, fue al monte de los Olivos; los discípulos lo siguieron... Se apartó de ellos, como a un tiro de piedra; de rodillas, oraba: 'Padre, si quieres, aparta de mí este cáliz; pero no sea mi voluntad sino la tuya'" (San Lucas 22, 39-44). Miniatura de un libro de oraciones francés, de fines del siglo XV.

"Trajeron el asno a Jesús, y echando encima sus vestidos, montó en él. Muchos extendieron sus mantos por el camino; otros, forraje cortado de los campos... Gritaban: '¡Hosanna! ¡Bendito el que viene en nombre del Señor!'" (San Marcos 11, 7-9). Icono ruso.

"Mientras estaban comiendo, tomó Jesús pan y, habiendo dicho la bendición, lo partió y, dándoselo a sus discípulos, dijo: 'Tomad, comed; este es mi cuerpo.' Tomó luego un cáliz y, dando gracias, se lo dio diciendo: 'Bebed de él todos, pues esta es mi sangre de la Alianza, que será derramada por muchos para el perdón de los pecados'" (San Mateo 26, 26-28). La Última Cena, *del inglés William Blake (1757-1827).*

"Lo crucificaron y se repartieron sus vestidos, echando suertes para ver qué se llevaba cada uno" (San Marcos 15, 24). El desvestimiento de Cristo, *de El Greco (1541-1614).*

"Todavía estaba hablando, cuando se presentó un grupo; el llamado Judas, uno de los Doce, iba a la cabeza. Se acercó a Jesús para besarlo, pero Jesús le dijo: 'Judas, ¿con un beso entregas al Hijo del hombre?'" (San Lucas 22, 47-48). *Fresco del pintor italiano Giotto, de los siglos XIII-XIV.*

"La oscuridad cayó sobre toda la tierra... y el velo del Santuario se rasgó en dos. Jesús, dando un fuerte grito, dijo: 'Padre, en tus manos pongo mi espíritu' y, dicho esto, expiró" (San Lucas 23, 44-46). Crucifijo africano de marfil, del siglo XIX.

"José compró una sábana de lino; lo descolgó de la cruz, lo envolvió en la sábana y lo puso en una tumba que estaba excavada en la roca" (San Marcos 15, 46). Sagrario hecho en Limoges, Francia (siglo XIII); muestra el descendimiento de la cruz y algunas escenas posteriores a la Resurrección.

" 'No os asustéis. Buscáis a Jesús de Nazaret, el crucificado. Resucitó, no está aquí; ved el lugar donde lo pusieron' " (San Marcos 16, 6). Miniatura de un misal alemán del siglo XIV.

"Los llevó hasta cerca de Betania, y alzando sus manos, los bendijo. Mientras los bendecía, se separó de ellos y fue llevado al cielo" (San Lucas 24, 50-51). La Ascensión, de Rembrandt (1606-1669).

"Cuando se sentó a la mesa con ellos, tomó el pan, pronunció la bendición, lo partió y lo dio. Entonces se les abrieron los ojos y lo reconocieron, pero él desapareció de su lado" (San Lucas 24, 30-51). La Cena de Emaús, de Diego Velázquez (1599-1660).

261

Capítulo 10   Difusión del evangelio

Los seguidores de Jesús difundieron su mensaje, primero a otros judíos y luego a los gentiles; Pablo fundó comunidades cristianas en todo el Imperio Romano. A pesar de las represiones y las persecuciones, la Iglesia creció. Entre sus conversos llegó a contarse Constantino el Grande, primer emperador cristiano.

S ujetos a juicio ante el Sanedrín, tribunal supremo de la ley judía, se hallaban doce hombres: once de los apóstoles de Jesús, y Matías, escogido para reemplazar a Judas Iscariote. Se les acusaba de desobedecer las órdenes expresas del Sanedrín, que había prohibido predicar el mensaje de la vida, la muerte y sobre todo la resurrección de Jesús. La historia de este juicio se narra en los Hechos de los Apóstoles (5, 27-42). "Os hemos prohibido severamente enseñar en ese nombre", dijo Caifás, sumo sacerdote, "pero vosotros habéis llenado Jerusalén con vuestra doctrina y queréis hacer recaer sobre nosotros la sangre de ese hombre". "Hay que obedecer a Dios antes que a los hombres", replicó Pedro en representación de su grupo. Esta afirmación implicaba un conocimiento privilegiado de la voluntad divina; era una afrenta a la autoridad del Sanedrín, encargado de defender los preceptos de Dios, y de paso era una afrenta a la ley, eje de la religión y las costumbres judías. La explicación que dio Pedro no mitigó el agravio: con creciente indignación, los miembros del Sanedrín lo oyeron decir que los doce hombres, junto con el Espíritu Santo

Un día, cuando los apóstoles Pedro y Juan iban al Templo a orar, vieron a un tullido de nacimiento: Pedro lo curó. La noticia del milagro atrajo a una multitud que se apiñó en el Pórtico de Salomón, y entonces Pedro les predicó. Les habló de la resurrección de Jesús, diciendo que cumplía lo que habían anunciado los profetas antiguos, "desde Samuel y sus sucesores". Los dos apóstoles fueron arrestados; el Sanedrín les prohibió predicar en el nombre de Jesús.

"que Dios ha dado a los que lo obedecen", eran testigos de que Dios había exaltado a Jesús "con su diestra como Jefe y Salvador".

El Espíritu Santo y el juicio

La mención del Espíritu Santo no podía desconcertar a los miembros del Sanedrín, pues sabían que había llenado a los profetas desde tiempo inmemorial; pero cuando los apóstoles afirmaron que el Espíritu Santo les hablaba, el Sanedrín se encolerizó. Estos doce hombres no sólo se referían a un delincuente ejecutado como si hubiera sido un excepcional gestor de la voluntad de Dios sino que, además, insinuaban que los miembros del Sanedrín, faltos del Espíritu Santo, estaban desobedeciendo a Dios. Duramente se les habría castigado si no hubiese tomado la palabra Gamaliel, un fariseo erudito.

Gamaliel era el sabio y maestro más respetado en aquel tiempo; según la tradición posterior, era nieto de otro venerado maestro, Hilel, y su opinión tenía mucho peso. Ordenó que los Doce salieran del recinto y después habló a la asamblea, según se narra en el libro de los Hechos (5, 35-39).

"Israelitas", amonestó, "mirad bien lo que vais a hacer con estos hombres". Prosiguió mencionando a otros líderes populares que habían logrado reunir a una gran cantidad de seguidores pero que después de su muerte habían caído en el olvido. "Así pues, os digo: no os preocupéis por estos hombres; dejadlos en paz. Porque si esta idea o esta obra es de los hombres, fracasará; pero si es de Dios, no conseguiréis destruirlos. ¡No sea que os encontréis luchando contra Dios!"

Los Doce sólo fueron azotados, conminados a no volver a hablar en nombre de Jesús y más tarde fueron puestos en libertad. Pero, según se narra en los Hechos (5, 42), "no cesaban de enseñar y de anunciar la Buena Nueva de Cristo Jesús cada día en el Templo y en las casas".

Un Pentecostés especial

Los Hechos dejan en claro que las confrontaciones como la anterior tenían que ser inevitables desde el momento en que los Doce se convirtieron en emisarios y testigos de Jesús, lo cual había ocurrido en Jerusalén durante el Shavuot (el nombre griego de Shavuot es Pentecostés), 50 días después de la cena pascual que precedió al juicio y crucifixión de Jesús.

A partir de la Última Cena, los miembros del grupo habían estado desolados por la muerte de su maestro; luego habían recobrado la esperanza tras la resurrección y habían quedado asombrados ante la ascensión, descrita en los Hechos (1, 9-11). Obedientes a lo que Jesús les ordenó, habían permanecido en Jerusalén esperando al Espíritu Santo que él les prometió.

Diez días después de la ascensión se habían reunido para celebrar la fiesta de Pentecostés conforme a la antigua ley. Como en otras festividades importantes, en Pentecostés acudían a Jerusalén miles de peregrinos de todas partes.

Los Hechos de los Apóstoles

En los Hechos de los Apóstoles, continuación del evangelio según San Lucas, se narra cómo se difundió la fe cristiana desde Jerusalén hasta Roma, capital del Imperio. El libro fue escrito muy probablemente a fines del siglo I d.C., quizá 50 o 60 años después de ocurridos los primeros sucesos que relata. No pretende ser una crónica exhaustiva sino más bien un testimonio, dirigido a la naciente Iglesia, acerca de los memorables acontecimientos ocurridos durante los primeros años de la cristiandad, que tuvieron la mayor importancia para su crecimiento. El libro es una sucesión de episodios muy vívidos, pletóricos de humanos detalles que lo vuelven ameno y sugerente. Pero resulta incompleto en ciertos aspectos, que nos ayudarían a tender un puente sobre el tiempo para captar íntegramente los trascendentales sucesos a los que se refiere.

Eran días de alegría pues marcaban el final de la cosecha del trigo de primavera, lo cual se celebraba con pan fresco, preparado con levadura y trigo recién cosechado, y con vino que corría en abundancia.

Lo más probable es que los apóstoles estuvieran preparándose para la fiesta cuando aconteció un suceso que habría de dar un significado completamente nuevo a la palabra Pentecostés, para todos los siglos por venir.

En el segundo capítulo de los Hechos se relata que un ruido "como el de una ráfaga de viento impetuoso" llenó toda la casa donde se hallaban. Debió de ser un sonido impresionante, pues la gente se apresuró a congregarse. Sobre los apóstoles se posaron "unas lenguas como de fuego", quedaron todos "llenos del Espíritu Santo y se pusieron a hablar en otras lenguas", dejando atónito al gentío que se había congregado. Lo más pasmoso era que cuantos los oían hablar, aunque provenían de "todas las naciones que hay bajo el cielo", entendían sus palabras como si las dijeran en su lengua nativa. Parecía como si la maldición de Babel se hubiera anulado por un momento, en bien del mensaje que estos hombres proclamaban.

Con el nombre de Gamaliel se conoce a varios guías del judaísmo. Gamaliel II (abajo), nieto del que defendió a los apóstoles ante el Sanedrín, se esforzó por preservar la nación judía y la Torá tras la destrucción de Jerusalén. Su bisnieto, Gamaliel III, quizá fue enterrado en la tumba que arriba se muestra, al noreste de Cesarea.

Pedro se puso a la altura de las milagrosas circunstancias y habló a la multitud diciendo que todos eran testigos del cumplimiento de las profecías del libro de Joel, según las cuales Dios derramaría su Espíritu "sobre toda carne" entre señales y prodigios; además, proclamó que Jesús, el crucificado, era el Cristo. Las exhortaciones de Pedro, precedidas de lo que sólo podía ser considerado como una señal y un prodigio, provocaron una respuesta multitudinaria que desembocó en el bautismo de unas 3.000 personas en ese día, dispuestas todas a entregarse de lleno a la doctrina y la confraternidad de los apóstoles.

Desde entonces, los Doce predicaron incansablemente a los que estuvieran dispuestos a escucharlos en la atestada ciudad; sus palabras quedaban subrayadas por más señales y prodigios, como la curación milagrosa que Pedro hizo a un limosnero tullido, en la Puerta Hermosa del Templo (Hechos 3). Este acontecimiento atrajo a una muchedumbre que, abriéndose paso por el enorme Pórtico de Salomón, al este del Atrio de los Gentiles, acudió a escuchar la predicación de Pedro. Los guardias del Templo lo arrestaron junto con su compañero, el apóstol Juan, pero no pudieron impedir que otros miles de judíos creyeran en Jesús como el Mesías.

Al día siguiente, ambos apóstoles —"hombres sin instrucción ni cultura"— comparecieron ante el augusto Sanedrín por vez primera y fueron conminados a no

hablar ni enseñar en nombre de Jesús. Aunque ellos se negaron a obedecer, el Sanedrín, temeroso de la reacción de la gente, que "alababa a Dios por lo que había ocurrido", los dejó libres. Pero la doctrina, las señales milagrosas y las conversiones proseguían a pesar de los arrestos, inclusive aquel que culminó con el juicio de los Doce ante el Sanedrín. La doctrina habría de continuar hasta que el evangelio —la Buena Nueva— se difundiera por toda Palestina, el Imperio Romano y, con el tiempo, el mundo entero.

Semillas de cristianismo

Al principio los apóstoles y su creciente grupo eran sólo una de tantas sectas judías que florecieron durante el siglo I. Los distinguía el hecho de enseñar en nombre de Jesús. No se llamaban cristianos (esta denominación aparecería años más tarde) sino sencillamente seguidores del "camino". Sus actividades estaban concentradas en Jerusalén, donde seguían ofreciendo sacrificios en el Templo y observando las leyes del judaísmo.

Pero diferían notablemente de otras sectas por un hecho importante: creían que con la resurrección de Jesús se había iniciado una nueva era, la cual daría cumplimiento a todas las esperanzas de Israel. Esperaban de un momento a otro el regreso de Jesús, lo que anunciaría la llegada del reino de los cielos. Su

Para el desarrollo inicial del cristianismo tuvo gran importancia la convicción de que Jesús, por su muerte y resurrección, había consumado la alianza que Dios hizo con Abraham y con ello había transformado la ley, abriendo la fe de Israel a toda la humanidad. Tal convicción está plasmada en este sarcófago del siglo IV (arriba): Jesús, al centro, da a Pedro un rollo de la ley mientras mira a Pablo.

Según la tradición, en Heptapegón ("siete fuentes"), junto al Mar de Galilea, Jesús le dio a Pedro la responsabilidad del mundo, cuando habló a los apóstoles por tercera vez después de su resurrección. Los escalones que se ven en la foto de la derecha tal vez fueron excavados en siglos posteriores. Se encuentran próximos los sitios donde, de acuerdo con la tradición, tuvieron lugar el milagro de los panes y los peces y el Sermón de la Montaña.

vivencia en común del Espíritu Santo era para ellos un signo indiscutible de que ya se había iniciado la transformación del mundo; era un don que había que compartir con todos, y sentían la urgente necesidad de compartirlo mientras aún era tiempo.

Estos primeros creyentes formaron una comunidad de intenso apoyo mutuo; vendían sus pertenencias y, para su sustento, hacían uso común de lo que al venderlas percibían, en tanto que sus líderes se dedicaban en cuerpo y alma a predicar el "camino". Sus comidas, en memoria de la Última Cena que Jesús compartió con los apóstoles, eran el eje de sus vidas; el partir el pan juntos diariamente, acompañado de relatos acerca de su Señor ausente y a la vez siempre presente, era quizá (junto con el bautismo de nuevos seguidores) el único rito que los caracterizaba; aunque en la forma, ya que no en el contenido, ambos ritos tenían un precedente en los esenios y otras sectas judías.

Entre los seguidores del "camino" había muchos oriundos de Galilea y Judea, cuya lengua principal era el arameo, como en el caso de los propios apóstoles; pero también había muchos judíos helenizados, que hablaban griego y cuyas raíces estaban en las regiones de la diáspora. Estos judíos helenistas llegarían a tener enorme importancia en el desarrollo y la expansión de la cristiandad; para algunos de ellos, el viaje a Jerusalén para celebrar Pentecostés en aquella determinante primavera transformó sus vidas de manera indeleble. Unos habían llegado de Cesarea, Sebaste y Ascalón, ciudades palestinas cosmopolitas; otros habían llegado de ultramar, de la diáspora. Unos permanecieron en Jerusalén, y otros regresaron a sus hogares llevando consigo el mensaje de Jesús.

La identidad judía en la diáspora

Lo que diferenciaba a los judíos helenistas, de habla griega, de los judíos autóctonos, de habla aramea, era algo más que una cuestión de lenguajes. Los helenistas eran herederos de una añeja tradición de alejamiento del suelo de Israel y Judea y de los ritos y sacrificios del Templo. A través de los siglos y desde el exilio de Babilonia, sus antepasados habían tenido que luchar por mantener su identidad como judíos y por sostenerse firmes en el cumplimiento de la antigua ley aun cuando hubieran echado raíces en lejanas ciudades. Faltos del foco de actividad que era el Templo, habían centrado su vida en las sinagogas, que les servían como lugares de culto, enseñanza, impartición de justicia e intercambio social e intelectual.

Cada comunidad de la diáspora había recibido hasta cierto punto la influencia de la cultura que la rodeaba y, además, todas habían sido influidas por la generalizada corriente de cultura griega que se extendía abarcando el Mediterráneo y el Medio Oriente. Sin embargo, en las sinagogas los judíos habían detectado y sopesado estas influencias y procuraban asimilarlas en concordancia con su propia ley y según su propia identidad ancestral.

Era inevitable que, entre las diversas congregaciones y aun dentro de cada una, hubiesen surgido conflictos que a menudo se referían a cuál debía ser el papel de los judíos en la sociedad pagana. La ley no esclarecía este problema, puesto que era una ley destinada a los judíos llamados a establecerse en un territorio propio. Ante esa laguna, a través de muchos siglos se habían propuesto diversas interpretaciones que tendían a reconciliar la letra de la ley con las situaciones reales a las que se enfrentaba la gente en su vida diaria. Tales interpretaciones tenían muchos matices, pero en general se reducían a dos puntos de vista opuestos.

Por una parte, según parece, había quienes consideraban que la diáspora era, dicho con palabras de Isaías, "una luz para las naciones", que proclamaba a todo el mundo el mensaje de justicia y rectitud dado por el Dios único. Estos ju-

Las ruinas que se han excavado cerca de Bova Marina, comunidad rural del extremo sur de la Península Itálica, pueden pertenecer a la sinagoga más antigua que se ha encontrado en Europa. Las capas superiores del sitio fueron descubiertas accidentalmente, al construir una carretera en 1983; corresponden a una sinagoga del siglo IV, pero debajo hay otras estructuras mucho más antiguas. Para mantener viva su fe, los judíos de la diáspora erigían sinagogas en los lugares adonde emigraban.

díos se esforzaban por cumplir la ley en sus vidas cotidianas y, a la vez, procuraban reducir al mínimo aquellos aspectos del judaísmo que los separaban de otros pueblos; hacían hincapié en todo aquello que vinculara su propia religión y su modo de vida con los mejores aspectos de la cultura y la filosofía helenísticas.

Había judíos que, por la estima a su propia herencia, intentaban mantenerse al margen de las amenazantes culturas que los rodeaban. Cultivaban su peculiar modo de vida y sentían verdadera veneración por el Templo, pues era el símbolo de esa herencia, es decir, la ley divina que los separaba del resto del mundo.

Mientras tanto, Jerusalén seguía siendo el centro de la vida judía, el lugar donde la influencia extranjera, aunque fuera impuesta por los conquistadores, seguía siendo esencialmente ajena y repudiable. Todos los debates de la diáspora habían encontrado un fuerte eco en Jerusalén; sin embargo, en Judea la cercanía física a las raíces de la tradición hacía mucho más tolerables las tensiones que dichos debates provocaban. Para los judíos autóctonos, el Templo no era un sueño lejano ni un símbolo idealizado, sino una realidad muy presente en sus vidas: el ancla de su fe.

Antagonismos religiosos en Jerusalén

Sin embargo, en la época de Jesús, con el sentido del orden que el Imperio Romano había impuesto, eran ya mucho más fáciles y rápidas que antes las comunicaciones entre los judíos de la diáspora; muchos helenistas podían regresar a la patria de sus antepasados. En el denso ambiente religioso de Jerusalén, era muy común que se produjeran fuertes confrontaciones por asuntos que anteriormente habían sido motivo de discusión sólo entre comunidades muy dispersas.

Muy apegados a sus propias tradiciones, los judíos helenistas organizaron sinagogas que tenían el sello de sus orígenes. Los Hechos (6, 9) alude a "la sinagoga de los Libertos [probablemente eran en su mayoría antiguos esclavos judíos que habían regresado a Palestina]... y las de los cirenenses, alejandrinos y otros de Cilicia y Asia". En estas sinagogas cobraron nuevo ímpetu las viejas discusiones que a veces habían dividido a los judíos de la diáspora.

El Nuevo Testamento permite atisbar algunas de esas discusiones, sobre todo las que se produjeron acerca de la proclamación de Jesús como Mesías. Era obvio que la naturaleza de la ley, la importancia del Templo y, de hecho, el fundamento mismo del judaísmo, estaban en tela de juicio.

Para algunos helenistas, el valor simbólico del Templo quedaba fuera de cualquier discusión. Todo lo que pudiera amenazar o denigrar a este centro de la presencia de Dios en el mundo podría conducir a la destrucción de la ley y acarrear la venganza divina. Pero frente a estos judíos tradicionalistas se hallaban quienes creían que la esencia vital de la ley era mucho más personal, y a la vez más universal, que lo que representaban los ritos del Templo. Algunos inclusi-

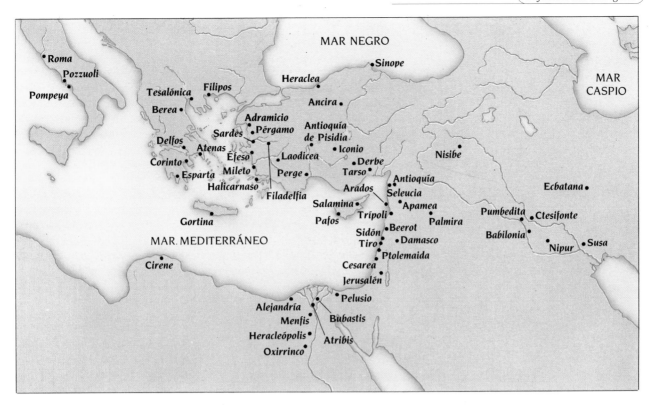

MAR NEGRO

MAR CASPIO

MAR. MEDITERRÁNEO

Roma
Pozzuoli
Pompeya
Tesalónica
Filipos
Berea
Heraclea
Sinope
Ancira
Adramicio
Sardes
Pérgamo
Antioquía de Pisidia
Delfos
Atenas
Éfeso
Iconio
Derbe
Nisibe
Corinto
Esparta
Mileto
Laodicea
Perge
Tarso
Ecbatana
Halicarnaso
Filadelfia
Arados
Antioquía
Salamina
Seleucia
Pumbedita
Ctesifonte
Pafos
Trípoli
Apamea
Palmira
Babilonia
Sidón
Beerot
Damasco
Nipur
Susa
Tiro
Ptolemaida
Cesarea
Jerusalén
Pelusio
Cirene
Gortina
Alejandría
Menfis
Bubastis
Heracleópolis
Atribis
Oxirrinco

Aunque la cultura y la religión judías tenían su centro en Jerusalén, las comunidades de la diáspora se hallaban dispersas por toda la parte oriental del Imperio Romano, como se aprecia en el mapa. A través de los siglos estas comunidades tuvieron que hacer frente a los problemas que implicaba el vivir conforme a la ley judía dentro de sociedades gentiles.

ve consideraban que los viejos ritos de sacrificio ya no tenían sentido; muchos estaban convencidos de que el Dios que había dado la ley antigua era un Dios universal cuya presencia no podía de ningún modo circunscribirse al Templo y cuyas leyes eran las leyes mismas de la naturaleza.

Entre los judíos helenistas, fue quizá escaso el efecto de Jesús en vida, pero el mensaje de su muerte y resurrección y la asombrosa proclamación del perdón de los pecados que en su nombre se hizo tuvieron un rápido arraigo.

Sin duda, entre los seguidores del "camino", fueron los helenistas quienes captaron con mayor radicalidad el sentido de esta proclamación del perdón. Si ésta era una verdad, ya no tenían sentido el Templo, los sacrificios ni el solemne rito del Día de la Expiación. La visitación del Espíritu Santo les hizo patente que el sentido mismo de la ley se había transformado. Que esta transformación fuese una amenaza terrible o una gloriosa promesa, era algo que dependía por entero del punto de vista de cada cual.

Esteban, primer mártir cristiano

Esteban era uno de los siete discípulos de la nueva secta que habían sido elegidos para atender a la comunidad helenística a raíz de las tensiones surgidas entre dicha comunidad, de habla griega, y la de los judíos de habla aramea. Estos siete discípulos tenían nombres griegos (Esteban significa "corona"). Con ciertos miembros de las sinagogas helenísticas Esteban polemizó y entró en conflicto abierto con muchos judíos tradicionalistas que temían la pérdida del Templo y de la ley.

La intensidad de esos temores se puso de manifiesto en la severa reacción desencadenada contra Esteban. Los tradicionalistas instigaron contra él una campaña de difamación con objeto de excitar la opinión pública, luego lo acusaron de blasfemia y de hablar en contra del Templo y de la ley y finalmente lo denunciaron al Sanedrín.

El discurso de Esteban ante el Sanedrín, según se narra en el libro de los Hechos (7, 2-56), comenzó con un resumen de los orígenes de la ley y de la alianza de Dios con los judíos, pero pronto se tornó radical. Al construir el Templo, aseveró Esteban, Salomón no había servido a Dios, pues "el Altísimo no habita en casas hechas por la mano del hombre". Luego atacó a sus jueces directamente: "¡Duros de cerviz!", les dijo, "¡incircuncisos de corazón y de oídos! ¡Vosotros siempre resistís al Espíritu Santo! ¡Como fueron vuestros padres, así sois vosotros! ¿A qué profeta no persiguieron vuestros padres? Ellos mataron a los que anunciaban de antemano la venida del Justo, de aquel a quien vosotros ahora habéis traicionado y asesinado; vosotros que recibisteis la ley por mediación de ángeles y no la habéis guardado". La crítica de Esteban fue demasiado lacerante; no podía sino provocar una dura respuesta.

"Estoy viendo los cielos abiertos y al Hijo del hombre que está de pie a la diestra de Dios", prosiguió Esteban, y podría haber dicho más todavía, pero sus oyentes "gritaron fuertemente, se taparon los oídos y se precipitaron sobre él". Esteban murió lapidado. La lapidación era una antigua manera de ejecutar a un reo, pero en el caso de Esteban fue, más que resultado de una sentencia, un mero acto de rabia.

Saulo, el perseguidor

Según narran los Hechos, el martirio de Esteban desencadenó una "gran persecución" contra los helenistas adeptos del "camino" en Jerusalén; éstos huyeron de la ciudad. Sin embargo, no huyeron los apóstoles, y la comunidad de habla aramea siguió floreciendo. Uno de los más activos perseguidores era Saulo, judío helenista que, según los Hechos, había presenciado con aprobación la muerte de Esteban.

Había nacido en Tarso, capital de Cilicia (a unos 15 kilómetros de la costa sureste de lo que hoy es Turquía), y en su juventud había ido a Jerusalén para estudiar con el célebre Gamaliel. Hablaba tanto el griego como el arameo y había heredado de su padre la ciudadanía romana.

El propio Saulo escribió posteriormente (Gálatas 1, 14): "Sobrepasaba yo en el judaísmo a muchos de mis compatriotas contemporáneos, y también los superaba en el celo por las tradiciones de mis padres." Cuando sintió que estas tradiciones estaban amenazadas por otros judíos helenistas, tales como Esteban, creyó que su obligación era tratar de detenerlos a toda costa.

La furia de Saulo y otros perseguidores tuvo un efecto imprevisto: la doctrina del "camino" se difundió por doquiera que los perseguidos iban huyendo. Los Hechos (8, 5-13) refieren que Felipe, uno de los siete helenistas elegidos y compañero de Esteban, predicó y se ganó adeptos en Samaria, pero otros seguramente predicaron en otras regiones, puesto que se formaron comunidades de adeptos entre los judíos de Roma, Antioquía, Alejandría, Damasco y muchas otras ciudades de la diáspora.

La conversión de Saulo

Uno de los más emocionantes sucesos narrados en los Hechos, que habría de llegar a ser un factor decisivo para el avance del cristianismo fuera del ámbito judío, fue la revelación que Saulo tuvo al viajar a Damasco, al norte de Jerusalén. Poco antes de llegar a Damasco (Hechos 9), una importante ciudad de Siria adonde iba con el propósito de erradicar de las sinagogas a los adeptos del "camino", una ráfaga de luz lo tiró al suelo y lo cegó. Escuchó una voz que decía; "Saulo, Saulo, ¿por qué me persigues?"

—¿Quién eres, Señor?—, preguntó el derribado.
—Yo soy Jesús, a quien tú persigues—, dijo la voz; —pero levántate, entra en la ciudad y se te dirá lo que debes hacer.

Saulo dejó que sus hombres lo llevaran hasta Damasco, donde pasó tres días en una especie de estupor. Luego un adepto del "camino" llamado Ananías le devolvió la vista y entonces "cayeron de sus ojos unas como escamas". Saulo el perseguidor fue bautizado y comenzó de inmediato una nueva vida: la del hombre que conocemos como Pablo apóstol.

Había sufrido un total trastrueque en la intención, mas no en el carácter. En su posterior descripción de lo que le sucedió hablaría de su revelación como los viejos profetas habían hablado de su propia vocación, llamándose a sí mismo "apóstol de Cristo Jesús por voluntad de Dios". No había perdido nada de su irrestricto deseo de servir a Dios, pero su idea de lo que ello significaba había cambiado por completo. En vez de tender a preservar la exclusividad de las tradiciones de las que tan devoto había sido, a partir de entonces y por el resto de su vida buscaría salir de su círculo y aglutinar a toda la humanidad, a judíos y a gentiles por igual, en una sola comunidad de creyentes. Nunca volvió atrás la mirada, nunca echó de menos lo que había sido ni dudó de lo que había llegado a ser; se entregó por completo a la misión de difundir la nueva fe con el mismo ferviente celo con que antes había tratado de suprimirla.

Saulo predicó en las sinagogas de Damasco y proclamó que Jesús era el hijo de Dios. Muchos de sus oyentes, que habían esperado escuchar precisamente lo opuesto de lo que decía, quedaron atónitos e indignados. Saulo tuvo que huir para salvar la vida.

Los Hechos (9, 26) narran que fue a Jerusalén para unirse a los apóstoles y que éstos recelaron de él, pero según sus propias palabras en la Epístola a los Gálatas, tras de su revelación pasó tres años en Arabia (reino de los nabateos, al sur del Mar Muerto) y luego regresó a Damasco antes de ir a Jerusalén, donde estuvo poco tiempo y vio sólo a los apóstoles Pedro y Santiago. Sea como fuere, pronto regresó a su natal Cilicia navegando de Cesarea a Tarso, para proseguir la obra a la que consagró el resto de su vida.

La visión de Pedro

Los apóstoles siguieron predicando por toda Judea, Galilea y Samaria. Solamente se dirigían a otros judíos y no llamaban la atención de las autoridades romanas, las cuales tomaban nota de las sectas judías únicamente cuando les ocasionaban problemas.

Pero en las ciudades cercanas a la costa del Mediterráneo, los apóstoles empezaron a encontrar gentiles interesados en la nueva doctrina. El capítulo 10 de los Hechos da mucha importancia a uno de estos casos. Estando en Joppe, en casa de un curtidor llamado Simón, Pedro tuvo una visión: del cielo bajaba una "cosa similar a un gran lienzo" dentro del cual había toda clase de cuadrúpedos, pájaros y reptiles. Una voz le ordenó comer, pero él se resistía diciendo que nunca había comido "nada profano e impuro", es decir, nada que prohibiera la ley judía.

"Lo que Dios ha purificado no lo llames tú profano", replicó la voz, diciéndolo no una ni dos sino hasta tres veces, después de lo cual el lienzo fue elevado al cielo.

Mientras Pedro reflexionaba acerca del significado de su visión, llegaron tres hombres diciéndole que los había enviado Cornelio, centurión romano que vivía en Cesarea, a unos 55 kilómetros al norte, para que lo llevaran ante él. Aunque Cornelio era un gentil, Pedro fue a verlo, pues "... no lo llames tú profano", había dicho la voz.

Cornelio era uno de los numerosos gentiles que los Hechos denominan "temerosos de Dios", es decir, gente que, sin haberse convertido al judaísmo, se

sentía atraída por el monoteísmo, el rigor ético y la piedad religiosa, No se circuncidaban ni observaban las normas alimentarias judías, pero iban a las sinagogas a orar y ayudaban a los pobres, como los judíos.

Cornelio había reunido a un grupo de amigos que compartían tales inquietudes y pidió a Pedro que les dijera "todo lo que te ha sido ordenado por el Señor". Pedro narró la historia de Jesús y concluyó diciendo que "todo el que cree en él alcanza, por su nombre, el perdón de los pecados". Mientras Pedro hablaba, relatan los Hechos (10, 44), "el Espíritu Santo cayó sobre todos los que escuchaban la Palabra". Todos los presentes empezaron a hablar en lenguas (es decir, en un lenguaje extático, a veces incomprensible), tal como anteriormente les había ocurrido a Pedro y los demás apóstoles, y éste bautizó a todos aquellos gentiles.

Después de pasar algunos días en casa de Cornelio, Pedro regresó a Jerusalén; le llovieron las críticas por haber estado en casa de un gentil. Relató su visión, explicó cómo el grupo había recibido el Espíritu Santo y, "si Dios les ha concedido el mismo don que a nosotros, por haber creído en el Señor Jesucristo", concluyó, "¿quién era yo para poner obstáculos a Dios?" Aquél fue un gran paso hacia la apertura de la nueva fe al mundo entero.

Según los Hechos (9, 23-25), los enemigos de Saulo se confabularon en Damasco para matarlo y "vigilaban las puertas" para evitar que escapara. Pero sus discípulos lo descolgaron dentro de un canasto, como se representa en este mosaico del siglo XII (abajo). La Ventana de San Pablo (arriba) es el sitio donde, según la tradición, sucedió este acontecimiento.

Los primeros cristianos

Aunque la mayoría de los seguidores del "camino" continuaban predicando sólo a los judíos, a Jerusalén llegó la noticia de que en Antioquía, capital de Siria, se habían convertido muchos gentiles. Un judío chipriota llamado José Bernabé fue enviado de Jerusalén a Antioquía para confirmar el rumor; le agradó lo que allí vio, de tal suerte que recibió en aquella comunidad de creyentes a mucha gente más. Él y Saulo, a quien buscó en Tarso para llevarlo a Antioquía, permanecieron un año en esta ciudad, enseñando a los nuevos creyentes y dando forma al creciente movimiento misionero.

Según los Hechos (11, 26), fue en Antioquía donde los adeptos del "camino" se llamaron cristianos por primera vez (el término se derivaba de *jristos*, que en griego significa "el ungido", equivalente al hebreo *mashía*). Pudo haberse tratado de un apodo, ya que la unción, tan venerada por los judíos, no tenía sentido espiritual para los gentiles de habla griega ni para los romanos. Además, como la terminación de la palabra *cristiano* es de origen latino, algunos expertos creen que los primeros en usarla pudieron haber sido los guardias romanos, para identificar a los miembros del nuevo movimiento.

Roma y la religión

El Imperio Romano comenzaba a perder algo del ímpetu que lo había caracterizado antes. Las regiones del Mediterráneo, reorganizadas desde hacía mucho conforme a criterios romanos, presentaban problemas de administración y orden pero ningún peligro real y muy escasas oportunidades para la conquista. La defensa de los territorios periféricos casi no tenía repercusiones en la capital. El emperador Tiberio había pasado casi toda su última década de vida en un retiro, dejando que sus funcionarios administraran el Imperio; murió en el año 37 y lo sucedió su sobrino nieto, Gayo, hoy mejor conocido por su apodo de infancia: Calígula.

Al principio, el reinado de Calígula parecía prometedor. Él era un hombre joven, enérgico, popular y dinámico; pero resultó ser también un loco, arbitrario y caprichosamente cruel, obsesionado por la idea de ser un dios viviente. Heredero de Julio César y de Augusto, los deificó y luego declaró que él mismo era inmortal; exigió que se le rindiera culto por encima de todos los dioses del Imperio. Corto fue su reinado, pero los resultados de esta exigencia tuvieron repercusiones duraderas.

La política de tolerancia ejercida por Roma había contribuido a promover la paz en sus provincias y territorios (ver capítulo 8), pero la actitud de Calígula encendió en Judea un áspero resentimiento que se prolongó inclusive después de que el emperador fuese asesinado por sus guardias en el año 41.

Había mandado erigir en el Templo de Jerusalén una dorada estatua de sí mismo. El gobernador de Siria le pidió que revocara aquella orden, dada la feroz resistencia de los judíos, pero Calígula contraatacó exigiéndole al gobernador que se suicidara. El asesinato del caprichoso emperador evitó la erección de la estatua y el inminente suicidio del gobernador, pero Judea quedó muy cerca de un estado de violencia y abierta rebelión.

Otro Herodes

Una de las órdenes de Calígula habría de afectar el futuro del judaísmo y propiciar de modo imprevisto la rápida difusión del cristianismo. Tal orden fue el nombramiento de Herodes Agripa I como rey de los territorios que su fallecido tío, Herodes Filipo, había gobernado siendo tetrarca; esto ocurrió en el año 37. Dos años después, Calígula le dio a Herodes Agripa los territorios de Galilea y Perea, que le quitó a Herodes Antipas, también tío de su amigo.

Herodes Agripa se encontraba de visita en Roma cuando Calígula fue asesinado; ayudó al envejecido Claudio a ascender al trono imperial, y este acto de lealtad le valió que Claudio lo nombrara rey de Judea y Samaria, con lo cual obtuvo el dominio sobre casi todos los territorios que su abuelo, Herodes el Grande, había gobernado.

Educado en Roma pero consciente de su herencia judía, Herodes Agripa favoreció a los fariseos, apoyo que creció conforme aumentaba su poder. Esta actitud, quizá inspirada tanto por un sueño de grandeza nacional judía como por una convicción religiosa, lo situó en un plano opuesto a las sectas que los fariseos consideraban radicales.

Herodes Agripa pronto inició una persecución contra los seguidores del "camino", probablemente porque los veía como una amenaza para sus ambiciones de nacionalismo judío. Santiago el hijo de Zebedeo fue decapitado, y Pedro fue encarcelado; los Hechos (12, 7-11) relatan cómo "un ángel del Señor" se le apareció y lo sacó de prisión. Pedro se escondió durante un tiempo, y el liderazgo de la comunidad de creyentes de Jerusalén recayó en otro Santiago, al que Pablo llama "hermano del Señor" y cuya lealtad a Israel y a la observancia de la ley mosaica contribuyó en gran medida a mantener la paz entre los adeptos del "camino" y la sociedad judía en que vivían.

Herodes Agripa murió en Cesarea el año 44, mientras presidía un festival deportivo; los espectadores habían estado aclamándolo como si fuera un dios y, súbitamente, le sobrevino un intenso dolor: lo había herido el Señor, dicen los Hechos, "porque no había dado la gloria a Dios".

Vuelve el régimen romano

Roma tomó nuevamente las riendas de Palestina. Cuspio Fado, procurador que sustituyó al rey Herodes Agripa, fue el primero de una serie de gobernantes que no tenían el menor interés ni la menor sensibilidad hacia las preocupaciones del pueblo judío. Por ejemplo, trató de poner bajo su custodia las vestiduras ceremoniales del sumo sacerdote (habían quedado bajo custodia judía desde los comienzos del régimen de Calígula, por primera vez desde que 70 años antes Herodes el Grande las confiscara), pero Claudio se opuso. Una vez más, los romanos tomaban una iniciativa que, aunque no llegó a consumarse, suscitó el resentimiento del pueblo judío.

Más tarde, cuando un falso profeta llamado Teudas condujo a sus seguidores a orillas del Jordán con la intención de partir las aguas del río como lo había hecho Josué, Fado envió a su caballería para capturarlo; muchos seguidores fueron aniquilados, y Teudas fue decapitado. Su cabeza fue exhibida por el camino a Jerusalén, como trofeo y como advertencia. El efecto de esta acción no pudo haber sido otro que el endurecimiento de los judíos; las rebeliones siguieron importunando a los procuradores que sucedieron a Fado.

Tiberio   *Calígula*   *Claudio*

El emperador Tiberio gobernó en Roma entre los años 14 y 37 d.C. Fue un hábil administrador; instauró una estricta economía que llenó las arcas imperiales, pero él se volvió tiránico y solitario. Fue durante su régimen cuando Jesús enseñó y murió. Su sucesor, Calígula, derrochó en menos de un año todo el dinero que el emperador Tiberio había ahorrado; se proclamó dios y quiso que su estatua fuera erigida en el Templo de Jerusalén. Tras de su asesinato en el año 41, su tío Claudio subió al trono imperial y gobernó hasta el año 54.

Cristianos, magos y filósofos

En muchas ciudades del Imperio, inclusive en Roma, los adeptos del "camino" congeniaban con los gentiles como nunca lo habían hecho los judíos. El joven movimiento corría el riesgo de fragmentarse. Entre sus miembros había comunidades de judíos, de gentiles y otras de muy diversas procedencias; a todos los unía la fe en Jesús, pero muchos disentían acerca de cómo asimilar las tradiciones de Israel. Además, los cristianos tenían que enfrentarse a la competencia que les hacían otros maestros y predicadores, que abarcaban desde filósofos admirados hasta magos y defensores de doctrinas más o menos misteriosas.

Saulo prosigue su misión

Esta situación confusa y potencialmente caótica prevalecía cuando Saulo, poco después de la muerte de Herodes Agripa, partió de Antioquía con Bernabé y Juan Marcos y se dirigieron a la isla de Chipre, de donde era oriundo Bernabé. Saulo ya estaba buscando lugares estratégicos para establecer en ellos comunidades cristianas y cumplir así con la vocación que había descubierto en el camino de Damasco.

Según los Hechos (13, 5-8), comenzaron predicando a los judíos en las sinagogas de Salamina, la mayor ciudad de Chipre. Probablemente siguieron predicando en otras sinagogas conforme fueron recorriendo toda la isla; la costumbre según la cual los miembros de la congregación podían expresarse ante los demás durante los oficios religiosos formaba parte del papel histórico de las sinagogas como centros de la educación judía, y llegó a ser un elemento esencial para la difusión del evangelio.

En Pafos, capital de Chipre, el procónsul romano Sergio Paulo mandó llamar a Saulo. Con el procónsul estaba un mago judío (de los que decían poder influir en el destino de las gente por medio de encantamientos y conjuros) cuyo nombre era Bar-Jesús, o hijo de Jesús. El procónsul "deseaba escuchar la palabra de Dios" de labios de Saulo, seguramente para comparar su doctrina con la de los magos.

Saulo tomó el toro por los cuernos y condenó al mago a una ceguera temporal muy similar a la que él mismo había experimentado a raíz de la revelación que tuvo en el camino de Damasco. El procónsul quedó convencido, creyó y dio a Saulo su primera victoria en un contexto romano. Es muy significativo que en los Hechos (13, 9) aparezca por primera vez el nombre de Pablo (nombre romano de Saulo) al relatarse este encuentro y que nunca se le vuelva a llamar por su nombre judío. A partir de este acontecimiento los Hechos se refieren a la implantación de la nueva fe entre los gentiles de las ciudades del Imperio Romano.

Pablo, el apóstol

Desde Chipre, Pablo y sus compañeros navegaron hasta Asia Menor. Luego viajaron al norte cruzando las montañas hasta Antioquía de Pisidia (en el Imperio había por lo menos 16 ciudades con el nombre de Antioquía). Como en otras ciudades que visitó, Pablo predicó primero en la sinagoga, anunciando a judíos y a gentiles temerosos de Dios que el perdón de los pecados se proclamaba en nombre de Jesús y que "por él, todo el que cree obtiene la total justificación que no pudisteis obtener por la ley de Moisés" (Hechos 13, 39). Sus palabras fueron recibidas con interés, puesto que se le pidió que a la semana siguiente volviera a hablar.

En esa ocasión (Hechos 13, 44) "se congregó casi toda la ciudad para escuchar la palabra de Dios". Sin embargo, los judíos tradicionalistas, viendo que lo que Pablo decía representaba un peligro para su comunidad, trataron de convertir la reunión en un debate. Pablo respondió citando a Isaías: "Te he puesto como luz de los gentiles, para que lleves la salvación hasta el fin de la tierra" (Hechos 13, 47).

Pablo logró que se convirtieran muchos gentiles de Antioquía de Pisidia, lo cual acrecentó la animosidad de sus opositores. Éstos también habían querido ser la luz de los gentiles y habían atraído a los temerosos de Dios, algunos de los cuales abrazaron de lleno el judaísmo; les habían enseñado la observancia de la Torá y el culto al Dios único, pero esta vez, en nombre del Dios de Israel, llegaba Pablo a socavar su paciente obra proclamando como Mesías a un delincuente crucificado y ofreciendo a los gentiles la salvación sin necesidad de cumplir con la ley. Pablo y Bernabé fueron expulsados de aquel territorio. Partieron a otras ciudades de Asia Menor, seguidos de judíos furiosos que buscaban impedir que, según ellos, se corrompiera la ley.

En Listra, ciudad de Licaonia cuyo orgullo era el templo de Zeus, Pablo curó a un tullido; la gente empezó a aclamarlo como encarnación de Hermes y a

Bernabé como encarnación de Zeus. En su honor se preparó un sacrificio. Los misioneros decidieron poner un alto a todo aquello, pero ese atisbo de idolatría fue suficiente para enfurecer a sus opositores; Pablo fue lapidado y se le dio por muerto.

Pero sobrevivió a éste y a otros ataques, y antes de volver a Antioquía visitó las comunidades cristianas que había fundado; evaluó su progreso, fortaleció su brío y las alentó profundizando en la universalidad del mensaje de Jesús.

Concilio en Jerusalén

Antes del año 50 hicieron crisis las tensiones inherentes a la misión de Pablo entre los gentiles. El emperador Claudio había expulsado a los judíos de Roma, posiblemente debido a las actividades de los cristianos (Suetonio, historiador romano, posteriormente escribió que los judíos habían sido perturbados por un agitador llamado "Cresto"). Esta expulsión incluía por supuesto a los judíos cristianos e indicaba que las autoridades romanas todavía no identificaban a estos últimos como un grupo aparte.

Mientras tanto, los judíos cristianos de Judea habían ido a Antioquía, Siria, para enseñar que sólo los circuncisos podían salvarse en nombre de Jesús. Desde su punto de vista, como Jesús era el Mesías prometido a Israel, no había antagonismo entre la nueva fe y la Torá; la circuncisión era y debía seguir siendo el signo de la "alianza eterna" entre Dios y Abraham. Todo esto contradecía lo que Pablo predicaba, y amenazaba con dividir en dos bandos la Iglesia, de tal suerte que en Jerusalén se preparó un concilio de los apóstoles y los ancianos para aclarar esta cuestión.

Pablo explicó ante el concilio lo que había estado haciendo y persuadió a los presentes de que estaba cumpliendo la voluntad de Dios al abrir la fe a toda la humanidad. Los allí reunidos "se dieron la mano en señal de comunión" y decidieron que Pablo continuara su obra misionera entre los gentiles mientras que Pedro encabezaría la proclamación de la fe entre los judíos. Sin embargo, la discrepancia no quedó del todo resuelta. Muy pronto se produjo una confrontación con Pedro (posteriormente descrita por Pablo en su Epístola a los Gálatas, 2).

Pedro fue a Antioquía y comió con judíos y con gentiles por igual. Pero más tarde, cuando llegó a la ciudad un grupo de judíos más recalcitrantes, apegados a las leyes alimentarias, Pedro entonces se retractó y probablemente volvió a insistir en que los gentiles también cumplieran con tales leyes para que ambos grupos pudieran partir el pan en comunión. Esta actitud quizá pretendía ser diplomática, pero Pablo no se andaba por las ramas: "Si tú, siendo judío, vives como gentil y no como judío", preguntó, "¿cómo quieres obligar a los gentiles a que vivan como judíos?"

Las cartas de Pablo

Pablo habría de pasar el resto de su vida fundando comunidades ("iglesias") cristianas en las ciudades del mundo mediterráneo y encauzando su desarrollo por medio de visitas y de cartas. Los Hechos refieren algunos de los lugares adonde viajó y relatan con estrujante veracidad muchas de las adversidades y persecuciones que vivió. Pero de sus propias cartas, o epístolas, es de donde se desprende la más profunda comprensión del tipo de problemas a los que tuvo que enfrentarse para forjar la confraternidad entre una enorme variedad de comunidades cristianas.

Es posible que Pablo haya escrito muchas cartas que no han perdurado hasta nuestros días. Las que se han preservado fueron escritas teniendo en mente situaciones concretas e incluso como respuesta a preguntas específicas; pero, aun así, en ellas Pablo sentó las bases de la nueva fe.

La iglesia de Corinto

Pablo sentía una especial preocupación por la iglesia que había fundado en la risueña y dinámica ciudad portuaria de Corinto. Situada en el angosto istmo que une las partes sur y central de Grecia, Corinto era una encrucijada del Imperio. Entre sus dos activos puertos, uno al este y otro al oeste, se transportaban los cargamentos en furgones de madera; un constante flujo de viajantes y marinos animaba la ciudad.

Pablo obliga a Pedro a comer. Detalle de un tapiz francés (siglo XVII), que alude al debate surgido en Antioquía acerca de comer o no con los gentiles.

Como muchos otros puertos marítimos florecientes, Corinto era un foco de vicio y un centro de intercambio de "verdades" en boga. Pablo sabía que si allí establecía una iglesia, el mensaje de Jesús llegaría a todo el Imperio. Pero aunque la ciudad podía ser un suelo fértil, también era pedregoso, y Pablo se vio en apuros para lograr que su fundación echara raíces firmes.

En su primera visita, se quedó más de un año y medio; desempeñaba su oficio, heredado de su familia y que consistía en hacer tiendas, pero además predicaba, organizaba y escribía cartas a otras iglesias. Hacía frente a una formidable competencia, no sólo la de sus opositores judíos sino también la de los defensores de un gran número de religiones, tanto orientales como occidentales.

Se rendía culto a Afrodita, Astarté, Deméter y multitud de otras deidades, a veces con orgiásticos festejos. Había cultos de carácter misterioso (algunos de los cuales comenzaban a infiltrarse en el cristianismo) que prometían una vida futura de éxtasis a los iniciados, pero a menudo sin el menor escrúpulo ético. Y había también filósofos populares, tales como los cínicos, los estoicos y los epicúreos, que predicaban una moral basada en sistemas éticos pero con muy endebles cimientos religiosos.

El efecto de las filosofías griegas populares era especialmente penetrante. A pesar de que determinadas personas no apoyaran el principio estoico del logos (razón universal) ni el principio epicúreo de la ataraxia (reposo conducente a la armonía interior y la felicidad), tales conceptos constituían una parte del lenguaje común, y la mentalidad de casi todo el mundo estaba hasta cierto punto impregnada de ellos (de la misma manera que el pensamiento de nuestro siglo está impregnado de conceptos freudianos, como el yo y el subconsciente).

A través de los años, Pablo se mantuvo en contacto con los cristianos de Corinto; volvió a visitarlos por lo menos una vez, les envió representantes tales como Tito y Timoteo, y mantuvo con ellos una copiosa correspondencia. En sus cartas a los corintios reiteraba su preocupación por la forma en que estaban siendo influidos por el turbulento ambiente moral e intelectual en que vivían. De las dos que hoy conocemos como Epístolas a los Corintios, la primera fue escrita en respuesta a un mensaje; para muchos expertos, la segunda se compone de varios fragmentos de cartas que posteriormente fueron recopilados en un solo manuscrito.

Las dos Epístolas a los Corintios

En la primera de ellas, Pablo comienza exhortando a la comunidad a que se mantenga unida en la fe y no permita que las discordias logren dividirla. Luego trata muchas cuestiones concretas: informes acerca de conductas inmorales, la ingestión de alimentos ofrendados a los ídolos (los templos paganos surtían mucha de la carne que se vendía en los mercados), el don de

lenguas y las formas de culto. Al referirse a estas cuestiones, Pablo insiste en la imperiosa necesidad de controlarse uno mismo y en la importancia de consolidar la comunidad. Pero, sobre todo, subraya la simplicidad esencial de la fe y del amor que une a los cristianos. "Subsisten la fe, la esperanza y la caridad, estas tres; pero la mayor de todas es la caridad" (1 Corintios 13, 13).

Finalmente, dando respuesta a algunas de las tantas preguntas sobre la resurrección (1 Corintios 15, 51-53), expresa un germen de fe que habría de convertirse en piedra angular de la Iglesia creciente: "¡Mirad! Os revelo un misterio: no moriremos todos, mas todos seremos transformados; en un instante, en un pestañear de ojos, al toque de la trompeta final - pues sonará la trompeta - los muertos resucitarán incorruptibles y nosotros seremos transformados. Porque es necesario que este ser corruptible se revista de incorruptibilidad, y que este ser mortal se revista de inmortalidad."

Durante sus tres viajes misioneros, Pablo estuvo en muchas ciudades. Al regresar a Jerusalén fue acusado de profanar el Templo y después fue enviado a Roma, en lo que fue su cuarto y último viaje (ver mapa, página siguiente). Arriba: Ruinas de un acueducto romano en Antioquía de Pisidia, importante centro militar que Pablo visitó en su primer viaje. Abajo: Un puerto de Rodas, isla donde Pablo estuvo al finalizar su tercer viaje. Página siguiente, arriba: Ruinas de una salina en Malta, donde Pablo pasó tres meses, después de naufragar. En el centro: Iglesia dedicada a la Virgen María, en Pafos, Chipre; se dice que Pablo fue atado a uno de estos pilares y luego fue azotado.

Muchas enfadosas dificultades a las que Pablo se enfrentaba parecían ser ocasionadas por otros maestros cristianos que llegaban a Corinto con cartas de recomendación en las que se elogiaban sus bondades y se justificaban sus pretensiones de liderazgo espiritual. Desacreditaban a Pablo diciendo que tenía poca fuerza, que era una carga para otras iglesias, un orador inhábil y que, si bien era capaz de escribir con soltura, no podía ofrecer pruebas tangibles de la verdad de su mensaje.

En la segunda Epístola a los Corintios, Pablo responde de diversas formas, con ruegos, con ironía, con amenazas, con promesas pero, sobre todo, siempre da sus respuestas con amor. Al defenderse y defender su doctrina, subraya el hecho que la legitimidad del evangelio no puede depender de la autoridad de ningún maestro, sino de la avasalladora verdad del sacrificio de Jesús. "Pues el amor de Cristo nos apremia al pensar que, si uno murió por todos, todos por tanto murieron. Y murió por todos, para que ya no vivan para sí los que viven, sino para aquel que murió y resucitó por ellos... De modo que si alguien está en Cristo, es una criatura nueva..." (2 Corintios 5, 14-17).

La Epístola a los Gálatas

En el transcurso de su segundo viaje misionero, Pablo recorrió la provincia de Galacia, en la región de lo que hoy es Ankara, Turquía central. Como en Corinto, allí también llegaron otros misioneros cristianos que buscaban desbaratar la obra del apóstol; los enviaban los judíos cristianos, en cuya opinión todos los gentiles tenían que abrazar el judaísmo para poder ser cristianos. En su Epístola a los Gálatas, escrita probablemente en el año 55, Pablo vuelve a tratar las cuestiones que se habían planteado en el concilio de Jerusalén.

Pablo comienza refiriéndose a su "conducta anterior en el judaísmo", a la revelación que tuvo y a sus primeros conflictos, inclusive al concilio de Jerusalén y la confrontación con Pedro. Prosigue (Gálatas 2, 19) reiterando su convicción: "Yo por la ley he muerto a la ley, a fin de vivir para Dios." Después, de una vez por todas, asevera que el cristianismo consuma al judaísmo y a la vez se desliga de éste.

La clave de todo, dice, se encuentra en la promesa que Dios hizo a Abraham y su descendencia; la ley "fue añadida en razón de las transgresiones, hasta que llegase la descendencia a la que iba destinada la promesa" (Gálatas 3, 19). Jesús, dice, es esa descendencia prometida, y por eso "en Cristo Jesús ni la circuncisión ni la incircuncisión tienen valor, sino sólo la fe que actúa por el amor" (Gálatas 5, 6). "Pues toda la ley alcanza su plenitud en este único precepto: 'Amarás a tu prójimo como a ti mismo'" (Gálatas 5, 14).

Pablo continuamente señalaba sus propias debilidades, flaquezas y fracasos, no sus logros ni sus virtudes, y de este modo dio forma a una doctrina que fue esencial para el crecimiento del cristianismo: el contraste entre la fragilidad humana y la fuerza de Dios. El trascendental símbolo de la cruz, que representa el impar sacrificio en el que se concreta este contraste,

MAR NEGRO

Roma
Tres Tabernas
Foro de Apio
Pozzuoli
Anfípolis
Filipos
Neápolis
Tesalónica
Berea
Apolonia
Tróade
Asos
Mitilena
Antioquía de Pisidia
Iconio
Reggio
Corinto
Atenas
Éfeso
Listra
Derbe
Tarso
Céncreas
Mileto
Atalía
Perge
Antioquía
Samos
Pátara
Mira
Seleucia
Siracusa
Cos
Cnido
Rodas
Salamina
Malta
Creta
Pafos
Sidón
Buen Puerto
Tiro
Ptolemaida
MAR MEDITERRÁNEO
Cesarea
Jerusalén

Viaje de Pablo a Roma ·········

El niño Jesús visita el Templo de Jerusalén en la Pascua, hacia el año 6. ▶

Tiberio sucede a César Augusto como emperador romano, años 14-37. ▶

Bautismo de Jesús e inicio de su ministerio; decapitación de Juan el Bautista, hacia el año 26. Poncio Pilato prefecto de Judea, año 26. ▶

Crucifixión de Jesús hacia el año 29. ▶

Martirio de Esteban; conversión de ▶ Pablo al cristianismo hacia el año 34.

Calígula emperador romano, ▶ años 37-41.
Claudio emperador romano, años 41-54.

Herodes Agripa I rey de Judea, año 41; ▶ después de la muerte de Herodes Agripa I, Judea pasa a ser una provincia romana gobernada por un prefecto romano, año 44.

Moneda de bronce de Poncio Pilato acuñada en Jerusalén en el año 31

Pablo comienza sus viajes misioneros, hacia el año 46. ▶

Claudio expulsa de Roma a los ▶ judíos, hacia el año 49.

◀ Concilio de Jerusalén; la circuncisión no es requisito para la conversión al cristianismo, hacia el año 50.

Nerón emperador ▶ romano, años 54-68; incendio de Roma; se culpa a los cristianos, año 64.

◀ Pablo es llevado a Roma hacia el año 60; encarcelado y ejecutado en Roma hacia el año 62. Gesio Floro último prefecto de Judea, año 64. Comienza la primera rebelión judía contra Roma, año 66.

◀ Vespasiano emperador romano, años 69-79.
Tito toma Jerusalén y destruye el Templo, año 70.
Masada cae tras del suicidio de todos sus defensores judíos, año 73.

Tito emperador romano, años 79-81. ▶

Domiciano emperador romano, ▶ años 81-96.

Trajano emperador romano, ▶ años 98-117.

Simeón Bar Kokebá inicia la segunda ▶ rebelión judía contra Roma, años 132-135; el general romano Severo derrota a los rebeldes judíos y éstos se dispersan; Judea pasa a ser Siria-Palestina; Jerusalén pasa a ser ciudad romana, año 135.

Vespasiano 69-79

Adriano emperador ▶ romano, años 117-138.

1 a.C.　　　　　　　　　50 d.C.　　　　　　　　　100 d.C.

adquiere en las cartas de Pablo toda su importancia como norma y sello del cristianismo.

Prisión y muerte en Roma

Tras de una intensa trayectoria como paladín de la nueva fe, Pablo pasó sus últimos años como prisionero en Roma. En el año 60 fue arrestado en Jerusalén, adonde había ido a llevar el dinero reunido por los gentiles cristianos para donarlo a la empobrecida comunidad de Judea. Sin razón alguna, fue acusado de introducir gentiles en los recintos sagrados del Templo; una muchedumbre enardecida trató de lincharlo pero los soldados romanos lo rescataron y lo pusieron bajo custodia. Después de muchas demoras, adujo que como ciudadano romano apelaba al emperador, y a buen recaudo fue enviado a Roma.

El barco en que viajaban Pablo y sus guardias romanos naufragó, pero el grupo pudo finalmente llegar a su destino. Pablo siempre había deseado predicar en el centro mismo del Imperio y convivir con la numerosa comunidad cristiana que allí había. Los Hechos (28, 30-31) dicen en su epílogo que Pablo pasó dos años bajo arresto domiciliario en Roma, y que "recibía a todos los que acudían a él, predicando el reino de Dios y enseñando lo referente al Señor Jesucristo con toda libertad, sin estorbo alguno".

Moneda de plata de Simeón Bar Kokebá; tiene grabadas la fachada del Templo (izquierda) y plantas relacionadas con la fiesta de Succot (derecha).

◀ Marco Aurelio emperador romano, años 161-180; aumentan los ataques al cristianismo.

Adriano 117-138

Domiciano 81-96

Diocleciano emperador romano, años ▶ 284-305; divide el Imperio; Maximiano comparte el poder en Occidente, años 286-305; inicio de las más violentas persecuciones, año 303.

Constantino el Grande procla- ▶ mado emperador romano de Occidente, año 306; queda como soberano único del Imperio al derrotar a Majencio en la batalla del Puente Milvio, año 312.

Constantino y Licinio, emperador ▶ de Oriente, años 308-324, decretan la libertad de culto, año 313.

Constantino el Grande 324-337

Decio, proclamado empera- ▶ dor romano, persigue a los cristianos, años 249-251; sus sucesores, Galo, años 251-253, y Valeriano, años 253-260, prosiguen las persecuciones.

Constantino reunifica el Imperio ▶ Romano tras la derrota de Licinio, año 324, y gobierna hasta el año 337; convoca al Concilio de Nicea, que aprueba el Credo, o Símbolo de Nicea, con lo cual se determina el núcleo de la doctrina cristiana, año 325.

Galieno participa del poder ▶ imperial, años 253-260; pasa a ser emperador único, años 260-268; promulga un edicto que hace del cristianismo una religión lícita, año 261.

150 d.C.   200 d.C.   250 d.C.   300 d.C.

Quizá Pablo confiaba en la justicia romana, pero aun así fue probablemente condenado y decapitado hacia el año 62. La justicia romana había dado un giro imprevisto debido a la incertidumbre que causaba la sucesión imperial.

La persecución de Nerón

El emperador Nerón (que en el año 54 había sucedido a Claudio, su tío abuelo y padre adoptivo) era un protector de las artes, un hedonista desenfrenado, un ferviente admirador de lo griego y un pertinaz defensor de los dioses tradicionales y del culto al emperador. La educación, los espectáculos públicos y la nueva legislación que promovió al principio de su régimen despertaron el entusiasmo de los romanos; pero llegó demasiado lejos y se convirtió en un bufón que cantaba y recitaba sus propias obras en concursos en los que nadie se atrevía a dejarlo perder. Su poder le servía para saciar sus caprichos.

Cuando Roma fue destruida por un incendio en el año 64 y corrió el rumor de que Nerón lo había provocado para poder reconstruir la ciudad a su gusto, buscó a quién culpar. Los cristianos le vinieron como anillo al dedo. Muchos romanos los detestaban, no sólo porque los creían tan "ateos" como los judíos, sino porque a menudo trataban de inculcar a otros sus creencias. Se les reprochaba su *odium humani géneris* ("odio al género humano"), porque condenaban las prácticas religiosas y las pautas morales de la sociedad romana.

Además, aunque Nerón no era ni inteligente ni prudente, tenía astucia de sobra para darse cuenta de que, no obstante los muchos vínculos que había entre el judaísmo y el cristianismo, la nueva fe ya no era una mera prolongación de la antigua, como lo había creído Claudio. Los romanos habían tolerado por mucho tiempo las tradiciones de los judíos y no los habían forzado a rendir culto a otros dioses; pero ya estaba muy claro, quizá debido a los conflictos entre judíos y cristianos en Roma, que estos últimos no eran un grupo tradicional y nacional sino, según palabras de Tácito, una "mescolanza" de judíos y no judíos, seguidores de una "perniciosa superstición" y perpetradores de "abominaciones".

Se efectuaron arrestos y, según Tácito, "se comenzó por los que confesaban; conforme a su testimonio, se declaró culpable a una gran multitud, no tanto por lo del incendio sino por su odio al género humano. De su ejecución se hizo un deporte. Algunos, cosidos a pieles de animales, fueron destrozados por los perros. Otros fueron crucificados o quemados, y otros más, al atardecer, eran usados como antorchas. Nerón facilitó sus jardines para que ahí se realizara el espectáculo, organizó en el circo una exhibición y, vestido con traje de auriga, se paseó en carro entre la multitud".

Pablo escribió sus epístolas en papiro, obtenido del Cyperus papyrus, *planta de entre 2.5 y 6 metros de altura, como las que arriba se muestran (del Lago Hule, Israel). La pulpa de la planta se cortaba en tiras que se empalmaban a lo largo; luego, sobre éstas, se colocaban otras a lo ancho y el conjunto se golpeaba hasta obtener una lámina blanquecina y resistente. Estas láminas se empalmaban a su vez, para hacer rollos (la Epístola a los Romanos habría necesitado un rollo de unos 4 metros); los rollos seguramente se doblaban y sellaban como el que se muestra en el centro. En siglos posteriores las hojas de papiro se colocaban en códices, unas sobre otras como en los libros. A la derecha se muestra una página de la Epístola a los Filipenses (4, 2-12), proveniente de un códice del siglo III.*

No hay datos seguros acerca del destino de Pedro, que quizá llegó a Roma en ese período. Varios de los primeros autores cristianos afirman que fue martirizado en la Roma de Nerón, en cuyo caso, como jefe de la Iglesia, tal vez habría sido de los primeros detenidos y su "confesión" habría sido una proclamación de su fe. Según la tradición posterior, fue crucificado, como Jesús, pero con la cabeza hacia abajo por petición suya.

Rebelión en Palestina

En Judea, el gobierno de varios procuradores romanos, torpe, corrupto y brutal, condujo a los judíos a una exacerbación del nacionalismo antiimperial. Al morir el procurador Festo y antes de que se nombrara a su sucesor, el sumo sacerdote Anán, saduceo, aprovechó la oportunidad de llamar a juicio a Santiago, cabeza de la comunidad cristiana de Jerusalén; Santiago murió lapidado.

Conforme aumentaba la dureza romana, se incrementaba también la rabia de la resistencia, encabezada por los zelotas y otras sectas militantes. El terror se apoderó de las clases altas ante las bandas de los sicarios, que, armados con puñales, atacaban de improviso, secuestraban y asesinaban a los romanos y los colaboracionistas judíos. Aquella atmósfera enrarecida podía estallar con sólo una chispa.

En la primavera del año 66 se encendió esa chispa. El prolongado conflicto entre griegos y judíos desembocó en un incidente: algunos griegos realizaron con desdén un sacrificio pagano en la entrada de la sinagoga. Se desató la violencia. Los jerarcas judíos protestaron ante el procurador Gesio Floro, y éste los arrestó, allanó el Templo para sustraer una fuerte suma de dinero del tesoro y, ante la protesta de los judíos, llamó a la tropa para que saqueara parte de Jerusalén. Se dice que murieron unos 3.600 hombres, mujeres y niños en esa matanza. Brotó la rebelión abierta.

Tempranas victorias

Al principio las fuerzas judías lograron un sorprendente triunfo en Jerusalén. Expulsaron de la Ciudad Alta a las tropas romanas, prendieron fuego a los archivos y se apoderaron de la fortaleza Antonia. Al sur y al este, cayeron las fortalezas de Maqueronte y Masada; las armas arrebatadas a los romanos fueron usadas para defender Jerusalén, que a finales del verano quedó por completo bajo el control judío. Tras de repeler un ataque de la Doceava Legión

Hacia el año 100 el cristianismo se había extendido en gran parte del Imperio, y el rechazo de los cristianos a los dioses romanos se consideraba un peligro. En estos mapas se muestra la ubicación de las comunidades que de ese período se conocen. Muchas se originaron en las comunidades de la diáspora, pero otras, gracias a Pablo y otros misioneros, eran congregaciones de gentiles.

Símbolos del cristianismo

Aunque casi todos los símbolos adoptados por los primeros cristianos tenían antecedentes muy antiguos en el judaísmo y en otras culturas, para ellos tuvieron un significado muy especial. La cruz —símbolo de la muerte y resurrección de Jesús— podía formar una X, primera letra de la palabra Cristo en griego; se asemejaba también a la cruz de asas, símbolo de vida para los egipcios, y a la antigua cruz gamada. Otro símbolo con múltiples significados era el pez: representaba el bautismo en "agua viva" y aludía a una promesa de Jesús ("Os haré pescadores de hombres"); durante las persecuciones romanas, para los primeros cristianos tuvo un importante significado el hecho de que las letras de la palabra "pez", en griego, formaran el acrónimo de "Jesús Cristo, Hijo de Dios, Salvador". Las imágenes de Jesús como pastor y como cordero pascual tienen sus raíces en el judaísmo, lo mismo que el pan y el vino eucarísticos. Otros símbolos son el pavo real, emblema del Paraíso, y la vid, emblema de inmortalidad.

El Cordero de Dios despliega la bandera de la victoria en esta guirnalda de terracota del siglo XV.

Un pez y tres cruces de Malta; anillo de oro del siglo IV.

Una cruz gamada decora este vaso griego del siglo VIII a.C. Esta forma fue utilizada por los primeros cristianos para enmascarar la cruz latina durante las persecuciones que sufrieron.

Parte de un mosaico (siglo XIV) de una mezquita de Estambul.

Cruz latina de Éfeso (siglo IV).

En un mosaico cartaginés, se representa una cruz que es a la vez un monograma formado por las letras ji y ro (las dos primeras de la palabra Cristo, en griego).

Crucifijo bizantino del siglo IX, de esmalte tabicado sobre metal.

Crucifijo ortodoxo ruso, caracterizado por los tres travesaños, el más bajo de los cuales está sesgado.

Este dije bizantino del siglo V quizá se usaba colgado de una cadena.

Una típica cruz céltica, con el distintivo círculo de la inmortalidad.

Romana, comandada por Cestio Galo, gobernador de Siria, los rebeldes dividieron Palestina en siete zonas militares. Tan seguros estaban de la victoria que comenzaron a acuñar sus propias monedas.

Nerón envió tres legiones, las cuales llegaron en el año 67 bajo el mando del general Tito Flavio Vespasiano, que pronto sería emperador. Las legiones abrieron una sangrienta brecha en Galilea; en el verano del año siguiente ya habían rodeado Jerusalén y ocupado casi toda la zona circundante. El general de las fuerzas judías de Galilea, José Ben Matatías, fue capturado en Yotpatá. Más tarde habría de escribir acerca de esta guerra y de gran parte de la historia judía precedente; hoy es conocido como el historiador Josefo.

Nerón fue depuesto por el senado romano el 8 de junio del año 68; al día siguiente se suicidó. Vespasiano, que habría de ganar la lucha por el poder, partió para Alejandría; allí fue proclamado emperador en el año 69. Su hijo, Tito, quedó al frente de la campaña de Judea.

La destrucción de Jerusalén

Las fuerzas judías sumaban quizá 25.000 hombres pero estaban escindidas en partidos rivales; se reconciliaron para repeler cuatro legiones romanas apoyadas por los ejércitos de los reyes aliados. Los judíos se concentraron en Jerusalén, Herodión, Maqueronte y Masada, A principios de junio del año 70, los romanos habían abierto brechas en dos murallas de Jerusalén y controlaban el sector norte de la ciudad. Erigieron un cerco para sitiarla; el efecto fue inmediato: dentro, las provisiones escasearon drásticamente. En julio se apoderaron de la fortaleza Antonia; los sacrificios del Templo se convirtieron en asunto del pasado. En agosto, los judíos comenzaron a ceder en los recintos del Templo. Finalmente, éste fue incendiado y arrasado en su totalidad.

Tras la caída de la Ciudad Alta en septiembre, Tito tomó cautivos a los sobrevivientes. No dejó piedra sobre piedra en Jerusalén, salvo una parte de la Ciudadela, destinada a sus tropas. Meses después, en el año 71, cruzó por las calles de Roma en un desfile triunfal, llevando cautivos a judíos de alto rango y exhibiendo los tesoros arrebatados al Templo.

Muerte en Masada

Mientras tanto, un grupo de rebeldes se aferraba invicto a la roca de Masada. Resistieron hasta el año 73, cuando finalmente fueron arrollados por la superioridad de armas y la ingeniería romanas, pero ni siquiera en la muerte aceptaron la derrota. La historia de su fin es ya casi un mito y pervive en el corazón de todo judío devoto.

Flavio Silva, nuevo procurador romano, mandó construir un cerco en la base del monte para impedir que los rebeldes escaparan o recibieran ayuda. Después ordenó construir una rampa enorme. Luego de meses de trabajo, la rampa alcanzó la cima, a unos 100 metros sobre la base, lo cual hizo posible subir los arietes para abrir una brecha en la muralla de Masada. Los defensores se protegieron detrás de una barricada de madera, pero los romanos la incendiaron. Cuando al día siguiente irrumpieron entre los carbonizados maderos, sólo hallaron cadáveres. Unos 960 hombres, mujeres y niños habían muerto en un pacto suicida con tal de no someterse a la dominación romana. Se sabe que sólo sobrevivieron dos mujeres y cinco niños.

La reputación de Pablo como apóstol de los gentiles lo precedió en Jerusalén, y cuando fue falsamente acusado de introducir gentiles en el Templo, "toda la ciudad se alborotó y la gente concurrió de todas partes; se apoderaron de Pablo, lo arrastraron fuera del Templo e inmediatamente cerraron las puertas" (Hechos 21, 30). Los soldados romanos que lo rescataron no tenían la mínima idea de quién era ni qué había hecho. Lo encadenaron y, para protegerlo de la furiosa chusma, se lo llevaron.

El fin de la rebelión judía y la destrucción de Jerusalén y su Templo —que ocurrieron menos de una década después de la muerte de Pedro, Pablo y Santiago, los tres pilares de la Iglesia primitiva— hicieron que la separación entre el cristianismo y el judaísmo fuera casi completa. Muchos cristianos de Jerusalén habían huido antes de que la ciudad fuera sitiada, y pocos regresaron a Judea. Las comunidades de Galilea y Samaria sobrevivieron, pero las de los gentiles, que Pablo y sus compatriotas habían fundado en las regiones centrales del Imperio, se convirtieron en puntales de la Iglesia. La comunidad cristiana de Roma, a pesar de las persecuciones de Nerón y otras que habrían de seguir, adquirió gran importancia por el hecho de estar en el corazón mismo del Imperio.

El culto cristiano

En todas partes el culto cristiano continuó demostrando que sus raíces estaban en las sinagogas de la diáspora. Los creyentes se reunían el primer día de la semana, y en estas reuniones oraban y se instruían. Las Escrituras judías, en su versión griega, se leían y explicaban; paulatinamente se fueron agregando documentos cristianos tales como las cartas de Pablo.

Nerón asumió el trono imperial en el año 54, a la edad de 16 años; su madre, Agripina II, había envenenado a su esposo (padre adoptivo de Nerón), el emperador Claudio I. Su reinado se caracterizó por el desenfreno y la brutalidad. Mató a muchos de sus parientes, inclusive a Agripina, y fue sospechoso de haber iniciado el incendio que destruyó Roma en el año 64; a su vez, él culpó a los cristianos de Roma. El senado lo declaró enemigo del pueblo en el año 68, y él se suicidó.

La Cena del Señor permaneció como eje del culto. Formaba parte de una comida propiamente dicha, en la cual se reiteraba tanto el sacrificio de Cristo como la comunión y el amor de quienes en su nombre estaban reunidos. Pero no se perdió de vista la advertencia que Pablo hizo a los corintios: aquella comida no era para saciar el hambre sino para conmemorar el amanecer de una era nueva. Se realizaba una confesión de los pecados, para acercarse a la mesa con el alma limpia, y se efectuaba una acción de gracias. Con el tiempo, aquella comida se denominó eucaristía, que en griego significa literalmente "bien dar gracias".

Un manual de la Iglesia primitiva conocido como Didajé ("enseñanza") nos permite atisbar las prácticas cristianas cotidianas. Probablemente fue escrito en Siria antes del año 100. Los cristianos celebraban la eucaristía el primer día de la semana, el "día del Señor". Practicaban el bautismo, preferentemente por inmersión en agua "viva" (agua corriente). Recitaban el Padre nuestro tres veces al día. Ayunaban los miércoles y los viernes, y apoyaban a los profetas y maestros, que viajaban de ciudad en ciudad.

Otros datos sobre el culto cristiano antiguo podemos encontrarlos en los escritos de un converso llamado Justino, mejor conocido como Justino Mártir. Hacia el año 155 dirigió al emperador una defensa del cristianismo (Apología I) en la cual refuta las acusaciones de ateísmo e inmoralidad que solían hacerse a los creyentes. También describe muchos aspectos de la enseñanza y las prácticas cristianas.

Al explicar el culto cristiano de su época, Justino habla de oraciones extensas seguidas de un beso de afecto (el ósculo de paz). Refiere que se hacían lecturas de las "memorias de los apóstoles" (los evangelios) y también de los profetas del Antiguo Testamento "según lo permita el tiempo". El "presidente" de la congregación pronunciaba una especie de sermón, exhortando a la asamblea de fieles a "imitar estas nobles cosas"; por último, toda la congregación participaba en la eucaristía; los diáconos llevaban la eucaristía a quienes no habían podido asistir. Nadie, subraya Justino, podía recibir la eucaristía a menos que hubiera admitido las enseñanzas de Cristo y hubiera borrado sus pecados por medio del bautismo.

Crecimiento de la Iglesia

Para los emperadores romanos que sucedieron en el trono a Vespasiano y su hijo Tito —Domiciano, Nerva, Trajano y Adriano—, el rápido crecimiento de la Iglesia era motivo de una preocupación esporádica pero, a veces, grave. Entre las clases gobernantes y en gran parte de la plebe, el cristianismo se consideraba como una increíble superstición. La gente prestaba oídos a los peores rumores acerca de aquellas comunidades tan cerradas. Se hablaba de canibalismo (comer la carne y beber la sangre de un hombre) y de incesto (hermanos y hermanas reunidos en secretas asambleas). Aun en caso de que no se creyera en tales rumores, el hecho de que los cristianos no aceptaran honrar a los dioses que habían bendecido a Roma y mantenido la prosperidad de su pueblo, era una innegable afrenta al bienestar del Imperio. Durante el régimen de Adriano, el biógrafo Suetonio incluyó la persecución de cristianos como una de las reformas sociales promovidas por Nerón.

Domiciano, que ascendió al trono en el año 81, gobernó relativamente bien en ciertos aspectos pero, tras una conspiración en su contra, siete años más tarde, se volvió cada vez más despótico e impredecible. Al igual que Calígula, se proclamó dios y señor, y en sus últimos años siguió una política de terror que afectó, sobre todo, aunque no exclusivamente, a las clases altas, Desterró o ejecutó a los que creía enemigos, inclusive a "filósofos", "ateos" y judíos. Entre los exiliados se hallaba un cristiano llamado Juan, que, desterrado en la isla de Patmos, escribió el Apocalipsis. Las referencias que en este libro se hacen a la

El triunfal Arco de Tito, en Roma, fue erigido para conmemorar la victoria que sobre el pueblo judío obtuvo Tito en el año 70 comisionado por su padre, el emperador Vespasiano. Un altorrelieve de este arco (derecha) representa a los soldados romanos coronados con laureles y haciendo su entrada en Roma; llevan como trofeos la menorá de oro y otros objetos arrebatados al Templo de Jerusalén, que quedó totalmente destruido.

"tribulación" de las "siete iglesias que hay en Asia" seguramente aluden a las represiones ordenadas por Domiciano.

A pesar de todo, la Iglesia creció. Sus miembros abarcaban las distintas clases sociales; lo mismo había esclavos que aristócratas, no obstante, la gran mayoría de los cristianos pertenecían a las clases bajas. Se ha calculado que hacia el año 100 había en el Imperio unos 300.000 creyentes, que se concentraban particularmente en ciertas regiones (quizá hubiera hasta 80.000 en Asia Menor, por ejemplo).

Represiones esporádicas

La relación que existía entre la Iglesia y el Imperio nos es conocida principalmente gracias a las cartas que desde las costas del Mar Negro, en Asia Menor, escribía un romano llamado Plinio al emperador Trajano. Plinio era gobernador de Ponto y Bitinia, regiones donde predominaban la inestabilidad y la corrupción, que Trajano deseaba erradicar. Los problemas a menudo eran obra de organizaciones y grupos sociales, políticos y religiosos, de tal suerte que Trajano le ordenó a Plinio que los suprimiera; ni siquiera accedió a hacer una excepción para que los habitantes de Nicomedia pudieran organizar en esta ciudad una cuadrilla de bomberos voluntarios.

Todos los grupos cristianos quedaron proscritos, por supuesto, pero este hecho apenas si podía empeorar su precaria situación; según explica Plinio, el "llamarse" cristiano era ya un delito castigable con la pena de muerte. Mucha gente fue llevada ante el gobernador, acusada de profesar el cristianismo; las acusaciones provenían de particulares e inclusive de cartas anónimas.

La religión ilegal

Plinio comenta brevemente: "Les preguntaba si eran cristianos, y si confesaban serlo, les preguntaba otra vez y una tercera, amenazándolos con castigos. Si persistían, ordenaba ejecutarlos." Así de simple. Los cristianos que afirmaban ser ciudadanos romanos eran enviados a Roma para su juicio y ejecución.

La principal duda de Plinio se refería a qué hacer con los cristianos que renunciaban a su fe. Muchos de estos apóstatas habían "recitado una oración a los dioses, por mandato mío, suplicado con incienso y vino a vuestra estatua [de Trajano]... e inclusive maldecido a Cristo". ¿Debían ser enjuiciados por los delitos que cometieron cuando eran cristianos? ¿O el delito era, sencillamente, el ser cristiano — y, en tal caso, la apostasía justificaría su liberación—? Plinio estaba muy preocupado "sobre todo en razón del gran número de los que peligran; pues son muchos los que corren o correrían peligro, de todas las edades y rangos, hombres y mujeres. El contagio de esa superstición ha penetrado no sólo en las ciudades sino también en los pueblos y en el campo".

En su respuesta, Trajano expone una política que permanecería vigente por muchas décadas: no debía haber una persecución oficial de quienes creyeran en el dios cristiano, pero ser cristiano seguiría siendo un delito que castigar con la pena capital. "No deben ser buscados", escribió, "pero si resultan acusados y convictos, deben ser castigados, con la condición de que si alguno renuncia a ser cristiano y lo demuestra rindiendo culto a nuestros dioses, obtendrá el perdón sin importar cuán sospechosa haya sido su conducta pasada".

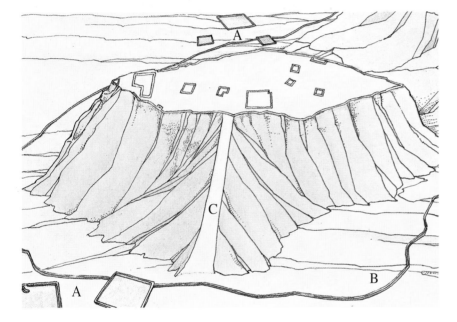

La sangre de los mártires

El "nombre" del cristianismo quedó proscrito; todo cristiano estaba a merced de que cualquiera que se sintiera ofendido por él, por cualquier motivo, lo acusara. Esta situación provocó períodos de conflicto e incluso que las iglesias o comunidades vivieran a la defensiva, para no arriesgar a sus miembros.

Cada vez eran más los cristianos que morían por no renunciar a su fe, y la importancia de su sacrificio aumentaba ante los demás creyentes. Las enseñanzas que había legado Pablo —en el sentido de que el eje de la fe cristiana se hallaba en la crucifi-

Pocas historias de valor e ingenio pueden compararse a la del sitio de Masada. Los romanos no podían vencer por el hambre a los rebeldes judíos, ni tampoco podían escalar por la fuerza la abrupta pendiente. Tras de construir una serie de campamentos (en el dibujo de arriba) y un cerco (B), el jefe de las tropas romanas, Flavio Silva, mandó construir una rampa de piedra y tierra (C); esta última obra tardó siete meses en concluirse. Cuando las tropas irrumpieron en la fortaleza, hallaron 960 cadáveres de defensores muertos en un suicidio en masa. Hoy, Masada es un lugar sagrado para los israelíes (derecha).

xión y resurrección de Jesús y que, según escribió en la Epístola a los Filipenses (3, 10), los cristianos podían "conocerlo a él, conocer el poder de su resurrección y compartir sus sufrimientos para asemejarse a él en su muerte" —se convirtieron en una fuente de inspiración para todos. Al igual que Pablo, los mártires se alegraban de compartir el sacrificio de Cristo; consideraban que su propia muerte los acercaba a él. Año tras año, durante décadas, soportaron impávidos el suplicio.

Posteriormente las vidas de los mártires fueron motivo de muchos sermones y homilías; cada año, en oficios religiosos especiales, se leían fragmentos de las "actas" de los mártires —relatos basados en los documentos referentes a sus procesos, en el testimonio de quienes los habían presenciado y, a menudo, en la imaginación piadosa—. Se erigieron muchas iglesias sobre las tumbas de los mártires, similares a los antiguos santuarios dedicados a los héroes; a veces, en estas iglesias se exhibían reliquias de los santos conmemorados: trozos de una túnica, astillas de huesos, objetos que les habían pertenecido, etcétera.

En los escritos del satírico griego Luciano se encuentra otro punto de vista contemporáneo. Para él, como para muchos otros individuos del mundo romano, los hechos de los mártires demostraban más insensatez que valentía. "Los pobres desdichados", decía con sorna, "están convencidos, por sobre todas las cosas, de que serán inmortales y vivirán para siempre. Por tanto, desprecian la muerte e inclusive la mayoría de ellos se entrega a juicio voluntariamente. Además, su primer legislador los convenció de que son hermanos entre sí cuando han transgredido las leyes negando a los dioses griegos, rindiendo culto al propio sofista crucificado y viviendo según sus preceptos. Por este motivo, todo lo desprecian por igual y consideran que lo que poseen es común a todos".

El cristianismo, la nueva fuerza

Es indudable que en la actualidad los mártires se cuentan entre los más insignes cristianos del siglo II; la importancia que tuvieron para el desarrollo de la Iglesia no puede negarse. Pero el hecho es que la gran mayoría de los cristianos, en todas las épocas y en todos los lugares, vivieron en paz con sus vecinos. El cristianismo siguió creciendo con firmeza, como ya lo había previsto Plinio, y se transformó en un fenómeno demasiado vasto como para poder ser dañado gravemente por acusaciones hechas contra individuos. Surgieron poderosos obispos, eruditos y maestros cristianos, y no todos ellos fueron ejecutados al ser reconocidos.

En una época en que el judaísmo, tras dos frustradas rebeliones contra Roma (la segunda de ellas en los años 132-135), perdió importancia política y en la que muchos paganos empezaron a sentirse insatisfechos con las religiones tradicionales de Grecia y Roma, la nueva fe llenó una necesidad real. Eran miles los que la abrazaban pese a los peligros. La Iglesia dejó de estar a la defensiva; se estaba convirtiendo en la nueva fuerza ineludible. Cuando el Imperio quiso detenerla de verdad, ya era demasiado tarde.

Las grandes persecuciones

El primer ataque en gran escala contra el cristianismo —que para éste fue quizá la mayor prueba de fuego— ocurrió hacia el año 250, cuando el emperador Decio fijó un plazo perentorio para que todos los ciudadanos efectuaran un sacrificio público a los dioses. Los que obedecieran recibirían un certificado que les daría derecho de conservar la vida.

Al crecer la Iglesia, había absorbido a algunos que eran cristianos sólo de nombre y que no estaban dispuestos a dejarse matar; muchos de éstos se sometieron al emperador, y otros recurrieron al soborno para obtener los certificados. Algunos cristianos, como el famoso erudito Orígenes de Cesarea, fueron encarcelados y torturados.

Decio quería apóstatas, no mártires, pero las ejecuciones que se llevaron a cabo fueron numerosas. En algunas partes del Imperio las persecuciones dieron resultado y produjeron muchas defecciones, pero sólo a corto plazo; era común que los cristianos se ocultaran durante un tiempo y luego regresaran a su anterior forma de vida.

Las persecuciones continuaron bajo los regímenes de Galo y Valeriano, pero en el año 261 el hijo de este último, Galieno, finalmente incluyó el cristianismo en la lista de *religiones licitae* (religiones lícitas). Sin embargo, el período de tolerancia, que duró unos 40 años, no fue sino el preludio a una de las más sangrientas persecuciones, iniciada por el emperador Diocleciano, que subió al poder en el año 284.

Los edictos de Diocleciano

Unos dos años después de asumir el trono, Diocleciano dividió el Imperio en dos partes, la de Oriente y la de Occidente, y nombró a dos emperadores mayores, o augustos, y dos menores, o césares. Él quedó como augusto de Oriente. El propósito de Diocleciano era reformar el gobierno y el ejército. Mientras se realizaban estas reformas, el emperador se encolerizó cuando, hacia el año 298, unos cristianos de la corte hicieron la señal de la cruz al ver cómo se examinaban las entrañas de un animal para pronosticar el futuro. Como los augurios no eran buenos, Diocleciano instituyó una purgación de cortesanos y soldados cristianos.

Además, había algunos romanos que culpaban a los cristianos de los apuros económicos que padecía el Imperio; como resultado de todo ello, en el año 303 se promulgó el primero de cuatro edictos cuyo propósito era acabar por completo con el cristianismo. Este primer edicto prohibía las reuniones religiosas, ordenaba la destrucción de las iglesias y la entrega de los libros y despojaba de muchos derechos civiles a los cristianos. El segundo ordenaba el encarcelamiento de los clérigos. El tercero disponía su perdón si ofrecían sacrificio a los dioses y su muerte si se negaban a ofrecerlo. Y el cuarto, promulgado en el año 304, era una orden de que "todo el mundo" ofreciera tales sacrificios, so pena de muerte o trabajos forzados.

Constantino el Grande

La persecución continuó durante los regímenes de Galerio en Oriente y Constancio en Occidente, hasta que en el año 311 Galerio, no con mucha seguridad, decretó la tolerancia del cristianismo en sus territorios. En el año 312 el hijo de Constancio, Constantino, derrotó a Majencio (hijo de un anterior augusto de Occidente) en la batalla del Puente Milvio, cerca de Roma, y con ello aseguró para sí el trono de Occidente. Se dice que antes de la batalla Constantino oró al "dios supremo" para anular ciertos poderes mágicos atribuidos a Majencio. Su recompensa fue la visión que apareció en el cielo de

El emperador Domiciano (abajo, derecha) castigó a quienes rechazaban a los dioses romanos. Trajano (bajo estas líneas) persiguió a los cristianos sólo cuando eran denunciados y no se retractaban. Adriano (abajo, izquierda) continuó la política de Trajano hacia los cristianos. En el año 135 sofocó la segunda rebelión judía, y Judea pasó a ser la provincia de Siria-Palestina.

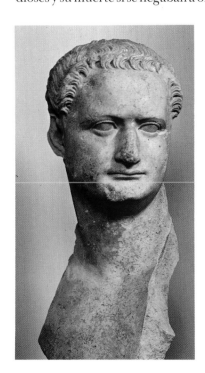

Las catacumbas de Roma

Las catacumbas eran cementerios subterráneos, "lugares de descanso" donde los cuerpos de los cristianos difuntos aguardaban la resurrección en nichos cerrados por una losa de mármol, pizarra o cerámica. Debido a que los romanos prohibían los entierros en zonas habitadas, los cementerios estaban fuera de las ciudades. Al principio los cristianos sepultaban a sus muertos en la tierra o en mausoleos, pero hacia el siglo III excavaron túneles en el blando suelo de toba, que al secarse se endurece como la roca. En el siglo IV quizá había unos 150 kilómetros de túneles bajo las colinas cercanas a Roma; no es probable que en ellos se escondieran los cristianos perseguidos, contra lo que se cree. También había catacumbas en Nápoles, Malta, Túnez y otros lugares.

Sobre estas líneas: Los peces y el ancla de este mosaico simbolizan a Cristo y sus fieles. Arriba: Catacumba de los santos Pedro y Marcelino, en Roma. Izquierda: Inscripción de una tumba ("y en tus oraciones aboga por nosotros, pues te conocimos en Cristo").

mediodía de una cruz flamígera y que llevaba una inscripción: *In hoc signo vinces* ("Por este signo vencerás"). También se dice que Constantino soñó en una ocasión con Cristo, que le aconsejó poner en los escudos de sus soldados el símbolo *ji-ro* (las dos primeras letras de la palabra *Cristo*, en griego).

Sea como fuere, el hecho histórico es que Constantino ganó la batalla y el trono de Occidente, y que atribuyó su victoria al Dios de los cristianos. Entonces, en el año 313 él y Licinio, augusto de Oriente, promulgaron conjuntamente un edicto que permitía la total libertad de culto.

En el año 324 Constantino derrotó a Licinio quedando así como único soberano del Imperio. La sede del gobierno fue trasladada de Roma a Constanti-

Constantino el Grande, primer empera-dor cristiano, reunificó el Imperio Ro-mano en el año 324 y cambió la capital a Constantinopla. Aunque decía ser cris-tiano y abolió la crucifixión, además de haber favorecido que la Iglesia dejara de ser una secta ilícita y se transformara en una institución rica y poderosa, él fue bautizado a última hora: en su lecho de muerte, en el año 337.

nopla, la nueva capital, con lo cual el obispo de Roma se convirtió en una de las más importan-tes figuras políticas del Imperio de Occidente. En los años subsecuentes Constantino ordenó edificar espléndidas iglesias en muchas ciuda-des, incluyendo Roma y Constantinopla, y les otorgó cuantiosos caudales.

Según parece, Constantino consideraba el cristianismo como una posible fuerza unifica-dora del Imperio, pero su propia actitud era ambigua. Aunque decía ser cristiano, no esta-ba bautizado y seguía acuñando monedas con la imagen del dios solar Apolo. Cuando con-virtió el domingo ("día del Señor") en día feria-do oficial, lo llamó "el venerable día del sol".

En la Pascua del año 337, Constantino estaba en paz con la Iglesia y el Imperio al inaugurar otra de las iglesias con las que había adornado Constantinopla. En esta ocasión era una iglesia dedicada a los Santos Apóstoles. En los días subsecuentes el emperador enfermó. Las visi-tas a los baños salutíferos fueron en vano. Al acercarse la fiesta de Pentecostés, hizo las paces con el Todopoderoso, dividió el Imperio entre sus tres hijos y pidió al obispo de Nicomedia que lo recibiese formalmente en el seno de la Iglesia. Fue bautizado y, cuando todavía vestía la blanca túnica de los neófitos cristianos, murió el 22 de mayo, domingo de Pentecostés, poco más de 300 años después de que el Espíritu Santo descen-diera sobre los apóstoles en Jerusalén.

El legado de Constantino

Constantino introdujo a la Iglesia y sus líderes en los poderosos círculos impe-riales, como nunca había ocurrido. Convocó a un gran concilio de obispos en Nicea, que formuló el primer Credo (o Símbolo de Nicea) y determinó un sis-tema de organización para los jefes eclesiásticos. Contribuyó a que las iglesias recuperasen los bienes y la riqueza que habían perdido durante los años de persecución, y también comenzó a usar el poder del Estado para inclinar la balanza en favor de un bando cuando dentro de la Iglesia surgían polémicas teológicas; la herejía se convirtió en una falta contra el Estado.

Desde sus comienzos entre los incultos discípulos de un errante maestro judío, la Iglesia había pasado por muchas pruebas, entre ellas los prolongados conflictos internos y las brutales persecuciones externas. A partir de ese momento tomaba otro rumbo y se enfrentaba a una prueba distinta.

¿Sería capaz, sin perder su impar identidad espiritual, de formar la base de toda una compleja sociedad mientras sustituía o asimilaba las antiguas tradi-ciones de Grecia y Roma —y, con el tiempo, de vastas regiones del mundo— ?

En el siglo I el cristianismo era un concepto nuevo, pero sus raíces se hallaban en pueblos y ciudades que tenían un largo pasado. Con frecuencia, la historia del cristianismo se conjunta con la de tales lugares: es la historia de Nazaret, pueblo donde Jesús pasó su infancia y su juventud; de Cafarnaúm, centro del ministerio de Jesús, y de Betania, donde realizó uno de sus más prodigiosos milagros. Algunas ciudades famosas del Medio Oriente también participan en esta historia: Jericó, uno de los más antiguos asentamientos humanos; Cesarea Marítima, donde Herodes el Grande construyó el mayor puerto de Palestina; Antioquía, donde el cristianismo comenzó a perfilarse como una religión aparte, separada del judaísmo, y Damasco, sitio de la conversión de Pablo. Es la historia de los viajes de Pablo a Éfeso, donde sus triunfos misioneros provocaron un tumulto entre los devotos de Artemisa, diosa de la fertilidad; y de la iglesia por él fundada en Corinto, puerto famoso por sus relajadas costumbres. Finalmente, es la historia de Jerusalén y de Roma. En la época de Jesús, Jerusalén había sido capital del judaísmo durante más de 1.000 años, y llegó a ser ciudad sagrada también para los cristianos y los musulmanes. Roma, que persiguió a los cristianos, acabó siendo un fértil suelo en donde la Iglesia floreció hasta convertirse en la institución dominante de la Edad Media y en sucesora del propio Imperio Romano.

Alejandría

"Centro espiritual del mundo helenístico", Alejandría ostentaba la más famosa biblioteca de la Antigüedad. Esta hermosa ciudad fundada en 332-331 a.C. por Alejandro Magno a orillas del Mediterráneo, en la parte oeste del delta del Nilo, fue también un centro comercial muy próspero. Era el puerto más activo de su época y exportaba una enorme cantidad de trigo a Roma (era el "granero del Imperio"). Entre sus atractivos arquitectónicos se hallaba su célebre faro de 125 metros de altura, situado en la cercana isla de Faros. También era notable su elegante vía urbana principal, la Vía Canópica, de 60 metros de anchura y 5.5 kilómetros de longitud.

Apenas se le menciona en las Escrituras, pero en esta ciudad, de quizá un millón de habitantes en la época romana, vivía una comunidad judía. El filósofo judío Filón de Alejandría trató de conciliar las creencias judaicas y la filosofía griega, pero el más perdurable logro intelectual de la ciudad fue una versión al griego del Antiguo Testamento, llamada de los Setenta, que fue utilizada por los autores del Nuevo Testamento y por la Iglesia primitiva. Según la tradición, el apóstol Marcos realizó su primera conversión en esta ciudad en el año 45.

Antioquía

Según la tradición, la ciudad donde el cristianismo y el judaísmo comenzaron a separarse fue Antioquía, capital de la provincia romana de Siria. En este lugar, por primera vez, fueron llamados cristianos los seguidores de Jesús, y allí se inició realmente la misión evangelizadora entre los gentiles. El crecimiento de una vasta congregación de gentiles fue el motivo que condujo a los dirigentes de la Iglesia primitiva a declarar que era posible ser cristiano sin antes ser judío.

Antioquía fue fundada hacia el año 300 a.C. por un sucesor de Alejandro Magno, Seleuco I Nicátor, en honor de su padre, Antíoco. Era famosa su arquitectura, sobre todo el teatro, el balneario, el tribunal y una vía pública de más de tres kilómetros de longitud que se encontraba bordeada de pórticos y dotada de alumbrado. También tenía fama por la variedad de vicios que florecían alrededor del templo de Apolo y Artemisa. En el siglo I d.C., Antioquía era ya la tercera ciudad del Imperio Romano; sólo Alejandría y Roma la sobrepasaban en magnitud.

Durante la persecución desencadenada tras el martirio de Esteban, muchos judíos de Jerusalén huyeron a Antioquía y formaron el núcleo de la naciente comunidad cristiana de esta ciudad. Bernabé y Pablo pasaron allí un año; luego Antioquía le sirvió a Pablo como base de operaciones durante sus viajes. Según la tradición, el médico Lucas, que quizá es el autor de los Hechos de los Apóstoles y del evangelio que lleva su nombre, residió en Antioquía, donde posiblemente también fue escrito el evangelio según San Mateo.

Antioquía de Pisidia

La montañosa Pisidia nunca fue completamente subyugada por ninguno de los ejércitos que invadieron Asia Menor a lo largo de su historia. Hacia el año 300 a.C. los seléucidas establecieron una guarnición militar en su frontera con Frigia, y la ciudad que construyeron quedó bien protegida en una meseta que domina el río Meandro; la llamaron Antioquía en honor de Antíoco, quien fue el padre del fundador de la dinastía, Seleuco I (otras 16 ciudades fueron denominadas del mismo modo y por la misma razón).

Cuando Pablo y Bernabé, 350 años más tarde, se aventuraron hasta Antioquía de Pisidia, hallaron que allí las cosas poco habían cambiado desde los tiempos seléucidas. Tuvieron que cruzar por un peligroso desfiladero de los Montes Tauro frecuentemente asolado por salteadores, para llegar a lo que entonces era una guarnición romana pero que cumplía la misma función que en la época seléucida: subyugar el campo circundante. A pesar de su romanización, la ciudad todavía conservaba el sello de su pasado frigio. Era notable el templo dedicado al dios Men, representado por una cabeza de toro y asociado a Artemisa, diosa de la fertilidad. En la sinagoga, Pablo pronunció sermones acerca del papel de Jesús en el judaísmo y la admisión de los gentiles a la fe, cuestiones que habrían de separar de sus orígenes judíos al cristianismo.

Ascalón (Ashquelón)

Era una de las ciudades más antiguas de Tierra Santa. Se decía que había sido cuna del rey Herodes el Grande, que la dotó de "baños, suntuosas fuentes y pórticos" según Josefo, no obstante que este puerto mediterráneo situado a unos 30 kilómetros al norte de Gaza no estaba bajo el control herodiano.

Su abundancia de pozos había atraído a sus primeros pobladores, hacía ya más de 20 siglos. En el Antiguo Testamento, Ashquelón (tal era su nombre en aquella época) era una de las cinco ciudades filisteas que se opusieron a los israelitas durante el período de los Jueces, y fue donde Sansón mató a 30 enemigos (Jueces 14, 19). La ciudad fue destruida por Nabucodonosor II en 604 a.C. Más tarde, cuando diversos conquistadores avasallaron el Medio Oriente, los habitantes de Ascalón (tal fue su nombre grecorromano) sobrevivieron gracias a su diplomacia, capaz de convencer a los romanos de que declararan "libre y aliada" a la ciudad. Durante la primera rebelión judía contra Roma (años 66-70 d.C.), los judíos destruyeron parte de Ascalón.

Atenas

La Atenas que Pablo visitó durante su segundo viaje misionero, hacia el año 50, era sólo una sombra de la Atenas que 500 años antes había sido la principal ciudad de Grecia y el más importante centro cultural de Europa. El ímpetu que había dado origen al Partenón y otros templos, a las tragedias de Sófocles, las esculturas de Fidias, la filosofía de Sócrates y el poderío naval del imperio ateniense, se había disipado. Pero los atenienses estaban orgullosos de su pasado, y su ciudad todavía era un centro intelectual famoso, donde florecían diversas religiones y se discutían con ahínco nuevas ideas.

Entre estos refinados atenienses Pablo halló al que quizá fue su más difícil auditorio. A Pablo lo enfureció la idolatría y el politeísmo de los atenienses, y éstos a su vez trataban a Pablo como si fuera un sofista más, o un disertador viajero que predicaba "divinidades extranjeras". Discutiendo en la plaza pública, como Sócrates lo había hecho mucho tiempo atrás, Pablo se dirigía a los atenienses en el tono de toma y daca al que estaban habituados. En un discurso que pronunció ante los dirigentes de la ciudad, habló de Dios como única divinidad, creador de todo el universo, apartado de los templos e imágenes que los hombres hacen. También habló de Jesús y de la resurrección, pero muchos atenienses se mofaron de lo que decía.

Azoto (Ashdod)

Al igual que Ascalón, su ciudad gemela, Azoto era una importante plaza comercial de Levante. Situada a 5 kilómetros tierra adentro y a unos 15 kilómetros al norte de Ascalón, constituía una parada en la ruta comercial llamada Vía Maris. Según la antigua tradición hebrea, Ashdod (tal fue su primer nombre) estuvo poblada por anaquitas o "gigantes". En los tiempos del Antiguo Testamento, era una de las cinco ciudades filisteas y poderosa rival de los israelitas; en la época de Nehemías fue capital filistea.

Herodoto menciona que en el siglo VII a.C. Egipto sitió la ciudad durante 29 años. Como otras ciudades del Medio Oriente, Azoto (tal fue su nombre grecorromano) fue golpeada por más de un conquistador, pero siguió oponiéndose a los intereses judíos, hasta que durante el período macabeo fue tomada y devastada. Los romanos la reconstruyeron y la pusieron en manos de Herodes el Grande, que la regaló a su hermana Salomé. En esta antigua plaza fuerte filistea convivieron los judíos y los gentiles. Según los Hechos (8, 40), el apóstol Felipe fue el primero en predicar allí el evangelio, probablemente hacia el año 38.

Belén

Belén, pueblo de las colinas del sur de Jerusalén, en Judea, fue sagrado para los judíos varios siglos antes de que naciera Jesús. La tumba de Raquel, esposa de Jacob y madre de José y Benjamín, se hallaba en este pueblo. Allí vivió Rut con su esposo Booz; nació David, descendiente suyo, que fue ungido como rey de Israel. En el siglo VIII a.C. el profeta Miqueas predijo que en Belén nacería otro jefe, descendiente de David y que devolvería a los hebreos su antigua gloria tras haber sufrido la humillación y el exilio. Siete siglos después, los judíos aún esperaban el cumplimiento de esta profecía —entre ellos, según San Mateo, Herodes el Grande, que al saber por los Magos que había nacido el Mesías, mandó matar a todos los niños varones de menos de dos años de edad que hubiesen nacido en la región de Belén—.

El edificio más imponente de Belén es la iglesia de la Natividad, construida sobre la cueva que por lo menos desde el siglo II se considera como sitio donde nació Jesús. En el siglo IV, San Jerónimo vivió en Belén durante varios años y allí terminó la traducción de la Biblia al latín.

Betania

En la época de Jesús, como en la actualidad, Betania era un suburbio de Jerusalén situado a menos de tres kilómetros de la ladera este del monte de los Olivos. Desde Betania comenzó Jesús su entrada triunfal en Jerusalén el Domingo de Ramos. En este pueblo vivían algunos de sus mejores amigos: Marta, María y su hermano Lázaro, a quien Jesús resucitó. Según San Lucas, después de su propia resurrección Jesús llevó a sus discípulos a Betania, y desde allí ascendió a los cielos. Antes del año 385 se construyó una iglesia sobre la cripta donde, según la tradición, fue sepultado Jesús.

Cafarnaúm

En Cafarnaúm vivió Jesús en Galilea durante su ministerio. Situado en la ribera noroeste del Mar de Galilea, cerca del camino de Damasco a Egipto y rodeado de los frondosos y fértiles valles que dan fama a la región, Cafarnaúm era el pueblo principal de ésta. Lo habitaban pescadores, labradores y pequeños comerciantes. En el Nuevo Testamento se menciona a un centurión y a varios recaudadores de impuestos, a propósito de Cafarnaúm, lo cual sugiere que pudo haber allí una guarnición de soldados romanos y una aduana, probablemente debido a su cercanía a la frontera entre el territorio de Herodes Antipas y la región que, al este, controlaba su hermano Herodes Filipo. Desde luego, Cafarnaúm era más grande y mundano que el cercano Nazaret, donde Jesús se crió.

Durante muchos años se discutió la ubicación exacta de Cafarnaúm. Recientemente, se ha llegado a la conclusión de que corresponde al actual Tel Hum, donde se excavaron las ruinas de una sinagoga grande y ricamente decorada que seguramente data de los siglos II o III d.C. En la Antigüedad solían construirse templos nuevos en el sitio de los precedentes, y es posible que dichas ruinas ocupen el sitio de una sinagoga anterior, en la cual habría predicado Jesús. Cerca, bajo las ruinas de una iglesia del siglo V, los arqueólogos han descubierto lo que creen que fue la casa del apóstol Pedro (ver reconstrucción, página 224), donde Jesús vivió durante su estancia en Cafarnaúm.

Cesarea (Cesarea Marítima)

En la Judea del siglo I d.C., Cesarea era una ciudad nueva y, un reflejo de su constructor, el rey Herodes el Grande. Como él, no tenía raíces en el pasado hebreo, como él surgió del ingenio y de la fuerza de voluntad para dominar un paisaje que por naturaleza le era contrario. Y como él, era judía por ubicación, pero su espíritu añoraba Roma.

El sitio donde se fundó Cesarea había sido ocupado en el siglo III a.C. por los fenicios, que construyeron un pequeño fondeadero fortificado, lo mejor que pudieron en una costa recta, inapropiada para un puerto. El lugar se llamó Torre de Estratón, en honor de uno de los reyes fenicios de Sidón. En los siglos subsecuentes el pequeño puerto fue tomado por el dirigente asmoneo Alejandro Janeo, y después por Pompeyo, general romano. Augusto le cedió a Herodes este lugar, y el rey, entre los años 22 y 10 a.C. aproximadamente, construyó una ciudad nueva y espléndida, a la que llamó Cesarea en honor del emperador.

Todo en ella reflejaba en gran escala los gustos romanos que Herodes tanto admiraba. El puerto estaba bordeado de edificios de mármol cuyos muros relumbraban a la luz del sol. En otras partes de la ciudad había un teatro romano, un hipódromo, un palacio y una vía pública flanqueada por pórticos. Los prefectos romanos, Poncio Pilato entre ellos, vivieron en esta ciudad, que era claramente una plaza del helenismo ubicada cerca del centro del mundo judío.

Aunque Jesús nunca estuvo en Cesarea, ésta era, junto con Jerusalén, una ciudad clave del mundo en que él vivía, mencionada frecuentemente en el Nuevo Testamento. En ella vivió y predicó el apóstol Felipe, y en ella Pedro, tras de la visión que lo convenció de predicar no sólo a los judíos sino también a los gentiles, convirtió al centurión Cornelio. Varias veces fue Cesarea un punto de partida o de llegada para Pablo en sus viajes al oeste, y en Cesarea fue llevado preso ante el gobernador romano Félix, tras de los disturbios de Jerusalén; en Cesarea permaneció encarcelado dos años, tuvo una audiencia con el gobernador Festo, el rey Herodes Agripa II y su hermana Berenice, y de allí se embarcó para Roma en su viaje final.

En el año 60, el emperador Nerón negó a los judíos los derechos que los habitantes sirios helenizados tenían; surgieron disputas entre judíos y sirios y, en el año 66, estalló la primera rebelión judía contra Roma. Durante esta rebelión, Cesarea sirvió como base de operaciones a las tropas romanas capitaneadas por Vespasiano y por Tito.

Cesarea de Filipo

Jesús y sus discípulos llegaron a los pueblos cercanos a Cesarea de Filipo al final del ministerio de Jesús en Galilea. Fue allí donde él les preguntó quién creían que era, a lo que Pedro respondió: "Eres el Cristo." También allí les anunció su muerte inminente, y quizá por primera vez ellos comenzaron a entender cuál era la naturaleza del reino que les anunciaba.

Cesarea de Filipo tenía una ubicación bella y poco común. Se hallaba situada al pie del monte Hermón, en una meseta, a 350 metros sobre el extenso valle del Alto Jordán. En este lugar se encuentra una de las principales fuentes de este río, en una apacible cueva que constituye "un sitio natural de adoración". Es casi seguro que en esta cueva se rindió culto a algunas antiguas deidades semíticas, mucho antes de que los griegos, después de la conquista de Alejandro Magno en 332 a.C., erigieran un santuario y dedicaran la cueva a Pan, dios de la naturaleza (el nombre anterior de la ciudad era Paneas), y a las Ninfas.

La ubicación de la ciudad también era estratégica. Abajo, en la llanura, los seléucidas derrotaron a los ptolemaicos y asumieron el mando de Judea, en 200 a.C. Durante el período romano, el emperador Augusto le entregó la ciudad a Herodes el Grande. Después de la muerte de éste, pasó a manos de su hijo Herodes Filipo, que la engrandeció, la rebautizó en honor del emperador y de sí mismo y la convirtió en capital. Durante el siglo I la ciudad fue pagana en su mayor parte. En ella se acuartelaron las tropas romanas durante la primera rebelión judía (años 66-70).

Corinto

La ciudad griega de Corinto era tan perversa que su nombre fue raíz de un verbo que en griego significa "complacerse en bajos desenfrenos". Sin embargo, en el año y medio que Pablo pasó entre los habitantes de este bullicioso centro naval, estableció una de las mayores iglesias o comunidades cristianas, aunque no por ello dejó de ser problemática. No fue casualidad el que varias de las epístolas de Pablo hubiesen sido escritas en Corinto, inclusive la Epístola a los Romanos.

Corinto estaba situada en el istmo de apenas 5.5 kilómetros de anchura que une las partes central y meridional de Grecia, a mitad de camino entre Italia y Asia Menor. Floreció como una de las mayores plazas comerciales del Mediterráneo hasta que Roma invadió Grecia en 146 a.C., cuando el general Lucio Mumio arrasó casi toda la ciudad y vendió como esclavos a sus sobrevivientes. Durante un siglo aquellas ruinas fueron un desolado monumento a la despiadada omnipotencia romana. Finalmente, en 44 a.C., Julio César restableció la ciudad como colonia romana. La privilegiada ubicación de Corinto aceleró su crecimiento. Llegaron inmigrantes de Italia y de Levante. En el año 27 a.C. era ya capital de la provincia romana de Acaya, y cuando hacia el año 50 d.C. Pablo la visitó, quizá tenía 600.000 habitantes.

Su carácter cosmopolita la convirtió en ciudad de cultos religiosos; se practicaban religiones tan lejanas como las de Egipto y Fenicia. Al santuario de

Asclepio, dios sanador, llegaban peregrinos de todas partes que a menudo dejaban como ofrendas votivas unas figurillas de barro con la forma de la parte del cuerpo que, según creían, el dios les había curado. El principal templo de Corinto estaba dedicado a Afrodita, diosa griega del amor. En lo alto del Acrocorinto, a 575 metros de altura, este templo era atendido por prostitutas sagradas que contribuían a la mala reputación de la ciudad.

Mientras vivió en Corinto, Pablo se ganaba la vida haciendo tiendas; habitaba en casa de Aquila y Priscila, matrimonio cuyo oficio era también el de hacer tiendas y que había salido de Roma a raíz de la expulsión que Claudio decretó contra los judíos. Es notable que, en Corinto, Pablo fuera perseguido por los judíos más ortodoxos, que consideraban sus enseñanzas como una herejía. Lo llevaron ante el procónsul romano pero éste dio por terminado el caso, aduciendo que se trataba de una cuestión referente a la interpretación del judaísmo, religión permitida por los romanos, y no de la introducción de una nueva religión, lo cual sí habría violado las leyes. Pablo siguió viviendo en Corinto pero más tarde se trasladó a Éfeso.

El ministerio de Pablo en Corinto estuvo consagrado sobre todo a los pobres. Las cartas que escribió a esta comunidad, que en parte se han conservado en las dos Epístolas a los Corintios, revelan la frustración y la preocupación que Pablo sentía frente a las divisiones que se producían en ella. Después de dejar Corinto, Pablo regresó con la intención de resolver tales conflictos; es evidente que aquella comunidad era para él una de las más queridas.

Damasco

Esta importante ciudad comercial siria está asociada a la conversión de Pablo, pero antes de que el apóstol la visitara, ya tenía una historia muy rica e interesante, pues es una de las más antiguas ciudades que sin interrupción han permanecido habitadas.

Damasco está situada en un oasis, a la orilla del desierto de Siria y al este del monte Hermón. En la Antigüedad confluían en ella dos rutas comerciales principales: la Vía Maris, que iba de Mesopotamia al Mediterráneo, y el Camino Real, que iba del norte de Siria a Arabia y el Mar Rojo. Entre las principales exportaciones de la ciudad se contaban la tela llamada damasco, tejida con diseños reversibles, y el acero.

Cerca de Damasco, Abraham salvó a su sobrino Lot de los reyes invasores procedentes del este, y hacia el año 1000 a.C. David conquistó la ciudad. Damasco recuperó su independencia durante el reinado de Salomón y se convirtió en la ciudad dominante de Siria. Durante varios siglos después, fue conquistada por los asirios, los persas y Alejandro Magno; luego perdió importancia, cuando los seléucidas convirtieron a Antioquía en capital de Siria. Fue sometida al régimen romano por Pompeyo, en 64 a.C., y más tarde fue cedida a Marco Antonio y Cleopatra, pero Augusto la recuperó para Roma.

En Damasco había una importante comunidad de judíos; muchos seguidores de Jesús se refugiaron allí durante la persecución que se desencadenó tras el martirio de Esteban en Jerusalén. En ese lapso, Pablo consideraba al cristianismo como una peligrosa herejía y se hallaba entre sus más violentos opositores; obtuvo del sumo sacerdote de Jerusalén la autorización para ir a Damasco a erradicar la nueva fe. Sin embargo, al aproximarse a la ciudad, quedó ciego tras de una visión; fue llevado a Damasco, donde Ananías le devolvió la vista, y tras de ser bautizado comenzó a predicar el mensaje de Jesús en las sinagogas de la ciudad hasta que vio amenazada su vida. Los discípulos lo ayudaron a huir, descolgándolo en un cesto por las murallas de la ciudad durante la noche.

Al culminar la primera rebelión judía contra Roma, Damasco fue escenario de una trágica persecución en la que quizá murieron 10.500 judíos. Según la tradición musulmana, Damasco es el lugar adonde Jesús regresará en su segundo advenimiento, para destruir al Anticristo.

Éfeso

Famoso en todo el mundo por sus magos y por su gigantesco santuario pagano, el espléndido puerto egeo de Éfeso era uno de los sitios en donde la misión de Pablo tuvo mayor éxito. Éfeso estaba ubicado en la desembocadura del río Caistro, en Asia Menor, a unos pocos kilómetros de la costa. Era un importante centro de intercambio comercial entre las rutas marítimas del oeste y las rutas terrestres del este. En el siglo I d.C. fue una de las cuatro ciudades más grandes del Imperio Romano; su población tal vez llegaba a 250.000 habitantes. Arquitectónicamente, la ciudad era magnífica. Su principal vía pública se consideraba como "la calle más espléndida del Imperio Romano"; tenía 11 metros de anchura, unos 500 metros de largo y estaba flanqueada por pórticos cuyos techos ostentaban una notable ornamentación.

El sitio más famoso de la ciudad era el templo de Artemisa, que no estaba dedicado a la virgen cazadora de las mitologías griega y romana sino a otra Artemisa, más antigua, asiática y cuya estatua tenía innumerables senos, pues se trataba de una diosa de la fertilidad. El templo era cuatro veces más grande que el Partenón de Atenas; tenía más de 100 columnas, de casi 2 metros de diámetro y más de 16 metros de altura, y se consideraba como una de las Siete Maravillas del mundo antiguo.

Poco después de que Pablo llegó a esta exótica ciudad, muchos efesios creyeron que era uno de tantos magos. Pero Pablo se quedó más de dos años. Primero predicó en la sinagoga, pero como tuvo una querella con los jefes judíos, luego predicó en un recinto alquilado; para subsistir trabajaba desde el amanecer hasta mediodía, que era el horario normal, y por la tarde se dedicaba a su ministerio mientras que la mayoría de la gente descansaba.

Paradójicamente, su éxito como predicador lo obligó a abandonar Éfeso. Los plateros efesios ganaban buen dinero haciendo figurillas y vendiéndolas en el templo de Artemisa; como Pablo a su vez convertía a mucha gente a la nueva fe, se convirtió en una amenaza para los plateros, cuyos temores desembocaron en un alboroto público. Pablo partió para Macedonia.

Tiempo después, al volver a Jerusalén, Pablo evitó pasar por Éfeso y prefirió hacer escala en Mileto, al sur. Allí se reunió con los presbíteros de la comunidad de Éfeso y, en un emotivo discurso, se despidió de su misión en Asia.

Sin embargo, Éfeso siguió teniendo mucha importancia para el cristianismo. Supuestamente y según una tradición, a esta ciudad emigró el apóstol Juan con la Virgen María después de la crucifixión de Jesús; en el supuesto sitio de la tumba de Juan se erigió la basílica de San Juan el Divino, en el siglo VI. En el año 431 se llevó a cabo en Éfeso un célebre concilio ecuménico.

Emaús

San Lucas (24, 13-31) narra una conmovedora historia acerca de la experiencia que dos discípulos de Jesús tuvieron de la resurrección de su maestro. Cleofas y un compañero caminan de Jerusalén al pueblo de Emaús el día de Pascua. De pronto se les une un extraño que parece no estar enterado de la crucifixión de Jesús. Los dos discípulos le cuentan acerca de la muerte de su maestro, las apariciones que en su sepulcro han ocurrido, así como su propia desesperanza. Pero el extraño se enfada cuando ellos manifiestan esta falta de fe y, mientras continúan caminando, interpreta las Escrituras con relación al advenimiento del Mesías. Al acercarse a Emaús, al atardecer, los dos discípulos invitan al extraño a pernoctar con ellos. Llegada la hora de la cena, él parte el pan y lo reparte entre ellos; entonces, dice San Lucas, "se les abrieron los ojos y lo reconocieron": era Jesús, su maestro, pero él desaparece tan misteriosamente como había aparecido.

No se sabe a ciencia cierta cuál población actual corresponde al antiguo Emaús. Se mencionan cuatro como posibles. Una de ellas, Qalonyé, podría ser el Emaús, que el historiador Josefo identifica como el sitio donde habitaban los veteranos romanos. Otra, Abu Ghosh, a unos 15 kilómetros de Jerusalén, fue el sitio donde se acuartelaron algunos destacamentos de la Décima Legión romana. En El-Qubeiba estaba una fortificación romana denominada Castellum Emmaus. Aunque quizá Amwás, llamada Nicópolis desde que en el siglo III d.C. fue reconstruida, sea la candidata más probable. Desde el siglo IV, los peregrinos que iban a Tierra Santa consideraban a esta población como Emaús, y una de sus características naturales parece apoyar tal opinión. El nombre griego Emmaus se deriva de una palabra semítica que significa "pozos tibios", y Amwás tiene dos pozos de agua tibia, en efecto. El único problema es que este lugar está demasiado lejos de Jerusalén; las versiones más antiguas del evangelio según San Lucas refieren que Emaús estaba a unos 60 estadios (unos 11 kilómetros) de Jerusalén, pero Amwás está a 160 estadios (unos 27 kilómetros). No obstante, hay otras versiones antiguas de dicho evangelio según las cuales Emaús distaba 160 estadios de Jerusalén, aunque algunos expertos no las consideran fidedignas.

Esmirna (Izmir)

Esta extensa ciudad portuaria de Asia Menor, situada en la costa del Mar Egeo, era extremadamente peligrosa para los primeros cristianos. La iglesia o comunidad que allí existía es una de las dos únicas que Juan alaba en el Apocalipsis; Juan, percatándose de la pobreza material y la riqueza espiritual de los creyentes de Esmirna, les advierte que podrían sufrir persecuciones. Y, efectivamente, la comunidad judía de esta ciudad hermosa y cosmopolita sentía una violenta hostilidad hacia el mensaje evangélico; algunos de sus miembros estaban tan deseosos de martirizar al anciano obispo de la ciudad, Policarpo, hacia el año 156 d.C., que llegaron a quebrantar el descanso sabático con tal de juntar suficiente leña para la hoguera en donde finalmente lo quemaron vivo.

El puerto comenzó siendo una colonia griega; era próspero cuando hacia el año 600 a.C. los lidios lo conquistaron y dispersaron a sus habitantes. Casi 400 años después, los sucesores de Alejandro Magno construyeron allí una nueva ciudad; la población alardeaba de habitar en una ciudad que había "muerto y vuelto a vivir". Esmirna llegó a ser magnífica, con una acrópolis en el monte Pagos, a unos 125 metros de altura. Sus grandiosos edificios públicos incluían el Homerio, templo erigido en honor de Homero, supuestamente nacido en Esmirna. Se decía que las murallas y los edificios de la acrópolis se asemejaban a una corona, imagen que solía representarse en las monedas y en los monumentos públicos; por su parte, los acosados cristianos transformaron la corona de Esmirna en un símbolo religioso que evocaba las palabras de Juan referentes a la "corona de la vida".

Filipos

La primera ciudad macedonia que Pablo visitó fue Filipos, donde había una guarnición militar romana. Su nombre honraba a Filipo II, padre de Alejandro Magno. Filipo conquistó la región en 356 a.C., atraído por su importancia estratégica y por sus minas de oro. La llanura cercana a la ciudad era célebre pues allí Octavio y Marco Antonio derrotaron a Bruto y Casio, en el año 42 a.C., durante la guerra civil romana. Muchos habitantes de la ciudad eran descendientes de los seguidores de Marco Antonio, a quienes Octavio obligó a abandonar Italia después de derrotar a éste y a Cleopatra para dominar sin rivales el Imperio. Como resultado de lo anterior, pocos lugares del Mediterráneo eran tan afines a Roma como lo era Filipos. En esta ciudad, Pablo fue perseguido no como cristiano sino como judío, lo cual le ocurrió en muy pocos lugares. Fue llevado ante las autoridades acusado de ser un propagandista antirromano al que no le bastaba profesar el judaísmo, lo cual era lícito, sino que trabajaba activamente para convertir a la gente a la fe judía, lo cual era una amenaza para la religión oficial, que rendía culto al emperador. Se reunió una furiosa multitud. Pablo y su compañero, Silas, fueron desnudados, azotados y puestos en prisión, con los pies sujetos en un cepo. Esa noche, un violento terremoto sacudió la prisión. El carcelero, desesperado por el temor de que sus prisioneros escaparan (lo cual le hubiera acarreado la muerte) intentó suicidarse, pero Pablo lo detuvo y le dijo que todos los presos seguían en la cárcel ("No te hagas ningún mal, estamos todos aquí"). El carcelero quedó perplejo. Llevó a Pablo y a Silas a su casa, les lavó las heridas y les dio de comer —y él y su familia fueron bautizados—. A la mañana siguiente, Pablo y Silas fueron puestos en libertad.

Pablo regresó a casa de Lidia, una gentil que trabajaba en Filipos como vendedora de púrpura. Como muchas otras mujeres de estas regiones, Lidia desempeñaba un papel activo en la comunidad cristiana; se había convertido al cristianismo al comienzo de la visita de Pablo. El apóstol se despidió de la comunidad filipense en casa de esta mujer y partió para Tesalónica.

La iglesia filipense, fundada por Pablo, le tenía una gran devoción. Cuando el apóstol fue encarcelado de nuevo (probablemente en Roma), los fieles enviaron en su ayuda a un emisario; conmovido, Pablo le entregó al emisario la Epístola a los Filipenses, que forma parte del Nuevo Testamento y en la cual los exhorta a mantener la fe en Jesús a pesar de la adversidad.

Gadara

Antes de la época de Jesús, Gadara era ya un centro de cultura griega en Palestina. Por lo que a la Biblia se refiere, esta población sólo se menciona en los evangelios, a propósito de un endemoniado (o de dos, según la versión de San Mateo). Cuando Jesús expulsó a los demonios, éstos entraron en una piara de cerdos, que a su vez se arrojaron al Mar de Galilea. Aunque Gadara estaba a unos 11 kilómetros al sureste de dicho lago, su territorio quizá llegaba hasta la ribera; algunas monedas han permitido deducir que los embarques constituían una de las actividades comerciales de esta población.

Gadara, que en otros tiempos había sido capital de Galaad, formaba parte de la Decápolis; siguió siendo una ciudad predominantemente griega después de haber sido conquistada por los romanos, cuyo emperador Augusto la cedió a Herodes el Grande.

Herodión

(Ver capítulo 3, "Jerarquías y plebe".)

Jericó

Los vestigios arqueológicos de Jericó se remontan hasta 10.000 años: es una de las más antiguas ciudades del mundo, pero su ubicación cambió por lo menos dos veces. La Jericó que visitó Jesús no era la ciudad del Antiguo Testamento que Josué destruyó, sino una nueva, situada a 1.5 kilómetros al sur de la anterior y donde el rey Herodes el Grande construyó su capital de invierno. Aunque Jericó y Jerusalén distan entre sí unos 22 kilómetros solamente, ambas tienen climas muy diferentes, sobre todo en invierno. Jerusalén se encuentra a una altitud de 763 metros, en las tierras altas de Judea; sus inviernos son extremadamente fríos y secos. En cambio, Jericó es la ciudad más baja del mundo; se extiende a lo largo de un uadi (arroyo del desierto) en el extremo sur del valle del Jordán; sus inviernos son muy benignos.

Jericó estaba rodeada por un oasis, resultado de los abundantes manantiales y de un complejo sistema de riego construido en el siglo II a.C. por los dirigentes asmoneos de Israel, que también pasaban el invierno en este lugar. El campo aledaño es exuberante, y el bálsamo que allí se producía era una de las principales exportaciones de Judea.

En Jericó Herodes mandó construir uno de sus más bellos palacios (ver reconstrucción, páginas 68-69), en donde murió en el año 4 a.C.

Los evangelios refieren que Jesús visitó esta ciudad al final de su ministerio, cuando viajó de Galilea a Jerusalén, pero sin duda ya había visitado Jericó anteriormente. El sitio tradicional de su bautismo, en el río Jordán, se encuentra a unos 8 kilómetros al este, y Yebel Qarantal, donde se supone que tuvieron lugar las tentaciones del desierto, domina la llanura a unos cuantos kilómetros al noroeste. La parábola del Buen Samaritano se refiere a un lugar situado a 8 kilómetros de Jericó: un angosto desfiladero en el desolado camino que conduce a Jerusalén.

Cuando estuvo en Jericó, Jesús trató lo mismo a los pobres que a los ricos. De camino a la ciudad, curó a un pordiosero ciego, y más tarde se alojó en casa de Zaqueo, recaudador de impuestos y uno de los hombres más acaudalados de la ciudad.

Durante la primera rebelión judía (años 66-70) las tropas romanas de Vespasiano se acuartelaron en Jericó; es posible que éstas fueran las que destruyeron la comunidad esenia de Qumrán. Tras la caída de Jerusalén al final de dicha rebelión, Jericó declinó rápidamente. Cuando la ciudad volvió a ser escenario de hostilidades, durante la rebelión de Bar Kokebá en los años 132-135, ya no era más que una pequeña plaza militar. Paulatinamente, en el transcurso de los siglos subsiguientes, la ciudad fue quedando abandonada; las arenas del desierto fueron cubriendo la llanura que antes había sido tan fértil y sepultaron las piscinas y los palacios que habían sido el orgullo de Herodes.

Jerusalén

(Ver capítulo 5, "Jerusalén, la Ciudad Santa".)

Joppe (Jaffa)

El nombre Joppe se deriva de una palabra hebrea que significa "belleza"; ciertamente, esta ciudad situada en lo alto de una colina que domina el Mediterráneo debe de haber disfrutado de un sorprendente panorama marino. Un rompeolas natural protegía el pequeño puerto, que fue uno de los primeros que en Palestina existieron. Está demostrado que en Joppe existió una fortaleza desde el siglo XVIII a.C.

Tanto la historia como la leyenda se refieren a esta ciudad. Los egipcios la conquistaron hacia 1468 a.C., introduciendo en ella a soldados ocultos en cestos. Según un mito griego, Joppe fue el lugar donde Perseo rescató a la princesa Andrómeda, cautiva de un monstruo marino; todavía en la época romana había embaucadores que se ganaban la vida mostrando "huesos de monstruo" y "las cadenas de Andrómeda" a los incautos. En el siglo X a.C. Salomón dio gran impulso al puerto de Joppe, que se convirtió en el principal paso para la madera de cedro de Líbano destinada a la construcción del Templo de Jerusalén. Según la Biblia, Jonás partió de Joppe tratando de soslayar una orden de Dios, pero fue tragado por una ballena.

En 701 a.C. la ciudad fue conquistada por los asirios, y después por Alejandro Magno. Quedó bajo el control de Herodes el Grande en el año 37 a.C., pero este rey optó por construir el puerto principal de sus dominios más al norte, en Cesarea. En el Nuevo Testamento, Joppe está relacionada con el apóstol Pedro; en este lugar resucitó a Tabitá, una discípula, y también tuvo allí una visión en la que Dios le dijo que no había alimentos impuros, lo cual fue interpretado por Pedro como un indicio de que el mensaje de Jesús debía llegar no sólo a los judíos sino a toda la humanidad.

Durante la primera rebelión judía que se suscitó contra Roma (años 66-70), Joppe fue un bastión para los patriotas judíos; el general Vespasiano destruyó la ciudad en el año 68.

Lida (Lod)

Lod, cuyo nombre helenístico habría de ser Lida, fue fundada por la tribu de Benjamín en el extremo sur de la llanura de Sarón. Situada en un sitio estratégico, donde el camino principal de Joppe a Jerusalén se cruzaba con la ruta que iba de Egipto a Babilonia. Fue destruida varias veces, pero siempre resurgió como una plaza comercial de relativa prosperidad; tenía fama por sus telas de púrpura. La rebelión macabea comenzó a unos cuantos kilómetros al este, en el pueblo de Modín.

Pedro hizo en Lida un milagro: curó a un hombre que durante ocho años había estado paralítico; la noticia de este milagro se difundió rápidamente hasta Joppe y propició que Pedro extendiera su ministerio hasta Cesarea.

Lida fue destruida durante la primera rebelión judía (años 66-70), no obstante, los romanos la reconstruyeron. Una de las leyendas locales se refiere a San Jorge, santo patrono de Inglaterra, quien supuestamente mató a un dragón; se dice que el santo fue enterrado en Lida después de haber pertenecido a una legión romana, haberse convertido al cristianismo y haber sido martirizado a principios del siglo IV.

Listra

Listra, ciudad de Licaonia, Asia Menor, y cuyos orígenes se remontan al año 3000 a.C., era en el siglo I d.C. el mayor bastión romano contra las tribus que poblaban las montañas de la región. Pablo y Bernabé llegaron a Listra huyendo de los hostiles judíos de Iconio, y allí hicieron uno de los más sorprendentes milagros narrados en los Hechos: la curación de un pordiosero tullido de nacimiento. Este milagro convenció a los licaonios de que los misioneros eran Zeus y Hermes, dioses griegos que, según la leyenda, habían visitado dos veces esta región con apariencia de hombres. Para impedir que se les ofrecieran sacrificios, Pablo y Bernabé rasgaron sus vestidos tal como lo exigía la tradición judía en caso de blasfemia. Poco después llegaron de Antioquía de Pisidia y de Iconio algunos judíos opositores e instigaron al pueblo en contra de los misioneros. Pablo fue lapidado y lo creyeron muerto, pero se recuperó y huyó con Bernabé a Derbe. Sin embargo, Pablo regresó dos veces a Listra y allí convirtió al cristianismo a quien, en adelante, habría de ser uno de sus más fieles compañeros y un destacado misionero: Timoteo.

Malta

En la Antigüedad, la rocosa isla mediterránea de Malta se llamaba Melita, nombre que quizá se derivaba de una palabra fenicia que significa "escape"; buen nombre éste, pues la isla era a menudo el único puerto seguro para los marineros durante las tempestades. Uno de los viajeros que allí hallaron refugio fue Pablo. Después de dos semanas de inclemente tormenta, el buque carguero que llevaba a Pablo en calidad de prisionero a Roma naufragó en una bahía de la costa noreste de la isla (quizá en la que hoy se denomina Bahía de San Pablo).

Según los Hechos, mientras recogía leña después del naufragio, Pablo fue mordido por una serpiente pero quedó ileso, lo que hizo pensar a muchos que se trataba de un dios. Hoy día no hay en Malta serpientes venenosas, y es posible que la que mordió a Pablo tampoco lo fuera.

También en Malta realizó Pablo una curación milagrosa. Sus oraciones y la imposición de manos curaron al padre del principal magistrado, que padecía de fiebre y disentería; estos males eran comunes en Malta y posiblemente los causaba una bacteria presente en la leche de cabra.

Pablo y sus acompañantes permanecieron tres meses en la isla, esperando a que pasara la temporada de tormentas invernales. No obstante, Pablo no predicó allí, posiblemente porque no conocía el idioma maltés.

Masada

(Ver capítulo 2, "Tierra de conflictos".)

Meguiddó

Esta ciudad del norte de Palestina se convirtió en símbolo de la última batalla catastrófica entre las fuerzas del bien y del mal, descrita en el Apocalipsis (16,14-16). El término profético *Harmaguedón* es una corrupción de la frase hebrea *Har Medigddó*, que significa "Montaña de Meguiddó". Dicha montaña convirtió a la ciudad en botín militar a lo largo de su conflictiva historia. Dado que dominaba el valle de Jezrael (o llanura de Esdraelón) y, por tanto, dos de las más estratégicas rutas comerciales del Medio Oriente —la Vía Maris, que iba de Egipto a Siria y Mesopotamia, y la ruta que comunicaba el este de Palestina con el Mediterráneo—, Meguiddó era la clave para conquistar el norte de Israel. Así pues, desde sus orígenes hacia el año 3000 a.C. hasta que fue misteriosamente abandonada en el siglo IV a.C., la ciudad casi no conoció la paz.

Como bastión cananeo, Meguiddó resistió con éxito las tropas de Josué, pero no las de David. En el siglo IX a.C. fue construido su famoso sistema hidráulico, que aun durante un sitio permitía llevar agua a la ciudad desde fuera de sus murallas. Era una de las ciudades donde acampaban los carros de guerra reales; tuvo establos para 492 corceles del ejército del rey Ajab. Tras de muchas vicisitudes, Meguiddó perdió su importancia militar hacia el siglo VII a.C.

Nazaret

"¿De Nazaret puede haber cosa buena?", preguntó Natanael (San Juan 1, 46) cuando fue invitado a unirse a los discípulos de Jesús. Esta pregunta nos puede parecer arrogante y estrecha de miras, pero no estaba demasiado fuera de lugar; en realidad, el pueblo galileo en el cual José trabajó como carpintero, donde María escuchó la Anunciación del ángel Gabriel y donde Jesús se crió y llegó a la edad adulta, era más bien una aldea insignificante. Desde luego, Nazaret existía antes del nacimiento de Jesús, pero nadie la menciona sino en los evangelios. Salvo en los escritos cristianos, nadie se refiere a Nazaret sino hasta el año 135 d.C.

El Nazaret de la juventud de Jesús era un pueblo apartado y tranquilo, que se encontraba ubicado en una protegida ladera, en las estribaciones montañosas de la Baja Galilea. Ningún camino importante lo cruzaba; según parece, era una población satélite de otras, cercanas y de mayor importancia, sobre todo de Yafia y Seforis. Algunos expertos suponen que el nombre Nazaret se deriva de una palabra hebrea que significa "lugar de guardia", y que el pueblo pudo haberse originado tan sólo como un puesto militar de otra población mayor. Además, el crecimiento de Nazaret pudo haber estado limitado por la escasez de agua. Sólo tenía un manantial, que probablemente fue agrandado por medio de cisternas excavadas en la ladera.

Sin embargo, para un niño imaginativo y en pleno crecimiento, Nazaret era un lugar magnífico. Desde las cimas cercanas al pueblo se podía apreciar un paisaje rico en historia: al sur, la llanura de Esdraelón, escenario de la derrota del rey Josías en Meguiddó y de la lucha macabea por la libertad; más al sur, el monte Guilboa, donde el rey Saúl fue derrotado por los filisteos; al este, el valle del Jordán; al noreste, el Mar de Galilea, y al oeste, el monte Carmelo y el Mar Mediterráneo.

El ministerio de Jesús en Nazaret fue breve y decididamente ineficaz ("Ningún profeta es bien recibido en su tierra").

Pafos

En la época romana, Pafos era la capital de Chipre. Desde hacía mucho tiempo tenía fama como centro del culto a Afrodita, diosa griega del amor, que según la leyenda nació del mar, cerca de este lugar.

Chipre fue la primera escala de Pablo y Bernabé en su viaje misionero. Fueron bien recibidos por el procónsul romano, pero no por el mago judío Bar-Jesús, que enseñaba en casa del procónsul y que vio amenazada su posición por la presencia de los misioneros. Según los Hechos, Pablo cegó temporalmente al mago, pero algunos expertos creen que se trata de una leyenda, basada en que las explicaciones que sobre religión daba Pablo demostraron la ceguera espiritual de Bar-Jesús. En el libro de los Hechos, es al narrar la estancia de Pablo en Chipre cuando por primera vez se le llama Pablo y no Saulo.

Patmos

Era una de las islas del Mar Egeo que los romanos reservaban para los desterrados. Patmos es el escenario de las visiones místicas que Juan relata en el libro del Apocalipsis (1, 9); el apóstol explica que estaba allí "a causa de la Palabra de Dios y del testimonio de Jesús", probablemente por haber profetizado el regreso de su Señor. Comúnmente, el hecho de profetizar se castigaba con el destierro, sin importar si el profeta era cristiano, judío o pagano; los romanos consideraban que las profecías eran tan reprensibles como la astrología y la magia. La vida de Juan en Patmos, isla de roca volcánica de apenas unos 15 kilómetros de longitud y 10 kilómetros de anchura máxima, probablemente consistió en realizar trabajos forzados como miembro de una cuadrilla de presidiarios, lo que equivalía a una condena de cadena perpetua. No obstante, según una tradición de la Iglesia primitiva, Juan fue desterrado a Patmos en el año 95 d.C. por el emperador Domiciano y puesto en libertad 18 meses después por el nuevo emperador, Nerva.

Pérgamo

De todas las ciudades helenísticas de Asia Menor, quizá la más espectacularmente hermosa era Pérgamo, que se convirtió en sede del poder romano en Asia. Para los primeros cristianos era peligrosa, pues tenía la primacía del culto del emperador. En el año 29 a.C. se erigió el primer templo oficial del culto imperial, en honor de Augusto y de Roma; posteriormente se erigieron otros, dedicados a la divinidad de Trajano y de Caracalla. Posiblemente el primer mártir cristiano víctima de la política de Nerón en Asia fue ejecutado en Pérgamo.

Estaba situada a 25 kilómetros de la costa del Mar Egeo, desde donde se podía llegar navegando por el río Caicos, y su trazo urbanístico era excepcional; sus edificios públicos habían sido construidos en terrazas artificiales dispuestas en las laderas de una montaña de granito oscuro. Su biblioteca sólo era superada por la de Alejandría y era a la vez un centro de estudios muy afamado. La palabra *pergamino* se deriva del latín *pergamentum*, que a su vez procede del nombre de la ciudad. Pérgamo tenía un santuario dedicado a Asclepio, dios sanador griego, que atraía a visitantes de todo el mundo antiguo.

Para los cristianos, Pérgamo era ante todo un semillero de paganismo y de poder tiránico. En el Apocalipsis se dice que en esta ciudad se encontraba el "trono de Satán", quizá debido a que la Roma imperial era considerada como adversaria de Dios.

Ptolemaida (Aco)

Ptolemaida era uno de los pocos buenos puertos que existían en Palestina; se decía que tenía "todas las ventajas habidas en tierra y en mar". Estaba situado en la llanura costera que se extiende al norte del monte Carmelo y lo cruzaba la ruta comercial llamada Vía Maris; abastecía de productos a Galilea y al valle de Jezrael, pero también era un punto por donde solían entrar los ejércitos invasores. Cerca de Aco (tal era su nombre en el Antiguo Testamento) Elías acabó con los falsos profetas de Baal, con lo cual obtuvo un triunfo tanto simbólico como real para las ideas monoteístas que se oponían al paganismo. Cuando el cristianismo comenzó a extenderse en el Medio Oriente, en Ptolemaida ganó muchos adeptos. Pablo visitó esta ciudad portuaria en su tercer viaje misionero.

Qumrán

A finales del invierno de 1947, un pastor beduino que buscaba a una cabra perdida en los riscos del desierto de Judá, al noroeste del Mar Muerto, descubrió los manuscritos más antiguos que de muchos libros del Antiguo Testamento se conocen. Los Rollos del Mar Muerto también contienen el enigmático registro de una estricta secta judía cuyo centro de actividades estaba en Qumrán durante la época de Jesús.

Qumrán fue poblado en el siglo VIII a.C. Probablemente se trata de la Ciudad de Sal que en el libro de Josué se menciona como una de las seis ciudades del desierto. Sin embargo, el lugar quedó abandonado hacia finales del siglo VI a.C. Después, hacia 150 a.C., durante el reinado de los macabeos, los esenios se establecieron allí; éstos formaban una secta judía que rechazaba la secularización del judaísmo ocurrida durante las guerras macabeas. Separados del Templo, estos puristas se retiraron al desierto de Judá para aguardar el fin del mundo, cuando el demonio sería destruido y la justicia y la rectitud triunfarían.

Los edificios de Qumrán fueron destruidos, probablemente por el terremoto del año 31 a.C., y el lugar permaneció deshabitado hasta el final del reinado de Herodes el Grande. Volvió a poblarse entre los años 4 y 1 a.C., y cobró nuevo auge hasta que sucedió la primera rebelión judía (años 66-70). Lo ocuparon las tropas de Vespasiano en junio del año 68 y quedó como guarnición romana por lo menos hasta la caída de Masada, en el año 73. Es posible que durante la rebelión judía los esenios hubieran escondido sus valiosos manuscritos en las cuevas cercanas, para protegerlos de los romanos. Sesenta años después, los abandonados edificios de Qumrán sirvieron como escondite al grupo rebelde dirigido por Bar Kokebá, durante la segunda rebelión judía (años 132-135); a 15 kilómetros de Qumrán, en unas cuevas, se han descubierto cartas firmadas por el propio Bar Kokebá.

Roma

Los orígenes de Roma se desvanecen en la leyenda, pero es casi seguro que en el siglo VIII a.C. ya existían aldeas en las colinas de Roma y en la llanura del Lacio. Los latinos (tal era el nombre de los habitantes de esta región) se rebelaron en el año 509 a.C. contra los etruscos y formaron una república completamente independiente. Roma, incendiada por los galos en 390 a.C., fue reconstruida en el siglo siguiente y extendió su influencia a la parte occidental del Mediterráneo.

Esta expansión provocó conflictos con Cartago, potencia de la costa norte de África. Finalmente, Roma derrotó a los cartagineses en 202 a.C. y durante los 50 años subsecuentes extendió su dominio al este, a Macedonia y Grecia. Pero las conquistas ocasionaron luchas internas; durante alrededor de un siglo, de 133 a 27 a.C. la ciudad fue asolada por guerras civiles durante las cuales el poder quedó en manos de los jefes militares y sus ejércitos. Durante este período, Julio César incrementó el poderío romano y el suyo propio gracias a sus brillantes campañas militares en las Galias y en España, en tanto que Pompeyo sometió a las regiones del este del Mediterráneo, inclusive a Siria y Palestina.

Cuando se produjo el inevitable choque entre ambos generales, Julio César resultó victorioso y gobernó Roma como dictador durante cinco años; fue asesinado en el año 44 a.C. por un grupo que encabezaban Bruto y Casio, quienes favorecieron el regreso a un sistema de gobierno republicano. Los republicanos fueron derrotados por Octavio, sobrino nieto e hijo adoptivo de Julio César, y por Marco Antonio; ambos gobernaron juntos hasta que a su vez entraron en conflicto. Octavio venció en Accio a las tropas de Marco Antonio y de Cleopatra, en 31 a.C., con lo cual obtuvo el control absoluto de Roma. En 27 a.C. cambió su nombre por el título de Augusto, y fue declarado primer emperador romano.

A los 41 años del reinado de Augusto, nació Jesús. Aunque Jesús nunca estuvo en Roma, su mensaje llegó a esta ciudad poco después de su crucifixión, probablemente llevado por los peregrinos judíos que de Jerusalén regresaron a la vasta comunidad judía de Roma; los orígenes de esta comunidad se remontaban probablemente hasta el siglo II a.C. Entre los años 49 y 50 d.C. el emperador Claudio expulsó de Roma a todos los judíos, debido a los conflictos que entre éstos surgieron acerca de las enseñanzas de "Cresto", nombre que probablemente alude a Jesús. Hacia el año 64 los cristianos se distinguían ya suficientemente de los judíos, y Nerón los acusó de provocar el incendio que destruyó gran parte de la ciudad. Se inició entonces una persecución sangrienta en contra de ellos.

Poco se sabe de la estancia de Pedro en Roma. Según la leyenda, durante la persecución de Nerón fue crucificado con la cabeza hacia abajo. Se cree que su martirio, o sepultura, sucedieron en la colina del Vaticano, donde está la basílica de San Pedro.

La relación que Pablo tuvo con la comunidad cristiana de Roma está mejor documentada que en el caso de Pedro, pero muchos detalles son confusos, sobre todo por lo que respecta a sus últimos años de vida. Es seguro que fue llevado a Roma para someterlo a juicio, y generalmente se acepta que fue condenado a muerte y decapitado. El sitio tradicional de su sepultura se halla en la Vía Ostia, donde se encuentra la basílica de San Pablo Extramuros.

A pesar de las esporádicas persecuciones, el número de cristianos siguió aumentando en Roma. Al principio estos cristianos no tenían iglesias y los ritos se efectuaban en casas particulares, pero en el siglo III ya existían varias, generalmente en las zonas más pobres de la ciudad. Desde mediados del siglo III hasta el año 313 hubo una serie de persecuciones sistemáticas decretadas por los emperadores. El conflicto entre la Iglesia y el Estado no concluyó sino hasta que el cristianismo fue legalmente tolerado y protegido por el Edicto de Milán, publicado por el emperador Licinio y por Constantino, primer emperador cristiano. Con la conversión de este monarca al cristianismo, la Iglesia pronto pasó a ser la institución religiosa dominante en todo el Imperio.

Samaria (Sebaste)

Situada en una colina fácilmente defendible, Samaria es, según parece, la única ciudad importante que fundaron los antiguos hebreos. Fue erigida por el rey Omrí hacia 880 a.C. como capital del reino de Israel, capital que habría de rivalizar en esplendor con la del reino de Judá: Jerusalén. Samaria fue escenario del más abyecto sacrilegio que se registra en el Antiguo Testamento. El rey Ajab y su esposa fenicia, Jezabel, erigieron un templo a Baal; el profeta Elías los condenó, y la dinastía de Ajab fue derrocada por una furiosa revolución encabezada por Jehú, quien, según el segundo libro de los Reyes, degolló a los adoradores de Baal y convirtió el templo de este dios en cloaca. Joroboam II, bisnieto de Jehú, gobernó en Samaria durante 41 años y fue uno de los más grandes reyes de Israel. La ciudad siguió siendo capital de este reino hasta que cayó en poder de los asirios en el año 721 a.C., después de tres años de asedio. En parte, o quizá por completo, fue incendiada, tras lo cual el rey asirio Sargón II deportó a más de 27.000 israelitas, reconstruyó la ciudad y la pobló de gentiles.

Durante los siglos subsiguientes Samaria fue conquistada por los babilonios y luego por los persas y los macedonios. Entre 108 y 106 a.C., el dirigente asmoneo Juan Hircano I conquistó la ciudad pagana y la incorporó a su reino judío. Pompeyo la ganó para Roma en 63 a.C., y posteriormente el emperador Augusto la obsequió a Herodes el Grande; éste la rebautizó con el nombre de *Sebaste*, que en griego significa "Augusto".

En la época de Jesús, los samaritanos ocupaban un lugar intermedio entre el judaísmo y el paganismo. Rendían culto al Dios hebreo, observaban el sabat y practicaban la circuncisión, pero no reconocían a Jerusalén como ciudad sagrada y sólo aceptaban los cinco primeros libros de la Biblia. Los judíos los despreciaban por su laxa observancia de la ley hebrea. Jesús visitó la región de Samaria, y el apóstol Felipe la tomó como centro de su ministerio y la convirtió en uno de los primeros lugares en donde se recibió el mensaje de Jesús. Posteriormente, a Felipe se le unieron Pedro y Juan; juntos ganaron para la nueva fe muchos adeptos. Entre éstos se hallaba un mago llamado Simón, que quizá había tratado de hacerse pasar por Mesías rivalizando con Jesús; Simón, después de ser bautizado, ofreció dinero a los apóstoles para comprarles el poder que la fe en Dios les había dado, y desde entonces el pecado de intentar comprar el favor de Dios o un cargo eclesiástico se denomina simonía.

Al comienzo de la primera rebelión judía (años 66-70) Sebaste fue incendiada por los rebeldes, pero tras de la victoria romana fue reconstruido el templo de Augusto y volvió a florecer el paganismo, sobre todo durante el período de prosperidad que la ciudad conoció en tiempos del emperador Severo, alrededor del año 200. Cuando el cristianismo pasó a ser la religión oficial de Roma, Sebaste se convirtió en sede de un obispado, pero las tendencias paganas no cedieron muy notablemente.

Sardes

Ubicada en una cumbre del oeste de Asia Menor. Sardes adquirió fama como capital del reino de Lidia, cuyo último y más célebre gobernante fue el proverbialmente acaudalado Creso. En un río cercano había oro, y en Sardes fueron acuñadas las primeras monedas de este metal. Rico y arrogante, Creso fue derrotado por el rey persa Ciro; Creso, creyendo que su ciudadela era inexpugnable, no había tenido la precaución de ponerle guardias. Los persas escalaron y conquistaron aquella cima, e hicieron de Sardes su principal ciudad de Asia Menor. Los romanos construyeron una nueva Sardes al pie de la montaña. La industria y el comercio prosperaron, y fue erigido un notable templo en honor de la diosa Artemisa.

En el Apocalipsis, Cristo le ordena a Juan escribir una carta advirtiendo a la comunidad de Sardes que está espiritualmente muerta y que debe prepararse para un segundo advenimiento. Poco tiempo transcurrió antes de que en esa ciudad empezara a tener arraigo el cristianismo. El templo de Artemisa fue convertido en iglesia. En el siglo II d.C., el obispo de Sardes, Melitón, fue una de las figuras más importantes para el desarrollo de la Iglesia primitiva.

Sidón

Junto con Tiro, su ciudad gemela, el puerto fenicio de Sidón fue una importante plaza comercial y política durante casi toda la historia bíblica. En el Antiguo Testamento se le llama "la Gran Sidón". Esta pequeña ciudad-Estado envió los primeros barcos fenicios a mar abierto; en varios pasajes de Homero se menciona a los sidonios como los primeros habitantes del Medio Oriente que establecieron relaciones comerciales con los griegos. Sus exportaciones de madera de cedro y de productos costosos, tales como la orfebrería de oro, los bordados y diversos objetos de cobre, contribuyeron a su prosperidad, aunque quizá su comercio más célebre fue el de los tintes rojo y púrpura, extraídos de un caracol marino.

Tal como suele suceder, el éxito no volvió modestos a los sidonios; en un aparatoso error de apreciación, decidieron rebelarse contra Persia en 351 a.C. Murieron quizá 40.000 sidonios; la ciudad quedó arrasada, pero renació y en la época romana ya era próspera de nuevo. Según San Lucas y San Marcos, Jesús predicó en Sidón.

Tarso

La ciudad de Tarso, en Asia Menor, fue el lugar de nacimiento de Pablo, el sitio donde se crió y el lugar adonde regresó para permanecer durante quizá 10 años, después de su conversión al cristianismo. Allí, entre la población mixta de esta plaza comercial cosmopolita, tuvo una excelente oportunidad de discutir con judíos y griegos acerca de las enseñanzas de Jesús: una invaluable preparación para su posterior ministerio entre los gentiles.

Situada en una fértil planicie que se extiende a lo largo del río Cidno, Tarso tenía fácil acceso al Mediterráneo y se hallaba cerca de las Puertas de

Cilicia, paso que cruzaba los montes Tauro, en la ruta comercial que iba de Siria al centro de Asia Menor. Su favorable ubicación convirtió a Tarso en la principal ciudad de Cilicia durante siglos y en un punto de reunión estratégico entre Oriente y Occidente. Cleopatra y Marco Antonio se conocieron en el próspero puerto de Tarso.

La ciudad también era un centro de estudios. Cuando el emperador Augusto subió al poder, Tarso fue administrada por su tutor, el filósofo estoico Atenodoro, oriundo de la ciudad. Algunos expertos consideran que en la interpretación que hizo Pablo de las enseñanzas de Jesús existen algunos rasgos estoicos.

Tesalónica

Tesalónica, capital de Macedonia, era una ciudad portuaria poblada por gran cantidad de trabajadores y artesanos de diversos orígenes étnicos y de muy variadas tendencias religiosas. Pablo predicó allí y fundó una comunidad cristiana, que pese a la diversidad de sus miembros, se contaba entre las más devotas.

Desde sus orígenes, Tesalónica había sido una ciudad de desarraigados. Fue fundada hacia el año 316 a.C. por Casandro, esposo de la media hermana de Alejandro Magno, llamada Tesalónica y en cuyo honor se dio nombre a la ciudad. Para fundarla, Casandro destruyó 26 aldeas cercanas y reubicó a sus habitantes alrededor del excelente puerto natural que se forma en el Golfo Termaico. Tesalónica llegó a ser, junto con Éfeso y Corinto, uno de los más importantes puertos del Mar Egeo.

Pablo y sus compañeros Timoteo y Silas viajaron a Tesalónica después de haber sido hechos prisioneros en Filipos, a unos 150 kilómetros al este. En aquella época la ciudad era libre y autónoma, privilegio que le fue concedido por Marco Antonio y Octavio en recompensa a su lealtad durante la guerra civil romana que siguió al asesinato de Julio César en 44 a.C. Esta libertad se reflejaba sobre todo en la cantidad de religiones que florecían en la ciudad. Pablo y sus compañeros fundaron una comunidad en la sinagoga que ya existía, pero la nueva fe que predicaban les acarreó, como siempre, muchos conflictos con los judíos ortodoxos. Pablo prosiguió su ministerio entre los gentiles, tanto los "temerosos de Dios" (que habían abandonado sus creencias paganas y rendían culto al Dios hebreo) como los paganos declarados, que no tenían ningún vínculo con el judaísmo.

Pablo fue obligado a abandonar la ciudad cuando sus opositores provocaron un tumulto en su contra y arrastraron a Jasón (en cuya casa se alojaba Pablo) ante las autoridades civiles, acusando al apóstol y sus compañeros de fomentar una revolución contra Roma, dado que enseñaban que Jesús era rey. Los seguidores de Pablo tuvieron que pagar una fianza para ser dejados en libertad con la condición de que no dieran lugar a mayores problemas.

Los evangelizadores se marcharon a Berea, ciudad que estaba a unos 70 kilómetros al oeste y en donde también había una sinagoga, pero sus opositores tesalonicenses los siguieron hasta allí y volvieron a provocar un tumulto. Pablo huyó a Atenas y luego a la perversa Corinto, donde hacia el año 51

escribió las dos Epístolas a los Tesalonicenses, que forman parte del Nuevo Testamento.

Tiberíades

Aunque en un principio los judíos se negaban a habitar en Tiberíades, esta importante ciudad de Galilea se convirtió posteriormente en uno de los grandes centros de la cultura hebrea. Tiberíades fue fundada por Herodes Antipas en las primeras décadas del siglo I d.C., en honor del emperador Tiberio; fue capital de la tetrarquía de Galilea y Perea en tiempos de Herodes Antipas. Aunque fue construida en alto, en un sitio desde el cual se dominaba el Mar de Galilea (también llamado lago de Tiberíades), la ciudad estaba a unos 200 metros bajo el nivel del mar; su clima era frecuentemente caluroso, húmedo y agobiante, a lo cual contribuían los manantiales de agua sulfurosa de la cercana Jamat. Al iniciarse la construcción de la ciudad, los trabajadores desenterraron un cementerio, lo cual hizo que los judíos devotos consideraran a la ciudad como impura. Herodes Antipas tuvo cierta dificultad para lograr que el lugar se poblara, e inclusive tuvo que llevar a mucha gente por la fuerza. En la época de Jesús, la ciudad se encontraba habitada principalmente por gentiles, lo cual quizá explica que éste nunca la visitara, aunque vivió mucho tiempo en Cafarnaúm, que estaba a sólo 15 kilómetros al norte.

Tiberíades se rindió a Vespasiano durante la rebelión judía del año 67. Tras la destrucción de Jerusalén durante la segunda rebelión judía, en el año 135, Tiberíades se convirtió en uno de los principales centros de la cultura judía.

Tiro

Dueña y señora del mar durante gran parte del primer milenio a.C., Tiro, ciudad portuaria fenicia, fue construida en una isla rocosa situada a menos de un kilómetro de la costa y a 25 kilómetros al sur de Sidón. Los intrépidos marinos tirios maravillaron al mundo antiguo, pues navegaron hasta España y Britania e inclusive alrededor de toda África en 600 a.C. Establecieron vínculos comerciales con todas las naciones conocidas en su época.

Por un breve período existieron buenas relaciones políticas entre los despreocupados y materialistas fenicios y los hebreos que habían llegado a Canaán. El rey Hiram de Tiro era amigo del rey David y le envió carpinteros expertos y alarifes, además de madera de cedro, para que construyera su palacio en Jerusalén. También Salomón recibió maderas preciosas y artesanos experimentados, para construir el Templo. Pero, la idolatría de la princesa fenicia Jezabel, esposa del rey Ajab de Israel, emponzoñó las relaciones, y Tiro, junto con Sidón, se convirtió en blanco predilecto de la ira de los hebreos.

Tiro fue conquistada por Alejandro Magno en el siglo IV a.C. Durante la época romana, la ciudad recuperó mucha de su gloria; exportaba cristalería, cerámica, vino y púrpura. Jesús predicó en la región circundante, y muchos tirios viajaron con frecuencia a Galilea para escucharlo. Según los Hechos (21, 3-4), Pablo y Lucas permanecieron siete días en el puerto de Tiro, donde existía una comunidad cristiana, pequeña pero estable.

En esta lista se indica el capítulo y versículo de las citas de la Biblia que aparecen en el texto. Los números en negritas indican la página del libro en donde aparece la cita. Si una cita se identifica en el texto, no se repite en esta lista.

13 "En aquellos días salió un edicto de César Augusto para que se empadronase todo el mundo... Iban todos a empadronarse, cada uno a su ciudad." San Lucas 2, 1-3. **15** "Ambos eran justos ante Dios y caminaban sin tacha en todos los mandamientos y preceptos del Señor." San Lucas 1, 6. **15** "...lleno del Espíritu Santo". San Lucas 1, 15. **16** "Adán, el hijo de Dios." San Lucas 3, 38. **16** "Dios te salve, llena de gracia, el Señor es contigo." San Lucas 1, 28. **16** "Hijo del Altísimo... cuyo reino no tendrá fin." San Lucas 1, 32-33. **16** "El Espíritu Santo vendrá sobre ti y la virtud del Altísimo te cubrirá con su sombra." San Lucas 1, 35. **16** "Porque nada hay imposible para Dios." San Lucas 1, 37. **17** "José, hijo de David... salvar a su pueblo de sus pecados." San Mateo 1, 20-21. **17** "...firmes hasta la eternidad." 2 Samuel 7, 16. **18** "...saltó... llena del Espíritu Santo... ¡Bendita tú entre las mujeres, y bendito el fruto de tu vientre!" San Lucas 1, 41-42. **18** "Mi alma engrandece al Señor." San Lucas 1, 46. **18** "Por eso todas las generaciones me llamarán bienaventurada." San Lucas 1, 48. **18** "Juan se llama." San Lucas 1, 63. **18** "...profeta del Altísimo." San Lucas 1, 76. **24** "...a cielo abierto y vigilaban durante la noche su rebaño." San Lucas 2, 8. **25** "No temáis... os ha nacido un salvador, que es el Cristo Señor." San Lucas 2, 10-11. **25** "Encontraréis un niño envuelto en pañales y acostado en un pesebre." San Lucas 2, 12. **25** "Gloria a Dios en las alturas, y paz en la Tierra a los hombres que Él ama." San Lucas 2,14. **25** "...guardaba todo esto en su corazón y lo meditaba." San Lucas 2, 19. **26** "Señor, ahora puedes ya dejar a tu siervo irse en paz." San Lucas 2, 29. **26** "...luz que iluminará a las gentes y que será gloria de tu pueblo Israel." San Lucas 2, 32. **26** "...llegaron del Oriente a Jerusalén unos magos, diciendo: '¿Dónde está el rey de los judíos que ha nacido? Porque hemos visto su estrella en el Oriente y venimos a adorarlo'". San Mateo 2, 1-2. **28** "...el rey de los judíos." San Mateo 2, 2. **28** "...un jefe que será el pastor de mi pueblo Israel." San Mateo 2, 6. **32** "Os anuncio una gran alegría... pues os ha nacido hoy, en la ciudad de David, un salvador que es el Cristo Señor." San Lucas 2, 10-11. **46** "Haré de ti una gran nación, te bendeciré y engrandeceré tu nombre, que será una bendición. Bendeciré a los que te bendigan, y maldeciré a los que te maldigan. Por ti serán benditas todas las naciones en la tierra." Génesis 12, 2-3. **46** "Anda, sube de aquí, tú y el pueblo que has sacado de Egipto, a la tierra que con juramento prometí dar a la descendencia de Abraham, Isaac y Jacob." Éxodo 33, 1. **48**. **48** "Cuando se cumplan tus días y descanses con tus padres, mantendré después de ti tu linaje salido de tus entrañas, y afirmaré su reino... Tu casa y tu reino subsistirán para siempre ante mí, y tu trono se afirmará para

siempre." 2 Samuel 7, 12-16. **49** "Junto a los ríos de Babilonia, allí nos sentábamos y llorábamos, acordándonos de Sión... ¡Si yo te olvidara, Jerusalén, que se seque mi diestra!" Salmos 137, 1-5. **88** "No harás ídolos ni imagen tallada alguna de lo que hay arriba en los cielos, abajo en la tierra o en las aguas, bajo tierra." Deuteronomio 5, 8. **92** "...favor a sus ojos por haber cometido una indecencia." Deuteronomio 24, 1. **99** "Por eso los judíos diseminados, que viven en pueblos no fortificados, celebran el catorce de Adar como día de banquete y alegría..." Ester 9, 19. **101** "Líbreme Dios de darte la heredad de mis padres." 1 Reyes 21, 3. **108** "Yo soy la vid; vosotros sois los sarmientos..." San Juan 15, 5. **119** "Tres veces al año todos vuestros varones se presentarán delante del Señor, vuestro Dios." Deuteronomio 16, 16. **126** "Y David residió en la plaza fuerte, y la llamó la ciudad de David... Así reconoció que Yavé lo había confirmado como rey de Israel y que realzaba su reino a causa de su pueblo Israel." 2 Samuel 5, 9-12. **126** "No; quiero comprártelo, pues no tomaré para Dios lo que es tuyo ni ofreceré holocaustos de balde." 2 Samuel 24, 24. **126** "...la ciudad que de todas las tribus de Israel escogió el Señor para poner ahí su nombre." 1 Reyes 14, 21. **145** "...guardaba estas cosas en su corazón." San Lucas 2, 51. **145** "...crecía en sabiduría, en estatura y en gracia delante de Dios y de los hombres." San Lucas 2, 52. **148** "Escucha, oh Israel: El Señor, nuestro Dios, es un solo Señor." Deuteronomio 6, 4. **169** "...en una nave de Adramicio." Hechos 27, 2. **196** "Arrepentíos, pues el reino de los cielos está cerca." San Mateo 3, 2. **196** "Ya está el hacha puesta a la raíz de los árboles; y todo árbol que no dé buen fruto será cortado y arrojado al fuego." San Mateo 3, 10. **196** "'¿Quién eres tú?'... 'Yo no soy el Cristo'... '¿Qué, pues? ¿Eres tú Elías?'... 'No lo soy.' '¿Eres tú el profeta?'... 'No.'... '¿Quién eres, pues, para que demos respuesta a los que nos han enviado? ¿Qué dices de ti mismo?'... 'Yo soy voz que clama en el desierto: "Rectificad el camino del Señor", como dijo el profeta Isaías.'" San Juan 1, 19-23. **197** "el boscaje del Jordán." Jeremías 12, 5. **198** "He aquí que yo os envío al profeta Elías antes que llegue el día de Yavé, grande y terrible." Malaquías, 4, 5. **198** "Suscitaré de entre sus hermanos un profeta como tú; pondré en su boca mis palabras y él les dirá todo lo que yo le mande." Deuteronomio 18, 18. **198** "Una voz clama: 'En el desierto abrid camino a Yavé, trazad en el páramo una calzada recta a nuestro Dios.'" Isaías 40, 3. **198** "¡Raza de víboras! ¿Quién os ha enseñado a huir de la ira que se avecina? Dad digno fruto de conversión, y no os contentéis con decir en vuestro interior: 'Tenemos por padre a Abraham.'" San Mateo 3, 7-9. **198** "Yo os bautizo con agua para conversión, pero aquel que viene detrás de mí es más fuerte que yo, y no merezco llevarle las sandalias. Él os bautizará en el Espíritu Santo y en el fuego. En su mano tiene el bieldo y va a limpiar su era: recogerá su trigo en el granero, pero la paja la quemará con un fuego inextinguible." San Mateo 3, 11-12. **199** "Por eso se alejó de nosotros el derecho y no nos alcanza la justicia; ansiábamos la luz, y hubo tinieblas, el resplandor, y no hay más que oscuridad. Palpamos la pared como los ciegos y andamos a tientas, como quien no tiene ojos; tropezamos al mediodía como si ya anocheciera, y estamos a oscuras como los muertos." Isaías 59, 9-10. **199** "Pues he aquí que Yavé en fuego viene, y como torbellino son sus carros, para tornar su ira en incendio y su amenaza en llamas de fuego." Isaías 66, 15. **202** "Todo aquel que sienta celo por la ley y mantenga la alianza, que me siga." 1 Macabeos 2, 27. **202** "No habrá para ti otros dioses delante de mí." Éxodo 20, 3. **203** "...israelitas valientes y entregados de corazón a la ley." 1 Macabeos 2, 42. **204** "...muchos de los que duermen en el polvo de la tierra se despertarán, unos para la vida eterna, otros para el oprobio y el horror eternos. Los que con sabiduría hayan actuado brillarán como el firmamento." Daniel 12, 2-3. **204** "Arrepentíos, pues el reino de los cielos está cerca." San Mateo 3, 2. **207** "...un reino de sacerdotes y una nación santa." Éxodo 19, 6. 208 "Ellos dicen, pero no hacen." San Mateo 23, 3. **208** "...ocupan la cátedra de Moisés." San Mateo 23, 2. **211** "...el camino del Señor." San Juan 1, 23. **216** "El que tenga dos túnicas, que las comparta con el que no tiene; el que tenga para comer, que haga lo mismo." San Lucas 3, 11. **216** "...el que viene detrás de mí." San Juan 1, 27. **217** "Él es de quien yo dije 'Detrás de mí viene un hombre, que se ha puesto delante de mí porque existía antes que yo.' " San Juan 1, 30. **217** " 'Soy yo el que necesita ser bautizado por ti, ¿y tú vienes a mí?' 'Déjame hacer ahora, pues conviene que así cumplamos toda justicia.' " San Mateo 3, 14-15. **217** "...vio que los cielos se rasgaban y que el Espíritu, en forma de paloma, bajaba a él. Y vino una voz de los cielos: 'Tú eres mi Hijo amado; en ti me complazco.' " San Marcos 1, 10-11. **220** "...un monte muy alto... le mostró todos los reinos del mundo... 'Todo esto te daré si te postras y me adoras'... ¡Apártate, Satanás!' " San Mateo 4, 8-10. **221** "...entre los animales salvajes." San Marcos 1, 13. **221** "...alabado por todos." San Lucas 4, 15. **222** "...pescadores de hombres." San Mateo 4, 19; San Marcos 1, 17. **222** "...el reino de los cielos está cerca." San Mateo 4, 17. **222** "Vete, que tu hijo vive." San Juan 4, 50. **226** "Vayamos a los otros pueblos, para que también allí predique; pues para eso he salido." San Marcos 1, 38. **227** "Sólo en su tierra, entre sus parientes y en su casa es menospreciado el profeta." San Marcos 6, 4. **228** "...que Jesús amaba." San Juan 21, 20. **228** "Muéstranos al Padre... quien me ha visto a mí, ha visto al Padre." San Juan 14, 8-9. **228** "¿Puede salir de Nazaret algo bueno?" San Juan 1, 46. **228** "Sígueme." San Mateo 9, 9. **228** "...con recaudadores y pecadores." "No he venido a llamar a los justos, sino a los pecadores." San Mateo 9, 13. **230** "No penséis que he venido a abolir la ley y los profetas. No he venido a abolir sino a consumar." San Mateo 5, 17. **230** "Si alguno te abofetea en la mejilla derecha, dale también la otra." San Mateo 5, 39. **230** "Amad a vuestros enemigos y orad por los que os persiguen." San Mateo 5, 44. **230** "como perfecto es vuestro Padre celestial." San Mateo 5, 48. **230** "No podéis servir a Dios y al dinero." San Mateo 6, 24; San Lucas 16, 13. **230** "...y lo demás se os dará por añadidura." San Mateo 6, 33. **231** "¿Eres tú el que ha de venir, o debemos esperar a otro?" San Mateo 11, 3; San Lucas 7, 19. **231** "...una caña agitada por el viento... un hombre vestido con ropas elegantes... y más que un profeta." San Lucas 7, 24-26. **234** "...salir de ese pueblo sacudiéndose el polvo de los pies, en testimonio contra sus habitantes." San Lucas 9, 5. **235** "Y yo te digo que

tú eres Pedro, y sobre esta piedra edificaré mi Iglesia, y las puertas de la muerte no prevalecerán contra ella. A ti te daré las llaves del reino de los cielos; lo que ates en la tierra quedará atado en los cielos, y lo que desates en la tierra quedará desatado en los cielos." San Mateo 16, 18-19. **235** "¡Quítate de mi vista, Satán!" San Mateo 16, 23. **235** "Si alguno quiere venir en pos de mí, niéguese a sí mismo, tome su cruz y sígame." San Mateo 16, 24. **236** "Hasta que el Hijo del hombre haya resucitado de entre los muertos." San Mateo 17, 9. **236** "...se afirmó en su voluntad de ir a Jerusalén." San Lucas 9, 51. **237** "Dejad que los niños vengan a mí, no se lo impidáis, porque de los que son como ellos es el reino de Dios. Yo os aseguro, quien no reciba el reino de Dios como un niño, no entrará en él." San Marcos 10, 14-15. **237** "Y Jesús, fijando en él su mirada, lo amó y le dijo: 'Una sola cosa te falta; vete, vende lo que tienes y dáselo a los pobres y tendrás un tesoro en el cielo; luego ven y sígueme.' " San Marcos 10, 21. **237** "Más fácil es que un camello pase por el ojo de una aguja, que el que un rico entre en el reino de Dios." San Mateo 19, 24; San Marcos 10, 25; San Lucas 18, 25. **237** "Para los hombres es imposible, mas no para Dios, porque todo es posible para Dios." San Marcos 10, 27. **237** "No hay nadie que habiendo dejado casa, o hermanos, o hermanas, o madre, o padre, o hijos, o campos, por amor de mí y del evangelio, no reciba el ciento por uno ahora en este tiempo en casas, hermanos, hermanas, madres e hijos y campos, con persecuciones, y la vida eterna en el tiempo venidero. Y muchos primeros serán los últimos, y los últimos, primeros." San Marcos 10, 29-31. **237** "¿Cómo entiende éste de letras sin haber estudiado?" San Juan 7, 15. **237** "Si eres el Cristo, dínoslo abiertamente." San Juan 10, 24. **237** "¿No es a éste a quien querían matar? Mirad cómo habla con entera libertad y no le dicen nada. ¿Será que de verdad las autoridades han reconocido que él es el Cristo?" San Juan 7, 25-26. **239** "Levántate, toma tu camilla y anda." San Juan 5, 8. **239** "Yo soy la resurrección y la vida." San Juan 11, 25. **240** "Volvamos a Judea." San Juan 11, 7. **240** "Vayamos también nosotros, a morir con él." San Juan 11, 16. **240** "Quitad la piedra." San Juan 11, 39. **240** "¡Lázaro, sal fuera!" San Juan 11, 43. **240** "gloria de Dios." San Juan 11, 40. **240** "...preferible es que muera sólo un hombre por el pueblo, y no toda la nación." San Juan 11, 50. **242** "¡Hosanna! ¡Bendito el que viene en nombre del Señor! ¡Bendito es el reino de nuestro padre David, que viene!" San Marcos 11, 9-10. **242** "¿No está escrito que 'Mi casa será llamada Casa de oración para todas las naciones'? ¡Pero vosotros la habéis convertido en cueva de ladrones!" San Marcos 11, 17. **242, 243** "Todo lo que en oración pidáis, creed que ya lo habéis recibido, y lo obtendréis. Y cuando os pongáis de pie para orar, perdonad, si tenéis algo contra alguno, para que también vuestro Padre, que está en los cielos, os perdone vuestras ofensas." San Marcos 11, 24-25. **243** "¿De quién es esa imagen y esa inscripción?... Dad al César lo que es del César y a Dios lo que es de Dios." San Marcos 12, 16-17. **243** "El Hijo del hombre no vino para ser servido sino para servir, y a dar su vida para la redención de muchos." San Mateo 20, 28. **244** "No quedará piedra sobre piedra que no sea derruida." San Mateo 24, 2; San Marcos 13, 2. **245** "...cuanto hicisteis a uno de mis hermanos menores, a mí me lo hicisteis." San Mateo 25, 40. **245** "...cuanto dejasteis de hacer con uno de estos pequeñuelos, también conmigo dejasteis de hacerlo." San Mateo 25, 45. **245** "Ha hecho una obra buena conmigo. Porque pobres, en todo tiempo los tendréis, pero a mí no me tendréis siempre." San Marcos 14, 6-7. **245** "Yo os aseguro que no volveré a beber del fruto de la vid hasta aquel día en que lo beba nuevo en el reino de Dios." San Marcos 14, 25. **245** "...el que ha mojado conmigo la mano en el plato." San Mateo 26, 23. **246** "Lo que has de hacer, hazlo pronto." San Juan 13, 27. **246** "...que os améis los unos a los otros como yo os he amado. Nadie tiene mayor amor que el que da su vida por sus amigos. Vosotros sois mis amigos, si hacéis esto que os mando." San Juan 15, 12-14. **246** "En el mundo tendréis tribulación, pero ¡ánimo!: yo he vencido al mundo." San Juan 16, 33. **246** "Alzó los ojos al cielo." San Juan 17, 1. **246** "Conságralos en la verdad; tu palabra es verdad." San Juan 17, 17. **246** "Que todos sean uno; como tú, Padre, estás en mí y yo en ti, que ellos también sean uno en nosotros, para que el mundo crea que tú me has enviado." San Juan 17, 21. **246** "¡Abbá, Padre!, todo es posible para ti; aparta de mí este cáliz, pero no sea lo que yo quiero sino lo que quieres tú." San Marcos 14, 36. **246** "¿Duermes? ¿Ni una hora has podido velar? Velad y orad, para que no caigáis en tentación; el espíritu está pronto, pero la carne es débil." San Marcos 14, 37-38. **246** "¡Levantaos!, ¡vámonos! Ya está aquí el que ha de entregarme." San Marcos 14, 42. **247** "¡Basta ya!" San Lucas 22, 51. **247** "...interrogó a Jesús acerca de sus discípulos y su doctrina." San Juan 18, 19. **247** "Pregunta a los que me han oído qué es lo que les he hablado; bien saben ellos lo que he dicho." San Juan 18, 21. **247** "...cantó el gallo, y el Señor se volvió y miró a Pedro. Y Pedro se acordó de la palabra del Señor, cuando le dijo: 'Antes de que el gallo cante hoy me negarás tres veces.' Y, saliendo fuera, lloró amargamente." San Lucas 22, 60-62. **247** "Si os lo dijera, no me creeríais." San Lucas 22, 67. **248** "¿Eres tú el rey de los judíos?" San Mateo 27, 11; San Marcos 15, 2; San Lucas 23, 3; San Juan 18, 33. **248** "Tú lo dices." San Mateo 27, 11; San Marcos 15, 2; San Lucas 23, 3. **248** "¿Qué es la verdad?" San Juan 18, 38. **248** "ese zorro." San Lucas 13, 32. **248** "un espléndido manto." San Lucas 23, 11. **248** "Herodes y Pilato se hicieron amigos, pues antes estaban enemistados." San Lucas 23, 12. **249** "¡Suéltanos a Barrabás!" San Lucas 23, 18. **249** "Pilato les dijo otra vez: '¿Y qué voy a hacer con el que llamáis rey de los judíos?' La gente volvió a gritar: ¡Crucifícalo!' Pilato les

dijo: 'Pero ¿qué mal ha hecho?' Pero ellos gritaron con más fuerza: ¡Crucifícalo!' " San Marcos 15, 12-14. **249** "Inocente soy de la sangre de este justo. Allá vosotros." San Mateo 27, 24. **251** "Aquí tenéis al hombre." San Juan 19, 5. **251** "...venía del campo." San Marcos 15, 21; San Lucas 23, 26. **251** "Si esto se hace en el leño verde, en el seco ¿qué se hará?" San Lucas 23, 31. **251** "Jesús de Nazaret, Rey de los Judíos." San Juan 19, 19. **251** "Lo que he escrito, escrito está." San Juan 19, 22. **252** "Si eres el rey de los judíos, sálvate a ti mismo." San Lucas 23, 37. **252** "...discípulo que él amaba." San Juan 19, 26. **252** "Tengo sed." San Juan 19, 28. **252** "...vino con mirra." San Marcos 15, 23. **252** "¡Salve, rey de los judíos!" San Marcos 15, 18; San Juan 19, 3. **252** "Todo ha terminado." San Juan 19, 30. **252** "se rasgó en dos, de arriba abajo." San Marcos 15, 38; San Mateo 27, 51. **253** "Verdaderamente este hombre era Hijo de Dios." San Marcos 15, 39. **253** "No os asustéis; buscáis a Jesús de Nazaret, el crucificado. Ha resucitado; no está aquí." San Marcos 16, 6. **253** "Has creído porque me has visto. Dichosos los que, aun no viendo, creen." San Juan 20, 29. **254** "Porque tanto amó Dios al mundo, que le dio a su Hijo único, para que todo el que crea en él... tenga vida eterna." San Juan 3, 16. **263** "...desde Samuel y sus sucesores." Hechos 3, 24. **265** "...unas lenguas como de fuego... llenos del Espíritu Santo y se pusieron a hablar en otras lenguas... todas las naciones que hay bajo el cielo." Hechos 2, 3-5. **265** "...hombres sin instrucción ni cultura." Hechos 4, 13. **266** "alababa a Dios por lo que había ocurrido." Hechos 4, 21. **267** "...una luz para las naciones." Isaías 42, 6. **270** "Estoy viendo los cielos abiertos y al Hijo del hombre que está de pie a la diestra de Dios... gritaron fuertemente, se taparon lo oídos y se precipitaron sobre él." Hechos 7, 56-57. **270** " 'Saulo, Saulo, ¿por qué me persigues?'... '¿Quién eres, Señor?'... 'Yo soy Jesús, a quien tú persigues; pero levántate, entra en la ciudad y se te dirá lo que debes hacer.' " Hechos 9, 4-6. 270. **271** "...cayeron de sus ojos unas como escamas." Hechos 9, 18. **271** "apóstol de Cristo Jesús por voluntad de Dios." 2 Corintios 1, 1. **271** "...cosa similar a un gran lienzo." Hechos 10, 11. **271** "...nada profano e impuro." Hechos 10, 14. **272** "...todo lo que te ha sido ordenado por el Señor." Hechos 10, 33. **272** "...todo el que cree en él alcanza, por su nombre, el perdón de los pecados." Hechos 10, 43. **274** "...porque no había dado la gloria a Dios." Hechos 12, 23. **275** "...deseaba escuchar la palabra de Dios." Hechos 13, 7. **276** "...alianza eterna." Génesis 9, 16. **276** "...se dieron la mano en señal de comunión." Gálatas 2, 9. **276** "Si tú, siendo judío, vives como gentil y no como judío, ¿cómo quieres obligar a los gentiles a que vivan como judíos?" Gálatas 2, 14. **279** "...conducta anterior en el judaísmo." Gálatas 1, 13. **288** "...siete iglesias que hay en Asia." Apocalipsis 1, 4.

Créditos

Dibujantes colaboradores: David Blossom **235**. George Buctel **61, 88, 269, 283**. Peter Connolly **130, 136, 141, 174**. Lane Dupont **15** *ab.*, **78-79**. Wallace H. Fax **95, 200**. George S. Gaadt **36-37**. Larissa Lawrynenko **100-101**. Victor Lazzaro **15** *arr.*, **19, 27, 66, 68-69, 121, 154, 156-157, 173, 179, 197, 210, 224-225, 233, 250, 282**. Dennis Lyall **12-13, 118-119, 168-169**. Jerry Pinkney **20-21, 90-91, 114, 194-195**. Walter Rane **139, 153, 205, 286**. Ray Skibinski **41, 52-53** mapas, **107, 131, 177, 279, 289**. John Thompson **62-63, 98, 217, 241, 243, 262-263**. Richard Williams **86-87, 110, 146-147, 218-219**. Ben Wohlberg **28**.

Fotógrafos colaboradores

2-3 Garo Nalbandian. **3** *der.* Zev Radçovan. **4** Colecciones del Departamento de Antigüedades de Israel; Museo de Israel de Jerusalén/David Harris. **10** Scala/Art Resource, N.Y. **14** Erich Lessing/Magnum. **17** Erich Lessing/Magnum. **19** *arr. izq.* Erich Lessing/Magnum; *ab. izq. y der.* Daniel Blatt. **22** Colección de Arte y Arquitectura Antiguos. **23** *ab.* Erich Lessing/Magnum; *arr.* Daniel Blatt. **24** Raffi Safieh. **25** Micha Bar-Am/Magnum. **26** Lick Observatory Photograph. **27** Archivo Gráfico Robert Harding. **29** *arr. izq.* Museo Metropolitano de Arte; Fundación Harris Brisbane Dick, 1954; *ab. izq.* Archivo Gráfico Robert Harding; *ab. der.* F. Nigel Hepper. **31** C. Thomson/The Image Bank. **32** Scala/Art Resource, N.Y. **33** *izq.* Scala/Art Resource, N.Y.; *der.* © Biblioteca Pierpont Morgan 1986 (M. 6, f. 41). **34** *ab.* Museo de Historia del Arte, Viena; *restantes* Sonia Halliday. **35** Scala/Art Resource, N.Y. **38** Photo Stock. **39** Colección Granger, Nueva York. **40** *izq.* Museo Británico/ Michael Holford; *centro* Alinari/Art Resource, N.Y.; *der.* Erich Lessing/Magnum. **41** Giraudon/Art Resource, N.Y. **42-43** NASA Photograph © Pictorial Archive, Jerusalén. **44** F. Nigel Hepper. **45** *izq.* Micha Bar-Am/Magnum; *arr. der.* David Harris; *ab. izq.* Daniel Blatt. **46** René Burri/Magnum. **47** *arr. izq.* Werner Braun; *ab. izq.* Nathan Benn/Woodfin Camp & Associates; *arr. der.* Daniel Blatt; *ab. der.* Richard T. Nowitz. **48** *arr.* Erwin R. Goodenough, símbolos judíos del período grecorromano, Serie Bollingen XXXVII, Vol. 11; simbolismo en la sinagoga Dura © 1964 Princeton University Press. Fred Anderegg. Lámina VII, reimpresa con autorización de Princeton University Press/Art Resource, N.Y.; *ab.* Erich Lessing/ Magnum. **50** Scala/Art Resource, N.Y. **55** Erich Lessing/Magnum. **56** Alinari/Art Resource, N.Y. **57** *arr. der.* Alinari/Art Resource, N.Y.; *arr. izq.* Museo de Antigüedades, Newcastle/Michael Holford; *c. izq.* Museo Británico/Michael Holford; *ab. izq.* Colecciones del Departamento de Antigüedades de Israel; Museo de Israel de Jerusalén/David Harris; *restantes* Zev Radovan. **59** Jean Dieuzaide. **60** *arr.* Archivo Gráfico Robert Harding; *ab.* Museo Judío/Art Resource, N.Y. **64** Zev Radovan. **65** *izq.* Richard T. Nowitz; *der.* Colección de Arte y Arquitectura Antiguos. **67** *arr. izq.* Erich Lessing/Magnum; *ab. izq.* Sonia Halliday; *arr. der.* Harry Thomas Frank; *ab. der.* Richard T. Nowitz. **68** Zev Radovan. **70** Zev Radovan. **71** *ab.* Louis Goldman/Photo Researchers; *arr.* Zev Radovan. **73** *ab. der.* Colección de Arte y Arquitectura Antiguos; *restantes* Colecciones del Departamento de Antigüedades de Israel; Museo de Israel de Jerusalén/David Harris. **74** Colección de Arte y Arquitectura Antiguos. **75** Scala/Art Resource, N.Y. **76** Colecciones del Departamento de Antigüedades de Israel; Museo de Israel de Jerusalén/David Harris. **77** *arr.* Colección de Arte y Arquitectura Antiguos; *ab.* Zev Radovan. **79** *arr.* Zev Radovan; *ab.* Museo Judío/Art Resource, N.Y. **80** Richard T. Nowitz. **81** *der.* Museo Británico/Michael Holford; *restantes* Erich Lessing/Magnum. **82** *arr.* Museo Estatal Renano de Tréveris; *ab.* Santuario del Libro del Museo de Israel de Jerusalén/David Harris. **83** *ab.* Colecciones del Departamento de Antigüedades de Israel; Museo de Israel de Jerusalén/David Harris; *arr.* Museo Británico/ Michael Holford. **84** *der.* Erich Lessing/Magnum; *izq.* Scala/Art Resource, N.Y. **85** Museo de Israel de Jerusalén/Yakov Harlap. **92** Louis Goldman/Rapho/Photo Researchers. **93** Werner Braun. **94** Nathan Benn/Woodfin Camp & Associates. **95** Daniel Blatt. **96** *arr.* Werner Braun; *ab.* F. Nigel Hepper. **97** *c.* Zev Radovan; *restantes* Daniel Blatt. **99** *izq.* Santuario del Libro del Museo de Israel de Jerusalén/David Harris; *ab.* © Gail Rubin 1976. **100** *arr. der. y ab.* Garo Nalbandian; *arr. izq.* Werner Braun. **102** *arr.* Nathan Benn/Woodfin Camp & Associates; *c.* Louis Goldman/Rapho/Photo Researchers; *ab.* Sonia Halliday. **103** Garo Nalbandian. **105** *arr.* Tor Eigeland/Black Star; *ab. izq.* Werner Braun; *restantes* Daniel Blatt. **106** Werner Braun. **107** Sonia Halliday. **108** F. Nigel Hepper. **109** *arr. der.* Colección de Arte y Arquitectura Antiguos; *ab.* Daniel Blatt; *restantes* Zev Radovan. **111** Daniel Blatt. **112** Daniel Blatt. **113** Colección de Arte y Arquitectura Antiguos. **115** *arr.* Kevin Fleming/ Woodfin Camp & Associates; *ab.* Daniel Blatt. **116** Betsy Kissam/Jardín Botánico de Brooklyn. **117** Sonia Halliday. **120** Marvin E. Newman. **122** *arr. der.* Richard T. Nowitz; *ab. izq.* © Gail Rubin 1976; *restantes* Zev Radovan. **125** *izq.* Werner Braun; *der.* David Harris. **126** Werner Braun. **127** Georg Gerster/ Rapho/Photo Researchers/Museo Rockefeller. **128** *ab.* Raffi Safieh; *arr.* Erich Lessing/Magnum. **129** Serraillier/Rapho/Photo Researchers. **131** Colecciones del Departamento de Antigüedades de Israel; Museo de Israel de Jerusalén/David Harris. **132** Peter Larsen/Photo Researchers. **133** *arr.* Scala/Art Resource, N.Y.; *ab.* Sonia Halliday. **134** Werner Braun. **135** *ab.* Zev Radovan; *arr.* David Harris. **137** Santuario del Libro del Museo de Israel de Jerusalén/David Harris. **141** Richard T. Nowitz. **142** Photo Stock. **143** *arr.* Sonia Halliday; *ab.* Marvin E. Newman. **144** *izq.* Photo Stock, *restantes* Photo Disc. **148** *arr.* Zev Radovan; *ab.* David Harris, **149** *ab.* Neot Kedumin, Reserva del Panorama Bíblico de Israel; *arr.* Peter Larsen/Photo Researchers. **150** *izq.* Zev Radovan; *der.* Sonia Halliday. **152** Colección de Arte y Arquitectura Antiguos. **155** Erich Lessing/ Magnum. **156** *izq.* Colección de Arte y Arquitectura Antiguos **157** *arr.* Colección de Arte y Arquitectura Antiguos; *ab.* David Harris. **158** *arr.* Zev Radovan; *ab.* Museo Británico/Michael Holford. **160** *arr.* Nogah Hareuveni/Neot Kedumin, Reserva del Panorama Bíblico de Israel; *ab.* © Cecile Brunswick. **161** Museo Británico/Michael Holford. **162** Erich Lessing/ Magnum. **163** y **164** Colección de Arte y Arquitectura Antiguos. **165** Scala/Art Resource, N.Y. **166** *arr.* Colección de Estudios Bíblicos Franciscanos/Garo Nalbandian; *ab.* Richard T. Nowitz. **167** Colección de Arte y Arquitectura Antiguos. **170** John Bryson/The Image Bank. **171** Photo Stock **174** y **175** Marvin E. Newman/The Image Bank. **176** *arr. izq.* David Harris; *restantes* Colección de Arte y Arquitectura Antiguos. **177** Zev Radovan. **178** Alinari/Art Resource, N.Y. **180** *ab.* Sonia Halliday; *arr.* Scala/Art Resource, N.Y. **181** Colección de Arte y Arquitectura Antiguos. **182** *izq.; der.* Gabriel Covian/The Image Bank; *der.* Archivo Bettman. **183** *arr. der.* Peter S. Thacher/Photo Researchers; *der.* Marvullo; *ab. izq.* Colección Granger, Nueva York. **184** Colecciones del Museo Marítimo Nacional de Haifa. **186-187** *ab.* Alinari/Art Resource, N.Y. **187** *arr.* C.M. Dixon. **188** *ab.* Scala/Art Resource, N.Y.; *arr.* Archivo Gráfico Robert Harding; *c.* David Darom. **189** Sonia Halliday. **190** *izq.* Daniel Blatt; *der.* Garo Nalbandian. **192** *ab.* A. A. M. van der Heyden; *arr.* Colección de Irving F. Burton. **193** Colección de Arte y Arquitectura Antiguos. **196** Garo Nalbandian. **197** Garo Nalbandian. **198** *arr.* Colección de Arte y Arquitectura Antiguos; *ab.* Colecciones del Departamento de Antigüedades de Israel; Museo de Israel de Jerusalén/Nir Bareket. **199** Giraudon/Art Resource, N.Y. **203** *izq.* Sonia Halliday; *der.* Richard T. Nowitz. **208** Erich Lessing/Magnum. **209** David Harris. **210** *ab.* David Harris; *arr.* Sonia Halliday. **212** Colección de Arte y Arquitectura Antiguos. **213** *arr.* Museo de Israel de Jerusalén; *ab.* Santuario del Libro del Museo de Israel de Jerusalén/David Harris. **214** Michael Holford. **215** Colección de Arte y Arquitectura Antiguos. **216** Nogah Hareuveni/Neot Kedumin, Reserva del Panorama Bíblico de Israel. **220** Richard T. Nowitz. **221** *arr.* Richard T. Nowitz; *restantes* © Gail Rubin 1976. **222** Georg Gerster/ Rapho/ Photo Researchers, **223** *izq.* Werner Braun; *arr. der.* Sonia Halliday; *ab. der.* © Gail Rubin 1976. **224** Richard T. Nowitz. **226** Georg Gerster/Rapho/Photo Researchers. **227** Garo Nalbandian. **230** *de izq. a der.: izq. ab.* Colección de Arte y Arquitectura Antiguos; *arr., de izq. a der.* F. Nigel Hepper; Werner Braun; David Darom. **231** *arr.* Sonia Halliday; *ab.* Colección de Arte y Arquitectura Antiguos. **234** Zev Radovan. **236** Sonia Halliday. **238** *ab.* Sonia Halliday; *arr.* Marvin E. Newman. **239** *arr.* John Bryson/Photo Researchers; *arr. der.* Richard T. Nowitz; *c.* Sonia

Halliday. **240** Colección de Arte y Arquitectura Antiguos. **242** Richard T. Nowitz. **243** Erich Lessing/Magnum. **244** *ab.* Kjell B. Sandved/ Photo Researchers; *arr.* Sonia Halliday. **247** Colección de Arte y Arquitectura Antiguos. **249** *arr.* Richard T. Nowitz; *restantes* Zev Radovan. **250** *ab. izq.* Hillel S. Burger; *arr. y ab. der.* Daniel Blatt. **252** *izq.* Daniel Blatt; *der.* Michael Holford. **253** Michael Holford. **254** *arr. izq.* © Colección Frick, Nueva York; *ab. c.* Scala/Art Resource, N.Y. **254-255** *ab.* © Colección Frick, Nueva York; *arr.* © James R. Johnson. **256** *arr. izq.* Sonia Halliday; *ab.* Howard Agriesti, Museos Ringling, Sarasota, Fl.; *arr. der.* Biblioteca Darmstadt. **257** *arr. izq.* Sonia Halliday; *arr. der.* Cortesía de la Galería Nacional de Londres; *ab. izq.* Erich Lessing/Magnum; *ab. der.* Scala/Art Resource, N.Y. **258** *ab. der.* Tesoros del Kremlin, Moscú/Museo Metropolitano de Arte; Sheldon Collins; *arr. izq.* © Biblioteca Pierpont Morgan 1986 (M. 292, f. 24v). **258-259** *arr.* Galería Nacional de Arte, Washington, Colección Rosenwald. **259** *ab. izq.* Scala/Art Resource, N.Y.; *der.* Michael Holford. **260** *izq.* Lee Boltin; *der.* Museo Metropolitano de Arte (donación de J. Pierpont Morgan, 1917). **261** *arr. izq.* © Biblioteca Pierpont Morgan 1986 (M. 892, f. 1); *ab.* Museo Metropolitano de Arte (donación de Benjamin Altman, 1913); *der.* Scala/Art Resource, N.Y. **265** *arr.* A.A.M. van der Heyden; *ab.* Biblioteca Nacional de París. **266** *ab.* Michael Holford; *arr.* C.M. Dixon. **268** Robert Suro/NYT Pictures. **272** *ab.* C.M. Dixon; *der.* A.A.M. van der Heyden. **274** *de izq. a der.:* Zev Radovan; Giraudon/Art Resource, N.Y.; SEF/Art Resource, N.Y. **277** Catedral de Beauvais/ Emile Rousset. **278** *arr.* Sonia Halliday; *ab.* Aaron M. Levin. **279** *izq.* Paolo Curto/The Image Bank; *der.* Sonia Halliday. **280** *der.* Zev Radovan; *izq.* Museo de Israel de Jerusalén. **281** *arr. izq. y der.* Zev Radovan; *restantes* Colección de Arte y Arquitectura Antiguos. **282** *izq.* Werner Braun; *der.* Biblioteca Chester Beatty. **284** *arr. izq.* Scala/Art Resource, N.Y.; *arr. der.* Colección de Arte y Arquitectura Antiguos; *ab. izq.* C.M. Dixon; *ab. c.* Erich Lessing/Magnum; *ab. der.* Sonia Halliday. **285** *arr. izq.* Museo Bardo de Túnez/ Michael Holford; *arr. der.* Porterfield-Chickering; *ab. der.* Colección de Arte y Arquitectura Antiguos; *restantes* Museo Victoria y Alberto/Michael Holford. **287** SEF/Art Resource, N.Y. **288** Colección de Arte y Arquitectura Antiguos. **289** Marvin E. Newman. **291** *de izq. a der.:* Scala/Art Resource, N.Y.; SEF/Art Resource, N.Y.; Zev Radovan. **292** *arr. izq.* Scala/Art Resource, N.Y.; *restantes* C.M. Dixon. **293** Colección de Arte y Arquitectura Antiguos.

Índice alfabético

Los números de página en **negritas** indican que el nombre o tema aparece en recuadro, en pie de ilustración o en ambos.